~ 미래와 통하는 책 ~

동양북스 외국어
베스트 도서
700만 독자의 선택!

새로운 도서, 다양한 자료 동양북스 홈페이지에서 만나보세요!

www.dongyangbooks.com
m.dongyangbooks.com

※ 학습자료 및 MP3 제공 여부는 도서마다 상이하므로 확인 후 이용 바랍니다.

홈페이지 도서 자료실에서 학습자료 및 MP3 무료 다운로드

PC

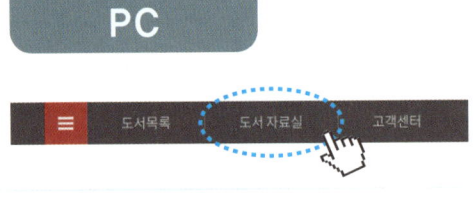

❶ 홈페이지 접속 후 도서 자료실 클릭
❷ 하단 검색 창에 검색어 입력
❸ MP3, 정답과 해설, 부가자료 등 첨부파일 다운로드
  * 원하는 자료가 없는 경우 '요청하기' 클릭!

MOBILE

* 반드시 '인터넷, Safari, Chrome' App을 이용하여 홈페이지에 접속해주세요. (네이버, 다음 App 이용 시 첨부파일의 확장자명이 변경되어 저장되는 오류가 발생할 수 있습니다.)

❶ 홈페이지 접속 후 ☰ 터치

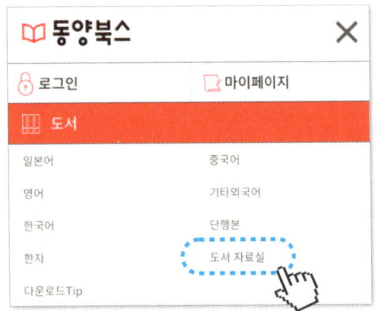

❷ 도서 자료실 터치

❸ 하단 검색창에 검색어 입력
❹ MP3, 정답과 해설, 부가자료 등 첨부파일 다운로드
  * 압축 해제 방법은 '다운로드 Tip' 참고

일 본 어 능 력 시 험

일단 합격 JLPT

N1 청해

오카자키 마이, JLPT 교재개발연구회 저

동양북스

일 본 어 능 력 시 험

일단 합격
JLPT N1청해

초판 3쇄 | 2024년 8월 10일

저 자 | 오카자키 마이, JLPT 교재개발연구회
발행인 | 김태웅
책임 편집 | 길혜진, 이서인
디자인 | 남은혜, 김지혜
마케팅 총괄 | 김철영
온라인 마케팅 | 김은진
제 작 | 현대순

발행처 | (주)동양북스
등 록 | 제 2014-000055호
주 소 | 서울시 마포구 동교로22길 14 (04030)
구입 문의 | 전화 (02)337-1737 팩스 (02)334-6624
내용 문의 | 전화 (02)337-1762 dybooks2@gmail.com

ISBN 979-11-5768-597-4 18730
      979-11-5768-591-2 (세트)

머리말

여러분은 일본어능력시험 N1 합격을 위해 어떻게 공부를 하고 있나요?

이 책은 N1 합격은 물론, 한 단계 더 높은 일본어 듣기 능력 배양에 도움이 되는 책입니다. 일상 회화나 비즈니스 회화는 물론, 평소에는 들을 기회가 적은 뉴스나 사회 문제 등 다양한 주제로 문제를 작성하여 듣기와 함께 어휘 습득에도 도움이 되도록 하였습니다.

이 책은 '워밍업 → 실전문제 → 모의고사'의 3단계로 구성되어 있습니다.

'워밍업'에서는 알아듣기 힘든 발음을 구별하는 어휘 문제가 나옵니다. N1~N2 수준의 어휘 중에서 조음이나 탁음의 차이 등 다양한 종류의 같은 말을 작은 차이까지 구분할 수 있도록 훈련합니다. 뒤이어 나오는 빈칸 채우기 문제는 대화의 중요한 어휘를 놓치지 않도록 훈련하는 문제입니다. 워밍업 문제를 풀면 듣기 문제를 푸는 요령을 습득할 수 있을 것입니다.

실전 문제와 모의고사 문제는 실제 시험과 같은 내용으로 만들어져 있습니다. 문제1(과제 이해)에서는 대화를 듣고 다음에 무엇을 하는지 묻는 문제, 문제2(포인트 이해)에서는 대화를 듣고 화자가 '왜 그것을 하는지' '어째서 그렇게 되었는지'의 이유나 원인을 묻는 문제, 문제3(개요 이해)은 대화를 듣고 전체 내용을 파악하여 화자의 생각이나 대화의 주제를 묻는 문제로, 일상 회화는 물론 대학 교수의 이야기나 TV 리포터 등 다양한 장면의 대화가 문제로 출제됩니다. 문제4(즉시 응답)는 짧은 대화나 문장을 듣고 그에 대해 적절한 대답을 단시간에 판단하는 문제로, 비즈니스 용어나 관용구가 주로 나옵니다. 문제5(종합 이해)에서는 긴 대화를 듣고 전체 내용을 파악하는 것은 물론, 복수의 정보를 비교하여 질문에 대한 적절한 답을 찾는 문제로, 장면 설정도 다양하고 수준도 높은 문제입니다.

또한 이 책은 문제 수가 많은 것이 특징입니다. 높은 수준의 일본어 대화를 많이 들음으로써 다양한 상황에 대응할 수 있는 실력을 갖출 수 있습니다. N1 합격은 물론 단순히 시험 공부로만 끝내지 말고 일본어 마스터를 목표로 합시다.

저자 오카자키 마이 드림

이 책의 구성과 활용법

이 책은 JLPT(일본어능력시험) N1 청해에 대비할 수 있도록 구성된 수험서입니다. 이 책은 본책과 별책 해설서로 나뉩니다. 본책은 크게 세 개 파트로 이루어집니다. 처음 JLPT 독해 학습을 준비하는 학습자들을 위해 ❶ 유형을 분석하고 ❷ 유형별로 문제를 풀어 본 후 ❸ 실전 형식의 모의고사로 학습을 마무리합니다. 해설서에는 본책 문제의 스크립트 해석과 정답, 단어, 해설을 수록하였습니다.

<본책>

▶ PART 1 유형 공략
N1 청해 시험 유형과 꿀팁을 한눈에!

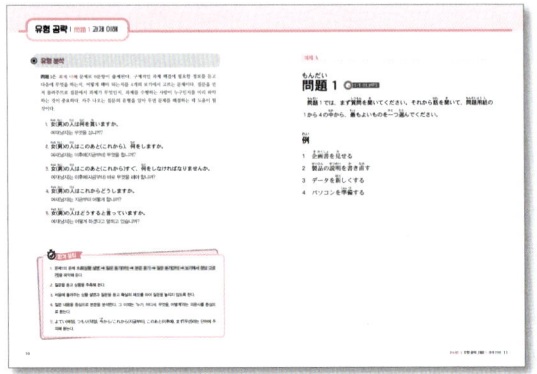

〈PART 1 유형 공략〉에서는 본격적인 학습에 앞서 시험에 출제되는 각 문제의 유형을 살펴봅니다. 또한 문제 유형별로 예제를 수록하여 처음 JLPT를 접하는 학습자도 쉽게 적응할 수 있으며, '합격 꿀팁'을 통해 고득점을 위한 비법도 확인할 수 있습니다. 예제 풀이까지 마친 후에는 '워밍업'을 통해서 '발음이 비슷한 단어를 구별하는 연습', '중요한 단어를 놓치지 않고 듣는 연습'을 할 수 있습니다.

▶ PART 2 합격 공략
N1 청해 만점을 위한 실력 다지기

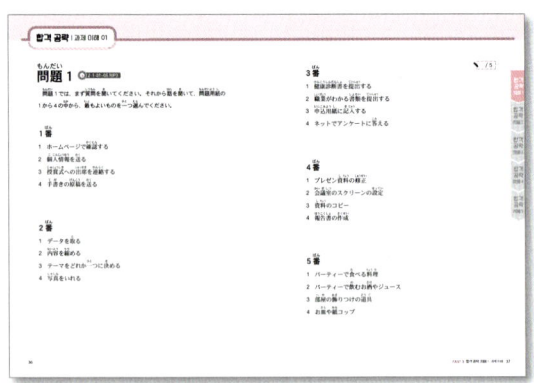

〈PART 2 합격 공략〉에서는 문제 유형별로 실전 문제를 풀이합니다. 청해는 집중력이 당락을 좌우합니다. 문제가 요구하는 내용이 무엇인지 잘 알고, 귀 기울여 듣는 연습이 필요합니다. 메모는 필수! 다양한 주제의 청해 문제를 풀면서 메모하며 듣는 연습을 해 보세요.

▶ PART 3 실전 공략
N1 청해 모의고사 3회분으로 마무리 점검

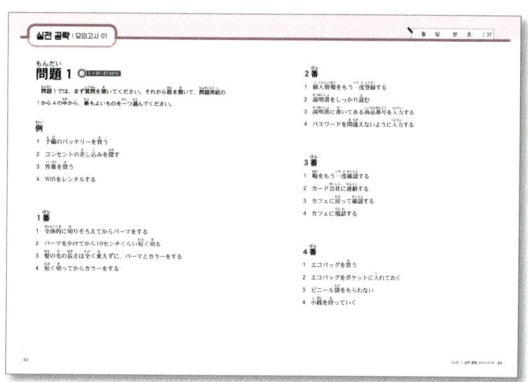

〈PART 3 실전 공략〉에서는 실전 문제로 구성된 모의고사 3회분을 풀이합니다. 마킹 연습을 위한 해답 용지가 본책 뒤에 있으니, 실제로 시험을 보는 것처럼 시간을 정해 두고 문제를 풀이하세요. 문제를 다 푸는 데 걸린 시간과 정답의 개수를 기록하면서 시험을 보기 전 마지막으로 실력을 점검합니다.

<별책> 해설서

문제에 대한 상세한 풀이가 필요할 때에는 별책의 해설서를 참고하세요. 본책에 수록된 문제의 스크립트와 해석, 단어와 해설이 실려 있습니다. 몰랐던 단어를 확인하고, 해설을 통해 정답을 찾는 힘을 기른다면 청해에도 자신이 생길 것입니다.

JLPT(일본어능력시험)란?

❶ JLPT에 대해서

JLPT(Japanese-Language Proficiency Test)는 일본어를 모국어로 하지 않는 사람의 일본어 능력을 측정하고 인정하는 시험으로, 국제교류기금과 재단법인 일본국제교육지원협회가 주최하고 있습니다. 1984년부터 실시되고 있으며 다양화된 수험자와 수험 목적의 변화에 발맞춰 2010년부터 새로워진 일본어 능력시험이 연 2회(7월, 12월) 실시되고 있습니다.

❷ JLPT 레벨과 인정 기준

레벨	과목별 시간		인정 기준
	유형별	시간	
N1	언어지식(문자·어휘·문법) 독해	110분	**기존시험 1급보다 다소 높은 레벨까지 측정** [읽기] 논리적으로 약간 복잡하고 추상도가 높은 문장 등을 읽고, 문장의 구성과 내용을 이해할 수 있으며 다양한 화제의 글을 읽고, 이야기의 흐름이나 상세한 표현의도를 이해할 수 있다. [듣기] 자연스러운 속도의 체계적 내용의 회화나 뉴스, 강의를 듣고, 내용의 흐름 및 등장인물의 관계나 내용의 논리구성 등을 상세히 이해하거나, 요지를 파악할 수 있다.
	청해	60분	
	계	170분	
N2	언어지식(문자·어휘·문법) 독해	105분	**기존시험의 2급과 거의 같은 레벨** [읽기] 신문이나 잡지의 기사나 해설, 평이한 평론 등, 논지가 명쾌한 문장을 읽고 문장의 내용을 이해할 수 있으며, 일반적인 화제에 관한 글을 읽고, 이야기의 흐름이나 표현의도를 이해할 수 있다. [듣기] 자연스러운 속도의 체계적 내용의 회화나 뉴스를 듣고, 내용의 흐름 및 등장인물의 관계를 이해하거나, 요지를 파악할 수 있다.
	청해	50분	
	계	155분	
N3	언어지식(문자·어휘)	105분	**기존시험의 2급과 3급 사이에 해당하는 레벨(신설)** [읽기] 일상적인 화제에 구체적인 내용을 나타내는 문장을 읽고 이해할 수 있으며, 신문의 기사 제목 등에서 정보의 개요를 파악할 수 있다. 일상적인 장면에서 난이도가 약간 높은 문장을 바꿔 제시하며 요지를 이해할 수 있다. [듣기] 자연스러운 속도의 체계적 내용의 회화를 듣고, 이야기의 구체적인 내용을 등장인물의 관계 등과 함께 거의 이해할 수 있다.
	언어지식(문법)·독해		
	청해	40분	
	계	145분	
N4	언어지식(문자·어휘)	95분	**기존시험 3급과 거의 같은 레벨** [읽기] 기본적인 어휘나 한자로 쓰여진, 일상생활에서 흔하게 일어나는 화제의 문장을 읽고 이해할 수 있다. [듣기] 일상적인 장면에서 다소 느린 속도의 회화라면 거의 내용을 이해할 수 있다.
	언어지식(문법)·독해		
	청해	35분	
	계	130분	
N5	언어지식(문자·어휘)	80분	**기존시험 4급과 거의 같은 레벨** [읽기] 히라가나나 가타카나, 일상생활에서 사용되는 기본적인 한자로 쓰여진 정형화된 어구나 문장을 읽고 이해할 수 있다. [듣기] 일상생활에서 자주 접하는 장면에서 느리고 짧은 회화로부터 필요한 정보를 얻어낼 수 있다.
	언어지식(문법)·독해		
	청해	30분	
	계	110분	

❸ 시험 결과의 표시

레벨	득점 구분	인정 기준
N1	언어지식(문자 · 어휘 · 문법)	0~60
	독해	0~60
	청해	0~60
	종합득점	0~180
N2	언어지식(문자 · 어휘 · 문법)	0~60
	독해	0~60
	청해	0~60
	종합득점	0~180
N3	언어지식(문자 · 어휘 · 문법)	0~60
	독해	0~60
	청해	0~60
	종합득점	0~180
N4	언어지식(문자 · 어휘 · 문법) · 독해	0~120
	청해	0~60
	종합득점	0~180
N5	언어지식(문자 · 어휘 · 문법) · 독해	0~120
	청해	0~60
	종합득점	0~180

❹ 시험 결과 통지의 예

다음 예와 같이 ① '득점구분별 득점'과 득점구분별 득점을 합계한 ② '종합득점', 앞으로의 일본어 학습을 위한 ③ '참고정보'를 통지합니다. ③ '참고정보'는 합격/불합격 판정 대상이 아닙니다.

※예 N1를 수험한 Y씨의 '합격/불합격 통지서'의 일부 성적 정보(실제 서식은 변경될 수 있습니다.)

① 득점 구분별 득점			② 종합 득점
언어지식 (문자 · 어휘 · 문법)	독해	청해	
50/60	30/60	40/60	120/180

③ 참고 정보	
문자 · 어휘	문법
A	C

A 매우 잘했음 (정답률 67% 이상)
B 잘했음 (정답률 34%이상 67% 미만)
C 그다지 잘하지 못했음 (정답률 34% 미만)

차례

PART 1 유형 공략

PART 2 합격 공략

PART 3 실전 공략

PART **1**

유형
공략

〈PART 1 유형 공략〉에서는 각 문제 유형을 자세히 살펴봅니다. 문제 유형별로 자주 나오는 질문의 형태와 시간 절약과 고득점 합격을 위한 꿀팁을 제시합니다. 문제 유형 분석을 마치면 예제를 풉니다. 또한 워밍업을 통해 청해 문제 풀이를 위한 기초 체력을 기릅니다.

✳ 유형 분석

問題1은 과제 이해 문제로 6문항이 출제된다. 구체적인 과제 해결에 필요한 정보를 듣고 다음에 무엇을 하는지, 어떻게 해야 되는지를 4개의 보기에서 고르는 문제이다. 질문을 먼저 들려주므로 질문에서 과제가 무엇인지, 과제를 수행하는 사람이 누구인지를 미리 파악하는 것이 중요하다. 자주 나오는 질문의 유형을 알아 두면 문제를 해결하는 데 도움이 될 것이다.

1. 女(男)の人は何を買いますか。

   여자(남자)는 무엇을 삽니까?

2. 女(男)の人はこのあと(これから)、何をしますか。

   여자(남자)는 이후에(지금부터) 무엇을 합니까?

3. 女(男)の人はこのあと(これから)すぐ、何をしなければなりませんか。

   여자(남자)는 이후에(지금부터) 바로 무엇을 해야 합니까?

4. 女(男)の人はこれからどうしますか。

   여자(남자)는 지금부터 어떻게 합니까?

5. 女(男)の人はどうすると言っていますか。

   여자(남자)는 어떻게 하겠다고 말하고 있습니까?

✓ 합격 꿀팁

1. 문제1의 문제 흐름(상황 설명 ➡ 질문 듣기(1차) ➡ 본문 듣기 ➡ 질문 듣기(2차) ➡ 보기에서 정답 고르기)을 파악해 둔다.

2. 질문을 듣고 상황을 추측해 본다.

3. 처음에 들려주는 상황 설명과 질문을 듣고 확실히 메모를 하여 질문을 놓치지 않도록 한다.

4. 질문 내용을 중심으로 본문을 분석한다. 그 이외는 '누가, 어디서, 무엇을, 어떻게'라는 의문사를 중심으로 듣는다.

5. よてい(예정), つもり(작정), 今から/これから(지금부터), このあと(이후에), まず(우선)라는 단어에 주의해 듣는다.

もんだい
問題 1 ▶ 1-1-01.MP3

もんだい１では、まず質問を聞いてください。それから話を聞いて、問題用紙の１から４の中から、最もよいものを一つ選んでください。

れい
例

1 企画書を見せる

2 製品の説明を書き直す

3 データを新しくする

4 パソコンを準備する

「出典：日本語能力試験公式ウェブサイト(https://www.jlpt.jp/)」

女の人が新しい製品企画書について男の人と話しています。女の人はこのあと何をしなければなりませんか。

F：課長、明日の会議の企画書、見ていただけたでしょうか。

M：うん、分かりやすくできあがってるね。

F：あ、ありがとうございます。ただ、実は製品の説明がちょっと弱いかなって気になってるんですが。

M：うーん、そうだね。でもまあ、この部分はいいかな。で、ええと、この11ページのグラフ、これ随分前のだね。

F：あ、すみません。

M：じゃ、そのグラフは替えて。あ、それから、会議室のパソコンやマイクの準備はできてる？

F：あ、そちらは大丈夫です。

女の人はこのあと何をしなければなりませんか。

1　企画書を見せる
2　製品の説明を書き直す
3　データを新しくする
4　パソコンを準備する

여자가 새로운 제품 기획서에 대해 남자와 이야기하고 있습니다. 여자는 이다음에 무엇을 해야 합니까?

F：과장님, 내일 회의 기획서, 보셨어요?

M：응, 알기 쉽게 잘됐군.

F：아, 고맙습니다. 그런데 실은 제품 설명이 좀 약하지 않나 하는 생각이 드는데요.

M：음, 그렇군. 하지만 뭐, 이 부분은 괜찮네. 그리고 저, 이 11페이지의 그래프, 이거, 꽤 예전 거네.

F：아, 죄송합니다.

M：그럼, 그 그래프는 바꾸고. 아, 그리고 회의실의 컴퓨터랑 마이크 준비는 다 됐나?

F：아, 그쪽은 괜찮습니다.

여자는 이다음에 무엇을 해야 합니까?

1　기획서를 보여 준다
2　제품 설명을 다시 쓴다
3　데이터를 새롭게 한다
4　컴퓨터를 준비한다

단어

課長 과장 | 会議 회의 | 企画書 기획서 | 見ていただく 봐 주시다 | できあがる 완성되다 | 製品 제품 | 説明 설명 | 弱い 약하다 | 気になる 걱정이 되다, 마음에 걸리다 | 随分 상당히, 꽤 | 替える 바꾸다

해설

여자가 이후에 해야 하는 행동을 묻는 문제이다. 과장이 기획서를 보고 그래프가 예전 것이니 변경하라고 했으므로 정답은 3번이다.

워밍업

1 다음 발음과 같은 것을 ①, ② 중에서 골라 ○ 표시하고, 빈칸에 뜻을 쓰시오. ▶ **1-1-02.MP3**

　1　① 証_{あかし}（　）　② 赤字_{あか じ}（　） 　　_____

　2　① 明朗_{めいろう}（　） 　② 明瞭_{めいりょう}（　） 　　_____

　3　① 賭_{かけ}（　） 　② 崖_{がけ}（　） 　　_____

　4　① 寄与_{き よ}（　） 　② 器用_{き よう}（　） 　　_____

　5　① 果_はてる（　） 　② ばてる（　） 　　_____

2-01 다음 대화를 듣고 빈칸을 채우시오. ▶ **1-1-03.MP3**

　F：この間_{あいだ}、買_かった 1 _____ 大丈夫_{だいじょう ぶ}だった？

　M：僕_{ぼく}は肌_{はだ}に 2 _____ よかったけど、どうした？

　F：香_{かお}りはよかったんだけど、 3 _____ かゆくなっちゃって。

　M：4 _____ ってこと？

　F：そうなのよ。かゆいうえに、 5 _____ までできちゃって。

　M：いくらいい商品_{しょうひん}と言_いわれてるものでも、試_{ため}してみないとわからないね。

　F：そうね。今度_{こん ど}からは、まず 6 _____ をもらうことにするわ。

2-02 여자는 앞으로 어떻게 하겠다고 합니까?

① 商品_{しょうひん}を試_{ため}してから買_かうようにする　　② 同_{おな}じ商品_{しょうひん}をもう一度_{いち ど}使_{つか}ってみる

③ この商品_{しょうひん}はもう買_かわないようにする　　④ 買_かう前_{まえ}に成分_{せいぶん}をよく見_みるようにする

◆ **정답**

1 　1　② 赤字_{あか じ} 적자 　2　① 明朗_{めいろう} 명랑 　3　② 崖_{がけ} 낭떠러지, 벼랑 　4　① 寄与_{き よ} 기여 　5　② ばてる 지치다, 기진하다

2-01 　1　化粧品_{け しょうひん} 화장품 　2　馴染_{な じ}んで 잘 맞아서 　3　塗_ぬったとたん 바르자마자 　4　かぶれた 부작용 났다

　　　　5　湿疹_{しっしん} 습진 　6　試供品_{し きょうひん} 견본품

2-02 ①

✳ 유형 분석

問題 2는 포인트 이해 문제로 7문항이 출제된다. 대화나 설명을 들은 후 어떤 행동을 한 이유나 원인, 대화에서 강조하는 포인트를 파악하여 질문에 알맞은 대답을 4개의 보기 중에서 고르는 문제이다. 보기는 문장이 길기 때문에 읽는 시간이 별도로 주어진다(20초 가량). 자주 나오는 질문 유형을 알아 두면 문제를 해결하는 데 도움이 될 것이다.

1. 一番の理由(原因)は何だと言っていますか。
   가장 큰 이유(원인)는 무엇이라고 말하고 있습니까?

2. 何のためですか。
   무엇 때문입니까?

3. 理由は何ですか。
   이유는 무엇입니까?

4. どうして怒っているのですか。
   왜 화를 내고 있는 것입니까?

5. どうしてですか。
   왜입니까?

⏱ 합격 꿀팁

1. 문제2의 문제 흐름(상황 설명 ➡ 질문 듣기(1차) ➡ 보기 읽기(약 20초) ➡ 본문 듣기 ➡ 질문 듣기(2차) ➡ 정답 고르기)을 파악해 둔다.

2. 상황 설명과 질문을 듣고 별도의 시간에 보기를 빨리 읽고, 어떤 내용이 나올지를 추측해 보면 본문을 듣는 이해도가 더 깊어진다.

3. 추측했던 내용과 다를 가능성도 있으므로 본문은 끝까지 잘 듣는다.

4. いや(아니), そうじゃなくて(그게 아니라), それもそうだけど(그것도 그렇지만), それより(그것보다), だけど(그러나), やっぱり(역시), 実は(사실은) 등의 말이 나오면 그 다음에는 대답이 되는 내용이 나올 가능성이 높기 때문에 보다 집중해서 듣는다.

もんだい
問題2 ▶ 1-2-01.MP3

　問題2では、まず質問を聞いてください。そのあと、問題用紙のせんたくしを読んでください。読む時間があります。それから話を聞いて、問題用紙の1から4の中から、最もよいものを一つ選んでください。

れい
例

1　昨日までに資料を渡さなかったから

2　飲み会で飲みすぎて寝てしまったから

3　飲み会に資料を持っていったから

4　資料をなくしてしまったから

「出典：日本語能力試験公式ウェブサイト(https://www.jlpt.jp/)」

大学で男の学生と女の学生が話しています。この男の学生は先生がどうして怒ったと言っていますか。

M：ああ、先生を怒らせちゃったみたいなんだよね。困ったな。

F：え、どうしたの？

M：いやそれがね、先生に頼まれた資料、昨日までに渡さなくちゃいけなかったんだけど、いろいろあって渡せなくて。

F：えー、それで怒られちゃったの？

M：うん、いや、それで怒られたっていうより、おととい、授業のあと、飲み会があってね。で、ついそれを持ってっちゃったんだけど、飲みすぎて寝ちゃって、忘れてきちゃったんだよね。

F：え？じゃ、なくしちゃったわけ？

M：いや、出てはきたんだけどね、うん。先生が、なんでそんな大事な資料を飲み会なんかに持っていくんだって。

F：まあ、そりゃそうよね。

この男の学生は先生がどうして怒ったと言っていますか。

대학교에서 남학생과 여학생이 이야기하고 있습니다. 이 남학생은 교수님이 왜 화가 났다고 말하고 있습니까?

M：아~, 교수님을 화나게 한 것 같아. 난감하네.

F：어, 무슨 일이야?

M：아니 그게 말이지, 교수님이 부탁하신 자료, 어제까지 드렸어야 했는데, 이런저런 일이 있어서 못 드려서 말이야.

F：에이, 그걸로 화나신 거야?

M：응, 아니, 그걸로 화가 나셨다기보다 그저께 수업이 끝난 뒤에 술자리가 있었거든. 그래서 그만 그걸 가지고 갔는데 과음해서 자 버리는 바람에 두고 와 버렸거든.

F：뭐? 그럼 잃어버린 거야?

M：아니, 찾긴 했는데, 음. 교수님이 왜 그런 중요한 자료를 술자리 같은 데 가져가느냐고.

F：뭐, 그건 그렇지.

이 남학생은 교수님이 왜 화가 났다고 말하고 있습니까?

1 昨日までに資料を渡さなかったから	1 어제까지 자료를 드리지 않았기 때문에
2 飲み会で飲みすぎて寝てしまったから	2 술자리에서 과음하고 잠들어 버렸기 때문에
3 飲み会に資料を持っていったから	3 술자리에 자료를 가져갔기 때문에
4 資料をなくしてしまったから	4 자료를 잃어버렸기 때문에

단어

怒らせる 화나게 하다｜困る 곤란하다｜頼む 부탁하다｜渡す 전하다｜飲み会 회식, 술자리｜つい 그만｜持っていく 가지고 가다｜なくす 잃어버리다

해설

교수가 화난 이유를 찾는 문제이다. 교수가 화난 이유는 마지막 부분에 명확하게 나와 있다. 어제까지 자료를 제출하지 않은 것보다 술자리에 중요한 자료를 가져갔던 것에 화가 난 것이므로 정답은 3번이다.

1 다음 발음과 같은 것을 ①, ② 중에서 골라 ○ 표시하고, 빈칸에 뜻을 쓰시오. ▶ 1-2-02.MP3

1　① 吐く（　）　② 剥ぐ（　）　_____

2　① 教示（　）　② 行事（　）　_____

3　① 甚だしい（　）　② 華々しい（　）　_____

4　① 迂回（　）　② うがい（　）　_____

5　① 麻（　）　② 痣（　）　_____

2-01 다음 대화를 듣고 빈칸을 채우시오. ▶ 1-2-03.MP3

M：遅れてごめん！待った？

F：うん。どうしたの？寝坊した？

M：ううん、8時に起きて 1 _____ してたんだけど、出る 2 _____ に
友達に来られて……。

F：えっ？そうだったの？

M：そうなんだよ。まったく 3 _____ から迷惑だよな。

F：大変だったね。 4 _____ 電車が遅れたからだと思ってた。

M：ごめんごめん。コーヒーでも 5 _____ よ。

2-02 남자는 왜 지각했습니까?

① 朝寝坊したから　　　② 友達が来たから

③ 電車が遅れたから　　④ 電話が来たから

✦ 정답

1　1 ② 剥ぐ 벗기다　2 ① 教示 교시　3 ① 甚だしい 심하다　4 ② うがい 양치질　5 ① 麻 삼, 모시

2-01　1 支度 준비, 채비　2 間際 직전　3 朝っぱら 이른 아침　4 てっきり 영락없이　5 おごる 한턱내다

2-02 ②

✳ 유형 분석

問題 3은 **개요 이해** 문제로 6문제가 출제된다. 어떤 주제에 대한 설명이나 대화를 듣고 말하는 사람의 생각이나 주장 등을 4개의 보기 중에서 고르는 문제이다. 본문은 대화문보다는 전문가 인터뷰나 대학 강의, TV 뉴스 같은 설명이나 주장을 담은 경우가 많다. 문제1(과제 이해), 문제2(포인트 이해)와 달리 본문을 다 들려준 후 마지막에 질문과 보기를 들려준다. 따라서 본문을 들으면서 중요한 포인트는 메모하는 게 좋으며, 잊지 않도록 질문과 보기 또한 메모해 두는 게 안전하다. 자주 나오는 질문 유형을 알아두면 문제를 해결하는 데 도움이 될 것이다.

1. **女(男)の人は～についてどう言っていますか。**

   여자(남자)는 ～에 대해서 어떻게 말하고 있습니까?

2. **女(男)の人は～についてどう思っていますか。**

   여자(남자)는 ～에 대해서 어떻게 생각하고 있습니까?

3. **大学の先生が話しています。**

   대학 교수가 이야기하고 있습니다.

4. **テレビでレポーターが話しています。**

   텔레비전에서 리포터가 이야기하고 있습니다.

5. **～について説明しています。**

   ～에 대해서 설명하고 있습니다.

6. **留守番電話のメッセージを聞いています。**

   자동응답전화 메시지를 듣고 있습니다.

✓ 합격 꿀팁

1. 문제3의 문제 흐름(상황 설명 ➡ 본문 듣기 ➡ 질문 듣기 ➡ 보기 듣기 ➡ 정답 고르기)을 파악해 둔다.

2. 상황 설명에서는 말하는 사람의 직업에 대해 이야기하고 있으므로 어떤 내용이 올지 추측한다.

3. 대화문 이외에 설명문, 논설문, 연설, 방송, 강의, 광고 등의 내용에서 문제가 나오기 때문에 주의한다.

4. 전체적인 내용을 파악하는 것이 필요하므로, 어려운 단어나 모르는 단어가 나와도 당황하지 않는다.

5. 한 사람이 쭉 이야기를 하고 있으므로 「えー」라는 추임새에 방해받지 않도록 주의한다.

6. 중요한 단어나 비슷한 단어가 계속해서 나올 경우에는 메모를 해 둔다.

もんだい
問題3 ▶ 1-3-01.MP3

問題3では、問題用紙に何も印刷されていません。この問題は全体として、どんな内容かを聞く問題です。話の前に質問はありません。まず話を聞いてください。それから、質問とせんたくしを聞いて、1から4の中から、最もよいものを一つ選んでください。

―　メ モ　―

「出典：日本語能力試験公式ウェブサイト(https://www.jlpt.jp/)」

女の人が男の人に映画の感想を聞いています。

F：この間話してた映画、見に行ったんでしょ？どうだった？

M：うん、すごく豪華だった。衣装だけじゃなくて、景色もすべて、画面の隅々までとにかくきれいだったよ。でも、ストーリーがな。主人公の気持ちになって、一緒にドキドキして見られたらもっとよかったんだけど、ちょっと単調でそこまでじゃなかったな。娯楽映画としては十分楽しめると思うけどね。

男の人は映画についてどう思っていますか。

1 映像も美しく、話も面白い
2 映像は美しいが、話は単調だ
3 映像もよくないし、話も単調だ
4 映像はよくないが、話は面白い

여자가 남자에게 영화 감상을 묻고 있습니다.

F : 요전에 이야기했던 영화, 보러 갔었지? 어땠어?

M : 응, 굉장히 화려했어. 의상뿐 아니라 경치도 전부, 화면 구석구석까지 어쨌든 예뻤어. 그런데 스토리가 좀. 주인공의 심정이 돼서 함께 두근거리며 봤으면 더 좋았을 텐데. 좀 단조로워서 그만큼은 아니었어. 오락 영화로는 충분히 즐길 수 있을 것 같지만 말이야.

남자는 영화에 대해 어떻게 생각하고 있습니까?

1 영상도 아름답고 이야기도 재미있다
2 영상은 아름답지만, 이야기는 단조롭다
3 영상도 좋지 않고, 이야기도 단조롭다
4 영상은 좋지 않지만, 이야기는 재미있다

단어

映画 영화 | 感想 감상 | 豪華 화려함 | 衣装 의상 | 景色 경치 | 画面 화면 | 隅々 구석구석 | とにかく 어쨌든 | 主人公 주인공 | ドキドキ 두근두근 | 単調 단조로움 | 娯楽 오락

해설

남자의 영화 감상 소감을 묻는 문제이다. 영상에 대해서는 화면 구석구석까지 예뻤다고 말한 뒤, '그렇지만' 이야기가 단조롭고 별로였다, 즉 그렇게 재미있지는 않았다고 말하고 있으므로 정답은 2번이다.

1 다음 발음과 같은 것을 ①, ② 중에서 골라 ○ 표시하고, 빈칸에 뜻을 쓰시오. 🔊 **1-3-02.MP3**

　　① 稽古（　　）　　② 敬語（　　）　　＿＿＿＿＿＿＿＿＿＿＿
　けいこ　　　　　　けいご

　　① 子息（　　）　　② 時速（　　）　　＿＿＿＿＿＿＿＿＿＿＿
　しそく　　　　　　じそく

　　① 気質（　　）　　② 期日（　　）　　＿＿＿＿＿＿＿＿＿＿＿
　きしつ　　　　　　きじつ

　　① 一種（　　）　　② 一瞬（　　）　　＿＿＿＿＿＿＿＿＿＿＿
　いっしゅ　　　　　いっしゅん

　　① 外相（　　）　　② 会場（　　）　　＿＿＿＿＿＿＿＿＿＿＿
　がいしょう　　　　かいじょう

2-01 다음 이야기를 듣고 빈칸을 채우시오. 🔊 **1-3-03.MP3**

テレビで女の人が話しています。
　　　おんな ひと はな

F：幼いころから数多くの小説を読んでいたこともあり、昔から文章を考えること
　おさな　　　かずおお　しょうせつ よ　　　　　　むかし ぶんしょう かんが
　が好きでした。頭の中に **1** ＿＿＿＿＿＿イメージを言葉にすることが得意だっ
　す　　　　あたま なか　　　　　　　　　　　　ことば　　　　　とくい
　たのかもしれません。国語の作文や詩の課題などには真剣に取り組んでいま
　　　　　　　　こくご さくぶん し かだい　　　しんけん と く
　したが、**2** ＿＿＿＿＿＿に小説を書き始めたのは社会人になってからです。
　　　　　　　　　　しょうせつ か はじ　　　しゃかいじん
　出版社に就職したのですが、仕事の中で多くの小説家の方に出会い、創作へ
　しゅっぱんしゃ しゅうしょく　　　　しごと なか おお しょうせつか かた であ　　そうさく
　の憧れが **3** ＿＿＿＿＿＿のがきっかけですね。気づいたら、机に向かって
　あこが　　　　　　　　　　　　　　　　　　　　き　　　つくえ む
　4 ＿＿＿＿＿＿に小説を書いている自分の姿がありました。先日、新人賞を
　　　　　　　しょうせつ か　　　じぶん すがた　　　せんじつ しんじんしょう
　受賞し、**5** ＿＿＿＿＿＿への連載や単行本の出版などが予定されているの
　じゅしょう　　　　　　　　れんさい たんこうぼん しゅっぱん よてい
　で、これからの **6** ＿＿＿＿＿＿が楽しみですね。
　　　　　　　　　　　　　　　　たの

2-02 여자는 무엇에 대해 말하고 있습니까

① 本を出版した理由　　　　　　② 小説家になったきっかけ
　ほん しゅっぱん りゆう　　　　　しょうせつか

③ 小説の魅力　　　　　　　　　④ 幼いころの思い出
　しょうせつ みりょく　　　　　　おさな　　おも で

◆ **정답**

1 **1** ① 稽古 (무술이나 예술을) 배움　**2** ① 子息 아들　**3** ② 期日 기일　**4** ① 一種 일종　**5** ① 外相 외무 장관
　　　　けいこ　　　　　　　　　しそく　　　　きじつ　　　　いっしゅ　　　　がいしょう

2-01 **1** 浮かんだ 떠오른　**2** 本格的 본격적　**3** 芽生えた 싹튼　**4** 一心不乱 일심불란　**5** 文芸誌 문예지
　　　　う　　　　　　　　ほんかくてき　　　　めば　　　　いっしんふらん　　　　ぶんげいし

　　6 執筆活動 집필 활동
　　　しっぴつかつどう

2-02 ②

✱ 유형 분석

問題4는 즉시 응답 문제로 14문제가 출제된다. 짧은 대화를 듣고 그에 대한 적절한 대답을 빠른 시간 안에 판단하는 문제이다. 보기는 3개이며, 문제지에는 아무것도 기재되어 있지 않다. 자주 나오는 상황 표현을 알아 두면 풀이하는 데 도움이 될 것이다.

A : ご都合のよろしい日をご指示いただけますか。

B : じゃあ、来週の水曜日にしましょうか。

A : 시간이 괜찮은 날을 알려 주시겠어요?

B : 그럼, 다음 주 수요일로 할까요?

A : すみません。営業部の鈴木さんにお目にかかりたいのですが。

B : いま、呼んでまいります。

A : 실례합니다. 영업부 스즈키 씨를 뵙고 싶은데요.

B : 지금 불러오겠습니다.

A : この件ですが、山本部長にもお伝えいただけるとありがたいのですが。

B : では、後ほど伝えておきます。

A : 이 건 말인데요, 야마모토 부장님께도 전해 주시면 감사하겠습니다만.

B : 그럼, 나중에 전해 드리겠습니다.

A : 山田さんの気配りには本当に頭が下がりますね。

B : ほんとに。わたしも見習いたいと思います。

A : 야마다 씨의 배려에는 정말로 머리가 숙여지네요.

B : 정말이에요. 저도 배우고 싶어요.

⏱ 합격 꿀팁

1. 문제4의 문제 흐름(짧은 질문이나 간단한 대사 ➡ 보기 듣기 ➡ 정답 고르기)을 파악해 둔다.

2. 비즈니스 표현이 자주 나오기 때문에 인사, 의뢰, 허가 등의 표현을 확실히 공부해 둔다.

3. 속도가 빠르기 때문에 빠른 판단력이 필요하다. 문제를 풀 수 없는 경우 시간을 지체하지 말고 다음 문제로 빨리 넘어간다.

4. 일상생활에서 자주 사용하는 짧은 대화 표현이나 관용구도 나오므로 패턴을 잘 파악해 둔다.

5. A의 질문에 대답하는 유형과 A의 이야기에 대해서 적절하게 응답하는 형식이 있다.

もんだい
問題4 ▶ 1-4-01.MP3

問題4では、問題用紙に何も印刷されていません。まず、文を聞いてください。それから、それに対する返事を聞いて、1から3の中から、最もよいものを一つ選んでください。

― メモ ―

M：ああ、今日はお客さんからの苦情が多くて、仕事にならなかったよ。

F：1　いい仕事、できてよかったね。

　　2　仕事、なくて大変だったね。

　　3　お疲れ様。ゆっくり休んで。

M：아~, 오늘은 손님들한테 클레임이 많이 들어와서 일을 못 했어.

F：1　좋은 일이 생겨서 다행이네.

　　2　일이 없어서 힘들었겠네.

　　3　수고했어. 푹 쉬어.

단어

お客さん 손님 | 苦情 클레임, 불평, 불만 | 仕事にならない 일을 못 하다

해설

「苦情(클레임)」와 「仕事にならない(일을 못 하다)」의 의미를 아는 것이 포인트이다. 클레임이 많아 일이 힘들었다고 말하고 있으므로 격려의 말을 해 주는 3번이 정답이다.

1 다음 발음과 같은 것을 ①, ② 중에서 골라 ○ 표시하고, 빈칸에 뜻을 쓰시오. ▶ 1-4-02.MP3

1 ① 籠^{かご}(　)　② 化合^{かごう}(　)　_____

2 ① 世帯^{せたい}(　)　② 世代^{せだい}(　)　_____

3 ① すれる(　)　② ずれる(　)　_____

4 ① 即^{そく}する(　)　② 属^{ぞく}する(　)　_____

5 ① 旗^{はた}(　)　② 肌^{はだ}(　)　_____

2-01 다음 대화를 듣고 빈칸을 채우시오. ▶ 1-4-03.MP3

F：部長、今度^{こんど}のプレゼンですが、わたしにさせていただけますでしょうか。

M：1　うん、喜^{よろこ}んで ☐**1** _____

　　2　そうだね。君^{きみ}に ☐**2** _____

　　3　明日^{あした}までに ☐**3** _____

2-02 여자의 말에 대응하는 대답으로 알맞은 것을 고르시오.

① うん、喜^{よろこ}んでさせてもらうよ。

② そうだね。君^{きみ}に任^{まか}せるよ。

③ 明日^{あした}までに仕上^{しあ}げてもらえる？

◆ 정답

1 ☐**1** ② 化合^{かごう} 화합　☐**2** ② 世代^{せだい} 세대　☐**3** ① すれる 스치다　☐**4** ② 属^{ぞく}する 소속되다　☐**5** ① 旗^{はた} 기, 깃발

2-01 ☐**1** させてもらうよ 할게　☐**2** 任^{まか}せるよ 맡길게　☐**3** 仕上^{しあ}げてもらえる? 마무리해 줄래?

2-02 ②

유형 공략 | 問題 5 종합 이해

✱ 유형 분석

問題 5는 종합 이해 문제로 2가지 유형의 4문제가 출제된다. 긴 대화나 설명을 듣고 복수의 정보를 통해서 정보를 비교하고 내용을 파악하여 질문에 대한 적절한 답을 찾는 문제이다.

유형1(1, 2번)

유형1은 2문제가 출제되며, 긴 대화를 듣고 질문에 답하는 문제이다. 두 명의 대화일 때는 점원과 손님 간 대화가 많고, 세 명의 대화일 때는 가족 간의 대화일 때가 많다. 문제지에 보기가 제시되어 있지 않고 질문과 보기도 본문을 들려준 후 마지막에 들려주므로 중요한 포인트는 메모해 가며 들어야 한다.

유형2(3번)

유형2는 1문제가 출제되지만 대화를 나누는 남자의 입장과 여자의 입장을 각각 질문하므로 실제 문제 수는 2개이다. 설명문과 대화문이 함께 나오는 긴 내용의 본문을 듣고 제시된 보기에서 각각의 답을 고르면 된다.

✓ 합격 꿀팁

1. 문제 5 유형1(1, 2번)의 문제 흐름(상황 설명 ➡ 본문 듣기 ➡ 질문 듣기 ➡ 보기 듣기 ➡ 정답 고르기)을 파악해 둔다.

2. 문제 5 유형2(3번)의 문제 흐름(상황 설명 ➡ 본문 듣기 ➡ 질문1 듣기 ➡ 정답 고르기 ➡ 질문2 듣기 ➡ 정답 고르기)을 파악해 둔다.

3. 본문이 길고 정보량도 많기 때문에 헷갈리는 것도 많지만, 중요한 단어나 숫자를 놓치지 않고 확실하게 메모한다.

4. 어려운 단어가 나왔다고 해서 당황하지 말고 이해할 수 있는 단어들 우선으로 조합하여 의미를 풀어나 간다.

5. 문제를 푸는 연습도 필요하지만, 긴 문장을 듣는 집중력을 기르기 위해서 뉴스를 매일 듣고, 익숙해지는 연습을 한다.

6. 유형1의 경우는 질문과 보기가 모두 음성이므로 긴 문장을 집중해서 들을 필요가 있다. 또한, 질문이 하나이므로 의제에 대해서 찬성인지 반대인지를 확인하며 듣는 것이 좋다.

7. 유형2의 경우는 보기가 제시되어 있으므로 들으면서 보기에 표시를 하는 것이 좋다.

問題5 ▶ 1-5-01~02.MP3

問題5では長めの話を聞きます。この問題には練習はありません。問題用紙にメモをとってもかまいません。

例1

問題用紙に何も印刷されていません。まず話を聞いてください。それから、質問とせんたくしを聞いて、1から4の中から、最もよいものを一つ選んでください。

― メモ ―

<ruby>例<rt>れい</rt></ruby>2

　まず、<ruby>話<rt>はなし</rt></ruby>を<ruby>聞<rt>き</rt></ruby>いてください。それから<ruby>二<rt>ふた</rt></ruby>つの<ruby>質問<rt>しつもん</rt></ruby>を<ruby>聞<rt>き</rt></ruby>いて、それぞれ<ruby>問題用<rt>もんだいよう</rt></ruby><ruby>紙<rt>し</rt></ruby>の1から4の<ruby>中<rt>なか</rt></ruby>から、<ruby>最<rt>もっと</rt></ruby>もよいものを<ruby>一<rt>ひと</rt></ruby>つ<ruby>選<rt>えら</rt></ruby>んでください。

<ruby>質問<rt>しつもん</rt></ruby>1

1　<ruby>富田<rt>とみた</rt></ruby><ruby>美術館<rt>びじゅつかん</rt></ruby>
2　アーク<ruby>美術館<rt>びじゅつかん</rt></ruby>
3　<ruby>秋山<rt>あきやま</rt></ruby><ruby>美術館<rt>びじゅつかん</rt></ruby>
4　ポニー<ruby>美術館<rt>びじゅつかん</rt></ruby>

<ruby>質問<rt>しつもん</rt></ruby>2

1　<ruby>富田<rt>とみた</rt></ruby><ruby>美術館<rt>びじゅつかん</rt></ruby>
2　アーク<ruby>美術館<rt>びじゅつかん</rt></ruby>
3　<ruby>秋山<rt>あきやま</rt></ruby><ruby>美術館<rt>びじゅつかん</rt></ruby>
4　ポニー<ruby>美術館<rt>びじゅつかん</rt></ruby>

例1

「出典：日本語能力試験公式ウェブサイト(https://www.jlpt.jp/)」

会社で女の人と男の人が話しています。

M：中山さん、この前マッサージの店の話、してたよね。パソコンの使いすぎなのか、肩の痛みに悩まされていて、会社から近いところ知らない？定時の6時に会社を出れば間に合うところがいいんだけど、それで、行った人の感想が分かってると安心できていいな。あと、できれば料金はあまり高くないほうが。

F：そうですか。会社から10分のところに「スッキリ」という店があります。以前通ってましたが、料金も手ごろですし、元スポーツトレーナーが理論に基づいてやってます。腕も確かです。ただ、店は6時半までなんで、早退したほうが無難かもしれません。

M：中山さんが行ってたとこなら、安心だな。

F：それから、私の友人が通っていた「さわやか堂」という店も昔からある店でいいみたいです。凝りをほぐしてもらうとき、ちょっと痛いらしいんですが、肩こりが治ったそうですよ。ここは9時半までで会社からは5分です。相場より若干高いそうですけど。

M：へえ。

F：そういえば、会社から数分のところに「山川クリニック」って病院ありますよね。行ったことはないんでよく分かりませんが、病院は健康保険が適用されるかもしれないから、治療費は安くすむんじゃないですか。私が定時で帰るときはまだやってますよ。

M：そうか。

회사에서 여자와 남자가 이야기하고 있습니다.

M：나카야마 씨, 요전에 마사지숍 이야기 했었잖아. 컴퓨터를 너무 써서 그런지, 어깨 통증에 시달리고 있는데, 회사에서 가까운 데 몰라? 정시인 6시에 퇴근하면 제시간에 갈 수 있는 곳이 좋은데, 그래서 가 본 사람의 소감을 알면 안심할 수 있어서 좋겠는데 말이야. 그리고 될 수 있으면 요금은 별로 비싸지 않은 편이.

F：그래요? 회사에서 10분 정도 떨어진 곳에 '슷키리'라는 가게가 있어요. 예전에 다녔었는데, 요금도 적당하고 스포츠 트레이너였던 분이 이론에 기반해서 하고 있어요. 솜씨도 틀림없어요. 다만, 가게가 6시 반까지라서 조퇴하는 편이 무난할지도 몰라요.

M：나카야마 씨가 갔던 곳이라면 안심이네.

F：그리고 제 친구가 다녔던 '사와야카도'라는 가게도 예전부터 있던 가게로 괜찮은 모양이에요. 뭉친 근육을 풀 때 좀 아픈 것 같지만 어깨 결림이 나았다고 해요. 이곳은 9시 반까지고 회사에서는 5분 거리예요. 시세보다 약간 비싸다고 하지만요.

M：저런.

F：그러고 보니, 회사에서 몇 분 안 걸리는 곳에 '야마카와 클리닉'이라는 병원이 있지요. 가 본 적은 없어서 잘 모르겠지만 병원은 건강보험이 적용될지도 모르니까 치료비는 싸게 해결되지 않을까요? 제가 정시에 퇴근할 때는 아직 하고 있었어요.

M：그렇군.

F：あと、会社から20分かかりますが、「太陽」という店が
あります。リラックスできるとネットで評判がいいん
です。良心的な値段ということもあって、人気みたい
ですよ。時間は8時までです。

M：やっぱり、行った人の感想が分かってるほうがいい
な。会社から近くて、定時で帰れば確実に間に合うっ
てことを優先するか。料金のことはこの際おいとい
て。ありがとう。今日行ってみるよ。

男の人はどこに行くことにしましたか。

1　スッキリ

2　さわやか堂

3　山川クリニック

4　太陽

F : 그리고 회사에서 20분 걸리지만 '태양'이라
는 가게가 있습니다. 릴렉스할 수 있다고 인
터넷에서 평판이 좋아요. 양심적인 가격이라
인기 있는 것 같아요. 시간은 8시까지예요.

M : 역시 가 본 사람의 소감을 알 수 있는 게 좋
네. 회사에서 가깝고, 정시에 퇴근하면 확실
히 갈 수 있는 것을 우선으로 할까. 요금은
차제로 두고, 고마워. 오늘 가 볼게.

남자는 어디에 가기로 하였습니까?

1　숫키리

2　사와야카도

3　야마카와 클리닉

4　태양

단어

肩 어깨 | 痛み 통증 | 悩まされる 시달리다 | 定時 정시 | 間に合う 제시간에 대다 | 手ごろだ 가격이 적당하다 |
理論 이론 | ～に基づいて ～에 기초해서 | 腕は確かだ 솜씨는 틀림없다 | 早退する 조퇴하다 | 無難だ 무난하다 |
凝りをほぐす 뭉침을 풀다 | 肩こり 어깨 결림 | 相場 시세 | 若干 약간 | 健康保険 건강 보험 | 適用 적용 |
治療費 치료비 | 安くすむ 싸게 해결되다 | 良心的 양심적 | 優先する 우선하다 | この際 차제, 이 기회

해설

남자가 첫 번째 포인트로 삼고 있는 것은 가 본 사람의 소감을 알 수 있는 곳과 정시에 퇴근해서 갈 수 있는 곳이다. 본
문에서 감상을 알 수 있는 가게는 '숫키리'와 '사와야카도'인데, 이 둘 중 회사에서 가깝고 정시 퇴근 후에도 늦지 않는 곳
은 '사와야카도'이므로 정답은 2번이다.

例2

「出典：日本語能力試験公式ウェブサイト(https://www.jlpt.jp/)」

ラジオでアナウンサーが美術展について話しています。

F1：今日は四つの美術館で現在開催されているおすすめの美術展をご紹介します。「富田美術館」では17世紀から19世紀にかけて描かれたヨーロッパの風景画展が行われています。ほとんどの作品は日本初公開の貴重なものです。19世紀に最盛期を迎えるまでの風景画の変遷を見ることができます。「アーク美術館」は再生アート展です。空き缶や使用済みのペットボトルなど、廃棄された素材を使った作品が、見るものに訴えかけてきます。「秋山美術館」は森山隆回顧展です。生誕100年を記念し、開催されます。生涯を通して、人を描くことにこだわり続けた、その足跡をたどることができます。最後は、「ポニー美術館」の体感アート展です。展示された作品を、目で見るだけでなく、聞く、触れる、嗅ぐといった体験を通して楽しむことができます。

F2：加藤くん、次の週末、一緒にどれか見に行かない？

M：うん、いいね。一人の画家の描く絵がどんなふうに変化していくのかって、面白そうじゃない？

F2：私はそれよりもヨーロッパの風景画の変遷に興味あるな。日本に来るのは初めてってものも多いみたいだし、滅多に見られないだろうから、この機会に見ておきたいな。

M：うーん、確かに見るチャンスなかなかないと思うんだけど、僕景色だけっていうのはどうもね。

F2：そっか。じゃ、それは、私、会社の帰りにでも一人で行くことにするね。それ以外だったら、捨てられたものがどんなふうになるかっていうのも興味あるんだけど。

라디오에서 아나운서가 미술전에 대해서 이야기하고 있습니다.

F1：오늘은 네 곳의 미술관에서 현재 개최되고 있는 추천할 만한 미술전을 소개하겠습니다. '도미타 미술관'에서는 17세기부터 19세기에 걸쳐 그려진 유럽 풍경화전이 열리고 있습니다. 대부분의 작품은 일본 최초 공개인 귀중한 것들입니다. 19세기에 전성기를 맞이할 때까지의 풍경화의 변천을 볼 수 있습니다. '아크 미술관'은 재생 아트전입니다. 빈 깡통이나 다 쓴 페트병 등, 폐기된 소재를 사용한 작품이 보는 사람에게 호소해 옵니다. '아키야마 미술관'은 모리야마 다카시 회고전입니다. 탄생 100주년을 기념하여 개최됩니다. 평생 동안 사람을 그리는 데 몰두했던 그 발자취를 더듬어 볼 수 있습니다. 마지막은 '포니 미술관'의 체감 아트전입니다. 전시된 작품을 눈으로 보는 것뿐만 아니라 듣고 만지고 냄새를 맡는 체험을 통해 즐길 수 있습니다.

F2：가토, 다음 주말에 무언가 보러 가지 않을래?

M：응. 좋아. 한 화가가 그리는 그림이 어떻게 변화되어 가는지 재미있을 것 같지 않아?

F2：나는 그것보다도 유럽의 풍경화 변천에 흥미가 있어. 일본에 오는 건 처음인 것도 많은 것 같고, 좀처럼 볼 수 없을 테니까 이 기회에 봐 두고 싶어.

M：음. 확실히 볼 기회가 좀체 없을 것 같지만 난 풍경뿐이라는 건 아무래도….

F2：그렇구나. 그럼, 그건 나 혼자 퇴근할 때라도 보러 가는 걸로 할게. 그 이외라면 버려진 물건이 어떻게 변화될 것인지 하는 것도 흥미가 있긴 한데.

M：それ、僕もメッセージ性があって面白そうって思った。じゃ、そこにする？ あ、それか、いろいろな感覚を使うってのもあるね。

F2：それも実際に触ったりできて、楽しそうなんだけど、すごく人気だって聞いたよ。週末だときっと込んでるから、それは別の機会にしない？

M：そうだね。じゃ、決まり。週末楽しみだね。

M：그거, 나도 메시지성이 있어서 재미있을 것 같다고 생각했어. 그럼, 거기로 할래? 아, 아니면 다양한 감각을 쓰는 것도 있네.

F2：그것도 실제로 만지거나 할 수 있어서 재미있을 것 같은데, 굉장히 인기라고 들었어. 주말이면 틀림없이 혼잡할 테니까 그건 다른 기회에 갈래?

M：그러자. 그럼, 결정. 주말이 기대되네.

質問1 女の人は一人でどの美術館に行きますか。

1 富田美術館
2 アーク美術館
3 秋山美術館
4 ポニー美術館

질문 1 여자는 혼자서 어느 미술관에 갑니까?

1 도미타 미술관
2 아크 미술관
3 아키야마 미술관
4 포니 미술관

質問2 二人は、次の週末、どの美術館に一緒に行きますか。

1 富田美術館
2 アーク美術館
3 秋山美術館
4 ポニー美術館

질문 2 두 사람은 다음 주말, 어느 미술관에 함께 갑니까?

1 도미타 미술관
2 아크 미술관
3 아키야마 미술관
4 포니 미술관

> **단어**

美術館 미술관 | 現在 현재 | 開催する 개최하다 | おすすめ 추천 | ～にかけて ~에 걸쳐 | 描く 그리다 | 風景画 풍경화 | 行う 실시하다 | 作品 작품 | 公開 공개 | 貴重 귀중함 | 最盛期 전성기 | 迎える 맞이하다 | 変遷 변천 | 再生 재생 | 空き缶 빈 깡통 | 使用済み 사용이 끝남 | ペットボトル 페트병 | 廃棄 폐기 | 素材 소재 | 訴えかける 호소하다 | 回顧 회고 | 生誕 탄생 | 記念 기념 | 生涯 생애 | ～を通して ~를 통해서 | こだわる 구애되다 | 足跡 발자취 | たどる 더듬다 | 体感 체감 | 触れる 접촉하다, 만지다 | 嗅ぐ 냄새 맡다 | 滅多に 좀처럼 | 触る 닿다, 손을 대다

> **해설**

여자는 일본에서 최초 공개되는 유럽의 풍경화에 관심이 있지만 남자가 풍경화에는 별로 관심이 없다고 해 혼자 보러 가기로 한다. 유럽 풍경화전이 열리는 곳은 '도미타 미술관'이므로 질문1의 정답은 1번이다. 두 사람이 모두 관심 있어 하는 것은 아크 미술관에서 열리는 재생 아트전과 포니 미술관에서 열리는 체감 아트전인데, 체감 아트전은 인기가 많아 주말에는 혼잡이 예상되어 두 사람은 덜 혼잡한 재생 아트전을 함께 가기로 했으므로 질문2의 정답은 2번이다.

워밍업

1 다음 발음과 같은 것을 ①, ② 중에서 골라 ○ 표시하고, 빈칸에 뜻을 쓰시오. ▶ **1-5-03.MP3**

1 ① 箇所 ( )　② 過剰 ( )　　_____

2 ① 負荷 ( )　② 部下 ( )　　_____

3 ① 味噌 ( )　② 溝 ( )　　　_____

4 ① 剝げる ( )　② 化ける ( )　_____

5 ① 漁師 ( )　② 領事 ( )　　_____

2-01 다음 이야기를 듣고 빈칸을 채우시오. ▶ **1-5-04.MP3**

テレビを見ながら、男の人と女の人が話しています。

F1：最近話題の厚底スニーカーについてです。先日のマラソン大会でも多くの選手が使用し、さまざまな国際大会で **1** _____好記録が出ているこの厚底スニーカーですが、実は、このスニーカー以外にも様々なスニーカーが話題となっています。まずは、散歩やウォーキングに向いているこちらのスニーカーですが、**2** _____のクッションが通常のスニーカーの2倍で、**3** _____もよく長時間歩いても疲れにくい構造になっています。マラソンやジョギングに向いているこちらのスニーカーは、他のスニーカーに比べて超軽量で、足に負担がかからず、先ほどの厚底スニーカーと合わせてマラソン選手が使用しているのを **4** _____機会が多いですね。さらに、パッとみただけでは、**5** _____と見分けがつかないこちらのスニーカーですが、長時間歩く方のために低反発クッションが入っている **6** _____、スーツとも合わせられるデザインなので、営業や外回りが多い男性の会社員の方に人気のようです。最後に、こちらのリボン付きスニーカーですが、最近ではヒールの代わりにスニーカーで通勤する女性の方が増えており、このようなおしゃれなスニーカーを **7** _____する女性が多いよ

うです。ただ、他のスニーカーに比べて重く感じるので、運動には適していないようです。自分の目的に合った、正しいスニーカー選びが大事ですね。

F2：最近はいろんな種類のスニーカーがあるのね。私もスニーカー買おうかしら。

M：いいね。最近ウォーキングも始めたことだし、このスニーカーがいいんじゃない？

F2：そうね。でも運動用のは持ってるし、会社に行くときに履けるものしようかな。ヒールで通勤って本当に疲れるのよ。

M：僕は、新しくマラソン同好会にも入ったことだし、やっぱりこれかな。マラソン選手と同じスニーカーで走ったら好記録が出そうだし。

F2：そうね。それもいいわね。でもあなたこの間、革靴がボロボロでもう履けないって言ってなかった？

M：あっ、そうだった。それだったら、会社用にこれにするか。

2-02 남자는 무엇을 사기로 했습니까?

① 歩くのに向いているスニーカー

② マラソンやジョギングに向いているスニーカー

③ スーツに合わせやすい低反発スニーカー

④ 女性に人気のリボン付きスニーカー

◆ 정답

1　1 ② 過剰 과잉　2 ① 負荷 부하　3 ① 味噌 된장　4 ② 化ける 변하다　5 ① 漁師 어부

2-01　1 相次いで 연달아, 잇따라　2 中敷き 안창　3 履き心地 착화감　4 目にする 볼 수 있다

　　　5 革靴 가죽 구두　6 にも関わらず ～에도 불구하고　7 購入 구입

2-02 ③

PART 2

〈PART 2 합격 공략〉에서는 각 유형별로 실전 문제를 풀어 봅니다. 실제 시험이라는 마음으로 집중해서 풀며 실전 감각을 기릅니다. 문제를 다 푼 뒤에는 맞은 개수를 표시하고 틀린 문제도 다시 한 번 살펴보세요.

もんだい
問題 1 ▶ 2-1-01~05.MP3

問題1では、まず質問を聞いてください。それから話を聞いて、問題用紙の1から4の中から、最もよいものを一つ選んでください。

1番

1 ホームページで確認する
2 個人情報を送る
3 授賞式への出席を連絡する
4 手書きの原稿を送る

2番

1 データを取る
2 内容を縮める
3 テーマをどれか一つに決める
4 写真を入れる

3番

1 健康診断書を提出する

2 職業がわかる書類を提出する

3 申込用紙に記入する

4 ネットでアンケートに答える

4番

1 プレゼン資料を修正する

2 会議室のスクリーンを設定する

3 資料をコピーする

4 報告書を作成する

5番

1 パーティーで食べる料理

2 パーティーで飲むお酒やジュース

3 部屋の飾りつけの道具

4 お皿や紙コップ

もんだい
問題 1 ▶ 2-1-06~10.MP3

問題1では、まず質問を聞いてください。それから話を聞いて、問題用紙の
1から4の中から、最もよいものを一つ選んでください。

1番

1 受付で必要事項を記入する
2 写真付き身分証明書を取りに帰る
3 訪問先の方のサインをもらう
4 携帯カメラのレンズにシールを貼る

2番

1 クーポンを使う
2 クリーニング屋に電話する
3 会員登録する
4 服を捨てる

5

3番

1 もっと運動する

2 食事内容を改善する

3 睡眠時間を増やす

4 食べる時間に気を付ける

4番

1 大学に行く

2 履歴書を書く

3 印鑑を探す

4 マニュアルを見る

5番

1 問い合わせメールへ返信する

2 団体客の幹事に電話する

3 キャンセル料金について説明する

4 看板を出す

もんだい
問題 1 ▶ 2-1-11~15.MP3

問題 1 では、まず質問を聞いてください。それから話を聞いて、問題用紙の
1 から 4 の中から、最もよいものを一つ選んでください。

1番

1 留学説明会に参加する
2 留学の申請をする
3 英語テストを受ける
4 英語テストを申し込む

2番

1 出席者を確認する
2 打ち合わせ時間の確認電話をする
3 女子の連絡先を確認する
4 当日のメニューを決める

3番

1 ジムで運動を始める

2 検査のために病院に行く

3 サプリメントを摂取する

4 しっかり食べて充分寝る

4番

1 粗大ごみを処分する

2 荷物を段ボールに入れる

3 引っ越し業者に連絡する

4 夫に相談する

5番

1 報告書を提出する

2 プレゼン資料を作成する

3 出張計画書を作成する

4 ミーティングのスケジュールを確認する

もんだい
問題2 ▶ 2-2-01~06.MP3

　問題2では、まず質問を聞いてください。そのあと、問題用紙のせんたくしを読んでください。読む時間があります。それから話を聞いて、問題用紙の1から4の中から、最もよいものを一つ選んでください。

1番

1　会社に不満があるため

2　経営を勉強しに留学するため

3　家業を継ぐため

4　自分を成長させるため

2番

1　部屋を変えてもらえなかったから

2　ホテルのスタッフの態度が悪かったから

3　料理がまずかったから

4　ホテルが混雑していたから

3番

1　練習中のプレーを見て

2　練習中のプレーと普段の生活を見て

3　選手の練習量を見て

4　選手の態度と行動を見て

6

4番

1 ダンスと歌

2 マジックとダンス

3 写真当てゲームと歌

4 写真当てゲームのみ

5番

1 ハンドクリームの成分

2 ハンドクリームの香り

3 パッケージのデザイン

4 パッケージの大きさ

6番

1 自分の国の言葉に通訳してくれること

2 子供から大人まで楽しめること

3 年齢と時間制限がないこと

4 プレイヤー同士の交流ができること

問題2 ▶ 2-2-07~12.MP3

問題2では、まず質問を聞いてください。そのあと、問題用紙のせんたくしを読んでください。読む時間があります。それから話を聞いて、問題用紙の1から4の中から、最もよいものを一つ選んでください。

1番

1 小さい頃からたくさん習わせた方がいい

2 小さい頃からバランスよく勉強させた方がいい

3 習い事はせず、外で遊ばせた方がいい

4 子供が負担になるくらい勉強させるのはよくない

2番

1 今回の主人公と同じイメージの役

2 今回の主人公とは全く違うイメージの役

3 自分のイメージと同じ役

4 自分のイメージとは真逆の役

3番

1 いい人材を紹介すること

2 いい企業を紹介すること

3 会社と人材をいい関係でつなぐこと

4 サイトの登録人数を増やすこと

4番

1 新聞を購入するお金がかかるから

2 塾に行けなくなるから

3 ネットで十分な情報を得られるから

4 元々読む気がなかったから

5番

1 工場を改装しているから内装がきれいじゃないところ

2 メニューが少ないところ

3 駅から遠くて見つけにくいところ

4 テーブル席が少ないところ

6番

1 お隣さんに挨拶する

2 町内会に入ってる家庭へ挨拶回りをする

3 ボランティア活動に参加する

4 挨拶周りの品物を購入する

もんだい
問題 2 ▶ 2-2-13~18.MP3

　問題 2 では、まず質問を聞いてください。そのあと、問題用紙のせんたくしを読んでください。読む時間があります。それから話を聞いて、問題用紙の 1 から 4 の中から、最もよいものを一つ選んでください。

1番

1　美しい映像と音楽

2　独創的な世界観

3　コンピューターグラフィックの効果

4　話の展開

2番

1　プレゼンがうまく行かなかったこと

2　プロジェクトリーダーにならなかったこと

3　プロジェクトから外されたこと

4　企画がだめになってしまったこと

3番

1　自分の英語力

2　娘のアメリカでの生活

3　引っ越しの準備

4　夫の仕事

4番

1 スマホを見ながら運転する人が多くなってきているから
2 携帯で通話をしながら片手運転しているから
3 カーナビで地図を見ながら運転しているから
4 邪魔になる場所で駐車してスマホを操作しているから

5番

1 トースターを買ったお客様はポイント5倍にする
2 トースターを買ったお客様には掃除機をプレゼントする
3 もっと商品の説明をうまくできるよう練習する
4 メーカーに値下げをしてもいいか交渉する

6番

1 ベトナム
2 オーストラリア
3 草香温泉
4 キャンプ

もんだい
問題3 ▶ 2-3-01~06.MP3

/ 6

問題3では、問題用紙に何も印刷されていません。この問題は全体として、どんな内容かを聞く問題です。話の前に質問はありません。まず話を聞いてください。それから、質問とせんたくしを聞いて、1から4の中から、最もよいものを一つ選んでください。

― メモ ―

もんだい
問題3 ▶ 2-3-07~12.MP3

✏ / 6

　問題3では、問題用紙に何も印刷されていません。この問題は全体として、どんな内容かを聞く問題です。話の前に質問はありません。まず話を聞いてください。それから、質問とせんたくしを聞いて、１から４の中から、最もよいものを一つ選んでください。

— メモ —

/ 6

問題3 ▶ 2-3-13~18.MP3

問題3では、問題用紙に何も印刷されていません。この問題は全体として、どんな内容かを聞く問題です。話の前に質問はありません。まず話を聞いてください。それから、質問とせんたくしを聞いて、１から４の中から、最もよいものを一つ選んでください。

― メモ ―

もんだい
問題4 ▶ 2-4-01~08.MP3

/ 8

　問題4では、問題用紙に何も印刷されていません。まず、文を聞いてください。それから、それに対する返事を聞いて、1から3の中から、最もよいものを一つ選んでください。

합격
공략
問題1

합격
공략
問題2

합격
공략
問題3

합격
공략
問題4

합격
공략
問題5

― メモ ―

もんだい
問題4 ▶ 2-4-09~16.MP3

/ 8

問題4では、問題用紙に何も印刷されていません。まず、文を聞いてください。それから、それに対する返事を聞いて、1から3の中から、最もよいものを一つ選んでください。

― メモ ―

もんだい
問題 4 ▶ 2-4-17~24.MP3

✏ / 8

問題 4 では、問題用紙に何も印刷されていません。まず、文を聞いてください。それから、それに対する返事を聞いて、1 から 3 の中から、最もよいものを一つ選んでください。

― メモ ―

もんだい
問題 5 ▶ ⦿ 2-5-01~03.MP3

問題5では長めの話を聞きます。この問題には練習はありません。
問題用紙にメモをとってもかまいません。

1番、2番

問題用紙に何も印刷されていません。まず話を聞いてください。それから、質問とせんたくしを聞いて、1から4の中から、最もよいものを一つ選んでください。

― メモ ―

3番_{ばん}

まず、話_{はなし}を聞_きいてください。それから二_{ふた}つの質問_{しつもん}を聞_きいて、それぞれ問題用_{もんだいよう}紙_しの1から4の中_{なか}から、最_{もっと}もよいものを一_{ひと}つ選_{えら}んでください。

質問_{しつもん}1

1 パソコンスキルを学_{まな}ぶ講座_{こうざ}
2 伝統芸能_{でんとうげいのう}を学_{まな}ぶ講座_{こうざ}
3 税金_{ぜいきん}を学_{まな}ぶ講座_{こうざ}
4 パンの食_たべ比_{くら}べ講座_{こうざ}

質問_{しつもん}2

1 パソコンスキルを学_{まな}ぶ講座_{こうざ}
2 伝統芸能_{でんとうげいのう}を学_{まな}ぶ講座_{こうざ}
3 税金_{ぜいきん}を学_{まな}ぶ講座_{こうざ}
4 パンの食_たべ比_{くら}べ講座_{こうざ}

もんだい
問題5 ▶ 2-5-04~06.MP3

問題5では長めの話を聞きます。この問題には練習はありません。

問題用紙にメモをとってもかまいません。

1番、2番

問題用紙に何も印刷されていません。まず話を聞いてください。それから、質問とせんたくしを聞いて、1から4の中から、最もよいものを一つ選んでください。

― メモ ―

3番

ばん

まず、話を聞いてください。それから二つの質問を聞いて、それぞれ問題用紙の1から4の中から、最もよいものを一つ選んでください。

質問1

しつもん

1 夏野菜のトマト
なつ や さい

2 夏野菜のナス
なつ や さい

3 根菜類の人参
こんさいるい にんじん

4 葉野菜のルッコラ
は や さい

質問2

しつもん

1 夏野菜のトマト
なつ や さい

2 夏野菜のナス
なつ や さい

3 根菜類の人参
こんさいるい にんじん

4 葉野菜のルッコラ
は や さい

합격공략 問題1
합격공략 問題2
합격공략 問題3
합격공략 問題4
합격공략 問題5

もんだい
問題5 ▶ 2-5-07~09.MP3

問題5では長めの話を聞きます。この問題には練習はありません。

問題用紙にメモをとってもかまいません。

1番、2番

問題用紙に何も印刷されていません。まず話を聞いてください。それから、質問とせんたくしを聞いて、1から4の中から、最もよいものを一つ選んでください。

― メモ ―

3番

　まず、話を聞いてください。それから二つの質問を聞いて、それぞれ問題用紙の1から4の中から、最もよいものを一つ選んでください。

質問1

1　ステーキととんかつが入っているハーフ弁当
2　ご飯が変えられる和風ハンバーグ弁当
3　おかずの種類が多いおかずぎっしり弁当
4　サラダと4種類の中から選べるおかず

質問2

1　ステーキととんかつが入っているハーフ弁当
2　ご飯が変えられる和風ハンバーグ弁当
3　おかずの種類が多いおかずぎっしり弁当
4　サラダと4種類の中から選べるおかず

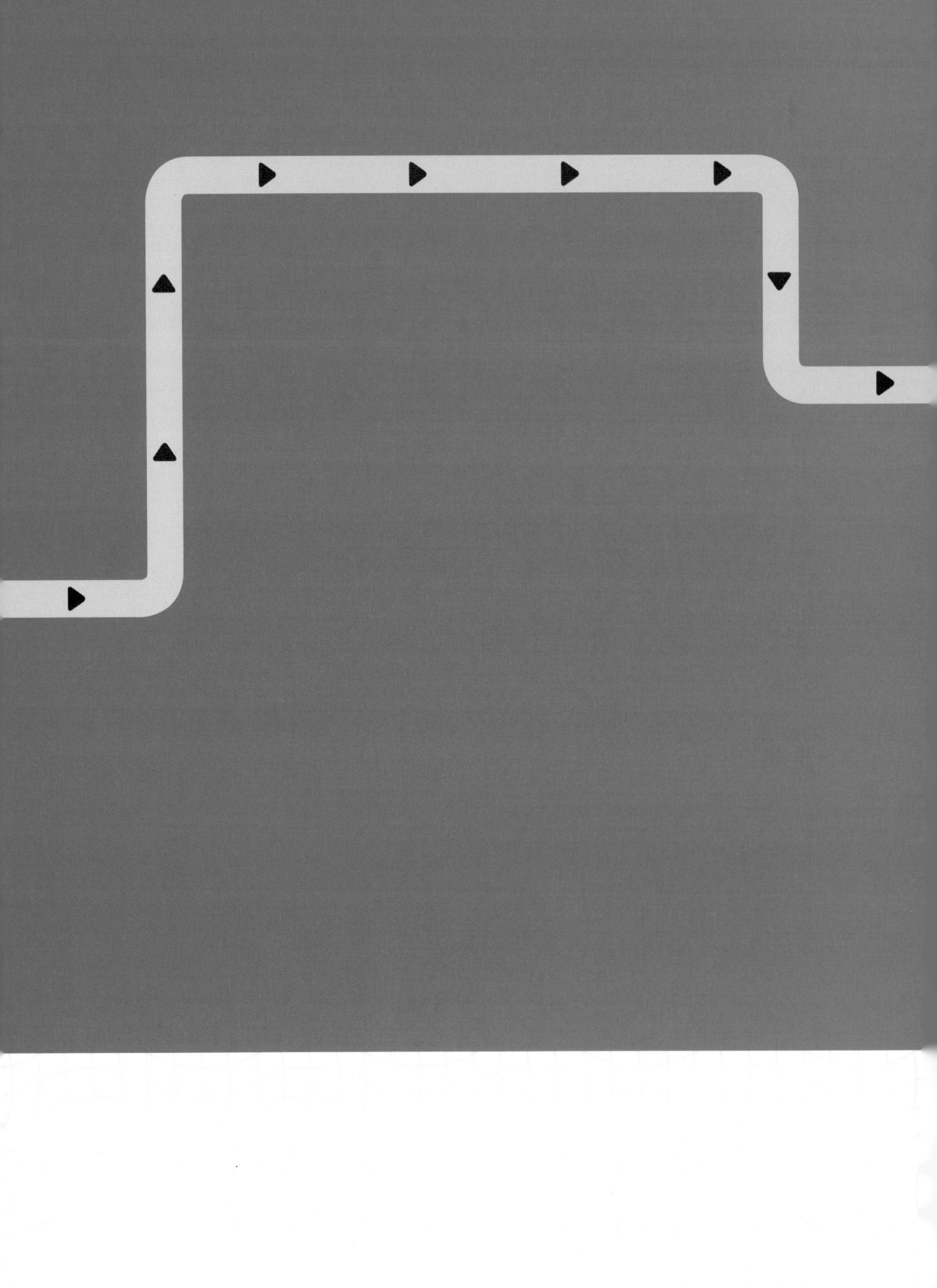

PART 3

실전 공략

〈PART 3 실전 공략〉에서는 실전 문제로 구성된 모의고사 3회분을 풀이합니다. 실제로 시험을 보는 것처럼 시간을 정해 두고 문제를 풀이하세요. 문제를 다 푸는 데 걸린 시간과 정답의 개수를 기록하면서 시험을 보기 전 마지막으로 실력을 점검합니다.

もんだい
問題 1 ▶ 3-1-01~07.MP3

問題 1 では、まず質問を聞いてください。それから話を聞いて、問題用紙の
1 から 4 の中から、最もよいものを一つ選んでください。

例

1 予備のバッテリーを買う

2 コンセントの差し込みを探す

3 胃薬を買う

4 Wifiをレンタルする

1番

1 全体的に切りそろえてからパーマをする

2 パーマをかけてから10センチくらい短く切る

3 髪の毛の長さは全く変えずに、パーマとカラーをする

4 短く切ってからカラーをする

2番

1 個人情報をもう一度登録する
2 説明書をしっかり読む
3 説明書に書いてある商品番号を入力する
4 パスワードを間違えないように入力する

3番

1 鞄をもう一度確認する
2 カード会社に連絡する
3 カフェに戻って確認する
4 カフェに電話する

4番

1 エコバッグを買う
2 エコバッグをポケットに入れておく
3 ビニール袋をもらわない
4 小銭を持っていく

5番

1　大雪でも出張に行く
2　出張を中止してウェブ会議にする
3　出張に行けない場合はウェブ会議にする
4　出張もウェブ会議も中止する

6番

1　トイレに行っておく
2　炭酸以外の飲み物を買う
3　屋台に行って食べ物を買う
4　かき氷を買う

もんだい
問題2 ▶ 3-1-08~15.MP3

問題2では、まず質問を聞いてください。そのあと、問題用紙のせんたくしを読んでください。読む時間があります。それから話を聞いて、問題用紙の1から4の中から、最もよいものを一つ選んでください。

例

1 早く帰らなかったから
2 飲み会に行ったから
3 電話に出なかったから
4 携帯をなくしてしまったから

1番

1 部屋の広さと日当たり
2 家賃の安さとセキュリティー
3 駅からの距離
4 部屋の広さとセキュリティー

2番

1 特に悪いイメージは持っていない

2 前向きなスタートなら離婚してもいい

3 無理に離婚することはない

4 あまりいいイメージは持っていない

3番

1 テレビで自分の番組を持ちたい

2 自慢の体を生かしてマラソン大会に出場したい

3 子供たちに絵本の読み聞かせをしていきたい

4 テレビでできる活動の幅を広げていきたい

4番

1 いつでも注文できるところ

2 自分に合う服の種類が多いところ

3 すぐ届けてくれるところ

4 気軽に返品できること

5番

1 台湾
2 シンガポール
3 ハワイ
4 ドバイ

6番

1 肥料をたっぷり与えていたこと
2 水を与える頻度が少なかったこと
3 日差しを十分に与えていなかったこと
4 室内においていたこと

7番

1 調理場が暑くて仕事がしにくいから
2 人手が足りない時は洗い場もやらなければならないから
3 社員からのいじめがひどいから
4 体の疲れがたまっているから

もんだい
問題3 ▶ 3-1-16~22.MP3

問題3では、問題用紙に何も印刷されていません。この問題は全体として、どんな内容かを聞く問題です。話の前に質問はありません。まず話を聞いてください。それから、質問とせんたくしを聞いて、1から4の中から、最もよいものを一つ選んでください。

― メモ ―

もんだい
問題 4 ▶ 3-1-23~37.MP3

問題 4 では、問題用紙に何も印刷されていません。まず、文を聞いてください。それから、それに対する返事を聞いて、1 から 3 の中から、最もよいものを一つ選んでください。

― メモ ―

<ruby>問題<rt>もんだい</rt></ruby>5 ▶ 3-1-38~40.MP3

<ruby>問題<rt>もんだい</rt></ruby>5では<ruby>長<rt>なが</rt></ruby>めの<ruby>話<rt>はなし</rt></ruby>を<ruby>聞<rt>き</rt></ruby>きます。この<ruby>問題<rt>もんだい</rt></ruby>には<ruby>練習<rt>れんしゅう</rt></ruby>はありません。

<ruby>問題用紙<rt>もんだいようし</rt></ruby>にメモをとってもかまいません。

<ruby>1番<rt>ばん</rt></ruby>、<ruby>2番<rt>ばん</rt></ruby>

<ruby>問題用紙<rt>もんだいようし</rt></ruby>に<ruby>何<rt>なに</rt></ruby>も<ruby>印刷<rt>いんさつ</rt></ruby>されていません。まず<ruby>話<rt>はなし</rt></ruby>を<ruby>聞<rt>き</rt></ruby>いてください。それから、<ruby>質問<rt>しつもん</rt></ruby>とせんたくしを<ruby>聞<rt>き</rt></ruby>いて、1から4の<ruby>中<rt>なか</rt></ruby>から、<ruby>最<rt>もっと</rt></ruby>もよいものを<ruby>一<rt>ひと</rt></ruby>つ<ruby>選<rt>えら</rt></ruby>んでください。

— メモ —

3番
<ruby>番<rt>ばん</rt></ruby>

　まず、話を聞いてください。それから二つの質問を聞いて、それぞれ問題用紙の1から4の中から、最もよいものを一つ選んでください。

質問1

1　一番人気のゴールドの指輪
2　誕生石を使った鮮やかなデザインの指輪
3　余計な装飾がないシルバーの指輪
4　大粒の真珠をあしらった指輪

質問2

1　一番人気のゴールドの指輪
2　誕生石を使った鮮やかなデザインの指輪
3　余計な装飾がないシルバーの指輪
4　大粒の真珠をあしらった指輪

もんだい
問題 1 ▶ 3-2-01~07.MP3

問題 1 では、まず質問を聞いてください。それから話を聞いて、問題用紙の
1 から 4 の中から、最もよいものを一つ選んでください。

例

1 予備のバッテリーを買う
2 コンセントの差し込みを探す
3 胃薬を買う
4 Wifiをレンタルする

1番

1 海産グルメ
2 海産グルメとビール
3 地ビールと日本酒
4 焼酎とウィスキー

2番
<ruby>番<rt>ばん</rt></ruby>

1 資料を作りなおす

2 司会者派遣会社に連絡する

3 先輩に手伝ってもらって司会者を探す

4 社内から司会者を決める

3番

1 問診票に記入する

2 検査服に着替える

3 採血ルームに行く

4 レントゲン室に行く

4番

1 保証書を探して修理センターに送る

2 修理依頼書をホームページで作成する

3 修理の受付を電話でする

4 修理費を支払う

5 番

1　履歴書を提出する

2　サイトに登録する

3　スーツを購入する

4　面接の準備をする

6 番

1　携帯を取り上げる

2　携帯の使用時間を決める

3　携帯を解約する

4　息子と携帯使用のルールを決める

問題2 ▶ 3-2-08~15.MP3

<ruby>問題<rt>もんだい</rt></ruby>2では、まず<ruby>質問<rt>しつもん</rt></ruby>を<ruby>聞<rt>き</rt></ruby>いてください。そのあと、<ruby>問題用紙<rt>もんだいようし</rt></ruby>のせんたくしを<ruby>読<rt>よ</rt></ruby>んでください。<ruby>読<rt>よ</rt></ruby>む<ruby>時間<rt>じかん</rt></ruby>があります。それから<ruby>話<rt>はなし</rt></ruby>を<ruby>聞<rt>き</rt></ruby>いて、<ruby>問題用紙<rt>もんだいようし</rt></ruby>の1から4の<ruby>中<rt>なか</rt></ruby>から、<ruby>最<rt>もっと</rt></ruby>もよいものを<ruby>一<rt>ひと</rt></ruby>つ<ruby>選<rt>えら</rt></ruby>んでください。

例

1 <ruby>早<rt>はや</rt></ruby>く<ruby>帰<rt>かえ</rt></ruby>らなかったから
2 <ruby>飲<rt>の</rt></ruby>み<ruby>会<rt>かい</rt></ruby>に<ruby>行<rt>い</rt></ruby>ったから
3 <ruby>電話<rt>でんわ</rt></ruby>に<ruby>出<rt>で</rt></ruby>なかったから
4 <ruby>携帯<rt>けいたい</rt></ruby>をなくしてしまったから

1番

1 <ruby>面白半分<rt>おもしろはんぶん</rt></ruby>で<ruby>動画<rt>どうが</rt></ruby>を<ruby>作<rt>つく</rt></ruby>って<ruby>投稿<rt>とうこう</rt></ruby>すること
2 <ruby>変<rt>へん</rt></ruby>な<ruby>噂<rt>うわさ</rt></ruby>が<ruby>広<rt>ひろ</rt></ruby>まってしまうこと
3 SNSに<ruby>依存<rt>いぞん</rt></ruby>してしまうこと
4 <ruby>正<rt>ただ</rt></ruby>しい<ruby>使<rt>つか</rt></ruby>い<ruby>方<rt>かた</rt></ruby>をわからず<ruby>使<rt>つか</rt></ruby>ってしまうこと

2番

1 手洗いとうがいをする

2 マスクをする

3 健康管理をしっかりする

4 予防接種を受ける

3番

1 育児休暇をとらない

2 育児休暇をとるために部長に相談する

3 定時で帰れるよう会社側に交渉する

4 妻ともう一度相談する

4番

1 ロボットの故障が多くて対応が遅い

2 ロボットが臨機応変に対応できない

3 人間が常にいなければならない

4 コンセプトが定まっていない

5番

1 返品できないから

2 契約書を無理やり書かされたから

3 社員の態度があまりにも失礼だったから

4 ポイントをくれなかったから

6番

1 もう少し気楽にやってもいい

2 今と同じように一生懸命やるべきだ

3 周りの人に仕事を指示した方がいい

4 仕事に向いてないからやめた方がいい

7番

1 隣人の騒音がうるさかったから

2 宅配ボックスがなかったから

3 盗難被害で住むのが怖くなったから

4 管理人の管理がずさんだったから

もんだい
問題 3 ▶ 3-2-16~22.MP3

　問題3では、問題用紙に何も印刷されていません。この問題は全体として、どんな内容かを聞く問題です。話の前に質問はありません。まず話を聞いてください。それから、質問とせんたくしを聞いて、1から4の中から、最もよいものを一つ選んでください。

— メモ —

もんだい
問題4 ▶ 3-2-23~37.MP3

問題4では、問題用紙に何も印刷されていません。まず、文を聞いてください。それから、それに対する返事を聞いて、1から3の中から、最もよいものを一つえらんでください。

— メモ —

もんだい
問題5 ▶ 3-2-38~40.MP3

問題5では長めの話を聞きます。この問題には練習はありません。
問題用紙にメモをとってもかまいません。

1番、2番

問題用紙に何も印刷されていません。まず話を聞いてください。それから、質問とせんたくしを聞いて、1から4の中から、最もよいものを一つ選んでください。

― メモ ―

3番
ばん

　まず、話を聞いてください。それから二つの質問を聞いて、それぞれ問題用
はなし　き　　　　　　　　　　　ふた　　しつもん　き　　　　　　　　　　　　　もんだいよう
紙の１から４の中から、最もよいものを一つ選んでください。
し　　　　　　なか　　もっと　　　　　　　ひと　えら

質問１
しつもん

1　ＡコースとＢコース

2　ＡコースとＣコース

3　ＢコースとＣコース

4　ＣコースとＤコース

質問２
しつもん

1　ＡコースとＢコース

2　ＡコースとＣコース

3　ＢコースとＣコース

4　ＣコースとＤコース

もんだい
問題 1 ▶ 3-3-01~07.MP3

問題 1 では、まず質問を聞いてください。それから話を聞いて、問題用紙の
1 から 4 の中から、最もよいものを一つ選んでください。

れい
例

1 予備のバッテリーを買う

2 コンセントの差し込みを探す

3 胃薬を買う

4 Wifiをレンタルする

ばん
1番

1 アンケートに記入する

2 今日までに参加費を振り込む

3 月末の講演会の参加費を振り込む

4 入場券を印刷する

2番

1 バーベキューの機材を準備する

2 バーベキュー会場に電話で予約する

3 バーベキューの代金を振り込む

4 持ち込む食材や飲み物を決める

3番

1 入校手続きを完了させる

2 入校料金を支払う

3 受付でスケジュール表をもらう

4 技能の練習時間を予約する

4番

1 電話で確認する

2 パスワードを変更する

3 スマホのロック機能を設定する

4 パソコンからしっかりログアウトする

5番

1 資料を読んでおく

2 取引先のお客様を接待する

3 空港にお客様を迎えに行く

4 担当者と打ち合わせをする

6番

1 3人部屋を準備する

2 夕食の準備をする

3 夕食が部屋で食べられるよう手配する

4 大浴場の掃除をする

問題2 ▶ 3-3-08~15.MP3

　問題2では、まず質問を聞いてください。そのあと、問題用紙のせんたくしを読んでください。読む時間があります。それから話を聞いて、問題用紙の1から4の中から、最もよいものを一つ選んでください。

例

1　早く帰らなかったから
2　飲み会に行ったから
3　電話に出なかったから
4　携帯をなくしてしまったから

1番

1　人気俳優の演技が上手じゃなかったから
2　原作のイメージとあまりにも違いすぎたから
3　ストーリーが全く違うものになっていたから
4　原作を読まなかったから

2番

1 自分をリセットできること

2 絵によっていろんな感情表現ができること

3 人に喜んでもらえること

4 コンクールに出場できること

3番

1 温度設定を外気温と同じに設定する

2 エアコンを使っているドアはしっかり閉める

3 扇風機やサーキュレーターを使って風の流れを作る

4 電源をこまめに切らない

4番

1 志望動機が言えていた一人目の子

2 完璧に間違えず話せた二人目の子

3 柔らかい印象の三人目の子

4 挨拶と身だしなみがしっかりできていた四人目の子

5番

1 台風による強風のため

2 台風による豪雨のため

3 暴風域に入って揺れがひどいため

4 強風による故障のため

6番

1 一人でバスに乗ること

2 知らない人について行くこと

3 祖父母の家での食べ物

4 アレルギー反応を起こした時の薬

7番

1 慢性的な睡眠不足

2 カレンダー通りに休めないこと

3 コンビニの食事

4 繰り返す肌荒れ

<ruby>問題<rt>もんだい</rt></ruby> 3 ▶ 3-3-16~22.MP3

<ruby>問題<rt>もんだい</rt></ruby>3では、<ruby>問題用紙<rt>もんだいようし</rt></ruby>に<ruby>何<rt>なに</rt></ruby>も<ruby>印刷<rt>いんさつ</rt></ruby>されていません。この<ruby>問題<rt>もんだい</rt></ruby>は<ruby>全体<rt>ぜんたい</rt></ruby>として、どんな<ruby>内容<rt>ないよう</rt></ruby>かを<ruby>聞<rt>き</rt></ruby>く<ruby>問題<rt>もんだい</rt></ruby>です。<ruby>話<rt>はなし</rt></ruby>の<ruby>前<rt>まえ</rt></ruby>に<ruby>質問<rt>しつもん</rt></ruby>はありません。まず<ruby>話<rt>はなし</rt></ruby>を<ruby>聞<rt>き</rt></ruby>いてください。それから、<ruby>質問<rt>しつもん</rt></ruby>とせんたくしを<ruby>聞<rt>き</rt></ruby>いて、1から4の<ruby>中<rt>なか</rt></ruby>から、<ruby>最<rt>もっと</rt></ruby>もよいものを<ruby>一<rt>ひと</rt></ruby>つ<ruby>選<rt>えら</rt></ruby>んでください。

― メモ ―

もんだい
問題 4 ▶ 3-3-23~37.MP3

　問題 4 では、問題用紙に何も印刷されていません。まず、文を聞いてください。それから、それに対する返事を聞いて、1 から 3 の中から、最もよいものを一つ選んでください。

― メモ ―

もんだい
問題 5 ▶ 3-3-38~40.MP3

問題5では長めの話を聞きます。この問題には練習はありません。
問題用紙にメモをとってもかまいません。

1番、2番

問題用紙に何も印刷されていません。まず話を聞いてください。それから、質問とせんたくしを聞いて、１から４の中から、最もよいものを一つ選んでください。

— メモ —

3番
<ruby>番<rt>ばん</rt></ruby>

まず、<ruby>話<rt>はなし</rt></ruby>を<ruby>聞<rt>き</rt></ruby>いてください。それから<ruby>二<rt>ふた</rt></ruby>つの<ruby>質問<rt>しつもん</rt></ruby>を<ruby>聞<rt>き</rt></ruby>いて、それぞれ<ruby>問題用<rt>もんだいよう</rt></ruby><ruby>紙<rt>し</rt></ruby>の1から4の<ruby>中<rt>なか</rt></ruby>から、<ruby>最<rt>もっと</rt></ruby>もよいものを<ruby>一<rt>ひと</rt></ruby>つ<ruby>選<rt>えら</rt></ruby>んでください。

質問1

1　アボカドを<ruby>切<rt>き</rt></ruby>って<ruby>種<rt>たね</rt></ruby>を<ruby>取<rt>と</rt></ruby>る

2　パンを<ruby>切<rt>き</rt></ruby>って<ruby>焼<rt>や</rt></ruby>く

3　アボカドをミキサーにかける

4　<ruby>後片付<rt>あとかたづ</rt></ruby>けをする

質問2

1　アボカドを<ruby>切<rt>き</rt></ruby>って<ruby>種<rt>たね</rt></ruby>を<ruby>取<rt>と</rt></ruby>る

2　パンを<ruby>切<rt>き</rt></ruby>って<ruby>焼<rt>や</rt></ruby>く

3　アボカドをミキサーにかける

4　<ruby>後片付<rt>あとかたづ</rt></ruby>けをする

N1 청해 실전 공략 해답 용지

모의고사 01

問題 1				
例 (れい)	①	②	●	④
1	①	②	③	④
2	①	②	③	④
3	①	②	③	④
4	①	②	③	④
5	①	②	③	④
6	①	②	③	④

問題 2				
例 (れい)	①	②	●	④
1	①	②	③	④
2	①	②	③	④
3	①	②	③	④
4	①	②	③	④
5	①	②	③	④
6	①	②	③	④
7	①	②	③	④

問題 3				
例 (れい)	①	②	●	④
1	①	②	③	④
2	①	②	③	④
3	①	②	③	④
4	①	②	③	④
5	①	②	③	④
6	①	②	③	④

問題 4			
例 (れい)	①	●	③
1	①	②	③
2	①	②	③
3	①	②	③
4	①	②	③
5	①	②	③
6	①	②	③
7	①	②	③
8	①	②	③
9	①	②	③
10	①	②	③
11	①	②	③
12	①	②	③
13	①	②	③
14	①	②	③

問題 5				
1	①	②	③	④
2	①	②	③	④
3 (1)	①	②	③	④
3 (2)	①	②	③	④

모의고사 02

問 題 1				
例	①	②	●	④
1	①	②	③	④
2	①	②	③	④
3	①	②	③	④
4	①	②	③	④
5	①	②	③	④
6	①	②	③	④

問 題 2				
例	①	②	●	④
1	①	②	③	④
2	①	②	③	④
3	①	②	③	④
4	①	②	③	④
5	①	②	③	④
6	①	②	③	④
7	①	②	③	④

問 題 3				
例	①	②	●	④
1	①	②	③	④
2	①	②	③	④
3	①	②	③	④
4	①	②	③	④
5	①	②	③	④
6	①	②	③	④

問 題 4			
例	①	●	③
1	①	②	③
2	①	②	③
3	①	②	③
4	①	②	③
5	①	②	③
6	①	②	③
7	①	②	③
8	①	②	③
9	①	②	③
10	①	②	③
11	①	②	③
12	①	②	③
13	①	②	③
14	①	②	③

問 題 5				
1	①	②	③	④
2	①	②	③	④
3 (1)	①	②	③	④
3 (2)	①	②	③	④

N1 청해 실전 공략 해답 용지

모의고사 03

問 題 1				
例	①	②	●	④
1	①	②	③	④
2	①	②	③	④
3	①	②	③	④
4	①	②	③	④
5	①	②	③	④
6	①	②	③	④

問 題 2				
例	①	②	●	④
1	①	②	③	④
2	①	②	③	④
3	①	②	③	④
4	①	②	③	④
5	①	②	③	④
6	①	②	③	④
7	①	②	③	④

問 題 3				
例	①	②	●	④
1	①	②	③	④
2	①	②	③	④
3	①	②	③	④
4	①	②	③	④
5	①	②	③	④
6	①	②	③	④

問 題 4			
例	①	●	③
1	①	②	③
2	①	②	③
3	①	②	③
4	①	②	③
5	①	②	③
6	①	②	③
7	①	②	③
8	①	②	③
9	①	②	③
10	①	②	③
11	①	②	③
12	①	②	③
13	①	②	③
14	①	②	③

問 題 5					
1		①	②	③	④
2		①	②	③	④
3	(1)	①	②	③	④
	(2)	①	②	③	④

N1 청해 실전 공략 해답 용지

여분의 해답 용지로 더 많이 연습해 보세요.

모의고사 (　　)

問 題 1				
例	①	②	●	④
1	①	②	③	④
2	①	②	③	④
3	①	②	③	④
4	①	②	③	④
5	①	②	③	④
6	①	②	③	④

問 題 2				
例	①	②	●	④
1	①	②	③	④
2	①	②	③	④
3	①	②	③	④
4	①	②	③	④
5	①	②	③	④
6	①	②	③	④
7	①	②	③	④

問 題 3				
例	①	②	●	④
1	①	②	③	④
2	①	②	③	④
3	①	②	③	④
4	①	②	③	④
5	①	②	③	④
6	①	②	③	④

問 題 4			
例	①	●	③
1	①	②	③
2	①	②	③
3	①	②	③
4	①	②	③
5	①	②	③
6	①	②	③
7	①	②	③
8	①	②	③
9	①	②	③
10	①	②	③
11	①	②	③
12	①	②	③
13	①	②	③
14	①	②	③

問 題 5				
1	①	②	③	④
2	①	②	③	④
3 (1)	①	②	③	④
3 (2)	①	②	③	④

N1 청해 실전 공략 해답 용지

여분의 해답 용지로 더 많이 연습해 보세요.

모의고사 (   )

問 題 1

例	①	②	●	④
1	①	②	③	④
2	①	②	③	④
3	①	②	③	④
4	①	②	③	④
5	①	②	③	④
6	①	②	③	④

問 題 2

例	①	②	●	④
1	①	②	③	④
2	①	②	③	④
3	①	②	③	④
4	①	②	③	④
5	①	②	③	④
6	①	②	③	④
7	①	②	③	④

問 題 3

例	①	②	●	④
1	①	②	③	④
2	①	②	③	④
3	①	②	③	④
4	①	②	③	④
5	①	②	③	④
6	①	②	③	④

問 題 4

例	①	●	③
1	①	②	③
2	①	②	③
3	①	②	③
4	①	②	③
5	①	②	③
6	①	②	③
7	①	②	③
8	①	②	③
9	①	②	③
10	①	②	③
11	①	②	③
12	①	②	③
13	①	②	③
14	①	②	③

問 題 5

1		①	②	③	④
2		①	②	③	④
3	(1)	①	②	③	④
	(2)	①	②	③	④

모의고사 (　　)

問 題 1				
れい 例	①	②	●	④
1	①	②	③	④
2	①	②	③	④
3	①	②	③	④
4	①	②	③	④
5	①	②	③	④
6	①	②	③	④

問 題 2				
れい 例	①	②	●	④
1	①	②	③	④
2	①	②	③	④
3	①	②	③	④
4	①	②	③	④
5	①	②	③	④
6	①	②	③	④
7	①	②	③	④

問 題 3				
れい 例	①	②	●	④
1	①	②	③	④
2	①	②	③	④
3	①	②	③	④
4	①	②	③	④
5	①	②	③	④
6	①	②	③	④

問 題 4			
れい 例	①	●	③
1	①	②	③
2	①	②	③
3	①	②	③
4	①	②	③
5	①	②	③
6	①	②	③
7	①	②	③
8	①	②	③
9	①	②	③
10	①	②	③
11	①	②	③
12	①	②	③
13	①	②	③
14	①	②	③

問 題 5				
1	①	②	③	④
2	①	②	③	④
3 (1)	①	②	③	④
3 (2)	①	②	③	④

일본어능력시험

일단 합격
JLPT

N1 청해

오카자키 마이 , JLPT 교재개발연구회 저

해설서

동양북스

일본어능력시험

일단 합격
JLPT
N1 청해

오카자키 마이, JLPT 교재개발연구회 저

해설서

동양북스

차례

* 〈PART 1 유형 공략 워밍업 문제〉의 정답은 본책 해당 페이지 아래에서 확인할 수 있습니다.

問題 1 과제 이해

워밍업 ▶ p.13

다음 대화를 듣고 빈칸을 채우시오.

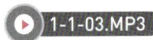

F : この間、買った **1** 化粧品大丈夫だった？

M : 僕は肌に **2** 馴染んでよかったけど、どうした？

F : 香りはよかったんだけど、**3** 塗ったとたんかゆくなっちゃって。

M : **4** かぶれたってこと？

F : そうなのよ。かゆいうえに、**5** 湿疹までできちゃって。

M : いくらいい商品と言われてるものでも、試してみないとわからないね。

F : そうね。今度からは、まず **6** 試供品をもらうことにするわ。

F : 요전에 산 **1** 화장품 괜찮았어?

M : 나는 피부에 **2** 잘 맞아서 괜찮았는데, 왜?

F : 향은 좋았는데 **3** 바르자마자 가려워져서.

M : **4** 부작용 났다는 거야?

F : 그래. 가려운 데다 **5** 습진까지 생겨 버려서.

M : 아무리 좋은 상품이라고 하는 거라도 써 보지 않으면 모르는 거네.

F : 맞아. 다음부터는 일단 **6** 견본품을 받을래.

단어

化粧品 화장품 | 肌 피부 | 馴染む 친숙해지다, 한데 어울리다 | 香り 향기 | 塗る 바르다 | (た)とたん ~한 순간, ~하자마자 | かゆい 가렵다 | かぶれる 독한 기운에 쐬어서 염증이 생기다 | 湿疹 습진 | できる 생기다 | いくら~でも 아무리 ~라도 | 商品 상품 | 試す 시험하다, 실지로 해 보다 | ~てみないとわからない ~해 보지 않으면 모른다 | 試供品 시공품, 견본품

問題 2 포인트 이해

워밍업 ▶ p.17

다음 대화를 듣고 빈칸을 채우시오.

M : 遅れてごめん！待った？

F : うん。どうしたの？寝坊した？

M : ううん、8時に起きて支度してたんだけど、出る **1** 間際に友達に来られて…。

M : 늦어서 미안! 기다렸어?

F : 응. 무슨 일 있었어? 늦잠 잤어?

M : 아니, 8시에 일어나서 준비했는데, 나오기 **1** 직전에 친구가 오는 바람에…

F : えっ？そうだったの？

M : そうなんだよ。まったく **2 朝**{あさ}**っぱらから迷惑**{めいわく}**だよな。

F : 大変**{たいへん}**だったね。 3 てっきり電車**{でんしゃ}**が遅**{おく}**れたからだと思**{おも}**っ
てた。

M : ごめんごめん。コーヒーでも 4 おごるよ。

F : 어, 그랬어?

M : 그래. 진짜 **2 이른 아침**부터 민폐지.

F : 큰일이었네. **3 영락없이** 전철이 늦었다고 생각했어.

M : 미안 미안. 커피라도 **4 쏠게**.

단어

遅**{おく}**れる 늦다 ┃ 寝坊**{ねぼう}**する 늦잠 자다 ┃ 支度**{したく}** 준비, 채비 ┃ 出**{で}**る 나오다, 나가다 ┃ 間際**{まぎわ}** 직전 ┃ 友達**{ともだち}**に来**{こ}**られる 친구가 오다(사역수동) ┃ 朝**{あさ}**っぱら 이른 아침 ┃ 迷惑**{めいわく}** 민폐, 폐 ┃ てっきり 영락없이 ┃ おごる 한턱내다

問題3 개요 이해

워밍업 ▶ p.21

다음을 듣고 빈칸을 채우시오.

 1-3-03.MP3

テレビで女**{おんな}**の人**{ひと}**が話**{はな}**しています。

F : 幼**{おさな}**いころから数多**{かずおお}**くの小説**{しょうせつ}**を読**{よ}**んでいたこともあり、昔**{むかし}**から文章**{ぶんしょう}**を考**{かんが}**えることが好**{す}**きでした。頭**{あたま}**の中**{なか}**に 1 浮**{う}**かんだイメージを言葉**{ことば}**にすることが得意**{とくい}**だったのかもしれません。国語**{こくご}**の作文**{さくぶん}**や詩**{し}**の課題**{かだい}**などには真剣**{しんけん}**に取**{と}**り組**{く}**んでいましたが、 2 本格的**{ほんかくてき}**に小説**{しょうせつ}**を書**{か}**き始**{はじ}**めたのは社会**{しゃかい}**人**{じん}**になってからです。出版社**{しゅっぱんしゃ}**に就職**{しゅうしょく}**したのですが、仕事**{しごと}**の中**{なか}**で多**{おお}**くの小説家**{しょうせつか}**の方**{かた}**に出会**{であ}**い、創作**{そうさく}**への憧**{あこが}**れが 3 芽生**{めば}**えたのがきっかけですね。気**{き}**づいたら、机**{つくえ}**に向**{む}**かって 4 一心不乱**{いっしんふらん}**に小説**{しょうせつ}**を書**{か}**いている自分**{じぶん}**の姿**{すがた}**がありました。先日**{せんじつ}**、新人賞**{しんじんしょう}**を受賞**{じゅしょう}**し、 5 文芸誌**{ぶんげいし}**への連載**{れんさい}**や単行**{たんこう}**本**{ぼん}**の出版**{しゅっぱん}**などが予定**{よてい}**されているので、これからの 6 執**{しっ}**筆活動**{ぴつかつどう}**が楽**{たの}**しみですね。

TV에서 여자가 이야기하고 있습니다.

F : 어릴 때부터 수많은 소설을 읽기도 했고, 옛날부터 문장 생각하는 것을 좋아했습니다. 머릿속에 **1 떠오른** 이미지를 말로 하는 것을 잘했을지도 모릅니다. 국어 작문이나 시 과제 등에는 진지하게 임했지만, **2 본격적**으로 소설을 쓰기 시작한 건 사회인이 되고 나서입니다. 출판사에 취직했는데, 업무 중에 많은 소설가분을 만나 창작에 대한 동경이 **3 싹튼** 것이 계기네요. 정신 차리고 보니 책상에 앉아 **4 일심불란**하게 소설을 쓰고 있는 제 모습이 있었습니다. 요전에 신인상을 수상하여 **5 문예지** 연재와 단행본 출판 등이 예정되어 있어서 앞으로의 **6 집필** 활동이 기대되네요.

幼い 어리다 | 数多く 수많이 | 文章 문장 | 浮かぶ 뜨다, 떠오르다 | 真剣 진심, 진지 | 取り組む 맞붙다, 몰두하다 | 本格的 본격적 | 書き始める 쓰기 시작하다 | 出会う 우연히 만나다 | 創作 창작 | 憧れ 동경 | 芽生える 싹트다, 움트다 | きっかけ 계기 | 気づく 깨닫다, 정신이 돌아오다 | 机に向かう 책상 앞에 앉다 | 一心不乱 일심불란, 한 가지 일에만 몰두함 | 姿 모양, 모습 | 新人賞 신인상 | 受賞 수상 | 文芸誌 문예지 | 連載 연재 | 単行本 단행본 | 出版 출판 | 執筆活動 집필 활동 | 楽しみ 즐거움, 낙

問題4 즉시 응답

워밍업 ▶ p.25

다음 대화를 듣고 빈칸을 채우시오.

1-4-03.MP3

F : 部長、今度のプレゼンですが、わたしにさせていただけますでしょうか。

M : 1 うん、喜んで 1 させてもらうよ。
2 そうだね。君に 2 任せるよ。
3 明日までに 3 仕上げてもらえる？

F : 부장님, 이번 프레젠테이션 말인데요, 제가 하게 해 주시겠어요？

M : 1 응, 기꺼이 1 할게.
2 그렇군. 자네에게 2 맡길게.
3 내일까지 3 마무리해 줄래？

今度 이번, 다음번 | プレゼン 프레젠테이션 | 喜んで 기꺼이 | 任せる 맡기다 | 仕上げる 마무리하다

問題5 종합 이해

워밍업 ▶ p.33

다음을 듣고 빈칸을 채우시오.

1-5-04.MP3

テレビを見ながら、男の人と女の人が話しています。

F1: 最近話題の厚底スニーカーについてです。先日のマラソン大会でも多くの選手が使用し、様々な国際大会で 1 相次いで好記録が出ているこの厚底スニーカーですが、

TV를 보면서 남자와 여자가 이야기하고 있습니다.

F1: 요즘 화제가 되고 있는 통굽 스니커즈에 관해서입니다. 지난번 마라톤 대회에서도 많은 선수들이 사용하였고, 여러 국제 대회에서 1 잇따라 좋은 기록이 나오고 있는 이 통굽 스니커즈인데요,

実は、このスニーカー以外にも様々なスニーカーが話題となっています。まずは、散歩やウォーキングに向いているこちらのスニーカーですが、**2 中敷き**のクッションが通常のスニーカーの2倍で、**3 履き心地**もよく長時間歩いても疲れにくい構造になっています。マラソンやジョギングに向いているこちらのスニーカーは、他のスニーカーに比べて超軽量で、足に負担がかからず、先ほどの厚底スニーカーと合わせてマラソン選手が使用しているのを**4 目**にする機会が多いですね。さらに、パッとみただけでは、**5 革靴**と見分けがつかないこちらのスニーカーですが、長時間歩く方のために低反発クッションが入っている**6 にも関わらず**、スーツとも合わせられるデザインなので、営業や外回りが多い男性の会社員の方に人気のようです。最後に、こちらのリボン付きスニーカーですが、最近ではヒールの代わりにスニーカーで通勤する女性の方が増えており、このようなおしゃれなスニーカーを**7 購入す**る女性が多いようです。ただ、他のスニーカーに比べて重く感じるので、運動には適していないようです。自分の目的に合った、正しいスニーカー選びが大事ですね。

F2: 最近はいろんな種類のスニーカーがあるのね。私もスニーカー買おうかしら。

M: いいね。最近ウォーキングも始めたことだし、このスニーカーがいいんじゃない？

F2: そうね。でも運動用のは持ってるし、会社に行くときに履けるものにしようかな。ヒールで通勤って本当に疲れるのよ。

M: 僕は、新しくマラソン同好会にも入ったことだし、やっぱりこれかな。マラソン選手と同じスニーカーで走ったら好記録が出そうだし。

実は 이 스니커즈 이외에도 다양한 스니커즈가 화제가 되고 있습니다. 우선은, 산책이나 걷기에 알맞은 이쪽의 스니커즈인데요. **2 안창** 쿠션이 통상 스니커즈의 두 배이고, **3 착화감**도 좋아 장시간 걸어도 잘 피로해지지 않는 구조로 되어 있습니다. 마라톤이나 조깅에 적합한 이쪽 스니커즈는 다른 스니커즈에 비해 초경량으로 발에 부담이 되지 않고, 앞서의 통굽 스니커즈와 함께 마라톤 선수가 사용하고 있는 것을 **4 실제로 볼** 기회가 많군요. 더욱이 얼핏 봐서는 **5 가죽 구두**와 구분이 가지 않는 이쪽 스니커즈인데요. 장시간 걷는 분을 위해 반발이 적은 쿠션이 들어 있음 **6 에도 불구하고** 정장과도 매치할 수 있는 디자인이라서 영업이나 외근이 많은 남자 회사원분에게 인기가 있는 것 같습니다. 끝으로, 이쪽 리본이 달린 스니커즈인데요. 최근에는 힐 대신에 스니커즈로 통근하는 여성분이 늘고 있어, 이러한 멋진 스니커즈를 **7 구입하는** 여성이 많은 것 같습니다. 다만, 다른 스니커즈에 비해 무겁게 느껴지므로 운동에는 적합하지 않은 것 같습니다. 자신의 목적에 맞는 올바른 스니커즈를 선택하는 것이 중요하겠네요.

F2: 요즘은 다양한 종류의 스니커즈가 있네. 나도 스니커즈 살까?

M: 괜찮겠네. 요즘 걷기도 시작했고, 이 스니커즈가 괜찮지 않아?

F2: 글쎄. 하지만 운동용은 있고, 회사에 갈 때 신을 수 있는 것으로 할까? 힐로 통근하는 거 진짜 피곤하거든.

M: 나는 새로 마라톤 동호회에도 가입했고, 역시 이거려나. 마라톤 선수와 같은 스니커즈로 달리면 좋은 기록이 나올 것 같기도 하고.

F2: そうね。それもいいわね。でもあなたこの間、革靴がボロボロでもう履けないって言ってなかった？

M: あっ、そうだった。それだったら、会社用にこれにするか。

F2: 그래. 그것도 괜찮네. 하지만 당신, 요전에 가죽 구두가 너덜너덜해서 이제 못 신겠다고 하지 않았어?

M: 아, 그랬지. 그렇다면 회사용으로 이걸로 할까?

단어

話題 화제 | 厚底 통굽 | スニーカー 스니커즈 | マラソン大会 마라톤 대회 | 様々な 다양한 | 国際大会 국제 대회 | 相次いで 연달아, 잇따라 | 好記録 좋은 기록 | ウォーキング 워킹, 걷기 | 向く 적합하다, 어울리다 | 中敷き 안창, 깔창 | クッション 쿠션 | 通常 통상 | 履き心地 착용감, 착화감 | 疲れる 피곤하다, 지치다 | 構造 구조 | ～に比べて ~에 비해서 | 超軽量 초경량 | 負担 부담 | 先ほど 아까, 조금 전 | ～と合わせて ~와 아울러 | 目にする 실제로 보다 | 機会 기회 | 革靴 가죽 구두 | 見分けがつく 분별되다, 분간이 가다 | 反発 반발 | ～にも関わらず ~에도 불구하고 | スーツ 정장, 수트 | 外回り 외근 | リボン 리본 | ～付き 달림, 붙음 | ヒール 힐, 구두 | ～代わりに ~ 대신에 | 通勤する 통근하다 | おしゃれ 멋[모양]을 냄, 멋쟁이 | 購入する 구입하다 | 適する 알맞다, 적당하다 | 正しい 옳다, 바르다, 맞다 | 選び 선택 | 大事 중요함, 소중함 | 履く 신다 | 同好会 동호회 | ぼろぼろ (물건·천 등이) 형편없이 해어진 모양, 너덜너덜함

PART **2** 합격 공략 정답 및 해석

問題 1 과제 이해

실전 연습 01 ▶ p.36

1	2	2	3	3	3	4	1	5	2

문제1에서는 먼저 질문을 들으세요. 그러고 나서 이야기를 듣고 문제지의 1~4 중에서 가장 알맞은 것을 하나 고르세요.

1番

2-1-01.MP3

男の人と女の人が電話で話しています。女の人は最初に何をしなければなりませんか。

F：もしもし、田村です。

M：お世話になっております。AB出版の田中と申します。先日応募いただきました、田村さんの作品が優秀賞に決まりましたので、ご連絡させていただきました。

F：えっ？あっ！ありがとうございます。うれしい〜。

M：公式発表は明日、ホームページにて掲載されますのでご確認くださいね。それでですね。あの〜、本人確認のために、弊社のメール宛にご自身のお名前、住所、お電話番号を今日中に送っていただけるとありがたいんですが。

F：わかりました。先日作品を送ったメールアドレスでよろしいですか。

M：はい、よろしくお願いします。また受賞された方々のお披露目パーティーがございますので、ぜひご参加いただきたいと思います。授賞式の詳細はまだ未定ですが、授賞式への出席はまた後日お伺いいたしますね。

F：わかりました。それ以外に何かありますでしょうか。

남자와 여자가 통화하고 있습니다. 여자는 처음에 무엇을 해야 합니까?

F : 여보세요, 다무라입니다.

M : 신세 지고 있습니다. AB출판의 다나카라고 합니다. 일전에 응모해 주신 다무라 씨의 작품이 우수상으로 선정되어 연락 드렸습니다.

F : 네? 앗! 감사합니다. 기뻐라〜.

M : 공식 발표는 내일 홈페이지에 게재되니 확인하십시오. 그래서 말인데요. 저, 본인 확인을 위해서 저희 회사 메일로 자신의 이름, 주소, 전화번호를 오늘 중으로 보내 주시면 감사하겠습니다만.

F : 알겠습니다. 지난번에 작품을 보낸 메일 주소로 보내면 될까요?

M : 네, 잘 부탁드립니다. 또 수상하신 분들의 피로연이 있으니 꼭 참석해 주셨으면 합니다. 자세한 시상식 일정은 아직 미정입니다만, 시상식 참석에 대해서는 다음에 다시 여쭙겠습니다. .

F : 알겠습니다. 그 밖에 뭔가 있을까요?

M：あっ、もし手書きの原稿がございましたら作品の原本を郵送で送っていただけませんでしょうか。こちらは授賞式の際に使わせていただくので、急ぎではございません。お時間あるときにお願いします。

F：わかりました。それでは、メールにご連絡させていただきますね。

女の人は最初に何をしなければなりませんか。

1 ホームページで確認する
2 個人情報を送る
3 授賞式への出席を連絡する
4 手書きの原稿を送る

M：아, 혹시 손으로 쓴 원고가 있으시면 작품 원본을 우편으로 보내 주시겠어요? 이것은 시상식 때에 사용할 거라 급하지는 않습니다. 시간 나실 때 부탁드립니다.

F：알겠습니다. 그럼 메일로 연락드릴게요.

여자는 처음에 무엇을 해야 합니까?

1 홈페이지에서 확인한다
2 개인정보를 보낸다
3 시상식 참석을 연락한다
4 손으로 쓴 원고를 보낸다

단어

応募する 응모하다 | 優秀賞 우수상 | 公式 공식 | 掲載する 게재하다 | 弊社 폐사, 저희 회사 | ～宛 ~앞 | 作品 작품 | 受賞する 수상하다 | お披露目パーティー 피로연 | 詳細 상세 | 後日 후일 | 手書き 글씨를 손으로 씀 | 原稿 원고 | 原本 원본 | 郵送 우송 | ～の際に ~때에

해설

'처음에' 무엇을 해야 하는지를 물었으므로 시간을 나타내는 말을 중심으로 듣는다. 오늘 중에 개인정보를 출판사에 메일로 보내야 하므로 정답은 2번이다. 홈페이지에서의 공식 발표는 내일이고, 시상식 참석 확인은 후일, 손으로 쓴 원고는 급하지 않다고 했으므로 오늘이 아니다.

2番

 2-1-02.MP3

男の学生と女の学生が話しています。女の学生はこのあと何をしますか。

M：鈴木さん、期末レポートの進み具合はどう？

F：うーん。それが思ったより進まなくて。先生から言われた通り、文献や資料からデータはちゃんととってあるんだけど。

M：なんで？先週は、うまくできそうって言ってたじゃない。

남학생과 여학생이 이야기하고 있습니다. 여학생은 이제부터 무엇을 합니까?

M：스즈키 씨, 기말 리포트 진행 상황은 어때?

F：음. 그게 생각보다 순조롭지 않아서. 선생님께서 말씀하신 대로 문헌이나 자료에서 데이터는 제대로 뽑았는데.

M：왜? 지난주에는 잘될 것 같다고 했잖아.

F : それが、内容も多すぎてどこから手をつけたらいいか。見れば見るほど、どこも重要で。どれかを削るなんてできないわ。

M : フランス文化だもんなあ。絵画の作品だけでもたくさんあるし、確かにうまくまとめるのは難しそう。

F : そうなのよ。レポート枚数も20枚って限られてるし、絶対収まらないのよね。絵画だけに絞ろうかしら。

M : それも一つの手だね。音楽や小説、絵画とかいろいろジャンルはあるからどれか一つにしたら書きやすいかもよ。

F : そうね。テーマを決めたら、もっと詳しく書けそうだし、文章の中に写真を加えてさらにわかりやすくしたらまとまったレポートになるかも。

M : いいね！僕もこうしちゃいられないな。レポートに取り掛からなくちゃ。

女の学生はこのあと何をしますか。

1　データを取る
2　内容を縮める
3　テーマをどれか一つに決める
4　写真を入れる

F : 그게, 내용도 너무 많고 어디서부터 손을 대면 좋을지. 보면 볼수록 다 중요해서. 어느 것을 삭제하는 것 따위 못하겠어.

M : 프랑스 문화라서 그래. 회화 작품만도 많이 있고, 확실히 잘 정리하기는 어려울 것 같아.

F : 맞아. 리포트 매수도 20매로 제한되어 있고, 절대 다 담을 수 없어. 그림만으로 좁혀 볼까?

M : 그것도 한 가지 방법이네. 음악이나 소설, 회화라든지 장르는 다양하게 있으니까 어느 것인가 하나로 하면 쓰기 쉬울지도 몰라.

F : 그러네. 테마를 정하면, 더 자세하게 쓸 수 있을 것 같고, 문장 안에 사진을 추가해서 한층 더 알기 쉽게 하면 정리된 리포트가 될지도 몰라.

M: 좋네! 나도 이렇게 있을 수 없지. 리포트에 착수해야지.

여학생은 이제부터 무엇을 합니까?

1　데이터를 뽑는다
2　내용을 압축한다
3　주제를 어느 한 가지로 정한다
4　사진을 넣는다

단어

期末レポート 기말 리포트 | 進み具合 진행 상태 | 文献 문헌 | データをとる 데이터를 뽑다 | 手をつける 손을 대다, 착수하다 | 削る 깎다, 줄이다 | 絵画 회화, 그림 | まとめる 정리하다 | 収まる 수습되다, 담아지다 | 絞る 줄이다, 좁히다 | 一つの手 한 방법 | 詳しい 자세하다 | 取り掛かる 착수하다, 시작하다

해설

여자가 리포트를 쉽게 쓰기 위해 할 일은 넓은 장르에서 한 가지를 정하는 것이므로 정답은 3번이다. 데이터는 이미 뽑아 놨다고 했고, 내용을 압축하는 것이 아니라 테마를 정하는 것이 중요하다. 사진은 리포트를 구성할 때 필요하므로 지금 할 필요는 없다.

保険会社の社員と男の人が話しています。男の人はこの後、何をしますか。

F：お待たせいたしました。医療保険にご加入されたいということですね。

M：はい。年々、自分の体が心配になってきて。今は健康ですけど、いつ大病を患うかと思うと不安で。

F：そうですよね。お気持ちお察しします。それですね。ご加入いただく前に医療保険加入が可能かどうかの審査がありまして、いくつか、書類をご提出いただきたいのですが。

M：はい。何でしょうか。

F：ご準備いただくものとしてですね。えーと、まず健康診断書をご提出ください。現時点で治療や再検査が必要な場合はご加入できない可能性もあります。

M：わかりました。他には何か必要でしょうか。

F：職業が明記されている書類がありましたら、こちらもお願いします。名刺や会社のパンフレット等で構いません。

M：職業によって加入できない場合があるんですか。

F：ごくまれですが、危険性の高い職業の場合は保険の保障額が制限される場合もあります。

M：そうなんですね。知らなかった。

F：以上がご提出いただく書類でございます。えー、それでですね。本日はこちらの申込用紙にお名前、ご住所等をご記入の上、2枚目にございます、現在の健康状態について簡単なアンケートにお答えください。

M：わかりました。

男の人はこの後、何をしますか。

보험사 직원과 남자가 이야기하고 있습니다. 남자는 이후에 무엇을 합니까?

F：오래 기다리셨습니다. 의료보험에 가입하고 싶다는 말씀이시군요.

M：네. 해마다 제 몸이 걱정되어서요. 지금은 건강하지만, 언제 큰 병을 앓을지 생각하면 불안해서요.

F：그렇죠. 그 심정 이해합니다. 그래서 말인데요. 가입하시기 전에 의료보험 가입이 가능한지 심사가 있어서요. 몇 가지 서류를 제출해 주셨으면 하는데요.

M：네, 뭔가요?

F：준비해 주실 것으로는요. 어, 우선 건강진단서를 제출해 주세요. 현 시점에서 치료나 재검사가 필요한 경우는 가입하실 수 없을 수도 있습니다.

M：알겠습니다. 그 밖에 뭔가 필요할까요?

F：직업이 명기되어 있는 서류가 있으면 이것도 부탁드립니다. 명함이나 회사 팸플릿 같은 것도 상관없습니다.

M：직업에 따라 가입이 안 되는 경우가 있나요?

F：극히 드물지만, 위험성이 높은 직업의 경우는 보험 보장액이 제한되는 경우도 있습니다.

M：그렇군요. 몰랐어요.

F：이상이 제출해 주실 서류입니다. 어, 그래서 말인데요. 오늘은 이 신청서에 성함, 주소 등을 기입하신 후, 둘째 장에 있는 현재의 건강 상태에 대해서 간단한 설문에 답해 주십시오.

M：알겠습니다.

남자는 이후에 무엇을 합니까?

1	健康診断書を提出する	1	건강 진단서를 제출한다
2	職業がわかる書類を提出する	2	직업을 알 수 있는 서류를 제출한다
3	申込用紙に記入する	3	신청서에 기입한다
4	ネットでアンケートに答える	4	인터넷에서 설문에 답한다

단어

医療保険 의료보험 | 加入 가입 | 大病を患う 큰 병을 앓다 | 察する 헤아리다 | 審査 심사 | 健康診断書 건강 진단서 |
治療 치료 | 職業 직업 | 明記 명기 | 名刺 명함 | パンフレット 팸플릿 | 構わない 상관없다 | ごくまれ 매우 드묾 |
保障額 보장액 | 申込用紙 신청서 | アンケート 앙케트

해설

남자가 이후에 할 일은 그 자리에서 신청서를 기입하는 것이므로 정답은 3번이다. 건강 진단서와 직업을 알 수 있는 서류는 후일 제출하면 되고, 앙케트는 신청서 둘째 장에 달려 있어 필기로 답하는 것이므로 인터넷에서 하는 것은 아니다.

4番

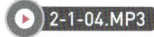
2-1-04.MP3

会社で男の人と女の人が話しています。女の人はこの後、まず何をしなければなりませんか。

M：佐藤さん、明日のプレゼン資料できてる？

F：あっ、はい！こちらです。

M：どれどれ。うーん。大体の内容はいいね。3枚目と4枚目に、この間イベントで使った写真を加えたらどうだろう。そうすると、もっと見やすくなると思うけど。具体的な内容がわかるし、言葉で説明するよりは、目で確認してもらったほうがいいような気がする。写真はデータで送ってあったはずだよね。

F：ええ、いただいてます。それでは写真を入れておきます。出来上がり次第、すぐお持ちします。

M：よろしく。それから、これは明日の朝でいいんだけど、会議室のスクリーンでもこの資料を全体的に見られるように設定しておいてくれる？

F：わかりました。あの、資料は早めにお持ちしますが、大体何時くらいまでにしておいたらよろしいでしょうか。午前中頼まれた報告書の作成もまだなのですが。

회사에서 남자와 여자가 이야기하고 있습니다. 여자는 이후에 우선 무엇을 해야 합니까?

M：사토 씨, 내일 프레젠테이션 자료 다 됐어?

F：앗, 네! 여기 있습니다.

M：어디 보자. 음. 대체적인 내용은 좋네. 3쪽과 4쪽에 지난번 이벤트에서 사용한 사진을 추가하면 어떨까? 그러면 좀 더 보기 쉬워질 것 같은데. 구체적인 내용을 알 수 있고, 말로 설명하기보다는 눈으로 확인시켜 주는 게 더 좋을 것 같아. 사진은 데이터로 보내 놨을 거야.

F：네, 받았습니다. 그럼 사진을 넣어 두겠습니다. 완성되는 대로 바로 가져오겠습니다.

M：잘 부탁해. 그리고 이건 내일 아침이면 되는데, 회의실 스크린에서도 이 자료를 전체적으로 볼 수 있게 설정해 놔 주겠어?

F：알겠습니다. 저기, 자료는 빨리 가져오겠는데요, 대략 몇 시 정도까지 해 두면 될까요? 오전에 부탁받은 보고서 작성도 아직인데요.

M：そうだな～。3時くらいまでにはできる？報告書のほう
は、後回しにしていいから、資料の修正から頼むよ。
人数分コピーもしなきゃならないし。

F：わかりました。急いで取り掛かります。

M：よろしく。

女の人はこの後、まず何をしなければなりませんか。

M：그렇군. 3시 정도까지는 돼? 보고서 쪽은
미뤄도 되니까 자료 수정부터 부탁해. 인
원수만큼 복사도 해야 하고.

F：알겠습니다. 서둘러서 시작하겠습니다.

M：잘 부탁해.

여자는 이후 우선 무엇을 해야 합니까?

1　プレゼン資料を修正する	1　프레젠테이션 자료를 수정한다
2　会議室のスクリーンを設定する	2　회의실 스크린을 설정한다
3　資料をコピーする	3　자료를 복사한다
4　報告書を作成する	4　보고서를 작성한다

단어

プレゼン 프레젠테이션 | 資料 자료 | 大体 대개 | 具体的 구체적 | データ 데이터 | いただく 받다(겸양어) | ～次第 ~(하는)
대로 | 会議室 회의실 | スクリーン 스크린 | 設定 설정 | 頼む 부탁하다 | 報告書 보고서 | 作成 작성 | 後回し 뒤로 미룸 | コ
ピー 복사 | 取り掛かる 착수하다, 시작하다

해설

먼저 해야 할 일은 시간 제한이 있는 프레젠테이션 자료를 수정하는 것이므로 정답은 1번이다. 2번은 내일 아침이라고 했고, 3번
자료 복사는 자료가 완성되지 않으면 할 수 없다. 보고서는 나중에 해도 된다고 했으므로 지금 당장할 필요는 없다.

5番

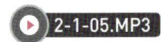 2-1-05.MP3

**男の人と女の人がパーティーの準備について話していま
す。男の人は何を買わなければなりませんか。**

M：来週のホームパーティー、楽しみだなぁ。

F：そうね。久しぶりに大学の友達みんな集まるもんね。

M：準備の分担はどうする？

F：そうね。料理とか飲み物とか買うものいっぱいよね。
私の家でするから、部屋の飾りつけもしなきゃだし。

남자와 여자가 파티 준비에 대해 이야기하고
있습니다. 남자는 무엇을 사야 합니까?

M：다음 주 홈 파티 기대돼.

F：응. 오랜만에 대학 친구들이 다 모이는걸.

M：준비 분담은 어떻게 해?

F：글쎄. 요리라든가 음료라든가 살 게 잔뜩
이야. 우리 집에서 하니까 방 장식도 해
야 하고.

M : 料理は持ち寄りにしない？メニューだけ指示しといて、みんなにそれぞれ1品ずつもってきてもらおうよ。僕たちはほかの準備で大変だし、みんなにもそれくらいは手伝ってもらった方が。

F : それいいね。こっちの負担も減るし。もしそれでも足りなかったら、デリバリー頼んじゃえばいいしね。

M : 飲み物は？どうする？お酒とかジュースとか結構いるよね？

F : そうよね。あっ！そうだ、田中君車持ってたわよね？当日飲み物お願いしてもいいかしら。

M : わかった！人数分調達しとくよ。お酒の種類とかは後でメールしといてくれる？

F : わかった、じゃあ、よろしくね。私は部屋の飾りつけをがんばらなくちゃ！お皿とか紙コップとかは私が買っとくね。

男の人は何を買わなければなりませんか。

1　パーティーで食べる料理
2　パーティーで飲むお酒やジュース
3　部屋の飾りつけの道具
4　お皿や紙コップ

M : 요리는 각자 가져오는 걸로 안 할래? 메뉴만 지시해 두고 모두에게 각각 하나씩 가져오게 하자. 우리는 다른 준비로 힘들고, 모두한테도 그 정도는 도움을 받는 게….

F : 그거 좋네. 이쪽 부담도 줄고, 만약 그래도 모자라면 배달 주문하면 되고 말이야.

M : 음료는? 어떡하지? 술이나 주스나 꽤 필요하지?

F : 그렇지. 아, 맞다! 다나카 차 갖고 있었지? 당일 음료 부탁해도 될까?

M : 알았어! 인원수만큼 조달해 둘게. 술 종류 같은 건 나중에 메일로 보내 줄래?

F : 알았어. 그럼 부탁해. 난 방 장식을 열심히 해야지! 접시나 종이컵 같은 건 내가 사 둘게.

남자는 무엇을 사야 합니까?

1　파티에서 먹을 요리
2　파티에서 마실 술과 주스
3　방 장식 도구
4　접시와 종이컵

단어

分担 분담 | 飾りつけ 장식 | 持ち寄り 각자 가지고 모임 | 指示する 지시하다 | 負担 부담 | 減る 줄다 | 足りる 충분하다 | デリバリー 배달 | 頼む 주문하다 | 結構 꽤 | 調達 조달

해설

남자는 차가 있어서 마실 것을 사다 달라는 부탁을 받았으므로 정답은 2번이다. 요리는 이 두 사람 이외의 다른 멤버들에게 하나씩 가져오라고 했고, 방 장식과 접시, 종이컵은 여자가 살 것이므로 남자는 살 필요가 없다.

1	1	2	2	3	4	4	1	5	2

문제1에서는 먼저 질문을 들으세요. 그리고 나서 이야기를 듣고 문제지의 1~4 중에서 가장 알맞은 것을 하나 고르세요.

1番

2-1-06.MP3

会社の警備員と女の人が話しています。女の人はこの後、最初に何をしなければなりませんか。

M : あの、この先は入構証をお持ちの方以外は入れないのですが。

F : あっ、すみません。モールズ事務所の田中部長とのお約束で伺ったのですが。

M : それでしたら、まずあちらの受付でお名前とご連絡先をご記入ください。受付から1日入構許可証がもらえるはずですから、もらったら、再度こちらへお越しください。入構証をもらう際に、写真付きの身分証明書が必要なのですが、何かお持ちですか。

F : あっ、パスポートや免許証は家においてきてしまって…。保険証ならあるんですが、それでも大丈夫でしょうか。

M : それでしたら、事情を説明されたら、大丈夫だと思いますが、もしかしたら、帰りに訪問先の方のサインを受付に提出する必要があるかもしれません。受付でお尋ねくださいませ。

F : わかりました。

M : あっ、それから、こちらの建物に入る際には企業秘密漏洩防止のため、携帯カメラのレンズ部分にシールを貼っていただくことになっております。受付で入構証と一緒にシールももらえますのでお貼りください。

F : わかりました。電源を切る必要はありませんか。

M : はい、電源は入ったままで結構です。

女の人はこの後、最初に何をしなければなりませんか。

회사 경비원과 여자가 이야기하고 있습니다. 여자는 이후에 맨 먼저 무엇을 해야 합니까?

M : 저, 이곳은 출입증을 소지하신 분 이외에는 들어갈 수 없는데요.

F : 아, 죄송합니다. 모루즈 사무소의 다나카 부장님과의 약속으로 방문했는데요.

M : 그러시면 우선 저쪽 접수처에서 성함과 연락처를 기입해 주세요. 접수처에서 1일 출입 허가증을 받으실 수 있을 테니, 받으시면 다시 이쪽으로 오십시오. 출입증을 받을 때 사진이 부착된 신분증이 필요한데 뭔가 가지고 계십니까?

F : 아, 여권이랑 면허증은 집에 두고 와서요. 보험증이라면 있는데, 그걸로 괜찮을까요?

M : 그럼 사정을 설명하시면 괜찮을 것 같은데요, 어쩌면 귀가 시에 방문처 쪽의 사인을 접수처에 제출할 필요가 있을지도 모릅니다. 접수처에서 물어보세요.

F : 알겠습니다.

M : 앗, 그리고 이 건물에 들어갈 때에는 기업 비밀 누설 방지를 위해 휴대폰 카메라의 렌즈 부분에 스티커를 붙이도록 되어 있습니다. 접수처에서 출입증과 함께 스티커도 받을 수 있으니 붙여 주세요.

F : 알겠습니다. 전원을 끌 필요는 없나요?

M : 네, 전원이 켜진 채로 괜찮습니다.

여자는 이후에 맨 처음에 무엇을 해야 합니까?

1	受付で必要事項を記入する	1 접수처에서 필요 사항을 기입한다
2	写真付き身分証明書を取りに帰る	2 사진이 있는 신분증을 가지러 돌아간다
3	訪問先の方のサインをもらう	3 방문처의 사인을 받는다
4	携帯カメラのレンズにシールを貼る	4 휴대폰 카메라 렌즈에 스티커를 붙인다

단어

警備員 경비원 | 入構証 출입증 | 伺う 방문하다 | 受付 접수 | 記入 기입 | 再度 재차 | 身分証明書 신분증 | パスポート
여권 | 免許証 면허증 | 保険証 보험증 | サイン 사인, 서명 | 尋ねる 묻다 | ～際 ~때 | 漏洩 누설 | レンズ 렌즈 | シール
스티커 | 貼る 붙이다 | 電源 전원 | 結構だ 괜찮다

해설

할 일은 많이 있는데 「まず(우선)」라는 말을 놓치지 않도록 한다. 우선 해야 할 것은 접수처에서 이름과 연락을 적는 것. 그 뒤에 출입증과 스티커를 받을 수 있다. 사진이 부착된 신분증이 없어도 괜찮다고 했고, 방문처 사인은 귀가 시에 제출할 수도 있다고 했으므로 정답은 1번이다.

2番

夫婦が話しています。妻はこの後、何をしますか。

F : そろそろ衣替えしなきゃ。

M : そうだな。クローゼットもいっぱいになって入りきらないもんな。

F : そうなのよ。コートとかセーターとかってかさばっちゃうし、場所取るからクローゼットに入れるのも一苦労なのよね。

M : そうそう。しかも今年の冬はセールでいっぱい買っちゃったしな。古いのとか全然着ないのは捨てた方がいいね。

F : そうね。クリーニングも出さなきゃいけないし。あっ、そうだ。そういえば、クリーニング屋からのお知らせで２０％オフのクーポンが来てたはず。

M : そうなの？あっ、ほんとだ。クーポン使ってクリーニング出したら安上がりだね。でも、これ会員にならなきゃいけないんじゃないの？

F : あっ、ほんとだ。ネットで会員登録ってめんどくさいなぁ。直接行ってできないのかしら。

부부가 이야기하고 있습니다. 아내는 이후에 무엇을 합니까?

F : 슬슬 옷 갈아입어야지.

M : 그렇군. 옷장도 꽉 차서 다 안 들어가는걸.

F : 맞아. 코트나 스웨터 같은 건 부피가 크고 자리 차지하니까 옷장에 넣는 것도 만만치 않아.

M : 맞아 맞아, 게다가 이번 겨울은 세일에서 잔뜩 사 버렸고, 헌옷이나 전혀 안 입는 건 버리는 게 좋아.

F : 응. 드라이클리닝도 보내야 해. 아, 맞다. 그러고 보니 세탁소에서 온 공지에 20% 할인 쿠폰이 왔을 거야.

M : 그래? 아, 진짜네. 쿠폰 써서 드라이클리닝 보내면 싸게 먹히네. 그치만 이거 회원이 되어야 되는 거 아냐?

F : 아, 그러네. 인터넷에서 회원 등록하는 거 귀찮은데. 직접 가서 못 하나?

M：クリーニング屋に電話して聞いてみたら？まだ開いてる時間だし、もしかしたら、できるかもしれないよ。

F：そうね。そうしてみる。

妻はこの後、何をしますか。

1　クーポンを使う
2　クリーニング屋に電話する
3　会員登録する
4　服を捨てる

M：세탁소에 전화해서 물어보는 게 어때? 아직 영업 시간이니까 어쩌면 될 거야.

F：응. 그렇게 해 볼게.

아내는 이후에 무엇을 합니까?

1　쿠폰을 사용한다
2　세탁소에 전화한다
3　회원 등록한다
4　옷을 버린다

해설

세탁소에서 쿠폰을 쓰려면 회원 등록을 해야 하는데, 남자는 귀찮다며 여자에게 전화해서 물어보라고 한다. 정답은 2번. 1번과 3번은 세탁소에 전화한 뒤에 할 일이고, 옷을 버리는 것은 언제 할 건지 명확하게 말하고 있지 않으므로 4번도 정답이 아니다

3番

 2-1-08.MP3

ジムのトレーナーと女の人が話しています。女の人はこれからどうしますか。

M：鈴木さん、調子はどうですか。

F：それが、全然痩せないんですよ。毎日食事制限もしてるし、こうやってジムで筋トレと有酸素運動もしてるし。トレーナーに教わった通りにやってるのに、効果が出ないんです。

M：そうですか。毎日がんばってらっしゃるのに。ジムで見る限り運動方法は間違っていないと思うんですが。

F：そうですよね。なんでだろう。来月までに3キロは痩せたいのに。

M：食事はどんなものを食べていますか。

헬스 트레이너와 여자가 이야기하고 있습니다. 여자는 이제부터 어떻게 합니까?

M：스즈키 씨, 몸 상태는 어떠세요?

F：그게, 전혀 살이 안 빠져요. 매일 식사 제한도 하고 있고, 이렇게 헬스장에서 웨이트랑 유산소 운동도 하고 있고, 트레이너에게 배운 대로 하고 있는데 효과가 안 나요.

M：그래요? 매일 열심히 하시는데. 헬스장에서 본 바로는 운동 방법은 틀리지 않은 것 같은데요.

F：그렇죠? 왜지? 다음 달까지 3킬로는 빼고 싶은데.

M：식사는 어떤 걸 먹고 있나요?

F：炭水化物は量を減らして、できるだけ食べないようにしています。野菜を多めに食べて脂身がない肉を少し食べてるくらいかな。お菓子も食べてないし。

M：食べているものは大丈夫そうですね。食べる時間はどうですか。

F：お腹が空いたら食べるようにしてるので、時間はバラバラですね。朝食べなくて、夜遅く食べることもあるし。

M：あ～！それだ。朝昼晩決まった時間にしっかり食べないと！そしていくら野菜といっても寝る3時間前に食べたらだめですよ。消化に時間もかかるし、むくむ原因にもなります。

F：そうだったんですね。食べる内容だけ気を付ければいいかと思ってたんですけど、違うんですね。これからはそうしてみます。

女の人はこれからどうしますか。

1　もっと運動する
2　食事内容を改善する
3　睡眠時間を増やす
4　食べる時間に気を付ける

F : 탄수화물은 양을 줄여서 가급적 먹지 않도록 하고 있어요. 채소를 많이 먹고 비계 없는 고기를 조금 먹는 정도인가. 과자도 안 먹고요.

M : 먹는 건 괜찮은 것 같네요. 먹는 시간은 어때요?

F : 배가 고프면 먹도록 하고 있어서 시간은 제각각이네요. 아침에 안 먹고 밤늦게 먹기도 하고.

F : 아~! 그거다. 아침, 점심, 저녁 정해진 시간에 잘 챙겨 먹어야 해요. 그리고 아무리 채소라고 해도 잠자기 3시간 전에 먹으면 안 됩니다. 소화에 시간도 걸리고, 붓는 원인도 됩니다.

F : 그랬군요. 먹는 내용만 신경 쓰면 되겠거니 했는데, 아니군요. 이제부터는 그렇게 해 보겠습니다.

여자는 이제부터 어떻게 합니까?

1　더 운동한다
2　식사 내용을 개선한다
3　수면 시간을 늘린다
4　먹는 시간을 조심한다

단어

調子 상태 | 痩せる 살이 빠지다 | 制限 제한 | ジム 헬스장 | 筋トレ 근육 단련, 웨이트 | 有酸素運動 유산소 운동 | トレーナー 트레이너 | 効果 효과 | ～限り ~한 | 炭水化物 탄수화물 | 脂身 비계 | お菓子 과자 | バラバラ 제각각 | しっかり 확실히 | いくら～といっても 아무리 ~라고 해도 | 消化 소화 | むくむ 붓다

해설

운동 방법이나 식사 내용에는 문제가 없지만, 먹는 시간이 불규칙해서 효과가 나지 않는 것이라고 트레이너가 말하고 있으므로 정답은 4번이다. 수면 시간에 관해서는 말하고 있지 않으므로 3번은 정답이 아니다.

4番

男の人と女の人が会社の新人研修について話しています。男の人は、まず何をしなければなりませんか。

F：いよいよ来週から新人研修が始まるね。

M：そうだね。入社式が終わったばっかでほっと一安心と思ってたのに。なんだか緊張するなぁ。なんか提出するものあったっけ？

F：履歴書を印刷して持って来いって言ってなかった？それと、大学の卒業証明書と成績証明書も。

M：えっ？そうだったっけ。履歴書はあるから大丈夫だけど、証明書って今から大学に申請しても間に合うかな。

F：郵送なら時間かかるけど、大学に直接取りに行くならすぐ出してくれるはずよ。

M：よかった。会社から近いし、今日帰りに行ったほうがよさそうだね。他に何かあった？

F：あとは筆記用具とかパソコンとかじゃない？あっ！そうそう。印鑑持って来いって言ってた！

M：げっ。印鑑か。どこにあったかなぁ。探さなきゃ。

F：あとは会社からもらったマニュアルもね。これは会社の引き出しに入ってるから大丈夫でしょ。

M：うんうん。それはある！あ～、聞いといてよかった！ありがとう。

男の人は、まず何をしなければなりませんか。

남자와 여자가 신입사원 연수에 대해서 이야기하고 있습니다. 남자는 우선 무엇을 해야 합니까?

F：드디어 다음 주부터 신입사원 연수가 시작되네.

M：응. 입사식이 끝난 지 얼마 안 돼서 겨우 한숨 돌렸다고 생각했는데. 왠지 긴장돼. 뭔가 제출할 게 있었던가?

F：이력서를 인쇄해서 가져오라고 하지 않았어? 그리고 대학 졸업증명서랑 성적증명서도.

M：어? 그랬나? 이력서는 있으니까 괜찮지만, 증명서라는 게 지금부터 대학에 신청해도 제때 되려나.

F：우송이라면 시간이 걸리지만, 대학에 직접 가지러 가면 바로 내어 줄 거야.

M：다행이다. 회사에서 가깝고, 오늘 돌아가는 길에 가는 게 좋겠네. 그 밖에 뭐가 있었어?

F：그리고 필기도구나 컴퓨터 같은 거 아냐? 아! 맞다 맞다. 인감 가져오라고 했어!

M：헉. 인감이라. 어디에 있더라. 찾아봐야지.

F：그리고 회사에서 받은 매뉴얼도. 이건 회사 서랍에 들어 있으니까 괜찮지?

M：응응. 그건 있어! 아～, 물어보길 잘했다! 고마워.

남자는 우선 무엇을 해야 합니까?

1　大学に行く	1　대학에 간다
2　履歴書を書く	2　이력서를 쓴다
3　印鑑を探す	3　인감을 찾는다
4　マニュアルを見る	4　매뉴얼을 본다

단어

新人研修 신입사원 연수 | ほっと 한숨 쉬는 모양, 안심하는 모양 | 一安心 한시름 놓음 | なんだか 왠지 | 履歴書 이력서 | 印刷 인쇄 | 卒業証明書 졸업 증명서 | 成績証明書 성적 증명서 | 申請 신청 | 間に合う 시간에 대다 | 郵送 우송 | 筆記用具 필기 도구 | 印鑑 인감 | マニュアル 매뉴얼 | 引き出し 서랍

해설

신입사원 연수 때에 필요한 것에 대해 이야기를 나누고 있다. 남자가 먼저 해야 할 일은 대학에 가서 각종 증명서를 떼는 것이므로 정답은 1번이다. 이력서는 있으므로 쓰지 않아도 되고, 인감은 집에 가서 찾을 것이므로 우선 할 일은 아니다. 또한 매뉴얼은 회사 서랍에서 가져가면 되므로 지금 볼 필요는 없다.

5番

 2-1-10.MP3

カフェで店員と店長が話しています。店員はこの後、まず何をしなければなりませんか。

M：あの、店長、お話があるんですが。

F：どうしたの？何かあった？

M：今日団体でご予約いただいてたお客様から急にキャンセルの連絡があって。

F：えっ！うそでしょ？もう準備だってしてあるし、お店も貸し切りってことでご予約のお客様もお受けしなかったのに。はあ。どういうこと？

M：そうなんですよ。しかも電話じゃなくて、お店のお問い合わせメールに連絡があったんですよ。失礼ですよね。せめて電話ぐらいするべきじゃないですか。

F：ほんとに。まったくありえないわ。幹事の方の電話番号はわかる？

M：確か、メールに必須事項で書いてもらっているので、あると思います。電話かけてみましょうか。

F：そうね。理由を確認して、キャンセル料のこともついでに話してくれる？当日キャンセルだったら予約料金100％いただくことになってるから、そのことも説明しておいてね。

M：わかりました。看板はどうしましょう。団体のお客様が来ないなら、お店の外に看板出しても大丈夫ですよね。

F：そうね。電話が終わったらそれもよろしく。

店員はこの後、まず何をしなければなりませんか。

카페에서 점원과 점장이 이야기하고 있습니다. 점원은 이후에 우선 무엇을 해야 합니까?

M : 저, 점장님, 드릴 말씀이 있는데요.

F : 왜 그래? 무슨 일 있어?

M : 오늘 단체로 예약하셨던 손님한테 갑자기 취소 연락이 와서요.

F : 뭐? 진짜? 이미 준비도 되어 있고, 가게도 대절이라서 예약 손님도 안 받았는데. 아, 무슨 일이야?

M : 그러게 말이에요. 게다가 전화가 아니라 가게 문의 메일로 연락이 왔거든요. 실례예요. 적어도 전화 정도 해야 하는 거 아니에요?

F : 진짜. 정말 말도 안 돼. 간사분 전화번호는 알아?

M : 아마 메일에 필수사항으로 적어 달라고 하고 있으니 있을 거예요. 전화 걸어볼까요?

F : 그래. 이유를 확인하고 취소 수수료에 대한 것도 겸사겸사 말해 주겠어? 당일 취소하면 예약 요금 100% 받게 되어 있으니까 그것도 설명해 둬.

M : 알겠습니다. 간판은 어떻게 할까요? 단체 손님이 안 오면 가게 밖에 간판 내놔도 괜찮겠지요?

F : 응. 전화가 끝나면 그것도 부탁해.

점원은 이후에 우선 무엇을 해야 합니까?

1　問い合わせメールへ返信する
2　団体客の幹事に電話する
3　キャンセル料金について説明する
4　看板を出す

1　문의 메일에 답장한다
2　단체 손님의 간사에게 전화한다
3　취소 요금에 대해 설명한다
4　간판을 내놓는다

단어

団体 단체 | 急に 갑자기 | キャンセル 취소 | 貸し切り 대절 | お問い合わせ 문의 | せめて 적어도 | 幹事 간사 | 必須事項 필수사항 | ついでに ~하는 김에 | 当日 당일 | 看板 간판

해설

갑자기 취소된 단체 손님의 간사에게 전화를 하는 것이 우선 해야 할 일이므로 정답은 2번이다. 3번도 해야 할 일이지만, 전화하고 나서 취소 수수료에 대해 설명해야 하므로 먼저 해야 할 일은 아니다. 4번은 전화가 끝나고 나서 할 일이고, 1번 문의 메일에 답장하는 것은 대화에는 나와 있지 않으므로 정답이 아니다.

| 1 | 4 | 2 | 2 | 3 | 4 | 4 | 4 | 5 | 1 |

문제1에서는 먼저 질문을 들으세요. 그러고 나서 이야기를 듣고 문제지의 1~4 중에서 가장 알맞은 것을 하나 고르세요.

1番
ばん

▶ 2-1-11.MP3

大学の職員と学生が話しています。学生はこれから何を
だいがく しょくいん がくせい はな がくせい なに
しますか。

M : あのう、オーストラリアへの留学について聞きに来た
りゅうがく き
んですが。

F : あっ、そうですか。先週の留学説明会に参加しました
せんしゅう りゅうがくせつめいかい さんか
か。そこで詳しい説明があったはずですが。
くわ せつめい

M : えっ！そうだったんですか。知らなかった。説明会に
し せつめいかい
参加しないといけなかったんですか。
さんか

F : できれば参加したほうがよかったんですが。一応、こ
さんか いちおう
れが説明会の内容です。申込みはネットで行われてい
せつめいかい ないよう もうしこ おこな
るので、申請期間が始まったら、そちらからしてくだ
しんせいきかん はじ
さいね。

M : はい。わかりました。留学の選考の一つで面接がある
りゅうがく せんこう ひと めんせつ
と聞いたんですが、それは何を準備したらいいですか。
き なに じゅんび

F : ネイティブの先生と簡単な会話テストがあります。そ
せんせい かんたん かいわ
うですね。日常会話くらいできたら大丈夫だと思い
にちじょうかいわ だいじょうぶ おも
ますよ。あっ、その際に、英語検定試験の結果が必要
さい えいごけんていしけん けっか ひつよう
なので点数が記載されている証明書を持ってきてくだ
てんすう きさい しょうめいしょ も
さい。

M : えっ！そうなんですか。試験結果が必要なんて。この
しけんけっか ひつよう
試験は受けたことなかったなぁ。申込みってまだでき
しけん う もうしこ
ますよね？

F : そうですね。ちょっと待ってください。確か…申込み期
ま たし もうしこ き
間は、あっ！今日までですよ。急いで申請してください。
かん きょう いそ しんせい

M : わかりました。今すぐします。
いま

学生はこれから何をしますか。
がくせい なに

대학교 직원과 학생이 이야기하고 있습니다.
학생은 지금부터 무엇을 합니까?

M : 저, 호주 유학에 대해서 물어보러 왔는데
요.

F : 아, 그래요? 지난주 유학 설명회에 참석
했나요? 거기서 자세한 설명이 있었을
텐데요.

M : 어, 그랬어요? 몰랐어요. 설명회에 참석
해야 했나요?

F : 가능하면 참석하는 게 좋았겠지만요. 일
단 이게 설명회 내용입니다. 신청은 인터
넷으로 하고 있으니 신청기간이 시작되
면 거기서 해 주세요.

M : 네. 알겠습니다. 유학 전형의 하나로 면
접이 있다고 하던데요, 그건 뭘 준비하면
되나요?

F : 원어민 선생님과 간단한 회화 테스트가
있습니다. 글쎄요. 일상 회화 정도 가능하
면 괜찮을 것 같아요. 아, 그때 영어검정
시험 결과가 필요하니까 점수가 기재된
증명서를 가져오세요.

M : 어, 그래요? 시험 결과가 필요하다니. 이
시험은 본 적이 없군. 신청은 아직 가능
하죠?

F : 글쎄요. 잠깐만 기다려 주세요. 아마…신
청 기간은, 아, 오늘까지예요. 어서 신청
하세요.

M : 알겠습니다. 지금 바로 할게요.

학생은 지금부터 무엇을 합니까?

1 留学説明会に参加する	1 유학 설명회에 참가한다
2 留学の申請をする	2 유학 신청을 한다
3 英語テストを受ける	3 영어 테스트를 받는다
4 英語テストを申し込む	4 영어 테스트를 신청한다

단어

説明会 설명회 | 詳しい 자세하다 | 申込み 신청 | 選考 전형 | ネイティブ 원어민 | 点数 점수 | 記載 기재 | 証明書 증명서

해설

학생이 이후 할 일은 유학 면접 때 필요한 영어 시험을 신청하는 것이므로 정답은 4번이다. 유학 신청은 신청 기간이 시작되면 할 일이고, 설명회는 끝났으므로 할 일이 아니다.

2番

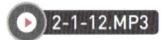
2-1-12.MP3

男の人と女の人が話しています。女の人はまず何をしなければなりませんか。

M：同窓会まであと2か月か。準備でバタバタだな。

F：そうよね。結構早めに案内状は出しといたのに、女子はまだ全員から返信来てないのよ。男子の方はどう？

M：男子もまだなんだよ。あと5、6人ぐらいだったはず。

F：そっか。女子はもっと多かった気がする。葉書には2か月前までには返信くださいって書いといたんだけど。届いてないとかはないわよね？住所変わってたら私のところに戻ってくるはずだし。

M：うーん。どうだろ。一応電話番号わかるし、今から連絡してみようか。出なくても留守電に残しておけばいんじゃない？

F：そうね。そしたら女子の分もお願いしていいかしら？これが女子のリスト。赤い丸がついてる人がまだ連絡が来てない人だから、よろしく。私は会場に今日の打ち合わせの時間をもう1回確認してみる。

M：えっ？打ち合わせ？今日他に何か確認することあったっけ？

남자와 여자가 이야기하고 있습니다. 여자는 우선 무엇을 해야 합니까?

M：동창회까지 앞으로 두 달이군. 준비하느라 바쁘네.

F：그래. 꽤 일찍 안내장은 보내 놨는데, 여자는 아직 전원으로부터 답장이 오지 않았어. 남자는 어때?

M：남자도 아직이야. 남은 게 5, 6명 정도였을 거야.

F：그렇구나. 여자는 더 많았던 것 같아. 엽서에는 두 달 전까지는 답장 달라고 적어 놨는데. 도착하지 않은 건 아니겠지? 주소 바뀌었으면 나한테 돌아올 테고.

M：음. 글쎄. 일단 전화번호를 아니까 지금부터 연락해 볼까? 안 받아도 자동응답기에 남겨 두면 되잖아.

F：글쎄. 그럼 여자분도 부탁해도 될까? 이게 여자 명단. 빨간 동그라미가 쳐져 있는 사람이 아직 연락이 안 온 사람이니까 잘 부탁해. 나는 행사장에 오늘 미팅 시간을 한번 더 확인해 볼게.

M：어? 미팅? 오늘 달리 뭔가 확인할 거 있었어?

F：忘れたの？今日、当日のメニュー決めで一緒に行こうって言ってたじゃない！

M：あっ、そうだった！ごめんごめん。

女の人はまず何をしなければなりませんか。

1　出席者を確認する
2　打ち合わせ時間の確認電話をする
3　女子の連絡先を確認する
4　当日のメニューを決める

F：잊었어? 오늘, 당일 메뉴 결정하러 같이 가자고 했잖아!

M：아, 맞다! 미안 미안.

여자는 우선 무엇을 해야 합니까?

1　참석자를 확인한다
2　회의 시간 확인 전화를 한다
3　여자 연락처를 확인한다
4　당일 메뉴를 결정한다

단어

同窓会 동창회 | バタバタ 바쁜 모양 | 結構 꽤 | 早め 일찍 | 案内状 안내장 | 葉書 엽서 | 留守電 전화 자동 응답기 | リスト 리스트 | 打ち合わせ 협의, 회의 | 当日 당일 | メニュー 메뉴

해설

오늘은 이후에 당일 메뉴를 결정하는 회의가 있는데, 여자가 전화를 걸겠다고 했으므로 정답은 2번이다. 참석자 확인은 지금부터 남자가 할 것이므로 1번은 정답이 아니고, 여자 연락처를 확인하는 것은 리스트가 있으므로 할 필요가 없다.

3番

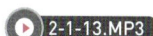

2-1-13.MP3

女の人と男の人が体調について話しています。男の人はどうすることにしましたか。

M：はあ。最近なんだか体がだるくてさ。無気力症候群っていうのかな。何やってもやる気が出ないんだよね。

F：仕事のストレスがたまってるんじゃないの？最近残業も多いみたいだし。

M：仕事のストレスはあるっちゃあるけど、ストレスで体調崩したことあったから、昔みたいにならないように適度に息抜きするようにしてるんだよね。ジムに行って体動かしてるし、映画見に行ったりしてるし。でもなんか体が重いんだよね。

F：うーん。なんだろう。食生活に問題があるとか？3食しっかり食べてる？

여자와 남자가 몸 상태에 대해 이야기하고 있습니다. 남자는 어떻게 하기로 했습니까?

M：허. 요즘 왠지 몸이 나른해서 말이야. 무기력 증후군이랄까? 뭘 해도 의욕이 안 나.

F：업무 스트레스가 쌓인 거 아니야? 요즘 잔업도 많은 것 같고.

M：업무 스트레스는 있다고 하면 있지만, 스트레스로 몸이 상한 적이 있어서 옛날처럼 되지 않도록 적당히 쉬면서 하고 있지. 헬스장에 가서 몸도 움직이고 있고, 영화 보러 가기도 하고. 근데 왠지 몸이 무겁네.

F：음. 왜 그럴까? 식생활에 문제가 있다던가? 세 끼 꼬박꼬박 먹어?

M：3食は食べてないなぁ。朝は時間なくて食べられないし。というか食欲もないんだよね。食べたいものもないから飲み物だけで済ませてることも多いかも。

F：もしかして夏バテじゃないの？最近暑い上に湿度も高くてジメジメしてるし。ここのところ熱帯夜も続いてるから、寝苦しくて、睡眠不足ってことない？

M：言われてみれば、ここ数日は寝つきも悪くて夜中にやっと眠れるって感じかな。暑くてあせもびっしょりかいてるし。

F：それ夏バテだよ！まずはぐっすり寝て疲れをとることね。それから、しっかり食べて、ビタミン剤や栄養補給できるドリンク剤も飲んだ方がいいわよ。夏バテにはビタミンが効果的って言うしね。

M：そうなのか。とりあえず今日は仕事が終わったら早く帰ってゆっくり休むことにするよ。

男の人はどうすることにしましたか。

1　ジムで運動を始める
2　検査のために病院に行く
3　サプリメントを摂取する
4　しっかり食べて充分寝る

M : 세 끼는 안 먹지. 아침은 시간이 없어서 못 먹고, 뭐랄까 식욕도 없어. 먹고 싶은 것도 없으니 음료로만 때우는 경우도 많을지도 몰라.

F : 혹시 여름 타는 거 아니야? 요즘 더운 데다가 습도도 높아서 축축하기도 하고. 요즘 열대야도 계속되고 있으니까 잠을 잘 못 자서 수면 부족인 거 아냐?

M : 듣고 보니 요 며칠은 잠도 잘 안 와서 한밤중에 겨우 잠든 느낌이랄까? 더워서 땀도 흠뻑 흘리고.

F : 그거 여름 타는 거야! 일단 푹 자서 피로를 풀어. 그리고 잘 먹고, 비타민제나 영양 보급이 가능한 드링크제도 먹는 게 좋아. 여름 타는 데에는 비타민이 효과적이라고 하니까.

M : 그렇구나. 일단 오늘은 일이 끝나면 빨리 퇴근해서 푹 쉴게.

남자는 어떻게 하기로 했습니까?

1　헬스장에서 운동을 시작한다
2　검사를 위해 병원에 간다
3　영양제를 섭취한다
4　잘 먹고 푹 잔다

단어

だるい 나른하다 | 無気力症候群 무기력 증후군 | やる気 의욕 | 残業 잔업 | 体調を崩す 컨디션을 무너뜨리다 | 適度 적당한 정도 | 息抜き 잠시 쉼, 휴식 | 済ませる 끝내다 | 夏バテ 더위 먹음, 여름을 탐 | 湿度 습도 | ジメジメ 습기가 많은 모양 | 熱帯夜 열대야 | 寝苦しい 잠들기 힘들다 | 睡眠不足 수면 부족 | 寝つきが悪い 잠이 잘 안 오다 | 夜中 밤중 | びっしょり 흠뻑 | 汗をかく 땀을 흘리다

해설

남자 몸이 나른한 원인은 여름을 타기 때문이라는 것을 후반부에서 알 수 있다. 여자가 여름을 탈 때는 잘 먹고 푹 자는 것이 효과적이라고 하자, 남자는 오늘은 푹 쉬겠다고 말하고 있으므로 정답은 4번이다.

4番

男の人と女の人が引っ越しについて話しています。女の人はこれから何をしますか。

M：マーク引っ越しセンターでございます。お引っ越しのお見積もりに伺いました。

F：あ、はいはい、散らかってますけどどうぞ。お上がりください。

M：失礼いたします。お引っ越し日は来月の20日でよろしいでしょうか。

F：はい、当日、午前中に引っ越しを始めたいんですが、大丈夫ですか。

M：かしこまりました。まずはお部屋にあるお荷物の確認をさせていただきますね。お部屋にある家具はすべてお運びいたしますか。

F：いえ、すべてではないんですが、いまのところあのタンスとこの照明は捨てる予定です。

M：わかりました。弊社では粗大ごみのお引き取りは致しかねますので、当日まで処分される家具はお客様のほうでお願いします。それ以外のお荷物はお客様がご自身で荷造りされると伺っていますが、いかがなさいますか。

F：それが、忙しくてできそうになくて、荷造りと新居先での荷解きまでお願いできますか。

M：かしこまりました。追加料金が発生いたしますが、よろしいでしょうか。

F：はい、大丈夫です。

M：こちらがお見積もりになります。よろしければ、来週の月曜日までに弊社までご連絡くださいませ。

F：わかりました。主人に相談して、また連絡しますね。

女の人はこれから何をしますか。

남자와 여자가 이사에 대해 이야기하고 있습니다. 여자는 이제부터 무엇을 합니까?

M：마크 이사 센터입니다. 이사 견적차 방문했습니다.

F：아, 네네, 어질러져 있지만 부탁합니다. 들어오세요.

M：실례하겠습니다. 이사 날짜는 다음 달 20일이면 될까요?

F：네, 당일, 오전 중에 이사를 시작하고 싶은데요, 괜찮습니까?

M：알겠습니다. 우선은 방에 있는 짐을 확인하겠습니다. 방에 있는 가구는 모두 옮겨 드릴까요?

F：아니요, 전부는 아닌데요, 현재 저 옷장과 이 조명은 버릴 예정입니다.

M：알겠습니다. 저희 회사에서는 대형 쓰레기 인수는 불가능하니 당일까지 처분하실 가구는 고객님 쪽에서 부탁합니다. 그 이외의 짐은 고객님이 직접 싸신다고 들었는데요, 어떻게 하시겠습니까?

F：그게, 바빠서 안 될 것 같아서요, 짐 싸는 것과 새집에서 짐을 푸는 것까지 부탁할 수 있나요?

M：알겠습니다. 추가 요금이 발생합니다만, 괜찮으시겠습니까?

F：네, 괜찮습니다.

M：이게 견적입니다. 괜찮으시면 다음 주 월요일까지 당사로 연락주시기 바랍니다.

F：알겠습니다. 남편과 상의해서 다시 연락할게요.

여자는 이제부터 무엇을 합니까?

1	粗大ごみを処分する	1	대형 쓰레기를 처분한다
2	荷物を段ボールに入れる	2	짐을 종이상자에 넣는다
3	引っ越し業者に連絡する	3	이사 업체에 연락한다
4	夫に相談する	4	남편과 의논한다

단어

見積もり 견적 | 伺う 방문하다 | 散らかる 흩어지다, 어질러지다 | 上がる 들어가다 | 当日 당일 | かしこまる 삼가 명령을 받들다 | タンス 옷장 | 弊社 폐사, 저희 회사 | 粗大ごみ 대형 쓰레기 | 引き取り 인수 | いたしかねる 해 드릴 수 없다 | 処分 처분 | 荷造り 짐 싸기 | なさる 하다 | 荷解き 짐 풀기 | 追加料金 추가 요금

해설

우선 짐 싸기는 업자에게 맡기겠다고 했으므로 2번은 오답이다. 여자가 해야 할 순서를 잘 들으면 가장 먼저 할 일은 견적 가격을 남편과 상의하는 것이므로 정답은 4번이다. 그런 다음 이사 업체에 연락하고 그 후 쓰레기를 처분하는 순서이다.

5 番

 2-1-15.MP3

会社で男の人と女の人が話しています。男の人はまず何をしなければなりませんか。

F：田村君、先日の出張報告書の提出がまだなんだけど。

M：えっ！あっ。今日まででしたっけ。すみません。途中までは終わってるんですが、プレゼンの準備に時間を取られてしまって。

F：言い訳はいいから。仕事をするときはまず優先順位を考えないと。

M：申し訳ありません。今すぐ取り掛かります。

F：終わり次第すぐ提出してね。それが終わったら、明日のミーティングを確認しておいてくれる？

M：松山商事とのミーティングですよね？それでしたら、先ほど先方から来週に変更してほしいとの連絡がきていました。

F：あっ、そうなの？そしたら、来週の月曜日でもいいか都合聞いてくれる？火曜日から北海道に出張だから、来週だと月曜日しか時間ないのよね。もし先方が無理そうだったら、金曜日でお願い。

회사에서 남자와 여자가 이야기하고 있습니다. 남자는 우선 무엇을 해야 합니까?

F : 다무라 군, 지난번 출장 보고서 제출이 아직인데.

M : 네? 아, 오늘까지였나요? 죄송합니다. 중간까지는 했는데, 프레젠테이션 준비에 시간을 뺏겨서.

F : 변명은 됐으니까. 일할 때는 먼저 우선순위를 생각해야 돼.

M : 죄송합니다. 지금 바로 시작하겠습니다.

F : 끝나는 대로 바로 제출해. 그게 끝나면 내일 미팅 확인해 줄래?

M : 마쓰야마 상사와의 미팅이죠? 그거라면 아까 저쪽에서 다음 주로 변경해 줬으면 한다는 연락이 왔습니다.

F : 아, 그래? 그럼, 다음 주 월요일이라도 괜찮은지 사정 물어봐 줄래? 화요일부터 홋카이도로 출장이라서 다음 주라면 월요일밖에 시간이 없어. 만약 상대편이 무리일 것 같으면 금요일로 부탁해.

28

M : わかりました。時間は何時くらいにしておきましょうか。

F : そうね。午前中は会議が入ってるから、お昼過ぎでお願い。頼んだわよ。

男の人はまず何をしなければなりませんか。

1　報告書を提出する
2　プレゼン資料を作成する
3　出張計画書を作成する
4　ミーティングのスケジュールを確認する

M : 알겠습니다. 시간은 몇 시 정도로 해 둘까요?

F : 글쎄. 오전에는 회의가 있으니까 점심 이후로 해 줘. 부탁할게.

남자는 우선 무엇을 해야 합니까?

1　보고서를 제출한다
2　프레젠테이션 자료를 작성한다
3　출장 계획서를 작성한다
4　회의 스케줄을 확인한다

단어

先日 요전, 지난번 | 出張 출장 | 報告書 보고서 | 提出 제출 | プレゼン 프레젠테이션 | 時間を取る 시간을 뺏다 | 言い訳 변명 | 優先 우선 | 順位 순위 | 取り掛かる 착수하다, 시작하다 | ～次第 (~하는) 대로 | 商事 상사 | 先ほど 아까 | 先方 상대편 | 都合 형편

해설

질문은 '우선' 무엇을 해야 하느냐이므로 여기서의 우선 사항은 보고서를 제출하는 것이다. 따라서 정답은 1번이다. 프레젠테이션 자료 작성이나 마쓰야마 상사와의 미팅은 그 이후도 된다고 말하고 있다. 출장 계획서에 관해서는 언급되지 않았다.

실전 연습 01 ▶ p.42

1	3	2	2	3	2	4	4	5	3	6	2

문제 2에서는 먼저 질문을 들으세요. 그런 다음 문제지의 보기를 읽으세요. 읽을 시간이 있습니다. 그러고 나서 이야기를 듣고 문제지의 1~4 중에서 가장 알맞은 것을 하나 고르세요.

1番_{ばん}

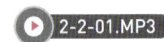
2-2-01.MP3

会社で女の人と男の人が話しています。男の人はどうして退職しますか。

F：山田さん、今年いっぱいで退職するって本当？

M：えっ？噂って速いなぁ。そうなんだよ。転職しようと思っててさ。いろいろ準備していたんだ。

F：そうだったんだ。でも急に転職って。営業成績もトップだし、仕事もうまくいってそうだったのに何かあったの？

M：会社に対しては何も不満はないんだよね。自分のやりたいこともやらせてもらえたし、給料もそれなりにもらえてたし。

F：だったらどうして？

M：実は、親の会社を継ごうと思ってるんだ。そんなに大きな会社じゃないんだけど、父の年齢を考えたら、僕が今から親の会社で働いて、少しずつ経営を覚えていったほうがいいかなと思って。

F：えー！そうだったんだ。山田さんのご実家、自営業されてたんだね。知らなかった。それなら、次期社長だね。

M：そんな次期社長だなんて。でも父が今までやってきたことをしっかり受け継いで、もっと会社を大きくするつもり。そのためには、もっと勉強しなきゃと思ってさ。親の会社で働きながら、経営学を勉強したり、いろんなセミナーに参加して知識を深めていかなきゃね。会社辞めてからのほうがもっと忙しくなりそうだよ。

회사에서 여자와 남자가 이야기하고 있습니다. 남자는 왜 퇴사합니까?

F：야마다 씨, 올해 말로 퇴직한다는 게 사실이야?

M：어? 소문이라는 건 빠르구나. 응. 이직할까 하고. 이것저것 준비하고 있었거든.

F：그랬구나. 그치만 갑자기 이직이라니. 영업 성적도 톱이고, 일도 잘되고 있다고 그랬는데 무슨 일 있었어?

M：회사에 대해서는 아무런 불만은 없지. 내가 하고 싶은 것도 하게 해 줬고, 월급도 나름대로 받았으니까.

F：그럼 왜?

M：사실은 부모님 회사를 이을까 해. 그렇게 큰 회사는 아니지만, 아버지 나이를 생각하면 내가 지금부터 부모님 회사에서 일해서 조금씩 경영을 배워 가는 게 좋을 것 같아서.

F：어, 그랬구나. 야마다 씨 친가, 자영업을 하셨구나. 몰랐어. 그렇다면 차기 사장이네.

M：그런 차기 사장이라니. 하지만 아버지가 지금까지 해 온 것을 제대로 계승해서 회사를 더 크게 키울 생각이야. 그러려면 공부를 더 해야 할 것 같아서 말이야. 부모님 회사에서 일하면서 경영학을 공부하거나, 다양한 세미나에 참가해서 지식을 쌓아 나가야 해. 회사를 그만두고 나서가 더 바빠질 것 같아.

F : そっか。でも目標があってちょっとうらやましいかも。私も自分のために何か新しいこと始めてみようかな。

M : それもいいかもね。自分の本当にやりたいことが見つかるかもよ。

男の人はどうして退職しますか。

1　会社に不満があるため
2　経営を勉強しに留学するため
3　家業を継ぐため
4　自分を成長させるため

F : 그렇구나. 하지만 목표가 있어서 좀 부럽다. 나도 자신을 위해서 뭔가 새로운 걸 시작해 볼까?

M : 그것도 좋을지도. 자신이 진짜 하고 싶은 일을 찾을 수 있을지도 몰라.

남자는 왜 퇴사합니까?

1　회사에 불만이 있기 때문에
2　경영을 공부하러 유학하기 위해
3　가업을 잇기 위해
4　자신을 성장시키기 위해

단어

今年いっぱい 올해 말 | 退職 퇴직 | 噂 소문 | 転職 이직 | 営業 영업 | 成績 성적 | トップ 정상, 탑 | 不満 불만 | 給料 월급 | それなり 그 나름대로 | 継ぐ 이어받다 | 経営 경영 | 自営業 자영업 | 次期 차기 | 受け継ぐ 계승하다 | 経営学 경영학 | セミナー 세미나

해설

대화 중반에 '부모님 회사를 이으려고 생각한다'고 말하고 있으므로 정답은 3번이다. 회사에 불만은 없고, 유학하겠다고도, 자신을 성장시키기 위해서라고도 말하지 않았다.

2 番

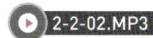

大学で男の人と女の人が話しています。女の人はどうして怒っていますか。

M : あっ！中村さん。久しぶり！

F : 山本くん〜。久しぶり。ちょっと聞いてよ〜。

M : どうした？何かあったの？

F : この間3泊4日で旅行行ってきたんだけど、ホテルのスタッフの態度が最悪だったの。

M : え？でも中村さんが言ったホテルってネットではかなり高評価じゃなかった？

대학에서 남자와 여자가 이야기하고 있습니다. 여자는 왜 화가 났습니까?

M : 앗! 나카무라 씨, 오랜만이야!

F : 야마모토 군, 오랜만이야. 좀 들어봐〜.

M : 왜 그래? 무슨 일 있어?

F : 요전에 3박 4일로 여행 갔다 왔는데, 호텔 직원의 태도가 최악이었어.

M : 어? 하지만 나카무라 씨가 간 호텔은 인터넷에서는 꽤 평가가 높지 않았어?

F : そうそう。だからそのホテルにしたんだけど、挨拶は
　　ないし、愛想は悪いし、部屋の空調が悪くて部屋を変
　　えてほしいってお願いしてもだめのの一点張りで、旅
　　行でこんな最悪な思いしたの初めてよ。確かにお客さ
　　んも多かったから対応が行き届かなかったのかもしれ
　　ないけど、それにしてもね。
M : そうだったんだ。それは最悪だったね。料理は？ホテ
　　ルで食べたんでしょ？
F : 料理ね～。正直怒りでいっぱいでどんな味だったか覚
　　えてないのよ。覚えてるのはコース料理だったってこ
　　とくらい。
M : そうだったんだ。それぐらい対応が最悪だったんだね。
F : もう二度と行かないかな。

女の人はどうして怒っていますか。

1　部屋を変えてもらえなかったから
2　ホテルのスタッフの態度が悪かったから
3　料理がまずかったから
4　ホテルが混雑していたから

F : 맞아 맞아. 그래서 그 호텔로 했는데, 인
　　사는 없고, 붙임성은 나쁘고, 방 에어컨
　　이 나빠서 방을 바꿔 달라고 부탁해도 안
　　된다로 일관하고, 여행에서 이렇게 최악
　　이라고 느낀 건 처음이야. 확실히 손님도
　　많았으니까 대응이 잘 안 된 건지도 모
　　르지만, 그래도 말이야.
M : 그랬구나. 그건 최악이네! 요리는? 호
　　텔에서 먹었겠지?
F : 요리는 말이지~. 솔직히 화가 잔뜩 나서
　　어떤 맛이었는지 기억이 안 나. 기억하는
　　건 코스 요리였다는 것 정도.
M : 그랬구나. 그만큼 대응이 최악이었구나.
F : 이제 두 번 다시 안 갈 거야.

여자는 왜 화가 났습니까?

1　방을 바꿔 주지 않아서
2　호텔 직원의 태도가 나빠서
3　요리가 맛없어서
4　호텔이 혼잡해서

단어

態度 태도 | 高評価 높은 평가 | 愛想 붙임성 | 空調 에어컨 | 一点張り 외곬, 그것만으로 관철하는 일 | 行き届く 구석구석까지 미치다 | コース料理 코스 요리 | 二度と 두 번 다시

해설

여자가 가장 화가 난 것은 직원의 태도가 나빴기 때문이므로 정답은 2번이다. 방도 바꾸고 싶었으나 이것만으로 화가 난 것은 아니다. 전체적인 직원의 태도가 문제였기 때문에 1번은 정답이 아니다. 음식의 맛은 기억나지 않고, 호텔이 혼잡해서 화가 난 것은 아니므로 3, 4번도 정답이 아니다.

3番

2-2-03.MP3

テレビでアナウンサーと監督が話しています。監督はどのようにレギュラーメンバーを選んでいますか。

F : 最近、活躍が目覚ましいCBNチームですが、これだけ大人数の選手がいるなか、どのようにしてレギュラーメンバーを選抜しているのでしょうか。

M : そうですね。一言でこれだ！と理由を言うことは難しいのですか、うーん、プレーはもちろん、普段の生活もしっかりチェックしますね。限られている練習時間の中で、選手の様子や動きだけを見て本番にいいプレーができるかどうか判断するのはとても難しいと思います。ですので、私は選手一人一人が普段どのような生活をしているかということもしっかりチェックしています。プレーだけうまくできればいいという考えの選手はまず選びません。

監督はどのようにレギュラーメンバーを選んでいますか。

TV에서 아나운서와 감독이 이야기하고 있습니다. 감독은 어떻게 주전 멤버를 뽑고 있습니까?

F : 최근 활약이 눈부신 CBN팀인데요, 이렇게 많은 선수 가운데 어떻게 주전 멤버를 선발하고 있는 걸까요?

M : 글쎄요. 한마디로 이거다!라고 이유를 말하기는 어렵습니다만, 음, 플레이는 물론, 평상시의 생활도 제대로 체크합니다. 제한된 연습 시간 중에 선수의 모습이나 움직임만을 보고 실전에 좋은 플레이를 할 수 있을지 판단하는 것은 아주 어렵다고 생각합니다. 그래서 저는 선수 개개인이 평소 어떤 생활을 하고 있는가 하는 것도 확실히 체크하고 있습니다. 플레이만 잘하면 된다는 생각의 선수는 우선 선발하지 않습니다.

감독은 어떻게 주전 멤버를 뽑고 있습니까?

1 練習中のプレーを見て	1 훈련 중의 플레이를 보고
2 練習中のプレーと普段の生活を見て	2 훈련 중의 플레이와 평상시 생활을 보고
3 選手の練習量を見て	3 선수의 훈련량을 보고
4 選手の態度と行動を見て	4 선수의 태도와 행동을 보고

단어

活躍 활약 | 目覚ましい 눈부시다 | レギュラーメンバー 주전 멤버 | 選抜 선발 | 一言 한마디 | プレー 플레이 | 普段 평상시 | 限られる 한정되다, 제한되다 | 動き 움직임 | 本番 실전

해설

감독이 이야기 중에 플레이와 평상시 생활을 체크한다고 말하고 있으므로 정답은 2번이다. 플레이나 생활, 연습량만으로 판단한다고는 말하지 않았으므로 1, 3, 4는 정답이 아니다.

4番

会社の忘年会の準備で男の人と女の人が話しています。忘年会で何をすることになりましたか。

M：今年の忘年会なんだけど、各部署から一つずつ何か出し物を出さなきゃいけないらしくて。何かいいアイディアある？

F：うーん。そうだな。ダンスとか歌とかはありきたりだもんね。やりたくない社員もいるだろうし。

M：そうなんだよ。おそらくほかの部署もそれはやると思うんだよね。何かこう、ほかの人の目を引くものがあったらいいんだけど。

F：なかなか難しいよね。マジックもいいんだけど、失敗する可能性も高くなるよね。

M：そうなんだよねぇ。やっぱりやるならみんなが楽しめるものがいいよね。

F：写真当てゲームとかはどう？社長や役員の若いころの写真を見せて当ててもらうってのは？

M：おー！いいね。おもしろそう。会場にいる全員が参加できるし、昔の写真を見るゲームならすごく盛り上がりそう！写真は？どうやって集める？

F：社長や役員の昔の写真は秘書課の同期にお願いして何とか手にいれてみるよ！

M：よし！決まり。今年の忘年会はこれでいこう！

F：うん！早速取り掛かるね。

忘年会で何をすることになりましたか。

1　ダンスと歌
2　マジックとダンス
3　写真当てゲームと歌
4　写真当てゲームのみ

회사의 송년회 준비로 남자와 여자가 이야기하고 있습니다. 송년회에서 무엇을 하게 되었습니까?

M : 올해 송년회 말인데, 각 부서에서 하나씩 뭔가 레퍼토리를 내 놔야 할 것 같은데. 무슨 좋은 아이디어 있어?

F : 음. 그렇구나. 춤이나 노래 같은 건 꽤 흔하니까. 하기 싫은 사원도 있을 테고.

M : 그렇지. 필시 다른 부서도 그건 할 것 같지. 뭔가 이런, 다른 사람의 시선을 끄는 게 있으면 좋을 것 같은데.

F : 꽤 어렵네. 마술도 좋긴 한데 실패할 가능성도 커지지.

M : 그렇다니까. 역시 한다면 다 같이 즐길 수 있는 게 좋은데.

F : 사진 맞히기 게임 같은 건 어때? 사장님이나 임원의 젊은 시절 사진을 보여 주고 맞히게 하는 건?

M : 오~! 좋네. 재밌겠다. 자리에 있는 전원이 참가할 수 있고, 옛날 사진을 보는 게임이라면 굉장히 신날 것 같아! 사진은? 어떻게 모으지?

F : 사장님이나 임원의 옛날 사진은 비서과 동기에게 부탁해서 어떻게든 구해 볼게!

M : 좋았어! 결정. 올해 송년회는 이걸로 가자!

F : 응! 바로 시작할게.

송년회에서 무엇을 하게 되었습니까?

1　춤과 노래
2　마술과 춤
3　사진 맞히기 게임과 노래
4　사진 맞히기 게임만

忘年会(ぼうねんかい) 송년회 | 部署(ぶしょ) 부서 | 出(だ)し物(もの) 상연물 | アイディア 아이디어 | ありきたり 흔히 있음 | 目(め)を引(ひ)く 눈을 끄다 | マジック 마술 | 当(あ)てる 맞히다 | 役員(やくいん) 임원 | 盛(も)り上(あ)がる (소리·기세·흥취 따위가) 높아지다 | 秘書課(ひしょか) 비서과 | 同期(どうき) 같은 시기, 입학이나 졸업의 연도가 같음 | 手(て)に入(い)れる 손에 넣다 | 取(と)り掛(か)かる 착수하다, 시작하다

춤이나 노래는 다른 부서도 할 것이고, 마술은 실패 가능성도 있어 하지 않는다. 정답은 4번 사진 맞히기 게임뿐이다.

5番(ばん)

2-2-05.MP3

会社(かいしゃ)で女(おんな)の人(ひと)と男(おとこ)の人(ひと)がサンプルについて話(はな)しています。女(おんな)の人(ひと)はサンプルの一番(いちばん)の改善点(かいぜんてん)は何(なん)だと言(い)っていますか。

F：部長(ぶちょう)、こちらが出来上(できあ)がったサンプルです。

M：おっ。出来上(できあ)がったか。40代女性向(だいじょせいむ)けのハンドクリームだっけ？何(なに)か問題点(もんだいてん)があった？

F：クリームについてですが、40代(だい)の主婦(しゅふ)、会社員(かいしゃいん)、美容師(びよう)、看護師(かんごし)など様々(さまざま)な方(かた)にモニターしていただきました。日頃(ひごろ)から手(て)の乾燥(かんそう)がひどい美容師(びようし)の方(かた)でもしっとり潤(うるお)い、効果(こうか)が抜群(ばつぐん)だったようで、ご満足(まんぞく)いただけました。

M：そうか。それは安心(あんしん)だ。ほかには？

F：香(かお)りについても女性(じょせい)に人気(にんき)のバラの香(かお)りにしてありますし、何(なに)より香(かお)りの持続時間(じぞくじかん)が従来(じゅうらい)の製品(せいひん)より長(なが)いので、好評(こうひょう)だった半面(はんめん)、少(すこ)しにおいが強(つよ)すぎて、料理(りょうり)をするときまで残(のこ)っているので毎日使(まいにちつか)うのは難(むずか)しいというご意見(いけん)もいただきました。

M：そうか。香(かお)りについては少(すこ)し抑(おさ)えめにしたほうがよさそうだね。それ以外(いがい)は問題(もんだい)あった？

회사에서 여자와 남자가 샘플에 대해 이야기하고 있습니다. 여자는 샘플의 가장 개선할 점이 무엇이라고 합니까?

F：부장님, 이게 완성된 샘플입니다.

M：오, 완성됐구나. 40대 여성용 핸드 크림이었지? 무슨 문제점이 있었나?

F：크림에 대해서인데요. 40대 주부, 회사원, 미용사, 간호사 등 다양한 분들에게 모니터했습니다. 평소 손이 아주 건조한 미용사분들도 촉촉하고 효과가 뛰어난 것 같다며 만족해 하셨습니다.

M：그렇군. 그거 안심이네. 그 밖에는?

F：향기에 대해서도 여성들에게 인기인 장미향으로 되어 있고, 무엇보다 향기 지속 시간이 기존 제품보다 길어서 호평이었던 반면, 약간 냄새가 너무 강해 요리를 할 때까지 남아 있어서 매일 사용하기는 어렵다는 의견도 주셨습니다.

M：그렇군. 향기에 대해서는 조금 억제하는 게 좋을 것 같군. 그것 말고는 문제 있었어?

F：意外だったのが、デザインがあまりにも普通で目に入らないから、店頭にあっても手にとらないかもしれないと言うモニターの方が多かったことです。できるだけシンプルなデザインにした方がいいと思って作ったのですが、他の商品と並んだ時、やはりかわいいデザインの方を最初に選ぶ方が多い傾向があるようです。デザインについては要改善だと思われます。

M：そうだったか。そこは盲点だったな。そしたら、急ぎでそれについての新しいデザインを出してくれるか。

F：はい、わかりました。

女の人はサンプルの一番の改善点は何だと言っていますか。

1　ハンドクリームの成分
2　ハンドクリームの香り
3　パッケージのデザイン
4　パッケージの大きさ

F：의외였던 게 디자인이 너무 평범해서 눈에 들어오지 않기 때문에, 매장 앞에 있어도 안 집을 것 같다는 의견을 주신 분이 많았던 것입니다. 가급적 심플한 디자인으로 하는 게 좋을 것 같아서 만들었는데, 다른 상품과 나란히 놓았을 때 역시 귀여운 디자인 쪽을 맨 처음에 선택하는 분이 많은 것 같습니다. 디자인에 대해서는 개선이 필요할 것 같습니다.

M：그랬군. 그건 맹점이었구나. 그럼 서둘러 그에 대한 새 디자인을 내주겠나?

F：네, 알겠습니다.

여자는 샘플의 가장 개선할 점이 무엇이라고 합니까?

1　핸드크림의 성분
2　핸드크림 향기
3　패키지 디자인
4　패키지 크기

6番

テレビで男の人がゲームについて話しています。このゲームの一番の魅力は何だと言っていますか。

M：そうですね。このゲームはいろんなプレイヤーの人たちとネット上で集まり、協力して一つの町を作っていくというものなんですが、世界中の人と交流でき、言葉が通じなくても、専用のイヤホンをつけると、ゲーム内で瞬時に自分の国の言葉に通訳してくれる機能がついています。また、翻訳機能もあるので、ゲーム内で書き込むときにわざわざ翻訳する手間が省けます。しかしそれ以上に素晴らしいことは子供から大人まで楽しめるということです。年齢制限もありませんし、人を傷つけたり、戦ったりといった残酷なシーンはまったく出てきません。親子で一緒にすることも可能です。初心者でも簡単にできますし、とてもおすすめのゲームですね。

このゲームの一番の魅力は何だと言っていますか。

TV에서 남자가 게임에 대해 이야기하고 있습니다. 이 게임의 가장 큰 매력은 무엇이라고 합니까?

M：글쎄요. 이 게임은 여러 플레이어들과 인터넷상에 모여 협력하여 하나의 도시를 만들어 가자는 것인데요, 전 세계인과 교류할 수 있고, 말이 통하지 않아도 전용 이어폰을 끼면 게임 내에서 순식간에 자기 나라 말로 통역해 주는 기능이 딸려 있습니다. 또한 번역 기능도 있어서 게임 내에서 써넣을 때 일부러 번역하는 수고를 덜 수 있습니다. 하지만 그 이상으로 멋진 것은 아이부터 어른까지 즐길 수 있다는 것입니다. 나이 제한도 없고, 사람을 다치게 하거나 싸우거나 하는 잔혹한 장면은 전혀 나오지 않습니다. 부모와 자녀가 함께할 수도 있습니다. 초보자도 쉽게 할 수 있어서 아주 추천할 만한 게임이네요.

이 게임의 가장 큰 매력은 무엇이라고 합니까?

1　自分の国の言葉に通訳してくれること
2　子供から大人まで楽しめること
3　年齢と時間制限がないこと
4　プレイヤー同士の交流ができること

1　자기 나라 말로 번역해 주는 것
2　아이부터 어른까지 즐길 수 있는 것
3　나이와 시간 제한이 없는 것
4　플레이어 간 교류가 가능한 것

단어

プレイヤー 플레이어｜協力 협력｜交流 교류｜通じる 통하다｜専用 전용｜瞬時 순식간｜通訳 통역｜翻訳 번역｜機能 기능｜書き込む 써넣다｜手間 수고｜省ける 생략하다｜年齢 나이｜傷つける 다치게 하다｜戦う 싸우다｜残酷 잔혹｜シーン 장면｜初心者 초보자｜おすすめ 추천

해설

「それ以上に素晴らしいことは(그 이상으로 멋진 것은)」라는 부분에 주목한다. 플레이어와의 교류나 번역해 주는 기능도 좋지만, 그 이상으로 좋은 것은 아이부터 어른까지 즐길 수 있는 것이라고 말하고 있으므로 정답은 2번이다. 시간 제한에 대해서는 말하지 않았다.

1	4	2	2	3	3	4	1	5	4	6	2

문제2에서는 먼저 질문을 들으세요. 그런 다음 문제지의 보기를 읽으세요. 읽을 시간이 있습니다. 그리고 나서 이야기를 듣고 문제지의 1~4 중에서 가장 알맞은 것을 하나 고르세요.

1番

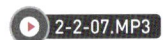 2-2-07.MP3

夫婦が話しています。妻は子供の習い事についてどう思っていますか。

M：最近の幼稚園生って、習い事を4つもさせられてるらしいよ。

F：え～。そうなんだ。でもそんなに習わせて大丈夫なの？遊ぶ時間がなくてかわいそうじゃない？

M：僕もそう思ったんだけど、同僚の子供たちはみんなそうなんだよ。最近の子供たちはすごいよね。

F：そうなんだ～。私たちが子供の時は外でたくさん遊んで、勉強とか習い事とかほったらかしだったのにね。今の子供たちはそういうわけにもいかないのね。

M：そうみたいだね。毎日幼稚園が終わった後、英語、ピアノ、習字、水泳、他にもたくさん行かせてるみたいで。なんだか聞いてると悲しくなってくるよ。

F：そうね。でもお母さんたちの気持ちもわからなくはないな。子供は何でも吸収するから、小さいころからいろんなこと習わせておけば、大人になったときに楽だっていうし。それに自分の子供と周りの子供たちとの差が大きかったら心配になるだろうし。

M：そっか。そういう心配も出てくるのか。

F：それに、自分ができなかったことを子供にはさせてあげたいっていうじゃない？できる限りのことを子供にしてあげたいっていう親心も理解できるわ。

M：確かにそうだな～。でもやっぱり僕はあまりにもたくさん習わせるのは賛成できないな。

부부가 이야기하고 있습니다. 아내는 아이의 배움에 대해 어떻게 생각합니까?

M：요즘 유치원생은 억지로 네 개나 배우는 모양이야.

F：어머. 그렇구나. 하지만 그렇게 배우게 해도 괜찮아? 놀 시간이 없어서 가엾지 않아?

M：나도 그렇게 생각했는데, 동료 아이들은 다 그래. 요즘 아이들은 대단해.

F：그렇구나~. 우리가 어렸을 때는 밖에서 많이 놀고, 공부나 배움 같은 건 방치했었는데 말이야. 지금 아이들은 그렇게 할 수도 없네.

M：그런 것 같네. 매일 유치원이 끝나면 영어, 피아노, 서예, 수영, 그 밖에도 많이 보내는 것 같아서. 왠지 듣고 있으면 슬퍼져.

F：그러네. 하지만 엄마들 마음도 모르는 건 아냐. 아이는 뭐든 흡수하니까 어릴 때부터 여러 가지를 가르쳐 두면 어른이 됐을 때 편하다고 하고. 게다가 자기 아이와 주위 아이들과의 차이가 크면 걱정이 될 테고.

M：그렇구나. 그런 걱정도 생기는구나.

F：게다가 자기가 못 했던 걸 아이에게는 시켜 주고 싶다고 하잖아. 아이에게 가능한 모든 것을 해 주고 싶다는 부모 마음도 이해돼.

M：확실히 그렇네. 하지만 역시 나는 너무 많이 배우게 하는 건 찬성할 수 없어.

F：そうね。私も理解はできるけど、子供が負担になるくらいさせるのはよくないわね。外で遊ぶことで学ぶこともあるだろうし。バランスが大事ね。

妻は子供の習い事についてどう思っていますか。

1 小さい頃からたくさん習わせた方がいい
2 小さい頃からバランスよく勉強させた方がいい
3 習い事はせず、外で遊ばせた方がいい
4 子供が負担になるくらい勉強させるのはよくない

F：맞아, 나도 이해는 되지만, 아이가 부담이 될 정도로 시키는 건 좋지 않아. 밖에서 노는 것으로 배우는 것도 있을 테고, 밸런스가 중요해.

아내는 아이의 배움에 대해 어떻게 생각합니까?

1 어릴 때부터 많이 배우게 하는 게 좋다
2 어릴 때부터 균형 있게 공부시키는 게 좋다
3 배우는 일은 하지 말고 밖에서 놀게 하는 게 좋다
4 아이가 부담스러울 정도로 공부시키는 것은 좋지 않다

단어

幼稚園生 유치원생 | 習い事 배움 | 同僚 동료 | ほったらかし 방치함 | 習字 서예 | 吸収 흡수 | 差 차이 | 限り 한도, …껏 | 親心 부모의 마음 | 賛成 찬성 | 学ぶ 배우다 | 負担 부담 | バランス 밸런스

해설

아내의 마지막 대사에 주목한다. 많이 가르치는 것을 이해는 할 수 있지만, 아이가 부담이 될 정도로 시키는 것은 좋지 않다고 말하고 있다. 정답은 4번.

2 番

 2-2-08.MP3

ラジオで新人女優が話しています。新人女優はこれからどんなことに挑戦したいと思っていますか。

M：えー、本日は新人女優の中村ゆうきさんにお越しいただきました。先日の映画、大好評でしたね。見事な演技力で見ている観客を引き付けるものがありました。
F：ありがとうございます。私のような新人にこのような大役を演じる機会を与えてくださったみなさんに感謝の気持ちでいっぱいです。
M：どのようにしてこの役をつかみ取ったのですか。

라디오에서 신인 여배우가 이야기하고 있습니다. 신인 여배우는 앞으로 어떤 일에 도전하고 싶다고 생각하고 있습니까?

M：네, 오늘은 신인 여배우 나카무라 유키 씨가 와 주셨습니다. 지난번 영화 아주 호평이었네요. 멋진 연기력으로 보고 있는 관객들을 끌어들이는 게 있었습니다.
F：고맙습니다. 저 같은 신인에게 이런 큰 역할을 연기할 기회를 주신 모든 분들께 감사하는 마음 가득합니다.
M：어떻게 이 역을 잡으신 겁니까?

F：オーディションです。事務所の社長から、こんなオーディションがあるけど行ってみる？と言われて、会場へ行きました。まさか自分が選ばれるとは思っていなかったので、いつも通りの自分でプレッシャーを感じずやったのがよかったのかもしれません。選ばれたときはびっくりとうれしさで泣いてしまいました。

M：そうだったんですね。撮影中は役に入り込むのが難しく、演じるのがとても大変だったと聞きましたが、いかがでしたか。

F：そうですね。実際の自分とはかけ離れていたので、主人公になりきるのに苦戦しました。やればやるほど悩みましたが、周りの方から褒めていただいて、自信をもつことができましたね。この作品は原作が小説なのですが、主人公の心情を自分のものにするために小説を何度も読み返して頭に叩き込みました。起きているときはずっと主人公のことばかり考えていましたね。

M：そうでしたか。努力の賜物ですね。今後どのような役を演じてみたいとお考えでしょうか。

F：うーん。まだ今の役から抜け切れていないので、次にどのような役を演じようかというのは考えたことがなかったのですが、そうですね。やっぱりこの主人公のイメージが世間的には強いと思うので、今度は今回の主人公とは真逆の役をやってみたいですね。それによって今のイメージを払拭できたらと思います。

M：そうですか。今後の作品も楽しみですね。これからもぜひ頑張ってくださいね。

新人女優はこれからどんなことに挑戦したいと思っていますか。

1　今回の主人公と同じイメージの役
2　今回の主人公とは全く違うイメージの役
3　自分のイメージと同じ役
4　自分のイメージとは真逆の役

F：오디션입니다. 사무실 사장님이 이런 오디션이 있는데 가 볼래?라고 하셔서 오디션장에 갔습니다. 설마 제가 뽑힐 거라고 생각지 않았기 때문에, 평소처럼 스스로 부담감을 느끼지 않고 한 것이 다행이었던 것 같습니다. 뽑혔을 때는 놀랍고 기뻐서 울어 버렸습니다.

M：그랬군요. 촬영 중에는 역할에 녹아 드는 게 어려워 연기하는 것이 매우 힘들었다고 들었는데요, 어떠셨나요?

F：글쎄요. 실제의 저와는 동떨어져서 주인공이 되는 데 고전했습니다. 하면 할수록 고민했지만 주윗분들이 칭찬해 주셔서 자신을 가질 수 있었어요. 이 작품은 원작이 소설인데요, 주인공의 심정을 제 것으로 만들기 위해 소설을 몇 번이나 반복해 읽어서 머리에 주입했습니다. 깨어 있을 때는 계속 주인공만 생각했어요.

M：그랬습니까? 노력한 덕분이군요. 앞으로 어떤 역할을 연기해 보고 싶으세요?

F：음. 아직 지금의 역할에서 완전히 벗어나지 못해서 다음에 어떤 역할을 해야지 하는 것은 생각해 본 적이 없는데요, 글쎄요. 역시 이 주인공의 이미지가 세속적으로는 강한 것 같으니 다음에는 이번 주인공과는 정반대의 역할을 해 보고 싶네요. 그걸로 지금의 이미지를 불식시킬 수 있었으면 합니다.

F：그렇군요. 앞으로의 작품도 기대되네요. 앞으로도 부디 열심히 해 주세요.

신인 여배우는 앞으로 어떤 일에 도전하고 싶다고 생각하고 있습니까?

1　이번 주인공과 같은 이미지의 역할
2　이번 주인공과는 전혀 다른 이미지의 역할
3　자기 이미지와 같은 역할
4　자기 이미지와는 정반대의 역할

단어

お越しになる 오시다 | いただく 받다〈겸양어〉 | 大好評 아주 평가가 좋음 | 見事 훌륭함,멋짐 | 演技 연기 | 観客 관객 | 引き付ける 끌어당기다 | 大役 대역 | 演じる 연기하다 | つかみ取る 손에 넣다, (제 것으로) 차지하다 | オーディション 오디션 | プレッシャー 부담감 | びっくり 깜짝 놀람 | うれしさ 기쁨 | 入り込む 속으로[깊숙이] 파고 들어가다 | かけ離れる 멀리 떨어지다, 동떨어지다 | なりきる 완전히 그것이 되다 | 苦戦する 고전하다 | 悩む 고민하다 | 褒める 칭찬하다 | 作品 작품 | 原作 원작 | 小説 소설 | 主人公 주인공 | 心情 심정 | 叩き込む 주입시키다 | 努力の賜物 노력한 보람 | 抜け切る 완전히 벗어나다 | 世間 세간, 세상 | 真逆 정반대 | 払拭 불식

해설

여배우의 마지막 대사를 잘 듣는다. 지금 역할의 이미지가 강해서 그 역할과는 정반대 이미지의 역할을 해 보고 싶다고 말하고 있으므로 정답은 2번이다. 자신의 이미지는 관계 없으므로 3, 4번은 오답이다.

3番

2-2-09.MP3

男の人が話しています。この会社の一番の目的は何だと言っていますか。

M：弊社は企業側が欲しい人材と転職希望者が行きたい会社をマッチングさせる人材派遣会社です。人材不足の企業から、欲しい人材のデータをいただき、それにぴったり合う人材を弊社に登録していただいている転職希望者の中から選び、ご紹介させていただいております。単にお互いを紹介するということではなく、会社と人とのいいご縁を結ぶことを一番の目的としています。弊社に登録されている方は管理職経験者や専門性の高いスキルを身につけている方、グローバル思考をお持ちの方など、あらゆる分野の方々がおります。今すぐ転職したいという方には不向きかもしれませんが、じっくり、時間をかけてぴったりの会社を探したいとお考えの方はぜひ、弊社のホームページから登録してください。登録はお名前と簡単な履歴書をホームページ上で作成したら終了です。現在、ご登録いただいた方全員に1件無料で企業を紹介するキャンペーンを行っております。ぜひこの機会にご登録くださいませ。

この会社の一番の目的は何だと言っていますか。

남자가 이야기하고 있습니다. 이 회사의 가장 큰 목적은 무엇이라고 합니까?

M : 당사는 기업 측이 원하는 인재와 이직 희망자가 가고 싶은 회사를 매칭시키는 인재 파견 회사입니다. 인재가 부족한 기업으로부터 원하는 인재상을 받아 그에 딱 맞는 인재를 당사에 등록해 주신 이직 희망자 중에서 선정해 소개해 드리고 있습니다. 단순히 서로를 소개하는 것이 아니라, 회사와 사람과의 좋은 인연 맺는 것을 제일의 목적으로 하고 있습니다. 당사에 등록되어 있는 분은 관리직 경험자나 전문성이 높은 기술을 소지하신 분, 글로벌 사고를 가지신 분 등, 모든 분야의 분들이 있습니다. 지금 당장 이직하고 싶으신 분께는 적합하지 않을 수도 있습니다만, 천천히 시간을 들여 딱 맞는 회사를 찾고 싶으신 분은 부디 당사 홈페이지에 등록해 주십시오. 등록은 성함과 간단한 이력서를 홈페이지상에서 작성하면 됩니다. 현재 등록하신 모든 분께 1건 무료로 기업을 소개하는 캠페인을 실시하고 있습니다. 부디 이 기회에 등록해 주십시오.

이 회사의 가장 큰 목적은 무엇이라고 합니까?

<table>
<tr><td>1　いい人材を紹介すること</td><td>1　좋은 인재를 소개하는 것</td></tr>
<tr><td>2　いい企業を紹介すること</td><td>2　좋은 기업을 소개하는 것</td></tr>
<tr><td>3　会社と人材をいい関係でつなぐこと</td><td>3　회사와 인재를 좋은 관계로 잇는 것</td></tr>
<tr><td>4　サイトの登録人数を増やすこと</td><td>4　사이트 등록 인원을 늘리는 것</td></tr>
</table>

단어

弊社 폐사, 당사, 저희 회사 | 人材 인재 | 転職 전직, 이직 | マッチング 매칭 | 派遣 파견 | データ 데이터 | ぴったり 딱 | 単に 단순히 | お互い 서로 | 縁を結ぶ 인연을 맺다 | 管理職 관리직 | 専門性 전문성 | スキル 스킬, 기술 | 身につける 습득하다, 배워 익혀서 제 것으로 만들다 | グローバル思考 글로벌 사고 | あらゆる 모든 | 分野 분야 | 不向き 맞지 않음 | じっくり 차분히, 곰곰이 | 履歴書 이력서 | 作成 작성

해설

대화 중반부에서 회사와 사람과의 좋은 인연을 맺게 해 주는 것이 가장 큰 목적이라고 말하고 있으므로 정답은 3번이다. 「ご縁を結ぶ(인연을 맺다)」라는 말을 이해할 수 있는지가 포인트이다.

4番

2-2-10.MP3

大学で女の人と男の人が話しています。男の人が新聞を読まなくなった一番の理由は何だと言っていますか。

F：ねえ、新聞って読んでる？最近は新聞を読まない人が多くなってきているっていうけど。

M：そういえば読まなくなったなぁ。スマホのおかげでテレビやインターネットで十分な情報を得られるし。

F：私も新聞全然読まなくなったのよね。でもこの間講義で教授が就活には新聞を読むのが一番だって言ってて。新聞取り始めようかなと思ってるところ。

M：昔は実家で定期購読してたけど、一人暮らししてからますます読まなくなったなぁ。というか、もともと、読みたいっていう気持ちがないんだよね。実家でもあんまり読まなかったし。

F：そうだよね。私も言われてみれば大学生になって実家を離れてからのほうが新聞に触れる機会が少なくなったかも。

대학에서 여자와 남자가 이야기하고 있습니다. 남자가 신문을 읽지 않게 된 가장 큰 이유는 무엇이라고 합니까?

F：있잖아, 신문 봐? 요즘은 신문을 안 보는 사람이 많아지고 있다던데?

M：그러고 보니 안 보게 됐네. 스마트폰 덕분에 TV나 인터넷에서 충분한 정보를 얻을 수 있고.

F：나도 신문 전혀 안 보게 됐어. 그런데 얼마 전 강의에서 교수님이 취업 준비에는 신문 보는 게 제일 좋다고 해서 말이야. 신문 구독해 볼까 생각 중이야.

M：옛날에는 본가에서 정기 구독했는데 혼자 산 뒤로 점점 안 보게 됐어. 뭐랄까, 원래부터 보고 싶은 마음이 없는 거지. 본가에서도 별로 안 봤고.

F：그렇지. 듣고 보니 나도 대학생이 되고 나서 본가를 떠난 뒤로 더 신문을 접할 기회가 줄어든 것 같아.

M：何より、新聞って高いし、新聞読むためにお金かけられないんだよね。ネットだと無料だし、いろんな情報を網羅できるし。それに比べて新聞は情報の範囲が狭くて、お金払ってまで読みたくないんだよね。

F：いわれてみればそうだね。必要な情報ってネットで十分だし、むしろネットのほうが早く調べられるし。わざわざお金かける必要ないかもね。

M：そうそう。一人暮らしのお小遣いって限られてるし。その中で新聞に充てるお金なんてないんだよね。そのお金で自分の好きなことをしたり、塾に通ったり、何か自分のためにすることをしたほうがいいかな。

F：そうだよね。うん、やっぱり新聞取るのはやめて、自分の趣味にお金を使った方がよさそうね。

男の人が新聞を読まなくなった一番の理由は何だと言っていますか。

1 新聞を購入するお金がかかるから
2 塾に行けなくなるから
3 ネットで十分な情報を得られるから
4 元々読む気がなかったから

M：무엇보다 신문은 비싸고, 신문을 보기 위해 돈을 들일 수 없잖아. 인터넷이라면 무료인 데다 다양한 정보를 망라할 수 있고. 그에 비해 신문은 정보의 범위가 좁아서 돈을 내고까지 보고 싶지 않은 거지.

F：듣고 보니 그렇네. 필요한 정보는 인터넷으로 충분하고, 오히려 인터넷 쪽이 빨리 조사되고, 일부러 돈 들일 필요 없을지도 모르겠네.

M：맞아 맞아. 독신 생활의 용돈은 한정적이고. 그중에 신문에 충당할 돈 같은 거 없지. 그 돈으로 자기가 좋아하는 일을 하거나 학원에 다니거나, 뭔가 자신을 위한 일을 하는 게 좋으려나.

F：그렇지. 응, 역시 신문 구독하는 건 그만두고 내 취미에 돈을 쓰는 게 좋을 것 같네.

남자가 신문을 읽지 않게 된 가장 큰 이유는 무엇이라고 합니까?

1 신문을 살 돈이 들어서
2 학원에 못 가게 돼서
3 인터넷에서 충분한 정보를 얻을 수 있어서
4 원래 읽을 생각이 없어서

단어

就活 취업 준비 | 新聞を取る 신문을 구독하다 | 実家 친가, 본가 | 定期購読 정기 구독 | 触れる 닿다, 접촉하다 | 網羅 망라 | 範囲 범위 | むしろ 오히려 | お小遣い 용돈 | 限られる 한정되다, 제한되다 | 充てる 충당하다 | 塾 학원

해설

「何より(무엇보다)」라는 말이 포인트이다. 신문에 돈을 들일 수 없다는 것이 가장 큰 이유이므로 정답은 1번이다. 3번, 4번도 이유는 되지만 첫째 이유는 아니다. 학원에 못 가게 된다고는 말하지 않았다.

5番

女の人と男の人が話しています。男の人はカフェのどんなところが問題だと言っていますか。

F：ねえねえ、このカフェ知ってる？この間テレビで見て、行きたいなと思ってるんだけど。

M：あっ、知ってる知ってる！僕もテレビみて、昨日彼女と行ってきたよ。

F：そうだったの？いいなあ。どうだった？やっぱり番組に出るくらいだからよかったわよね？

M：工場を改装してカフェにしてるから、すごくきれいっていうわけじゃなかったけど、メニューも豊富だし、コーヒーもおいしかったし、ランチもボリュームあって、お腹いっぱいになったかな。店員さんのサービスもよかったし、満足だったよ。

F：そうだったんだ。人気が出るのも無理ないわね。場所も駅から近いみたいだし。

M：そうそう。駅から出てすぐのところにあって、地図見なくても見つけられたし。

F：そうなんだ。

M：でもしいていうなら、座れる席があまりないことかな。

F：そうだったの？テレビで見たときはそんな風に見えなかったんだけど。

M：そうなんだよ。あんなにお客さんが多いのに、テーブル席が少なすぎるんだよね。パン屋さんもお店の中にあるからいつも大混雑してて、お客さんはいつも並んでる状態だから、ゆったりくつろぎたいけど食べたらすぐ出なきゃって感じだね。まあ、お客さんが長居しないから、その分回転率はいいんだろうけど。

F：そうなんだ。やっぱりすべてが完璧なカフェってなかなかないものね。

男の人はカフェのどんなところが問題だと言っていますか。

여자와 남자가 이야기하고 있습니다. 남자는 카페의 어떤 점이 문제라고 말합니까?

F : 있잖아, 이 카페 알아? 얼마 전에 TV에서 보고 가고 싶다고 생각했는데.

M : 아, 알지 알지! 나도 TV 보고 어제 여자친구랑 갔다 왔어.

F : 그랬어? 부럽다. 어땠어? 역시 방송에 나올 정도니까 좋았겠지?

M : 공장을 새 단장해서 카페로 한 거라서 아주 예쁜 건 아니었지만, 메뉴도 풍부하고 커피도 맛있고 점심도 푸짐해서 배불러졌지. 점원의 서비스도 좋았고 만족스러웠어.

F : 그랬구나. 인기가 많은 것도 당연하네. 장소도 역에서 가까운 거 같고.

M : 맞아 맞아. 역에서 나오자마자 있어서 지도 안 봐도 찾을 수 있었으니까.

F : 그렇구나.

M : 그래도 굳이 말한다면, 앉을 자리가 별로 없는 거랄까?

F : 그랬어? TV에서 봤을 때는 그렇게 안 보였는데.

M : 그랬어. 그렇게 손님이 많은데 테이블석이 너무 적은 거야. 빵집도 매장 안에 있어서 늘 너무 혼잡하고, 손님은 항상 줄 선 상태니까, 느긋하게 쉬고 싶지만 다 먹으면 금방 나가야지 하는 느낌이야. 뭐 손님이 오래 있지 않으니까 그만큼 회전율은 좋겠지만.

F : 그렇구나. 역시 모든 게 완벽한 카페란 좀처럼 없구나.

남자는 카페의 어떤 점이 문제라고 말합니까?

1 工場を改装しているから内装がきれいじゃないところ	1 공장을 개장한 거라 내장이 안 예쁜 점
2 メニューが少ないところ	2 메뉴가 적은 점
3 駅から遠くて見つけにくいところ	3 역에서 멀어서 찾기 어려운 점
4 テーブル席が少ないところ	4 테이블 자리가 적은 점

단어

この間 얼마 전, 지난번 | 番組 방송 | 工場 공장 | 改装 개장 | 豊富 풍부함 | ボリューム 볼륨, 양 | 無理ない 무리가 아니다, 당연하다 | しいていうなら 굳이 말한다면 | 混雑 혼잡 | ゆったり 느긋하게 | くつろぐ 느긋하게 쉬다 | 長居する 눌러 앉다 | 回転率 회전율 | 完璧 완벽

해설

문제는 딱히 없지만 대화 후반부에서 「しいていうなら(굳이 말하자면)」 앉을 자리가 적은 게 문제라고 말하고 있으므로 정답은 4번이다.

6番

2-2-12.MP3

引っ越して来たばかりの夫婦が町内会について話しています。妻は町内会の活動について最優先すべきことは何だと言っていますか。

F：そういえばさっき、お隣の山田さんから町内会について連絡があったんだけど。

M：そうか、なんだって?

F：引っ越ししてきた家族はかならず町内会に入らなきゃいけなくて、しかも1000円程度のあいさつの品を持って町内会に入っているすべての家庭を回らないといけないらしいのよ。それから町内会の会費を納めて、町内のボランティア活動にも参加。月に1回は町内会の定期集会があるらしくてそれにも絶対参加しなきゃいけないんだって。やること多すぎるわよね。

M：えっ?何それ。このご時世まだそんな風習があったのか。

F：そうなのよ。今月は引っ越しで出費も多いし、できるだけお金使いたくないんだけど。あー。地域の活動とかないと思ってこの地域にしたんだけどなあ。こんなにあるとは思わなかった。

이사 온 지 얼마 안 된 부부가 반상회에 대해서 이야기하고 있습니다. 아내는 반상회 활동에 대해 최우선으로 해야 할 일은 무엇이라고 합니까?

F：그러고 보니 조금 전에 옆집 야마다 씨한테 반상회에 대해 연락이 왔었는데.

M：그렇군, 뭐래?

F：이사 온 가족은 반드시 반상회에 가입해야 하고, 게다가 천 엔 정도의 사례품을 가지고 반상회에 가입한 모든 가정을 돌아야 하는 모양이야. 그리고 반상회 회비를 내고, 동네 자원봉사 활동에도 참가. 한 달에 한 번은 반상회 정기 모임이 있는 것 같은데 거기에도 꼭 참석해야 한대. 할 일이 너무 많지.

M：뭐? 그게 뭐야? 요즘 시대에도 아직 그런 풍습이 있어?

F：그러게. 이번 달은 이사로 지출도 많고, 되도록 돈을 안 쓰고 싶은데. 아~. 지역 활동 같은 거 없는 줄 알고 이 지역으로 했는데. 이렇게 있을 줄은 생각 못했어.

M：でもこの家買っちゃったし、これからお隣さんともうまく付き合って行かなきゃいけないもんな。

F：そうよね。まずは挨拶からしないとね。誰がどこに住んでるか把握しとかなきゃ。

M：そうだな。明日土曜日だし、持っていく品物を買いに行こう。

F：そうね。品物がないと挨拶できないし。

M：はあー、それにしてもこんなに活動が多いと、先が思いやられるな。

妻は町内会の活動について最優先すべきことは何だと言っていますか。

M : 하지만 이 집 사 버렸으니 앞으로 이웃들과도 잘 지내야 할 텐데.

F : 그렇지. 우선은 인사부터 해야지. 누가 어디에 사는지 파악해 둬야지.

M : 그렇구나. 내일 토요일이니 들고 갈 물건을 사러 가자.

F : 응. 물건이 없으면 인사 못 하니까.

M : 허, 그렇다고 해도 이렇게 활동이 많으면 앞날이 걱정되는군.

아내는 반상회 활동에 대해 최우선으로 해야 할 일은 무엇이라고 합니까?

1　お隣さんに挨拶する

2　町内会に入っている家庭へ挨拶回りをする

3　ボランティア活動に参加する

4　挨拶周りの品物を購入する

1 이웃집에 인사한다

2 반상회에 가입한 가정에 인사하러 다닌다

3 자원봉사 활동에 참가한다

4 인사 물품을 구입한다

단어

隣 이웃 | 町内会 반상회 | 会費 회비 | 納める 바치다, 납입[납품]하다 | ボランティア 자원봉사 | 定期集会 정기 집회 | 時世 시대, (변천하는) 세상 | 風習 풍습 | 出費 지출 | 付き合う 사귀다 | 把握 파악하다 | 先が思いやられる 장래가 걱정되다

해설

대화에 나온 동네 활동은 인사차 도는 것과 회비를 내는 것, 자원봉사 활동, 정기 모임. 그중에서 우선 전입 인사를 하지 않으면 안 되므로 정답은 2번이다. 4번은 인사하러 다니기 위한 준비이므로 반상회 활동은 아니다.

1	2	2	3	3	2	4	1	5	4	6	1

문제2에서는 먼저 질문을 들으세요. 그런 다음 문제지의 보기를 읽으세요. 읽을 시간이 있습니다. 그러고 나서 이야기를 듣고 문제지의 1~4 중에서 가장 알맞은 것을 하나 고르세요.

1番

🔊 2-2-13.MP3

ラジオで評論家が映画監督について話しています。この映画監督の作品の最も優れているところはどこだと言っていますか。

F：えー、今回は最近爆発的ヒット作を生み出した映画監督の深瀬実さんの作品についてお話ししたいと思います。えー、まず私が一番魅力的だと思った点は彼の作品には、今までのアニメ映画にはない、個性的で、独創的なファンタジーの世界が広がっているということでしょうか。主人公が天気を変えられたり、動物に変身したりといった特殊な能力を持っていたり、動物も言葉を話せ、人間とコミュニケーションをとって同じ世界で共生したりと、様々な世界観があります。これは彼が幼いころから多くのファンタジー小説を読み、想像力を培ってきたからだと思われます。また、コンピューターグラフィックの効果も素晴らしいですね。美しい映像と音楽によって、人をくぎ付けにしてしまう、そんな魅力が彼の作品にはあると思います。

この映画監督の作品の最も優れているところはどこだと言っていますか。

1 美しい映像と音楽
2 独創的な世界観
3 コンピューターグラフィックの効果
4 話の展開

라디오에서 평론가가 영화감독에 대해서 이야기하고 있습니다. 이 영화감독의 작품에서 가장 뛰어난 점은 무엇이라고 말합니까?

F：음, 이번에는 최근 폭발적 히트작을 만들어낸 영화감독 후카세 미노루 씨의 작품에 대해 이야기하고 싶습니다. 저, 우선 제가 가장 매력적이라고 생각한 점은 그의 작품에는 지금까지의 애니메이션 영화에는 없는 개성적이고 독창적인 판타지 세계가 펼쳐져 있다는 것일까요? 주인공이 날씨를 바꿀 수 있다거나 동물로 변신하거나 하는 등의 특수한 능력을 가졌거나, 동물도 말을 할 수 있고, 인간과 커뮤니케이션을 해서 같은 세계에서 공생하는 등 다양한 세계관이 있습니다. 이것은 그가 어렸을 때부터 많은 판타지 소설을 읽고 상상력을 키워 왔기 때문이라고 생각됩니다. 또 컴퓨터 그래픽 효과도 대단하네요. 아름다운 영상과 음악으로 사람을 사로잡는, 그런 매력이 그의 작품에는 있는 것 같습니다.

이 영화감독의 작품에서 가장 뛰어난 점은 무엇이라고 말합니까?

1 아름다운 영상과 음악
2 독창적인 세계관
3 컴퓨터 그래픽 효과
4 이야기의 전개

爆発的 폭발적 | ヒット 히트 | 生み出す 새로 만들어 내다 | 作品 작품 | 独創的 독창적 | ファンタジー 판타지 | 特殊 특수 | 共生 공생 | 世界観 세계관 | 培う 키우다 | コンピューターグラフィック 컴퓨터 그래픽 | くぎ付けにする 사로잡다

대화 시작 부분에서 가장 큰 매력은 개성적이며 독창적인 판타지의 세계라고 말하고 있으므로 정답은 2번이다. 1번이나 3번도 매력이라고 말하고 있지만 가장 큰 것은 아니다. 이야기 전개에 대해서는 언급하고 있지 않다.

2番

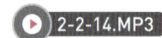
2-2-14.MP3

男の人と女の人が話しています。男の人が最も怒っていることは何ですか。

M : はあ、最悪だよ。

F : どうしたの？

M : 先日部長の前でプレゼンしたって言ったじゃない？

F : うん、言ってたね、何かあったの？もしかしてだめだったとか？

M : いや、企画自体は通ったんだ。それはよかったんだけど。

F : 企画が通ったならよかったじゃない。これで出世コースも間違いなしね。

M : いや、それが企画は僕のなんだけど、プロジェクトリーダーは山田君になったんだ。山田君は今までも実績があるし、リーダーにはぴったりだって。それに彼なら僕よりこのプロジェクトをうまく遂行してくれるはずだって言われて。

F : え？何それ。企画した人がリーダーじゃないってありえない！

M : そこまでならまだ百歩譲って許すよ。それよりひどいのがこのプロジェクトから僕を外すって。企画を発案した当の本人がプロジェクトにいないってどう考えてもおかしいだろ。

남자와 여자가 이야기하고 있습니다. 남자가 가장 화가 난 것은 무엇입니까?

M : 아, 최악이야.

F : 왜 그래?

M : 지난번에 부장님 앞에서 프레젠테이션 했다고 했잖아?

F : 응, 했었지. 무슨 일 있었어? 혹시 안 됐다던가.

M : 아니, 기획 자체는 통과했어. 그건 다행인데.

F : 기획이 통과했으면 잘된 거잖아. 이걸로 출세 코스도 틀림없음이네.

M : 아니, 그게 기획은 내 것인데, 프로젝트 리더는 야마다 군이 됐거든. 야마다 군은 지금까지도 실적이 있으니까 리더로는 딱 이래. 게다가 그러면 나보다 이 프로젝트를 틀림없이 잘 수행해 줄 거라고들 해서.

F : 어? 그게 뭐야, 기획한 사람이 리더가 아니라니 말도 안 돼!

M : 거기까지라면 아직 백 보 양보하고 허락하지. 그보다 심한 게 이 프로젝트에서 나를 빼겠대. 기획을 발안한 당사자가 프로젝트에 없다는 건 어떻게 생각해도 이상하잖아.

F : そうね。それは部長に直談判したほうがよさそうね。このまま引き下がっちゃだめよ！

男の人が最も怒っていることは何ですか。

1 プレゼンがうまく行かなかったこと
2 プロジェクトリーダーにならなかったこと
3 プロジェクトから外されたこと
4 企画がだめになってしまったこと

F : 그러네. 그건 부장님께 직접 담판하는 게 좋을 것 같아. 이대로 물러서면 안 돼!

남자가 가장 화가 난 것은 무엇입니까?

1 프레젠테이션이 잘되지 않은 것
2 프로젝트 리더가 안 된 것
3 프로젝트에서 제외된 것
4 기획이 허사가 된 것

단어

プレゼン 프레젠테이션 | 企画 기획 | 自体 자체 | 出世コース 출세 코스 | 実績 실적 | ぴったり 딱 맞음 | 遂行 수행 | 百歩譲る 백 보 양보하다 | 外す 빼다 | 発案 발안 | 当の本人 당사자, 장본인 | 直談判 직접 담판 | 引き下がる 물러서다

해설

남자의 마지막 대사에 주목한다. 이런 저런 불만은 있지만, 그보다도 심각한 것은 프로젝트에서 제외된 것이라고 말하고 있으므로 정답은 3번이다.

3番

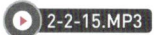 2-2-15.MP3

カフェで女の人と男の人が話しています。女の人はこれから何が心配だと言っていますか。

M : 山本さん、来月からニューヨークに行くことになったんだって？

F : そうなの。実は夫が長年、海外勤務を希望してて、やっと念願かなってニューヨーク勤務。それで家族全員で行くことにしたの。

M : そうだったんだ。これから楽しみじゃないか。

F : でも、私英語そんなにできないでしょ。生活くらいは何とかできるレベルだけど、コミュニケーションがとれるかどうか心配で。夫は仕事で使うから大丈夫だけど、いつも夫に頼ってるってわけにはいかないし。親戚がアメリカに住んでるんだけど、私たちの地域とは車で7時間も離れてるのよ。しょっちゅうきてもらうってこともできないし。

카페에서 여자와 남자가 이야기하고 있습니다. 여자는 앞으로 무엇이 걱정이라고 말합니까?

M : 야마모토 씨, 다음 달부터 뉴욕으로 가게 됐다면서?

F : 응. 실은 남편이 오랫동안 해외 근무를 희망했는데 겨우 소원을 이뤄 뉴욕 근무. 그래서 가족 모두 가기로 했어.

M : 그랬구나. 지금부터 기대되겠네.

F : 하지만 난 영어를 별로 못하잖아. 생활 정도는 어떻게든 할 수 있는 수준이지만, 커뮤니케이션을 할 수 있을지 걱정이라서. 남편은 일 때문에 쓰니까 괜찮지만, 항상 남편한테 의지할 수는 없고. 친척이 미국에 살고 있긴 한데 우리 지역과는 차로 7시간이나 떨어져 있거든. 자주 와 달라고도 할 수 없고.

M : そうなんだ。僕も家族で海外に住んだことあるけど、妻は半年くらいで生活に慣れてたからそんなに心配することないと思うけどなあ。引っ越しの準備はどう？海外への引っ越しって大変なんだよね。

F : 引っ越しのほうは業者に任せてあるし、私の両親も手伝ってくれるから大丈夫。

M : 娘さんは？まだ4歳じゃなかった？

F : そうなのよ。一番の悩みの種は娘なの。やっと日本語が定着してきたのに、アメリカに行ったら英語での生活になっちゃうでしょ？日本語を忘れちゃうのも心配なんだけど、それより幼稚園で周りの子供たちに娘がついていけるかが心配で。今は近くの英語教室で少しでも英語に慣れるよう、頑張らせてる。

M : そっか。まあ、でも子供は大人より環境に馴染むのは早いっていうし、そんなに心配しなくてもいいんじゃない？

F : そうだといいけど。

女の人はこれから何が心配だと言っていますか。

1 自分の英語力
2 娘のアメリカでの生活
3 引っ越しの準備
4 夫の仕事

M : 그렇구나. 나도 가족끼리 해외에 산 적 있는데, 아내는 반 년 만에 생활에 익숙해졌으니까 그렇게 걱정할 필요 없을 것 같은데. 이사 준비는 어때? 해외로 이사하는 거 힘들지.

F : 이사는 업체에 맡겼고, 우리 부모님도 도와주시니 괜찮아.

M : 딸은? 아직 네 살 아니었나?

F : 맞아. 가장 고민인 건 딸이야. 겨우 일본어가 정착됐는데 미국에 가면 영어 생활이 돼 버리잖아. 일본어를 잊어버리는 것도 걱정이지만, 그보다 유치원에서 주위 아이들에게 딸이 따라갈 수 있을지 걱정돼서. 지금은 근처 영어 학원에서 조금이라도 영어에 익숙해지도록 열심히 하게 하고 있어.

M : 그렇구나. 뭐 그래도 아이는 어른보다 환경에 적응하는 게 빠르다고 하니 그렇게 걱정하지 않아도 되잖아?

F : 그러면 좋겠는데.

여자는 앞으로 무엇이 걱정이라고 말합니까?

1 자신의 영어 능력
2 딸의 미국 생활
3 이사 준비
4 남편의 일

단어

海外勤務 해외 근무 | 念願 염원, 소원 | かなう 희망대로 되다, 이루어지다 | 頼る 의지하다 | しょっちゅう 늘 | 業者 업자 | 任せる 맡기다 | 悩みの種 고민거리 | 定着 정착 | 幼稚園 유치원 | ついていく 따라가다 | 環境 환경 | 馴染む 적응하다

해설

「一番の悩みの種(가장 큰 고민거리)」라는 말을 아는 것이 포인트이다. 딸의 미국 생활이 걱정이라고 말하고 있으므로 정답은 2번이다. 자신의 영어 실력도 걱정이라고는 말하고 있지만 첫 번째는 아니고, 남편 일에 대해서는 언급하지 않았으며, 이사는 업자에게 맡겼으므로 걱정은 아니다.

4番

テレビで女の人が話しています。最近スマートフォンによる事故が急増している理由は何だと言っていますか。

F : 最近スマートフォンによる車の事故が急増しています。先日警察より発表されたデータによりますと、事故の一番の原因は運転中にスマホの画面を見ていたり、だれかにメールを送ったりといった操作をしていることによる「見ながら運転」とのことです。1週間前も運転中に道を間違えた夜行バスの運転手が、スマホの地図アプリを見ていて、前方の乗用車に気づかず、追突してしまったという事故が発生しました。また、ゲームをしながら運転をし、前方からの自転車に気づかず、衝突してしまったというケースもあります。ひと昔前まではカーナビを見ながら運転したり、携帯で通話をしながら片手運転をしたりして、事故を起こしてしまうという場合が多かったのですが、最近はスマホを見ながら運転していて事故を起こしてしまうことが多いようです。運転する際にはスマートフォンを触らず、どうしても急用の場合は邪魔にならない場所に車を止めて、スマートフォンを操作しましょう。

最近スマートフォンによる事故が急増している理由は何だと言っていますか。

1 スマホを見ながら運転する人が多くなってきているから
2 携帯で通話をしながら片手運転しているから
3 カーナビで地図を見ながら運転しているから
4 邪魔になる場所で駐車してスマホを操作しているから

TV에서 여자가 이야기하고 있습니다. 최근 스마트폰으로 인한 사고가 급증하는 이유는 무엇이라고 합니까?

F : 최근 스마트폰으로 인한 차량 사고가 급증하고 있습니다. 얼마 전 경찰에서 발표한 데이터에 따르면, 사고의 가장 큰 원인은 운전 중에 스마트폰 화면을 보거나 다른 사람에게 메일을 보내는 등의 조작을 하는 데 따른 '보면서 운전'이라고 합니다. 일주일 전에도 운전 중에 길을 잘못 든 야간 버스 운전사가 스마트폰의 지도 앱을 보다가 전방의 승용차를 알아채지 못하고 추돌해 버린 사고가 발생했습니다. 또, 게임을 하면서 운전을 하다가 전방에서 오는 자전거를 알아채지 못해 충돌해 버린 케이스도 있습니다. 그 전까지는 내비게이션을 보면서 운전하거나 휴대폰으로 통화를 하면서 한 손으로 운전을 해서 사고를 일으킨 경우가 많았는데 요즘은 스마트폰을 보면서 운전하다가 사고를 내는 일이 많은 것 같습니다. 운전할 때는 스마트폰을 만지지 말고, 꼭 급한 경우에는 방해가 되지 않는 장소에 차를 세우고 스마트폰을 조작합시다.

최근 스마트폰으로 인한 사고가 급증하는 이유는 무엇이라고 합니까?

1 스마트폰을 보면서 운전하는 사람이 많아져서
2 휴대폰으로 통화를 하면서 한 손으로 운전해서
3 내비게이션으로 지도를 보면서 운전해서
4 방해되는 장소에 주차를 하고 스마트폰을 조작해서

スマートフォン(スマホ) 스마트폰 | 急増(きゅうぞう) 급증 | 先日(せんじつ) 일전 | データ 데이터 | ～によると ~에 의하면 | 操作(そうさ) 조작 | 夜行バス 야간 버스 | アプリ 앱 | 前方(ぜんぽう) 앞 | 乗用車(じょうようしゃ) 승용차 | 追突(ついとつ) 추돌 | 衝突(しょうとつ) 충돌 | ひと昔前(むかしまえ) 그 전 | カーナビ 내비게이션 | 通話(わ)(つうわ) 통화 | 片手(かたて) 한 손 | ～際(さい) ~때 | 急用(きゅうよう) 급한 일 | 邪魔(じゃま) 방해

대화 앞부분에서 가장 큰 원인은 스마트폰을 보면서 운전하는 것이라고 말하고 있으므로 정답은 1번이다. 그 전에는 휴대폰으로 통화한다든가, 내비게이션으로 지도를 보면서 운전하는 것이 가장 큰 이유였지만, 지금은 아니다. 4번은 스마트폰을 조작할 때에는 방해가 되지 않는 곳에 정차하라고 말하고 있으므로 대화 내용과 맞지 않다.

5番(ばん)

 2-2-17.MP3

電気店(でんきてん)で女(おんな)の社員(しゃいん)と男(おとこ)の社員(しゃいん)が話(はな)しています。トースターを売(う)るために、どうすることにしましたか。

F：このトースター、どう？手(て)に取(と)るお客様(きゃくさま)いるかしら？もう少(すこ)し売(う)り上(あ)げを伸(の)ばしたいんだけど。

M：そうですね。やはり最近(さいきん)の節約傾向(せつやくけいこう)で、いくらいいメーカーのものでもトースターに3万円(まんえん)をかけるというお客様(きゃくさま)は多(おお)くはないですね。

F：そうよね。一般的(いっぱんてき)な商品(しょうひん)なら、5000円(えん)程度(ていど)で収(おさ)まるもんね。

M：はい、従来(じゅうらい)の商品(しょうひん)と比較(ひかく)して、機械(きかい)の構造(こうぞう)を説明(せつめい)したり、食感(しょっかん)の違(ちが)いを味(あじ)わってもらうためにお客様(きゃくさま)の前(まえ)で試演(しえん)したりいろいろやってはみたんですが。

F：そうよね。この商品(しょうひん)、値下(ねさ)げしたいんだけど、メーカー側(がわ)から値下(ねさ)げはしないでくれって言(い)われてるのよ。おいしいパンへの出費(しゅっぴ)を惜(お)しまない消費者(しょうひしゃ)の動向(どうこう)を踏(ふ)まえて、この値段(ねだん)に設定(せってい)しているから何(なん)としてもこの値段(ねだん)で売(う)ってほしいって。でも、もう限界(げんかい)よね。

M：そうですね。いくらパンが好(す)きという方(かた)でもよっぽどこだわりがない限(かぎ)り、この値段(ねだん)を出(だ)すお客様(きゃくさま)はいないのではないかと。

전자제품 매장에서 남녀 직원이 이야기하고 있습니다. 토스터를 팔기 위해 어떻게 하기로 했습니까?

F : 이 토스터, 어때? 집을 손님이 있으려나? 좀 더 매출을 늘리고 싶은데.

M : 글쎄요. 역시 요즘 절약하는 경향이라 아무리 좋은 메이커의 상품이라도 토스터에 3만 엔을 쓰겠다는 손님은 많지 않을 것 같아요.

F : 그렇지. 일반적인 상품이라면 5천 엔 정도면 되는걸.

M : 네, 기존 상품과 비교해 기계 구조를 설명하거나 식감 차이를 맛보게 해 주려고 고객들 앞에서 시연도 하고 이것저것 해 보긴 했는데.

F : 그렇지. 이 상품, 가격 인하를 하고 싶은데, 제조사 측에서 가격 인하는 하지 말아 달래. 맛있는 빵에 지출을 아끼지 않는 소비자의 동향을 근거로 이 가격으로 설정했으니까 어떻게든 이 가격에 팔아 줬으면 한다고. 하지만 이제 한계네.

M : 그렇군요. 아무리 빵을 좋아하는 분이라도 여간 고집이 없는 한, 이 가격을 낼 손님은 없지 않을까요?

F : わかった。何とかメーカーに掛け合って値下げしてもいいか交渉してみる。もしそれがだめなら、トースターを買ったお客様はポイント5倍にするとか、何かもう一つ商品を付けるとかして売り上げを伸ばす策を講じましょう。

M : わかりました。私たちフロアスタッフも売り上げを伸ばすために努力していきます。

トースターを売るために、どうすることにしましたか。

1 　トースターを買ったお客様はポイント5倍にする
2 　トースターを買ったお客様には掃除機をプレゼントする
3 　もっと商品の説明をうまくできるよう練習する
4 　メーカーに値下げをしてもいいか交渉する

F : 알겠어. 어떻게든 제조사에 흥정해서 가격 인하해도 되는지 교섭해 볼게. 만약 그게 안 되면 토스터를 산 고객은 포인트 다섯 배로 한다든지 뭔가 상품을 하나 더 붙이든가 해서 매출을 늘리는 방안을 강구합시다.

M : 알겠습니다. 저희 현장 스태프도 매출을 늘리기 위해서 노력하겠습니다.

토스터를 팔기 위해 어떻게 하기로 했습니까?

1　토스터를 산 고객은 포인트 5배로 한다
2　토스터를 산 고객에게는 청소기를 선물한다
3　상품 설명을 더 잘할 수 있도록 연습한다
4　제조사에 가격 인하를 해도 되는지 교섭한다

단어

トースター 토스터 | 手に取る 손에 들다[쥐다] | 売上 매출 | 伸ばす 늘리다 | 節約 절약 | 傾向 경향 | メーカー 메이커, 제조사 | 収まる 해결되다 | 従来 기존 | 構造 구조 | 食感 식감 | 味わう 맛보다 | 試演 시연 | 値下げ 가격 인하 | 出費 지출 | 惜しむ 아끼다 | 動向 동향 | 踏まえる 근거로 하다 | よっぽど 꽤 | こだわり 구애, 집착 | 掛け合う 흥정하다 | 交渉 교섭 | 策を講じる 대책을 강구하다 | フロアスタッフ 플로어 스태프

해설

토스터가 팔리지 않는 이유는 가격이 비싸기 때문이지만, 제조사는 가격 인하를 원하지 않는다. 가격 인하해도 되는지 교섭하겠다고 했으므로 정답은 4번이다. 포인트를 다섯 배로 한다든지, 사은품을 붙이는 것은 하나의 방책이지 아직 결정된 것은 아니다.

6番

2-2-18.MP3

夫婦が夏休みの旅行について話しています。夫婦はどこに行くことになりましたか。

F : ねえねえ、今年の夏休みどうする？
M : そうだなぁ。いつも夏は国内だからリフレッシュも兼ねて、羽を伸ばしに海外に行くか。

부부가 여름휴가 여행에 대해서 이야기하고 있습니다. 부부는 어디로 가게 되었습니까?

F : 있잖아. 올 여름휴가는 어떻게 할까?
M : 그렇구나. 언제나 여름은 국내였으니 재충전을 겸해서 날개를 펼치러 해외로 갈까?

F : いいわね。ベトナムなんてどう？この間隣の部署の加藤さんが行ってきたらしいんだけど、旧市街のショッピングはいろんなアイテムが安く売ってて、最高だったみたいなの。写真も見せてもらったんだけど、アジアの独特な雰囲気が出てかわいかったわ。

M : へー、そうなんだ。でもベトナムは暑いんじゃない？ここも暑いのに暑いところに行くのはなぁ。

F : そうかなあ。それならオーストラリアは？雄大な自然の中でキャンプっていうツアーのCM、この間テレビでやってたわよ。カンガルーやコアラと触れ合うのも楽しそう。

M : そうか。でもツアーならちょっと高くつきそうだな。自由に行動できそうにないし、しかも真冬だろ？服持っていくのも大変だし。

F : なんなのよ。さっきから聞いてれば文句ばっかり。じゃあ、あなたはどこに行きたいのよ。

M : やっぱり海外はやめて楽に行ける近場の草香温泉がいいかな。

F : えー。さっきと言ってること違うじゃない。結局国内ってこと？それなら私は行かないわよ。

M : わかったわかった。そしたら暑い夏に暑い場所に行って、とことん夏を楽しもう！それなら文句ないだろ？

F : やったー。早速航空券の予約するわね。

夫婦はどこに行くことになりましたか。

1 　ベトナム

2 　オーストラリア

3 　草香温泉

4 　キャンプ

F : 좋아. 베트남 같은 덴 어때? 얼마 전 옆 부서의 가토 씨가 다녀온 것 같은데, 구 시가지 쇼핑은 다양한 아이템을 싸게 팔아서 최고였던 것 모양이야. 사진도 보여 줬는데 아시아의 독특한 분위기가 나서 귀여웠어.

M : 어~, 그렇구나. 하지만 베트남은 덥지 않아? 여기도 더운데 더운 곳에 가는 건.

F : 그래? 그럼 호주는? 웅대한 자연 속에서 캠핑이라는 투어 CM, 요전에 TV에서 했었어. 캥거루나 코알라와 접촉하는 것도 재밌겠다.

M : 그렇군. 하지만 투어라면 좀 비싸게 먹힐 거 같은데. 자유롭게 행동할 수 없을 것 같고, 게다가 한겨울이지? 옷 챙겨 가는 것도 큰일이고.

F : 뭐야? 아까부터 듣고 있자니 불평뿐이야. 그럼 당신은 어디에 가고 싶은데?

M : 역시 해외는 그만두고 쉽게 갈 수 있는 근처의 구사카 온천이 좋을까.

F : 뭐, 아까랑 말이 다르잖아. 결국 국내라는 거야? 그렇다면 난 안 갈래.

M : 알았어 알았어. 그럼 더운 여름에 더운 곳에 가서 철저하게 여름을 즐기자! 그럼 불평 없지?

F : 야호! 당장 항공권 예약할게.

부부는 어디로 가게 되었습니까?

1 　베트남

2 　호주

3 　구사카 온천

4 　캠핑

단어

リフレッシュ 리프레시, 재충전 | ～も兼ねて ~도 겸해서 | 羽を伸ばす 날개를 펴다 | 部署 부서 | 旧市街 구 시가지 | 独特 독특함 | 雰囲気 분위기 | 雄大 웅대함 | ツアー 투어 | カンガルー 캥거루 | コアラ 코알라 | 触れ合う 접촉하다 | 高くつく 비싸게 먹히다 | 真冬 한겨울 | 文句 불평 | 近場 근처 | とことん 철저하게, 끝까지 | 早速 곧 | 航空券 항공권

남편의 마지막 대사가 포인트이다. 확실히 베트남이라고는 말하지 않았지만, 더운 여름에 더운 곳, 즉 베트남에 가서 즐기자고 말하고 있으므로 정답은 1번이다.

問題 3 개요 이해 ··

실전 연습 01 ▶ p.48

1	2	2	2	3	4	4	1	5	3	6	1

문제3에서는 문제지에 아무것도 인쇄되어 있지 않습니다. 이 문제는 전체적으로 어떤 내용인지를 묻는 문제입니다. 이야기 앞에 질문은 없습니다. 우선 이야기를 들으세요. 그리고 나서 질문과 보기를 듣고 1~4 중에서 가장 알맞은 것을 하나 고르세요.

1番

▶ 2-3-01.MP3

鳥の専門家が話しています。

M : えー、現在日本国内の自然界で確認されている鳥は630種類ですが、先日、それぞれの鳥のDNA分析の結果などをもとに、鳥の分類が大幅に見直されました。鳥のDNA分析はこの10年ほどで進み、膨大なデータを手に入れやすくなったことで、より細かく分類することができるようになりました。また、大きさや性格が異なる鳥たちの意外な間柄が分かってきました。鳥は基本的にDNAが近ければ外見や生態も似ますが、環境に応じて大型化したり、独特の変化を遂げたりするものもいます。日本鳥研究所によると鳥は「飛ぶ」という特別な動作をするため、他の動物に比べ、体の形状や共通点が多く、その中でも、特にトキという鳥は「外見が似ている」という理由でコウノトリに分類されていましたが、「他人の空似」だったということがわかりました。

専門家は何について話していますか。

새 전문가가 이야기하고 있습니다.

M : 음, 현재 일본 국내의 자연계에서 확인되고 있는 새는 630종류인데요, 얼마 전 각각의 새의 DNA 분석 결과 등을 바탕으로 새의 분류가 대폭 수정되었습니다. 새의 DNA 분석은 근 10년 정도로 진행되었으며, 방대한 데이터를 입수하기 쉬워지면서 보다 세세하게 분류할 수 있게 되었습니다. 또한 크기와 성격이 다른 새들의 의외의 관계를 알 수 있게 되었습니다. 새는 기본적으로 DNA가 가까우면 외모나 생태도 비슷하지만, 환경에 따라 대형화하거나 독특한 변화를 이루는 것도 있습니다. 일본 조류 연구소에 따르면 새는 '나는' 특별한 동작을 하기 때문에 다른 동물에 비해 몸의 형상이나 공통점이 많고, 그중에서도 특히 따오기라는 새는 '외모가 비슷하다'는 이유로 황새로 분류되었으나, '남끼리 우연히 닮음'이었다는 것을 알 수 있었습니다.

전문가는 무엇에 대해 이야기하고 있습니까?

단어

先日 얼마 전, 요전 | 分析 분석 | 分類 분류 | 大幅 대폭 | 見直す 다시 보다, 재검토하다 | 膨大 방대 | データ 데이터 | 手に入れる 손에 넣다 | 異なる 다르다 | 間柄 사이 | 外見 외모 | 生態 생태 | 環境 환경 | 独特 독특함 | 遂げる 이루다 | 動作 동작 | 形状 모양, 형상 | 他人の空似 남남끼리 우연히 닮음 | 絶滅 멸종 | 危惧種 위기종

해설

새의 DNA 분석으로 새의 분류가 수정되었다고 대화 앞부분에서 결론을 말하고 있다. 왜 그게 가능해졌는지는 뒤에 이야기하고 있으며 또 분류의 오류 예로 따오기를 들고 있다. 정답은 2번. 1, 3번은 언급되지 않았고, 4번에 대해서는 구체적으로 말하고 있지는 않다.

2番

▶ 2-3-02.MP3

テレビで医者が話しています。

F : 最近、ビジネスパーソンの間ではダイエットへの関心が高まっています。飽食時代の現代で暮らしている私たちはとても幸せな環境におかれていますが、運動や食事に気を付けないままだと、自然と年齢とともに体重が増えていくものです。そこで今日は効果的な方法をいくつかご紹介します。みなさんもご存じの通りウォーキングやジョギング等の運動を行うことは当然効果があります。筋トレもいいですね。また、ダイエットというと飲まず食わずの状態を耐え忍ぶことを想像する人がいるかもしれませんが、栄養を十分に摂って、バランスを保つことが大切です。食べる順番を工夫し、最後に炭水化物を食べるようにすることもおすすめですね。みなさんぜひ今日から取り組んでみましょう。

医者は何について話していますか。

1　ダイエットの重要性
2　ダイエットの効果的な方法
3　体重とウエストサイズとの関係性
4　バランスのよい食事と良質な睡眠

TV에서 의사가 이야기하고 있습니다.

F : 최근 샐러리맨들 사이에서는 다이어트에 대한 관심이 높아지고 있습니다. 포식시대인 현대에 살고 있는 우리는 매우 행복한 환경에 놓여 있지만, 운동이나 식사를 신경 쓰지 않으면 저절로 나이와 함께 체중이 증가하는 존재입니다. 그래서 오늘은 효과적인 방법을 몇 가지 소개하겠습니다. 여러분도 아시다시피 걷기나 조깅 같은 운동을 하는 것은 당연히 효과가 있습니다. 웨이트도 좋네요. 또, 다이어트라고 하면 먹지도 마시지도 않는 상태를 참고 견디는 것을 상상하는 사람이 있을지 모르지만, 영양을 충분히 섭취하고 밸런스를 유지하는 것이 중요합니다. 먹는 순서를 연구하여 마지막에 탄수화물을 먹도록 하는 것도 추천합니다. 여러분 부디 오늘부터 도전해 봅시다.

의사는 무엇에 대해 이야기하고 있습니까?

1　다이어트의 중요성
2　다이어트의 효과적인 방법
3　체중과 허리 사이즈의 관계성
4　균형 잡힌 식사와 질 좋은 수면

단어

ビジネスパーソン 샐러리맨 | ダイエット 다이어트 | 関心 관심 | 飽食 포식 | 環境 환경 | 年齢 연령 | ウォーキング 걷기 | ジョギング 조깅 | 筋トレ 근력 훈련, 웨이트 | 耐え忍ぶ 참고 견디다 | 栄養 영양 | 摂る 섭취하다 | バランス 밸런스, 균형 | 保つ 유지하다 | 工夫 궁리 | 炭水化物 탄수화물 | 取り組む 맞붙다, 몰두하다, 시도하다

해설

다이어트 이야기로 시작되었지만, 중반에 효과적인 다이어트 방법을 몇 가지 소개하고 있다. 따라서 정답은 2번이다. 1번과 3번은 대화에 나오지 않았고, 4번은 다이어트의 한 방법으로 나온 것이므로 주요 주제는 아니다.

テレビでアナウンサーが話しています。

F：えー、近くの小学校に来ています。先ほど、この地域一帯に大雨警報が発令されました。これから雨がさらにひどくなるとのことですが、各地域の小学校、中学校の体育館は避難所として開設されています。今のところ私がおります小学校に避難している人は1人もいません。避難勧告が全域に出ていますが、今日は雨が強い時間帯が短かったということもあり、86カ所の避難所に避難している人は今のところ37人にとどまっているということです。ただ、気象庁によりますと、雨のピークは明日の昼前だということで、今日の夜からでも準備をしてほしいと話しています。状況が切迫し、雨が強くなってからの行動では遅いということです。自分の住んでいる地域や家族や親戚の住んでいる場所、少しでも不安がある場合は避難を始めたり、電話をするなど行動に移してほしいと思います。

アナウンサーは何について伝えていますか。

1 大雨による被害状況
2 小学校に避難してきた人の様子
3 各地域の避難方法
4 大雨による現在の様子

TV에서 아나운서가 이야기하고 있습니다.

F：음, 근처 초등학교에 와 있습니다. 조금 전 이 지역 일대에 호우 경보가 발령되었습니다. 앞으로 비가 더 심해진다고 하는데요, 각 지역의 초등학교, 중학교 체육관은 피난소로 개설되어 있습니다. 지금 제가 있는 초등학교에 피난해 있는 사람은 한 명도 없습니다. 피난 권고가 전역에 나와 있지만, 오늘은 비가 강한 시간대가 짧기도 하여 86개소의 피난소에 피난해 있는 사람은 지금 현재 37명에 그치고 있다고 합니다. 다만, 기상청에 따르면, 비의 절정기는 내일 오전 중이라고 하니 오늘 밤부터라도 준비를 해 달라고 말하고 있습니다. 상황이 임박하여 비가 세지고 난 뒤의 행동으로는 늦는다는 것입니다. 자신이 살고 있는 지역이나 가족, 친척이 살고 있는 장소, 조금이라도 불안한 경우는 피난을 시작하거나 전화를 하는 등 행동으로 옮겨 주길 바랍니다.

아나운서는 무엇에 대해서 전하고 있습니까?

1 호우로 인한 피해 상황
2 초등학교에 피난 온 사람의 모습
3 각 지역의 피난 방법
4 호우로 인한 현재의 모습

단어

一帯 일대ㅣ警報 경보ㅣ発令 발령ㅣ避難所 피난소ㅣ開設 개설ㅣ勧告 권고ㅣとどまる 머물다ㅣ気象庁 기상청ㅣピーク 피크, 절정ㅣ切迫 임박, 긴박

해설

호우 경보가 발령되고 난 뒤의 상황을 근처 초등학교에서 중계하고 있다. 피해는 아직 나오지 않았으므로 전달할 수 없고, 또한 초등학교에 피난 와 있는 사람은 없으므로 2번도 틀리다. 피난 방법에 대해서도 설명되지 않았으므로 3번도 정답이 아니다. 정답은 4번.

4番

🔊 2-3-04.MP3

女の人が話しています。

F：弊社では、休暇と仕事を両立させるシステムを導入しています。これは、休暇中の労働時間を会社が公式に認めることにより、長期休暇取得のハードルを下げる試みとして運用されており、もし休暇期間中に会議などの用件が入ったとしても、休暇の取得自体を諦めたり、計画の大幅な変更をしたりしなくてもよくなります。このシステムを、休暇中に労働を強いる制度とみる人もいますが、あくまでも年次有給休暇の取得を増やすための制度だということを正しく伝えるために、啓発活動に力を注ぎました。システム導入後には、有給休暇の取得率100%、残業時間の大幅減少を達成することができました。また、このシステムを通じてこれまで出会うことがなかった地方の方々や他業界の方々との交流が増え、様々な企画が生まれています。仕事や自己成長への意欲も刺激され、社内だけでの業務では得られない効果といえるかもしれません。

女の人は何について話していますか。

1 取り組んでいる働き方のシステム
2 長期休暇の取り方や休暇中の仕事
3 多様な働き方の問題点
4 残業時間が大幅に減った理由

여자가 이야기하고 있습니다.

F：당사에서는 휴가와 일을 양립시키는 시스템을 도입하고 있습니다. 이것은 휴가 중의 노동 시간을 회사가 공식적으로 인정함으로써 장기 휴가 취득의 장벽을 낮추는 시도로서 운용되고 있으며, 만약 휴가 기간 중에 회의 등의 용건이 생겼다고 해도 취득한 휴가 자체를 포기하거나 대폭적인 계획 변경을 하거나 하지 않아도 되게 됩니다. 이 시스템을 휴가 중에 노동을 강요하는 제도로 보는 사람도 있습니다만, 어디까지나 연차 유급 휴가의 취득을 늘리기 위한 제도라는 것을 올바르게 전하기 위해 계발 활동에 힘을 쏟았습니다. 시스템 도입 후에는 유급 휴가 취득률 100%, 잔업 시간의 대폭 감소를 달성할 수 있었습니다. 또, 이 시스템을 통해서 지금까지 만날 일이 없었던 지방분들이나 타 업계분들과의 교류가 증가해 다양한 기획이 탄생하고 있습니다. 일이나 자기 성장에 대한 의욕도 자극되어 사내만의 업무에서는 얻을 수 없는 효과라고 할 수 있을지도 모릅니다.

여자는 무엇에 대해서 이야기하고 있습니까?

1 시도하고 있는 근무 방식 시스템
2 장기 휴가 내는 법과 휴가 중의 업무
3 다양한 근무 방식의 문제점
4 야근 시간이 크게 줄어든 이유

단어

弊社 폐사, 저희 회사 | 休暇 휴가 | 両立 양립 | システム 시스템 | 導入 도입 | ハードル 허들 | 運用 운용 | 用件 용건 | 大幅 대폭 | 強いる 강요하다 | 年次 연차 | 有給 유급 | 啓発 계발 | 達成 달성 | 交流 교류 | 企画 기획 | 意欲 의욕 | 刺激 자극

해설

처음에 일과 휴가를 양립시키는 시스템을 도입했다고 했고, 그에 관한 설명과 내용, 결과를 말하고 있다. 정답은 1번이다.

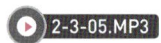

男の人が話しています。

M：私のお店では賞味期限切れ商品を販売しております。一般的には賞味期限が切れたものは捨てられていますが、期限が切れても安全に食べられることを伝え、その売り上げで、生活困窮者へ食品を送っています。80円のツナ缶の賞味期限は、去年の12月で、防災用の缶入りパンは65円で、賞味期限は去年の7月です。しかし、あと2年から3年は大丈夫！と書き、売っています。キャンディーは20円で、安さにお客さんが飛びついてくれます。こうして購入者を増やし、賞味期限切れ食品の安全性を広めています。店の商品は賞味期限が迫り、メーカーや卸問屋で廃棄予定になったものや、賞味期限切れになった企業の災害用備蓄品、さらに寄贈の物もありますが、保存状態が良いものを買い取り、食品ごとに安全に食べられる期間を店で定めて販売しています。

男の人は何について話していますか。

1 缶詰商品の売れ行きと今後の展開
2 安さによる客の増加
3 賞味期限切れでも安全な食品があること
4 寄付による店の経営回復

남자가 이야기하고 있습니다.

M : 저희 매장에서는 품질 유지 기한이 지난 상품을 판매하고 있습니다. 일반적으로는 품질 유지 기한이 지난 것은 버려지지만, 기한이 지나도 안전하게 먹을 수 있음을 전해 그 매출로 생활이 어려운 사람들에게 식품을 보내고 있습니다. 80엔짜리 참치 캔의 품질 유지 기한은 작년 12월이고, 방재용 통조림 빵은 65엔으로 품질 유지 기한은 작년 7월입니다. 그러나 아직 2, 3년은 괜찮다고 써서 팔고 있습니다. 사탕은 20엔인데 싼값에 손님들이 몰려듭니다. 이렇게 해서 구입자를 늘려 품질 유지 기한이 지난 식품의 안전성을 넓히고 있습니다. 매장 상품은 품질 유지 기한이 임박했거나 제조사나 도매점에서 폐기 예정된 것, 품질 유지 기한이 끝난 기업의 재해용 비축품, 그리고 기증받은 물건도 있는데요, 보존 상태가 좋은 것을 매입해, 식품마다 안전하게 먹을 수 있는 기간을 매장에서 정해 판매하고 있습니다.

남자는 무엇에 대해서 이야기하고 있습니까?

1 통조림 상품의 판매와 향후 전개
2 저가에 따른 고객 증가
3 품질 유지 기한이 지나도 안전한 식품이 있다는 것
4 기부에 따른 가게의 경영 회복

단어

賞味期限 상미 기한(품질 유지 기간) | 困窮 곤궁 | ツナ 참치 | 防災 방재 | 飛びつく 달려들다 | 購入 구입 | 迫る 다가오다 | 卸問屋 도매 | 廃棄 폐기 | 災害用 재해용 | 備蓄品 비축품 | 寄贈 기증 | 缶詰 통조림 | 寄付 기부 | 回復 회복

해설

상미 기한이 지난 식품을 팔고 있다는 점에 대해 설명하고 있으므로 정답은 3번이다.

6番

(●) 2-3-06.MP3

大学の先生が話しています。

M : えー、今日は初回の授業ですので、授業内容を話す前に、この授業についての概要を説明します。まず、遅刻限度は15分です。それ以降遅刻した場合は欠席とみなします。ただし、電車や地下鉄、バスなどの遅延により15分以上遅刻した場合は遅延証明書を発行してもらい、授業後に私まで提出してください。次にレポートについては毎回授業後にA4用紙1枚程度の簡単なレポートを提出してもらいます。提出方法はメールにてお願いします。私のメールアドレスは配布したプリントにある通りです。中間試験と期末試験についてですが、教科書の練習問題に沿って出題します。試験前にまた範囲を口頭でお知らせしますので、聞き逃さないようにお願いします。成績評価についてですが、出席率、課題達成率、試験点数の3つに分けて評価していきます。それ以外に質問がある場合は授業後にお願いします。それでは授業を始めていきます。

先生は何について話していますか。

대학 교수가 이야기하고 있습니다.

M : 음, 오늘은 첫 수업이니 수업 내용을 이야기하기 전에 이 수업에 관한 개요를 설명하겠습니다. 우선 지각 한도는 15분입니다. 그 이후 지각했을 경우에는 결석으로 간주하겠습니다. 다만, 전철이나 지하철, 버스 등의 지연으로 15분 이상 지각한 경우는 지연 증명서를 발급받아 수업 후에 나한테 제출하세요. 그 다음으로 리포트에 대해서는 매번 수업 후에 A4지 한 장 정도의 간단한 보고서를 제출받겠습니다. 제출 방법은 메일로 부탁합니다. 내 메일 주소는 나눠준 프린트에 있는 대로입니다. 중간고사와 기말고사에 대해서인데요, 교과서의 연습문제에서 출제하겠습니다. 시험 전에 다시 범위를 구두로 알려 줄 테니 흘려 듣지 않도록 하세요. 성적 평가에 대해서인데요, 출석률, 과제 달성률, 시험 점수의 세 가지로 나누어 평가하겠습니다. 그 외에 질문이 있는 경우는 수업 후에 부탁합니다. 그럼 수업을 시작하겠습니다.

교수는 무엇에 대해서 이야기하고 있습니까?

1 履修ガイダンス

2 授業内容の詳細

3 レポートの書き方

4 成績評価の方法

1 이수 가이던스

2 수업 내용의 상세

3 리포트 쓰는 법

4 성적 평가 방법

단어

概要 개요 | 限度 한도 | みなす 간주하다 | 発行 발행 | 提出 제출 | 配布 배포 | 中間試験 중간고사 | 期末試験 기말고사 | 練習 연습 | 〜に沿って 〜에 따라서 | 範囲 범위 | 口頭 구두 | 聞き逃す (빠뜨리고) 못 듣다 | 達成 달성 | 履修 이수

해설

수업 개요라고 했지만 수업 내용이 아니라 이 수업의 규칙이나 리포트, 성적 평가 방법 등을 정리해서 말하고 있다. 보기에서 선택할 때 헷갈릴 수도 있지만, 리포트 작성법이나 성적 평가 방법만을 말하고 있는 것은 아니다. 이것들을 합쳐 이수 가이던스라고 하므로 정답은 1번이다.

| 1 | 1 | 2 | 2 | 3 | 2 | 4 | 4 | 5 | 1 | 6 | 2 |

문제3에서는 문제지에 아무것도 인쇄되어 있지 않습니다. 이 문제는 전체적으로 어떤 내용인지를 묻는 문제입니다. 이야기 앞에 질문은 없습니다. 우선 이야기를 들으세요. 그리고 나서 질문과 보기를 듣고 1~4 중에서 가장 알맞은 것을 하나 고르세요.

1番

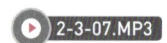

かいしゃ　しゃちょう　はな
会社の社長が話しています。

M：私は20歳で起業しました。少し不謹慎な言い方かもしれませんが、正直に言いますと、「遊ぶ金欲しさ」です。私が通っていた大学が少し名の知れた大学だったこともあり、周りは某有名企業や医者、芸能人の子どもばかりという状態でした。お小遣いの桁は全然違うし、親からクレジットカードを渡されている友人が多かったため、一緒に買い物に行くにしても、彼らと同じお店では買い物はできません。親が金持ちの彼らにくらべると、僕は小遣いが圧倒的に少なくみじめな思いをしたのを今でも覚えています。「自分ももっとお金が欲しい」「どうすればお金持ちになれるのか」考えた結果、僕の導き出した最終的な答えは「起業し、会社経営すれば金持ちになれるのではないか」というものでした。お金儲けに対する関心が強かったことと、大きなことをやってみたいという願望があったため、会社経営に関心が向いたのでしょう。

しゃちょう　なに　　　　　　　　はな
社長は何について話していますか。

1　会社を作った理由
2　大学時代の様子
3　お金儲けに対する考え
4　会社の今後の展開

회사 사장이 이야기하고 있습니다.

M：저는 스무 살에 창업했습니다. 조금 조심성 없는 말투일지도 모릅니다만, 솔직히 말하면, '놀 돈이 필요해서'입니다. 내가 다녔던 대학이 조금 유명한 대학이기도 했고, 주위는 모 유명 기업이나 의사, 연예인의 자녀들뿐인 상태였습니다. 용돈의 자릿수는 전혀 달랐고, 부모님한테 신용카드를 받은 친구들이 많았기 때문에 함께 쇼핑을 간다고 해도 그들과 같은 가게에서는 쇼핑을 할 수 없습니다. 부모님이 부자인 그들에 비하면, 나는 용돈이 압도적으로 적어 비참한 생각을 했던 것을 지금도 기억하고 있습니다. '나도 돈을 더 갖고 싶어' '어떻게 하면 부자가 될 수 있을까', 생각한 결과, 내가 도출한 최종적인 대답은 '창업해서 회사를 경영하면 부자가 될 수 있지 않을까' 하는 것이었습니다. 돈벌이에 대한 관심이 컸던 것과 큰 일을 해 보고 싶다는 소망이 있었기 때문에 회사 경영에 관심이 갔던 거겠지요.

사장은 무엇에 대해 이야기하고 있습니까?

1　회사를 만든 이유
2　대학 시절의 모습
3　돈벌이에 대한 생각
4　회사의 향후 전개

단어

きぎょう　　　　ふきんしん　　　　　　　な　し　　　　　　　　　　こづか　　　　けた　　　　　あっとうてき
起業 창업 | 不謹慎 불성실한 태도 | 名の知れた 이름이 알려진 | 小遣い 용돈 | 桁 자릿수 | 圧倒的 압도적 | みじめ 비참 |
みちび　　　　　かねもう　　　　　　かんしん　　　　　がんぼう　　　　む
導く 이끌다 | 金儲け 돈벌이 | 関心 관심 | 願望 소망 | 向く 향하다

해설

회사 사장이 왜 회사를 창업했는지에 대해 이야기하고 있으므로 정답은 1번이다. 대학 시절의 모습은 회사를 창업한 계기이고, 또한 돈 버는 일에 대해서는 관심이 많아졌다고만 이야기했으므로 주로 말하고 있는 것은 아니다. 회사의 향후의 전개 등은 말하지 않았으므로 2, 3, 4는 정답이 아니다.

2 番

2-3-08.MP3

留守番電話のメッセージを聞いています。

F：いつもお世話になっております。スクールOM学院の鈴木と申します。えー、本日は息子さんの模擬試験の結果が出ましたので、ご連絡させていただきました。成績を拝見したところ、息子さんが志望している大学には合格圏内の判定が出ております。毎日息子さんが頑張って勉強している成果だと思われます。引き続き、この調子で息子さんには頑張ってもらいたいと思います。私たちも全力でサポートさせていただきます。つきましては今後の授業スケジュールについてお父様、お母様、そして息子さんもご一緒に面談をと思っておりますが、ご都合のよろしい日時がございますでしょうか。それではまたご連絡いたします。失礼いたします。

何についてのメッセージですか。

1　模擬試験の成績結果のお知らせ
2　面談のお知らせ
3　大学合格のお知らせ
4　授業変更のお知らせ

자동응답전화 메시지를 듣고 있습니다.

F：늘 신세가 많습니다. 스쿨OM학원의 스즈키라고 합니다. 저, 오늘은 아드님의 모의고사 결과가 나와서 연락드렸습니다. 성적을 보니 아드님이 지망하고 있는 대학에는 합격권 내라는 판정이 나왔습니다. 매일 아드님이 열심히 공부한 성과라고 생각됩니다. 계속해서 이 상태로 아드님이 열심히 해 주셨으면 합니다. 저희도 전력으로 지원해 드리겠습니다. 이에 앞으로의 수업 스케줄에 대해 아버님, 어머님, 그리고 아드님도 함께 면담을 했으면 하는데요, 편하신 일시가 있으신가요? 그럼 또 연락드리겠습니다. 감사합니다.

무엇에 대한 메시지입니까?

1　모의고사 성적 결과 통지
2　면담 통지
3　대학 합격 통지
4　수업 변경 통지

단어

模擬試験 모의고사 | 志望 지망 | 合格圏内 합격권 내 | 判定 판정 | 成果 성과 | 引き続き 계속해서 | サポート 지원 | 面談 면담 | 都合 형편, 사정

해설

학원에서 온 전화로 아들의 모의고사 성과를 전하고 있지만, 진짜 전달하고 싶은 것은 면담을 하고 싶다는 것이 마지막에 언급되고 있다. 정답은 2번.

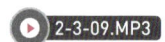
フィットネススタジオで女の人が話しています。

F：私のクラスでは、呼吸法を重視し、体に働きかけるトレーニングにより、姿勢や体のゆがみを矯正し、しなやかでバランスの取れた体づくりを目指しています。骨格を正しい位置に整えることにより、疲れにくい体を作ることもできます。体を柔らかくしたい、太りにくい体質にしたい、新陳代謝をよくして健康的な体を作りたいという方にはぴったりのクラスです。無理に自分独自でやろうとしては体を壊してしまい、けがをしてしまう可能性があります。まずはクラスに参加して、正しく体を動かせるように練習していきましょう。年齢、男女問わず誰でもできますので、ぜひこの機会に一度試してみてくださいね。

女の人はどのような内容について話していますか。

1　トレーニングによる体質改善方法
2　トレーニングの目的と効果
3　姿勢を改善することの重要さ
4　クラスの入会条件

피트니스 스튜디오에서 여자가 이야기하고 있습니다.

F：제 수업에서는 호흡법을 중시하고, 몸에 효과적인 트레이닝으로 자세나 몸의 틀어짐을 교정하며, 유연하고 균형 잡힌 체형 만들기를 목표로 하고 있습니다. 골격을 정위치에 맞춤으로써 잘 지치지 않는 몸을 만들 수도 있습니다. 몸을 유연하게 하고 싶다거나, 살이 잘 찌지 않는 체질로 하고 싶다거나, 신진대사를 좋게 하여 건강한 몸을 만들고 싶은 분께는 안성맞춤인 수업입니다. 무리하게 독자적으로 하려고 하다가는 몸을 망가뜨리고 부상을 당할 가능성이 있습니다. 우선은 수업에 참가해 바르게 몸을 움직이도록 연습합시다. 나이, 남녀를 불문하고 누구나 할 수 있으니 부디 이 기회에 한번 도전해 보세요.

여자는 어떤 내용에 대해서 이야기하고 있습니까?

1　트레이닝에 인한 체질 개선법
2　트레이닝의 목적과 효과
3　자세 개선의 중요성
4　클래스 입회 조건

단어

呼吸法 호흡법 | トレーニング 트레이닝 | 姿勢 자세 | ゆがみ 왜곡, 틀어짐 | 矯正 교정 | しなやか 나긋나긋함, 보들함 | バランス 밸런스 | 目指す 목표로 하다 | 骨格 골격 | 整える 정돈하다 | 新陳代謝 신진대사 | ぴったり 꼭 맞음 | 独自 독자 | 体質 체질 | 改善 개선

해설

여자는 수업에서 지향하고 점, 즉 이 수업의 목적과 어떤 사람에게 효과가 있는지 적합한 대상에 대해 말하고 있으므로 정답은 2번이다.

4番

テレビで男の人が話しています。

M：私は経営コンサルタントという仕事をしていますが、一般的に「企業の様々な経営上の課題を明らかにし、解決のために助言をする職業」と説明されています。簡単に言えば「クライアントをいかに儲けさせるか」ということに尽きます。「コンサルティング営業」もコンサルティングと言えますが、「経営コンサルティング」との違いはというと、営業のコンサルティングは「商品を売るための付随サービス」であり経営コンサルティングは「コンサルティングが商品そのもの」という点です。特に製品やサービスを販売・提供するわけではなく、コンサルティングそのものが商品になるのです。つまり「クライアントの課題を明らかにする」こと、もしくは「課題を解決するための方法を考える、あるいは手伝いをする」ことそのものが商品であり、そのコンサルティング行為に対して報酬を受け取っています。

男の人は何について話していますか。

1 経営コンサルタントとコンサルティング営業との共通点

2 経営上の課題とアドバイス

3 企業の売り上げ増加に対するアドバイス

4 経営コンサルタントの仕事内容

TV에서 남자가 이야기하고 있습니다.

M : 저는 경영 컨설턴트라는 일을 하고 있는데요, 일반적으로 '기업의 갖가지 경영상의 과제를 명확히 하고 해결을 위해 조언을 하는 직업'이라고 설명되고 있습니다. 간단히 말하면 '클라이언트를 얼마나 벌 수 있게 할 것인가'라는 것으로 요약됩니다. '컨설팅 영업'도 컨설팅이라고 할 수 있지만, '경영 컨설팅'과의 차이라고 하면, 영업 컨설팅은 '상품을 팔기 위한 부수적인 서비스'이고 경영 컨설팅은 '컨설팅이 상품 그 자체'라는 점입니다. 특히 제품이나 서비스를 판매・제공하는 것이 아니라 컨설팅 자체가 상품이 되는 것입니다. 즉, '클라이언트의 과제를 명확히 하는' 것, 혹은 '과제를 해결하기 위한 방법을 생각하거나 혹은 도움을 주는' 것 그 자체가 상품이며, 그 컨설팅 행위에 대해 보수를 받고 있습니다.

남자는 무엇에 대해서 이야기하고 있습니까?

1 경영 컨설턴트와 컨설팅 영업의 공통점

2 경영상의 과제와 조언

3 기업의 매출 증가에 대한 조언

4 경영 컨설턴트의 업무 내용

단어

コンサルタント 컨설턴트 | 助言 조언 | クライアント 클라이언트 | 儲ける 벌다 | 尽きる 다하다, 그것으로 모든 할 말을 다 하다 | 付随 부수, 관련됨 | 提供 제공 | 明らかにする 분명히 하다 | 行為 행위 | 報酬 보수 | 受け取る 수취하다, 받다

해설

이 남자는 경영 컨설턴트라는 일을 하고 있는데 그에 관한 이야기를 하고 있다. 컨설팅 영업과의 차이를 설명하며, 경영 컨설팅이란 무엇인지를 자세히 설명하고 있으므로 정답은 4번.

5番

 2-3-11.MP3

セミナーで男の人が話しています。

M：誰しもが子供の頃や、今現在も、叶えたい夢ってあると思います。そこに向かって走り続けていたのに、途中で夢を諦めてしまった人も多いのではないでしょうか。本当は夢に向かって進みたいけど、それを阻むもの、それはお金です。夢を追いかけ続けるにはやっぱりお金は重要です。周りの人にお金の話をすると、「お金より大事なものがある」「金の話をするなんて、汚いやつだ」なんて言う人がいます。確かにお金に執着しまくっている人はそういう目で見られるかもしれません。でも、だからといってお金がないと生活はもちろん、夢を追いかけ続けることはできません。お金から目を背けることができないのが現状だと感じます。だから、自分の夢を叶えるにはまずお金が必要で、資金をしっかり確保しておくことをお勧めします。

男の人は夢についてどう考えていますか。

1　夢の実現にはやはりお金が必要だ
2　夢よりも大事なものが世の中にはある
3　夢の実現のためにはお金より技術を磨く必要がある
4　お金がなければ夢のために定職につく必要がある

세미나에서 남자가 이야기하고 있습니다.

M：누구나 어린 시절이나 지금 현재도 이루고 싶은 꿈이 있을 것입니다. 거기를 향해 계속 달리다가 도중에 꿈을 포기한 사람도 많겠지요. 사실은 꿈을 향해 나아가고 싶지만, 그걸 막는 것, 그것은 돈입니다. 꿈을 계속 쫓기 위해서는 역시 돈이 중요합니다. 주변 사람들에게 돈 이야기를 하면 '돈보다 중요한 게 있다' '돈 얘기를 하다니 더러운 놈이다'라고 말하는 사람이 있습니다. 확실히 돈에 계속 집착하는 사람은 그러한 눈으로 볼 수 있을지도 모릅니다. 하지만 그렇다고 해도 돈이 없으면 생활은 물론이고 꿈을 계속 쫓을 수 없습니다. 돈을 외면할 수 없는 것이 현실인 것 같습니다. 그래서 자신의 꿈을 이루기 위해서는 우선 돈이 필요하고 자금을 잘 확보해 두기를 권합니다.

남자는 꿈에 대해 어떻게 생각하고 있습니까?

1　꿈을 실현하는 데는 역시 돈이 필요하다
2　꿈보다도 중요한 것이 세상에는 있다
3　꿈을 실현하기 위해서는 돈보다 기술을 연마할 필요가 있다
4　돈이 없으면 꿈을 위해 일정한 직업을 가질 필요가 있다

단어

叶う 희망대로 되다, 이루어지다 | 阻む 막다 | 追いかける 뒤쫓아가다 | 執着 집착 | 背ける 등지다 | 現状 현실 | 資金 자금 | 確保 확보 | お勧め 추천 | 定職 일정한 직업

해설

남자의 꿈에 대한 생각을 고르는 문제이다. 남자는 이야기 중반에서 꿈보다 중요한 것이 있다거나, 돈에 집착하다니 더러운 놈이다라는 말을 듣지만, 그래도 돈이 없으면 꿈을 쫓을 수도 없으므로 역시 돈이 필요하다고 말하고 있다. 정답은 1번.

6 番

🔊 2-3-12.MP3

テレビでレポーターが話しています。

F : これまで小売店がお客に無料で配ってきたプラスチック製のレジ袋を削減する動きが急速に広がってきています。既にスーパーでは有料化が進んでいますが、最近では大手衣料品メーカーやコンビニエンスストア各社も削減や代替品の活用に乗り出しつつあります。レジ袋有料化が急速に広がっているのは、海洋プラスチックごみが世界的に問題化しているからです。これにより、世界で大量のごみが漂流しているほか、プラスチックの破片が魚の体内に蓄積して人の健康にも影響を及ぼすと危惧されています。特に、先進国が、途上国に資源ごみとして輸出し、環境汚染を招いていることが原因となっているようです。私たち一人一人が少しでも環境について考え、レジ袋の削減、有料化に理解を示してほしいと思います。

TV에서 리포터가 이야기하고 있습니다.

F : 지금까지 소매점이 고객에게 무료로 나눠준 플라스틱제 비닐봉투를 삭감하는 움직임이 급속히 확산되고 있는데요. 이미 슈퍼에서는 유료화가 진행되고 있는데요, 최근에는 대형 의류 메이커나 편의점 각 사도 삭감이나 대체품 활용에 나서고 있습니다. 비닐봉투 유료화가 급속히 확산되고 있는 것은 해양 플라스틱 쓰레기가 세계적으로 문제가 되고 있기 때문입니다. 이로 인해 세계에서 대량의 쓰레기가 표류하고 있는 것 외에 플라스틱 파편이 물고기 체내에 축적되어 사람의 건강에도 영향을 미친다고 우려되고 있습니다. 특히, 선진국이 도상국에 자원 쓰레기로 수출하여 환경 오염을 초래하고 있는 것이 원인이 되고 있는 모양입니다. 우리 개개인이 조금이라도 환경에 대해 생각하여 비닐봉투 삭감이나 유료화에 대해 이해를 보여 주었으면 좋겠습니다.

レポーターは何について伝えていますか。

리포터는 무엇에 대해 전달하고 있습니까?

1 環境汚染による魚の異変
2 レジ袋削減や有料化の理由
3 リサイクルの強化の重要性
4 企業の今後の対策

1 환경 오염으로 인한 물고기의 변이
2 비닐봉투 삭감과 유료화의 이유
3 재활용 강화의 중요성
4 기업의 향후 대책

단어

小売店 소매점 | 配る 배포하다 | レジ袋 비닐봉투 | 削減 삭감 | 急速 급속 | すでに 이미 | 衣料品 의류 | 代替品 대체품 | 乗り出す 상체를 앞으로 쑥 내밀다 | 海洋 해양 | 漂流 표류 | 破片 파편 | 蓄積 축적 | 影響を及ぼす 영향을 미치다 | 危惧 걱정하고 두려워함 | 先進国 선진국 | 途上国 도상국 | 資源ごみ 자원 쓰레기 | 環境汚染 환경 오염 | 招く 초래하다

해설

이야기 중반에 비닐봉투 유료화가 급속히 퍼지고 있는 것은 '〜때문'이라고 말하고 있으므로 정답은 2번이다.

1	**1**	2	**4**	3	**2**	4	**3**	5	**4**	6	**2**

문제3에서는 문제지에 아무것도 인쇄되어 있지 않습니다. 이 문제는 전체적으로 어떤 내용인지를 묻는 문제입니다. 이야기 앞에 질문은 없습니다. 우선 이야기를 들으세요. 그리고 나서 질문과 보기를 듣고 1〜4 중에서 가장 알맞은 것을 하나 고르세요.

1番

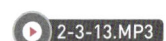
2-3-13.MP3

大学の先生が話しています。

M：農業には土を耕して作物を育てる「耕種農業」と、家畜を育てる「畜産」の大きく2つに分けられます。この大学の農学部ではまず米や麦などの穀類、野菜や果樹などを栽培する耕種農業から始めていきます。この耕種農業は、普通の畑で栽培する露地栽培と、ハウスの中で栽培する施設栽培に分かれています。次に、畜産を経験してもらいます。畜産で育てる家畜には、牛、豚、鶏などがいます。牛は肉を生産する肥育経営、牛乳やチーズなど乳製品の原料である生乳を絞る酪農に分けられます。この2つは自分が好きな方を選んで履修してください。

先生は何について話していますか。

1 農学部の概要
2 農業に関する知識
3 農業の重要さ
4 家畜の育て方

대학 교수가 이야기하고 있습니다.

M：농업에는 땅을 갈아 작물을 키우는 '경종 농업'과 가축을 기르는 '축산'의 크게 두 가지로 나눌 수 있습니다. 이 대학의 농학부에서는 우선 쌀이나 보리 등의 곡류, 야채나 과수 등을 재배하는 경종 농업부터 시작합니다. 이 경종 농업은 보통의 밭에서 재배하는 노지 재배와 하우스 안에서 재배하는 시설 재배로 나뉘어져 있습니다. 다음으로 축산을 경험하게 됩니다. 축산에서 기르는 가축에는 소, 돼지, 닭 등이 있습니다. 소는 고기를 생산하는 비육 경영, 우유나 치즈 등 유제품의 원료인 생유를 짜는 낙농으로 나눌 수 있습니다. 이 둘은 자기가 좋아하는 쪽을 골라 이수하십시오.

교수는 무엇에 대해서 이야기하고 있습니까?

1 농학부의 개요
2 농업에 관한 지식
3 농업의 중요성
4 가축을 기르는 법

단어

耕す 갈다 | 耕種 경종 | 家畜 가축 | 畜産 축산 | 穀類 곡류 | 果樹 과수 | 栽培 재배 | 露地 노지 | ハウス 하우스 | 施設 시설 | 肥育 비육 | 乳製品 유제품 | 生乳 생유 | 絞る 짜다 | 酪農 낙농 | 履修 이수

해설

농학부에서 배우는 농업의 종류를 설명하며 우선 경종을 경험하고, 그 다음에 축산을 경험한다고 말하고 있다. 농학부가 어떻게 진행되는지를 말하고 있으므로 정답은 1번이다.

2番

2-3-14.MP3

男の人が新入社員に話しています。

M：えー、みなさん、今の皆さんは社会人としての期待と不安が入り混じっている状態だと思います。私も新入社員のときを振り返ると様々なことがあり、精神面が鍛えられた一年でした。入社して最初は分からないことが多く不安なこともありました。新人なので、わからないことが多くて当たり前です。最初から完璧にしようと思わないでください。わからないことがあれば周りの先輩に聞いてください。わからないことを減らすことで徐々に自信へと繋がり、少しずつ自分のペースで自分ができることを増やしていき、そして確実にできることを増やしていくことが大事だと思います。一人で抱えこまず、分からないことや不安なことは積極的に聞いて、自分のペースで頑張っていってください。

男の人は何について話していますか。

남자가 신입사원에게 이야기하고 있습니다.

M：음, 여러분, 지금 여러분은 사회인으로서의 기대와 불안이 뒤섞여 있는 상태라고 생각합니다. 저도 신입 사원 때를 되돌아보면 여러 가지 일이 있어 정신적인 면이 단련된 한 해였습니다. 입사해서 처음에는 모르는 게 많아 불안하기도 했습니다. 신입이니 모르는 게 많은 것이 당연합니다. 처음부터 완벽하게 하려고 생각하지 마세요. 모르는 게 있으면 주위 선배에게 물어보세요. 모르는 것을 줄이면서 서서히 자신감으로 이어지고, 조금씩 자기 페이스로 자신이 할 수 있는 것을 늘려 나가며, 그리고 확실하게 할 수 있는 것을 늘려 나가는 것이 중요하다고 생각합니다. 혼자서 떠안지 말고 모르는 것이나 불안한 것은 적극적으로 물어 자신의 페이스로 분발해 나가세요.

남자는 무엇에 대해서 이야기하고 있습니까?

1 会社の基本方針
2 同僚との付き合い方
3 先輩のやるべきこと
4 新入社員へのアドバイス

1 회사의 기본 방침
2 동료와 사귀는 법
3 선배가 해야 할 일
4 신입사원에 대한 조언

단어

入り混じる 뒤섞이다 | 振り返る 돌아다보다 | 鍛える 단련하다 | 完璧 완벽 | 徐々に 서서히 | つながる 이어지다 | 抱え込む 껴안다 | 積極的 적극적 | ペース 페이스

해설

이 남자는 자신이 신입사원 때를 예로 들어, 지금의 신입사원들에게 이렇게 하는 게 좋다고 조언을 하고 있다. 따라서 정답은 4번.

3番

 2-3-15.MP3

ボランティアの代表が話しています。

F：私たちのグループは、お子さんがいるご家庭に、研修を受けた地域の子育て経験者が訪問する「家庭訪問型子育て支援ボランティア」です。週に一回、3時間程度訪問し、滞在中は友人のように寄り添いながら話をきいたり、育児や家事、外出を一緒にする等の活動をします。しかしながら、まだまだ支援を受けられない親子がたくさんいます。そこで、私たちの団体は、支援を必要とする親子が日本のどこでもこの支援が受けられるように、支援の全国普及を目指しています。一部の地域組織では、自治体の公的資金が運営費の補助等として提供されていますが、訪問支援の質を高めるためのバックアップ体制づくりやボランティア育成には資金が必要なのです。支援活動の基盤を支えるために、皆さまからのご寄付をお願いしています。ぜひとも応援よろしくお願いします。

ボランティアの代表は主にどんな内容について話していますか。

1　子供たちの勉強サポート
2　寄付金のお願い
3　支援を受ける方法
4　育児や家事、外出の内容

자원봉사자 대표가 이야기하고 있습니다.

F：우리 그룹은 자녀분이 있는 가정에, 연수를 받은 지역의 육아 경험자가 방문하는 '가정 방문형 육아 지원 자원봉사'입니다. 일주일에 한 번, 3시간 정도 방문하여 머무는 동안에는 친구처럼 의지하면서 이야기를 듣거나, 육아나 가사, 외출을 함께 하는 등의 활동을 합니다. 하지만 아직도 지원을 받지 못하는 부모와 자녀가 많습니다. 그래서 우리 단체는 지원을 필요로 하는 부모와 자녀가 일본 어디서든 이 지원을 받을 수 있도록 지원의 전국 보급을 목표로 하고 있습니다. 일부 지역 조직에서는 자치단체의 공적 자금이 운영비 보조 등으로 제공되고 있습니다만 방문 지원의 질을 높이기 위한 백업 체제 구축이나 자원봉사 육성에는 자금이 필요합니다. 지원 활동 기반을 지탱하기 위해 여러분의 기부를 부탁드리고 있습니다. 부디 응원 잘 부탁드립니다.

자원봉사자 대표는 주로 어떤 내용에 대해서 이야기하고 있습니까?

1　아이들의 공부 지원
2　기부금 부탁
3　지원을 받는 방법
4　육아와 가사, 외출의 내용

단어

ボランティア 자원봉사 | グループ 그룹 | 研修 연수 | 子育て 육아 | 訪問 방문 | 支援 지원 | 滞在 체재 | 寄り添う 다가붙다 | 育児 육아 | 家事 가사, 집안일 | 普及 보급 | 目指す 목표로 하다 | 組織 조직 | 公的資金 공적 자금 | 運営 운영 | 補助 보조 | 提供 제공 | バックアップ 백업 | 体制 체제 | 基盤 기반 | 寄付 기부

해설

처음에 단체에 대한 설명을 하고 끝에 이 자원봉사를 위해서는 자금이 필요하니 지원해 달라고 말하고 있다. 대표가 주로 말하고자 하는 것은 기부금을 부탁한다는 것이므로 정답은 2번이다.

4番 ばん

2-3-16.MP3

講演会で女の人が話しています。

F：生活していると、物は自然と増えていきます。タイミングを決めてリセットしないと、いつの間にかいらない物に囲まれて暮らすことになります。時間があるとき、余分なものを捨てる癖を付けておくとずっと気持ちよく暮らせますよ。まずは季節が変わる時期は、クローゼットで場所を取る「洋服」を整理しましょう。今必要な服だけになればなるほど、服選びが楽になります。コーディネートも決まって気分よくお出かけできますよ。整理するときに、似合わない、サイズが合わない、流行遅れ、合わせる服がないなど、着ない理由が実感できると捨てる決心がつきます。まだ着るかもしれないという考えはやめましょう。衣替えを機に、思い切っていらないものは捨てることをお勧めします。

女の人は主にどんな内容について話していますか。

강연회에서 여자가 이야기하고 있습니다.

F：생활하다 보면 물건은 자연히 늘어나게 됩니다. 타이밍을 정해 리셋하지 않으면 어느샌가 필요 없는 물건에 둘러싸여 살게 됩니다. 시간이 날 때, 여분의 것을 버리는 습관을 길러 두면 계속 기분 좋게 살 수 있어요. 우선은 계절이 바뀌는 시기에는 옷장에서 자리를 차지하는 '옷'을 정리합시다. 지금 필요한 옷으로만 되면 될수록 옷을 선택하기가 편해집니다. 코디도 정해져서 기분 좋게 외출할 수 있어요. 정리할 때, 어울리지 않거나 사이즈가 안 맞거나 유행에 뒤처지거나 맞출 옷이 없는 등, 안 입을 이유를 실감할 수 있으면 버릴 결심이 듭니다. 아직 입을지도 모른다는 생각은 그만둡시다. 환복을 계기로 과감히 필요 없는 것은 버릴 것을 권합니다.

여자는 주로 어떤 내용에 대해서 이야기하고 있습니까?

1 洋服を捨てる方法	1 옷을 버리는 방법
2 クローゼットの収納方法	2 옷장 수납법
3 洋服を整理するときのコツ	3 옷을 정리할 때의 요령
4 衣替えの時期	4 환복 시기

단어

講演会 강연회 | タイミング 타이밍 | リセット 리셋 | 余分 여분 | 癖 버릇 | クローゼット 벽장, 옷장 | 洋服 옷 | 整理 정리 | コーディネート 코디네이터 | 流行 유행 | 実感 실감 | 決心 결심 | 衣替え 옷을 갈아입음 | 思い切って 과감하게 | お勧め 추천 | コツ 요령

해설

쾌적하게 살기 위해서는 안 쓰는 물건을 버릴 필요가 있는데, 대표적인 것으로는 우선 계절이 바뀔 때는 필요 없는 옷을 정리하고, 또 정리할 때의 포인트에 대해서 말하고 있다. 정답은 3번이다.

女^{おんな}の人^{ひと}がお店^{みせ}について説明^{せつめい}しています。

F：私^{わたし}のお店^{みせ}では1日限定^{にちげんてい}200個^こで、食^{しょく}パンを使^{つか}ったサンドイッチを販売^{はんばい}しています。オープンして約^{やく}1年^{ねん}ですが、ありがたいことに午前中^{ごぜんちゅう}にほぼ売^うり切^きれてしまうことも多^{おお}いです。定番^{ていばん}メニューだけでなく、サンドイッチの中身^{なかみ}をいろいろとカスタマイズでき、ご注文^{ちゅうもん}を受^うけてから作^{つく}るスタイルです。中身^{なかみ}は一般的^{いっぱんてき}な玉子^{たまご}やハムなどもありますが、フルーツ、生^{なま}クリームなどデザート感覚^{かんかく}で食^たべられるメニューもそろっています。一番^{いちばん}のこだわりは、使用^{しよう}している食^{しょく}パンです。店^{みせ}で扱^{あつか}う食^{しょく}パンは、国産小麦^{こくさんこむぎ}を使用^{しよう}していて、マーガリンではなくバターを使^{つか}っています。冷^ひめてもおいしく食^たべられる、ふんわりもちもちの食^{しょく}パンです。子供^{こども}たちが食^たべることを考^{かんが}えると、やはり国産^{こくさん}の材料^{ざいりょう}を使用^{しよう}することにこだわりたく、今後^{こんご}も材料^{ざいりょう}や味^{あじ}を変^かえずこの食^{しょく}パンを作^{つく}っていきたいと思^{おも}います。

女^{おんな}の人^{ひと}は主^{おも}に何^{なに}について話^{はな}していますか。

1 パン屋^やの売^うり上^あげ
2 パン屋^やの営業時間^{えいぎょうじかん}
3 お店^{みせ}の経営方針^{けいえいほうしん}
4 お店^{みせ}のこだわり

여자가 가게에 대해서 설명하고 있습니다.

F : 제 가게에서는 하루 한정 200개로 식빵을 사용한 샌드위치를 판매하고 있습니다. 오픈한 지 약 1년인데요, 고맙게도 오전 중에 거의 매진되는 것도 많습니다. 기본 메뉴뿐만 아니라 샌드위치 속재료를 다양하게 변경할 수 있으며, 주문을 받은 후 만드는 스타일입니다. 속재료는 일반적인 계란이나 햄 등도 있지만, 과일, 생크림 등 디저트 감각으로 먹을 수 있는 메뉴도 준비돼 있습니다. 가장 심혈을 기울이는 것은 사용하는 식빵입니다. 가게에서 취급하는 식빵은 국산 밀을 사용하고 있으며 마가린이 아닌 버터를 사용하고 있습니다. 식어도 맛있게 먹을 수 있는 부드럽고 쫄깃한 식빵입니다. 아이들이 먹을 것을 생각하면 역시 국산 재료를 사용하는 데에 연연하고 싶고, 향후에도 재료나 맛을 바꾸지 않고 이 식빵을 만들고 싶습니다.

이 여자는 주로 무엇에 대해 이야기하고 있습니까?

1 빵집의 매출
2 빵집의 영업 시간
3 가게의 경영 방침
4 가게의 고집

단어

食^{しょく}パン 식빵 | サンドイッチ 샌드위치 | 売^うり切^きれ 매진 | 中身^{なかみ} 내용물, 속재료 | カスタマイズ 커스터마이즈, 변경 | スタイル 스타일 | 玉子^{たまご} 계란 | フルーツ 과일 | 生^{なま}クリーム 생크림 | デザート 디저트 | 感覚^{かんかく} 감각 | こだわり 고집, 구애 | 扱^{あつか}う 취급하다 | 小麦^{こむぎ} 밀 | マーガリン 마가린 | バター 버터 | ふんわり 폭신폭신 | もちもち 쫄깃쫄깃

해설

빵집 주인이 초반부에는 자기 빵집에 대해서, 후반부에서는 특히 신경 쓰는 부분에 대해 말하고 있다. 매출이나 영업 시간, 경영 방침에 대해서는 말하고 있지 않으므로 정답은 4번이다.

🔊 2-3-18.MP3

PART 1
유형
공략

PART 2
합격
공략

PART 3
실전
공략

テレビで医者が話しています。

M：ビタミンDは、食べ物からとるほかに、日光を浴びると私たちの体内でもある程度つくり出せるビタミンです。ビタミンDには、小腸や腎臓でカルシウムとリンの吸収を促進する働きと、それによって血液中のカルシウム濃度を保ち、丈夫な骨をつくる働きがあります。ビタミンDを豊富に含む食品は比較的限られており、魚介類、卵類、きのこ類などです。ビタミンDが不足すると小腸や腎臓からのカルシウム吸収が不十分となり、骨や歯の形成もうまくいかなくなり、成人では骨軟化症を引きおこすといわれています。高齢化社会を迎えて、日本でも骨粗しょう症の人が増えています。若いころから、ビタミンDとカルシウムを十分にとることに加え、適度な日光浴と運動に配慮して丈夫な骨をつくりましょう。

医者は何について話していますか。

1　ビタミンDによる体への悪影響
2　ビタミンDの働きや摂取方法
3　ビタミン全般に関する知識
4　栄養不足による体の衰え

TV에서 의사가 이야기하고 있습니다.

M：비타민D은 음식에서 섭취하는 것 외에 햇빛을 쐬면 우리 체내에서도 어느 정도 만들어내는 비타민입니다. 비타민D에는 소장이나 신장에서 칼슘과 인의 흡수를 촉진하는 작용과 그에 따라 혈중의 칼슘 농도를 유지하여 튼튼한 뼈를 만드는 작용이 있습니다. 비타민D를 풍부하게 함유한 식품은 비교적 제한적인데 어패류, 난류, 버섯류 등입니다. 비타민D가 부족하면 소장이나 신장에서의 칼슘 흡수가 불충분해져 뼈나 치아 형성도 잘되지 않게 되어 성인은 골연화증을 일으킨다고 합니다. 고령화 사회를 맞이하여 일본에서도 골다공증인 사람이 증가하고 있습니다. 젊을 때부터 비타민D와 칼슘을 충분히 섭취하는 것과 함께 적당한 일광욕과 운동을 배려해 튼튼한 뼈를 만듭시다.

의사는 무엇에 대해 이야기하고 있습니까?

1　비타민D가 몸에 미치는 악영향
2　비타민D의 효능과 섭취법
3　비타민 전반에 관한 지식
4　영양 부족으로 인한 몸의 쇠약

단어

日光 햇빛 | 小腸 소장 | 腎臓 신장 | カルシウム 칼슘 | リン 인 | 吸収 흡수 | 促進 촉진 | 血液 혈액 | 濃度 농도 | 保つ 유지하다 | 丈夫だ 튼튼하다 | 骨 뼈 | 豊富 풍부함 | 含む 함유하다 | きのこ 버섯 | 形成 형성 | 骨軟化症 골연화증 | 引き起こす 일으키다 | 骨粗しょう症 골다공증 | 適度 적당 | 配慮 배려 | 悪影響 악영향 | 摂取 섭취 | 衰え 쇠약, 쇠퇴

해설

비타민D가 체내에서 어떤 역할을 하는지, 어떤 식품에 들어 있는지, 또 섭취하지 않으면 어떤 영향이 생기는지에 대해서 말하고 있다. 정답은 2번.

실전 연습 01 ▶ p.51

| 1 | 2 | 2 | 1 | 3 | 3 | 4 | 3 | 5 | 1 | 6 | 2 | 7 | 2 | 8 | 3 |

문제 4에서는 문제지에 아무것도 인쇄되어 있지 않습니다. 우선 문장을 들으세요. 그리고 나서 그에 대한 대답을 듣고 1~3 중에서 가장 알맞은 것을 하나 고르세요.

1 番

2-4-01.MP3

M : ふう。やっと肩の荷がおりたよ。

F : 1 荷物重かったよね。

   2 本当にお疲れさま。

   3 早くおろしてね。

M : 후유. 겨우 어깨가 가벼워졌어.

F : 1 짐 무거웠지?

   2 정말 수고했어.

   3 빨리 내려 놔.

단어

肩の荷が下りる 걱정이나 책임에서 벗어나다

해설

「肩の荷が下りる」는 책임이나 부담에서 해방되어 편해진다는 뜻이므로 그에 대한 정답은 2번이다.

2 番

2-4-02.MP3

F : あー、どうしよう。論文が全然進まない。

M : 1 外の空気でも吸ってきたら？

   2 いいことあるよ。大丈夫。

   3 あんなこというなんてひどいよね。

F : 아~, 어떡하지? 논문이 전혀 진척되지 않아.

M : 1 바깥 공기라도 마시고 오는 게 어때?

   2 좋은 일 있어. 괜찮아.

   3 그런 말을 하다니 너무해.

단어

論文 논문 | 進む 진척되다, 진행되다

해설

논문이 진척되지 않는다는 것은 좀처럼 잘 써지지 않고 멈춰 있는 상태이므로 기분 전환이라도 하는 게 어떠냐고 하는 1번이 정답이다.

3番
<ばん>

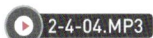 2-4-03.MP3

M：本日はわざわざ、ご足労いただきありがとうございました。

F：1　そうですね。疲れました。

　　2　お取り込み中、申し訳ございません。

　　3　こちらこそお招きくださって恐縮です。

M : 오늘은 일부러 와 주셔서 감사합니다.

F : 1　그렇군요. 피곤했습니다.

　　2　바쁘신 중에 죄송합니다.

　　3　저야말로 초대해 주셔서 감사합니다.

단어

わざわざ 일부러 ㅣ ご足労 이렇게 일부러 오시게[가시게] 해서 죄송합니다 ㅣ 取り込み中 바쁘신 중에

해설

「ご足労いただき」는 '와 주셔서'라는 뜻이므로 정답은 3번이다. 「お取り込み中」는 '바쁘신 중'이라는 뜻이다.

4番
<ばん>

2-4-04.MP3

F：今回のことは田中さんに免じて大目に見ましょう。

M：1　お世話になりました。

　　2　お疲れ様です。

　　3　ありがとうございます。

F : 이번 일은 다나카 씨 체면을 봐서 너그럽게 봐 줍시다.

M : 1　신세 많이 졌습니다.

　　2　수고하셨습니다.

　　3　감사합니다.

단어

免ずる 용서하다, 면직하다 ㅣ 大目に見る 너그럽게 보다

해설

「大目に見る(너그럽게 보다)」의 뜻을 아는 게 포인트이다. 다나카라는 사람을 봐서 용서하겠다는 뜻이므로 정답은 3번이다.

5番

M：プロジェクト、私にさせていただけませんでしょ
　　うか。

F：1　そこまで言うなら、やってみますか。

　　2　私ですか。できるかどうか不安です。

　　3　承知しました。頑張ります。

M: 프로젝트, 제가 할 수 있을까요?

F : 1 그렇게까지 말한다면 해 볼래요?

　　2 제가요? 할 수 있을지 불안합니다.

　　3 알겠습니다. 열심히 하겠습니다.

단어

プロジェクト 프로젝트 | させていただく 하다 | 承知する 승낙하다

해설

「させていただけませんでしょうか」는 '내가 하고 싶습니다'라는 뜻이다. 정답은 1번.

6番

M：もうちょっとここの文章削ってくれる？

F：1　はい、何で削りましょうか。

　　2　はい、どのくらいの長さにしましょうか。

　　3　はい、けがをしないようにします。

M: 좀 더 여기 문장 삭제해 줄래?

F : 1 네, 뭘로 깎을까요?

　　2 네, 어느 정도의 길이로 할까요?

　　3 네, 다치지 않도록 하겠습니다.

단어

文章 문장 | 削る 지우다, 삭제하다

해설

「削る」는 '문장을 짧게 한다'는 뜻이지 진짜 깎는다는 것은 아니다. 정답은 2번.

7番

 2-4-07.MP3

F : このレイアウト、どうですか。

M : 1 うーん、わくわくしてるね。

2 うーん、ごちゃごちゃしてるね。

3 うーん、バタバタしてるね。

F : 이 레이아웃 어때요?

M : 1 음, 설레네.

2 음, 어수선하네.

3 음, 분주하네.

단어

レイアウト 레이아웃 | わくわく 가슴이 설레는 모양 | ごちゃごちゃ 너저분함, 어수선함 | バタバタ 분주히 뛰어다니거나 바쁜 모양

해설

레이아웃 디자인이 어떤지 물었으므로 대답은 정리되지 않은 상태를 나타내는 2번이다. 「わくわく」는 기쁠 때, 「バタバタ」는 바쁜 모양을 나타낸다.

8番

2-4-08.MP3

F : 次の対戦チームには勝てっこありませんよ。

M : 1 そうですね。とても弱いチームですからね。

2 そうですか。とてもいい条件ですね。

3 そうですね。全国1位ですからね。

F : 다음 대전 팀에는 이길 수 없어요.

M : 1 그렇군요. 아주 약체 팀이거든요.

2 그래요? 아주 좋은 조건이네요.

3 그렇군요. 전국 1위니까요.

단어

対戦 대전 | チーム 팀 | ～っこない ~리가[턱이] 없다, 결코 ~하지 않다

해설

「～っこない」는 '할 수 없다'라는 뜻이므로 「勝てっこありません」은 '이길 수 없어요'라는 뜻이다. 이에 대한 대답으로는 3번이 어울린다.

1	3	2	2	3	1	4	3	5	2	6	1	7	3	8	2

문제4에서는 문제지에 아무것도 인쇄되어 있지 않습니다. 우선 문장을 들으세요. 그러고 나서 그에 대한 대답을 듣고 1~3 중에서 가장 알맞은 것을 하나 고르세요.

1番

 2-4-09.MP3

M：アウトレットといっても、かなり安いとは限らないよ。
F：1 アウトレットなら何でもあるもんね。
　　2 やっぱり品薄なのかな。
　　3 じゃあ、値段ちゃんと見なきゃ。

M：아웃렛이라고 해도 꽤 싸다고는 할 수 없어.
F：1 아웃렛이라면 뭐든지 있지.
　　2 역시 품귀인가 보네.
　　3 그럼, 가격을 잘 봐야지.

단어

アウトレット 아웃렛 | ～とは限らない ~라고는 할 수 없다 | 品薄 품귀

해설

「安いとは限らない」는 '싸다고는 할 수 없다'라는 뜻이므로 가격을 잘 봐야 한다는 뜻의 3번이 정답이다.

2番

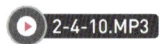 2-4-10.MP3

F：お問い合わせにはお答えいたしかねます。
M：1 そうですか。恐縮ですが、よろしくお願いします。
　　2 そこを何とか、お教え願えませんでしょうか。
　　3 ご質問される理由をお教えください。

F：문의에는 대답하기 어렵습니다.
M：1 그렇습니까? 죄송합니다만, 잘 부탁드립니다.
　　2 그 점을 어떻게 가르쳐 주실 수 없을까요?
　　3 질문하시는 이유를 알려 주세요.

단어

お問い合わせ 문의 | ～かねる ~하기 어렵다 | 恐縮 남의 후의(厚意)나 남에게 끼친 폐에 대해 고맙고 죄송스럽게 여김

해설

「～かねる」는 '~할 수 없다'는 뜻이므로 질문에는 대답할 수 없다는 말에는 2번 대답이 적절하다.

3番

2-4-11.MP3

PART 1 유형 공략

PART 2 합격 공략

PART 3 실전 공략

F : このバンド、3月の東京を皮切りに日本全国でライブ
　　するんだって。

M : 1　そんなに人気だったなんて、知らなかった。

　　2　へー、すごいね。がんばってね。

　　3　えっ?そうなんだ。なんかあったのかな。

F : 이 밴드, 3월 도쿄를 시작으로 일본 전국
　　에서 라이브 콘서트한대.

M : 1　그렇게 인기였다니 몰랐어.

　　2　에~, 굉장하네. 열심히 해.

　　3　뭐? 그렇구나. 무슨 일 있었나?

단어

バンド 밴드 | 皮切りに 시작으로 | ライブ 라이브 콘서트

해설

「皮切りに」는 '~을 시작으로'라는 뜻이므로 도쿄부터 시작해서 일본 전국에서 콘서트를 한다는 뜻이다. 어울리는 대답은 1번.

4番

2-4-12.MP3

M : あのサッカー選手、足の速さもさることながら、テク
　　ニックもあるんだよ。

F : 1　へえ、テクニックより足の速さが重要なんだね。

　　2　へえ、サッカー選手って大変だね。

　　3　そうなんだ。でも私は向こうにいる選手のほうが好
　　　　きだな。

M : 저 축구 선수, 발도 빠르지만 기술도 있
　　어.

F : 1　저런, 기술보다 발 빠르기가 중요하구
　　　　나.

　　2　저런, 축구 선수는 힘들구나.

　　3　그렇구나. 근데 난 상대편에 있는 선
　　　　수가 더 좋더라.

단어

~もさることながら ~지만 | テクニック 기술

해설

발이 빠른 건 물론이고 기술도 있다는 말에 감탄하면서, 하지만 자기가 좋아하는 선수는 상대편에 있다고 한 3번이 자연스럽다.

5 番

M : うちの犬、部屋のドアを開けるや否や、駆け寄ってきたんでびっくりしたよ。
F : 1 すごいですね。犬ってそんなに飛べるんですか。
2 そうですか。うれしかったんですね。
3 そうですか。のんびりしてる性格なんですね。

M : 우리 집 개, 방 문을 열자마자 달려와서 깜짝 놀랐어.
F : 1 대단하네요. 개는 그렇게 날 수 있어요?
2 그래요? 기뻤겠네요.
3 그래요? 느긋한 성격이군요.

단어
ドア 문 | ～や否や ~자마자 | 駆け寄る 달려오다

해설
문을 연 순간 개가 반가워서 달려왔다는 뜻이므로 정답은 2번이다.

6 番

F : ちょっと、横から口を挟まないでくれる？
M : 1 ごめんごめん。
2 僕が先にいたんだけど。
3 今回は許すよ。

F : 옆에서 참견 좀 하지 말아 줄래?
M : 1 미안 미안.
2 내가 먼저 있었는데.
3 이번에는 용서할게.

단어
口を挟む 참견하다

해설
「口を挟む」는 다른 사람이 말하는 도중에 끼어 들어 이야기한다는 뜻이다. 적절한 대답은 1번이다.

7番

M：今の給料じゃ、家を買うどころか、食べていけないよ。

F：1　新しい車を買うのはどう？
　　2　どこかおいしいレストランでも行く？
　　3　転職を考えるしかないね。

M: 지금 월급으로는 집을 사기는커녕 생활할 수가 없어.

F: 1 새 차를 사는 건 어때?
　 2 어디 맛있는 레스토랑이라도 갈래?
　 3 이직을 생각할 수밖에 없네.

단어

給料 월급 | ～どころか ~는커녕 | 転職 이직

해설

집을 사기는커녕, 생활을 할 수 없다고 했으므로 적절한 대답은 3번이다.

8番

M：この道は夜一人で歩かないに越したことはないですね。
F：1　散歩がてらによく歩きます。
　　2　そうですね。何かあってからでは遅いですもんね。
　　3　ダイエットのために運動しているんです。

M: 이 길은 밤에 혼자서 걷지 않는 게 상책이군요.

F: 1 산책 겸 자주 걸어요.
　 2 그러네요. 무슨 일이 있은 뒤에는 늦으니까요.
　 3 다이어트를 위해 운동하고 있어요.

단어

～に越したことはない ~보다 좋은 것은 없다 | ～がてら ~하는 김에

해설

남자의 말은 이 길을 걷지 않는 게 좋다는 것이므로 그에 대한 대답은 2번이다.

1	1	2	2	3	3	4	2	5	2	6	1	7	2	8	1

문제4에서는 문제지에 아무것도 인쇄되어 있지 않습니다. 우선 문장을 들으세요. 그리고 나서 그에 대한 대답을 듣고 1~3 중에서 가장 알맞은 것을 하나 고르세요.

1 番

🔘 2-4-17.MP3

F : 一日中立ちっぱなしで足がパンパンだよ。

M : 1 マッサージでも行ってみたら？
　　2 もっとひどくなる場合があるよ。
　　3 そんなのすぐよくなるから大丈夫。

F : 하루 종일 서 있어서 다리가 퉁퉁 부었어.

M : 1 마사지라도 가 보는 게 어때?
　　2 더 심해지는 경우가 있어.
　　3 그런 거 금방 좋아지니까 괜찮아.

단어

立ちっぱなし 계속 서 있음 | パンパン 물건이 터질 듯이 부풀어 있는 모양, 퉁퉁 | マッサージ 마사지

해설

계속 서 있었더니 다리가 부어서 아프다는 뜻이므로 가장 어울리는 정답은 1번이다.

2 番

🔘 2-4-18.MP3

M : みてよ。この課題の量。途方に暮れてしまうよ。

F : 1 途中であきらめちゃったもんね。
　　2 やっぱり少しずつやらなきゃ。
　　3 夕方くらいに会うのはどう？

M : 봐 봐. 이 과제 분량. 눈앞이 캄캄해.

F : 1 중간에 포기한걸.
　　2 역시 조금씩 해야지.
　　3 저녁 무렵에 만나는 건 어때?

단어

課題 과제 | 途方に暮れる 어찌 할 바를 모르다, 눈앞이 캄캄하다

해설

「途方に暮れる」의 뜻을 아는 것이 포인트이다. '방법이 없어서 어쩔 수 없다'는 뜻이므로 정답은 2번이다.

▶ 2-4-19.MP3

PART 1
유형
공략

PART 2
합격
공략

PART 3
실전
공략

M : このベストセラー小説、映画化が決まったらしいよ。

F : 1 すごい営業マンだね。

　　2 あとは一生懸命やるだけだね。

　　3 そうなの？映画館に見に行かなくちゃ。

M : 이 베스트셀러 소설, 영화화가 결정된 모양이야.

F : 1 굉장한 영업사원이네.

　　2 남은 건 열심히 하는 것뿐이네.

　　3 그래? 영화관에 보러 가야지.

단어

ベストセラー 베스트셀러 | 小説 소설 | 映画化 영화화

해설

소설이 영화가 되는 것이므로 영화를 보러 가야겠다고 한 3번이 정답이다.

▶ 2-4-20.MP3

F : 今度の同窓会行く？

M : 1 まだ、仕事が終わってないんだ。

　　2 ちょっと顔を出すくらいかな。

　　3 明日までに終わらせるつもりだよ。

F : 이번 동창회 갈래?

M : 1 아직 일이 안 끝났어.

　　2 잠깐 얼굴을 내미는 정도이려나.

　　3 내일까지 끝낼 생각이야.

단어

同窓会 동창회 | 顔を出す 얼굴을 내밀다

해설

「顔を出す」가 '잠깐만 간다'는 뜻임을 아는 게 포인트이다. 정답은 2번.

5番

 2-4-21.MP3

F : 今日は早めに上がってもいいわよ。

M : 1　いつも申し訳ありません。

　　 2　いいんですか。ありがとうございます。

　　 3　何かあったんですか。

F : 오늘은 일찍 돌아가도 좋아.

M : 1　항상 죄송합니다.

　　 2　괜찮아요? 감사합니다.

　　 3　무슨 일 있었나요?

> **단어**

早めに上がる 빨리 돌아가다

> **해설**

'오늘은 일찍 돌아가도 좋다'고 했으므로 적절한 대답은 2번이다.

6番

2-4-22.MP3

F : どうぞお上がりください。

M : 1　では、お邪魔します。

　　 2　何階に行けばよろしいですか。

　　 3　大変ごちそうになりました。

F : 어서 들어오세요.

M : 1　그럼 실례하겠습니다.

　　 2　몇 층으로 가면 되나요?

　　 3　아주 잘 먹었습니다.

> **단어**

上がる 올라가다, 들어가다 | 邪魔する 방문하다 | ごちそうになる 대접받다

> **해설**

손님이 집에 왔을 때 하는 인사이다. 「上がってください」는 '집 안으로 들어오세요'라는 뜻이므로 그에 대한 대답은 1번이다.

7番

2-4-23.MP3

M：のどがいがいがして、変な感じなんだよね。

F：1 風邪が治ったばかりだからじゃない？
　　2 最近乾燥してるからね。
　　3 のど乾いたの？水でも飲む？

M：목이 따끔따끔하고 이상한 느낌이야.

F：1 감기가 나은 지 얼마 안 돼서 그런 거 아냐?
　　2 요즘 건조하니까.
　　3 목 말라? 물이라도 마실래?

단어

のど 목 | いがいが 따끔따끔한 느낌 | 乾燥 건조

해설

「いがいが」는 '목에 위화감이 있다'는 뜻이므로 감기 걸릴 것 같을 때나 건조할 때, 목에 변이가 있을 때 사용한다. 정답은 2번이다.

8番

2-4-24.MP3

F：山本君って、若いけど頼もしいよね。

M：1 そうそう、仕事も安心して任せられるし。
　　2 そんなに褒めて大丈夫かな。
　　3 とんだ災難だったよ。

F：야마모토 군은 젊지만 믿음직해.

M：1 맞아 맞아, 일도 안심하고 맡길 수 있고
　　2 그렇게 칭찬해도 괜찮을까?
　　3 뜻밖의 재난이었어.

단어

頼もしい 믿음직하다 | 任せる 맡기다 | とんだ 뜻하지 않은, 대단한 | 災難 재난

해설

「頼もしい」는 '믿음직하다'는 뜻이므로 어울리는 대답은 1번이다.

실전 연습 01 ▶ p.54

1	2	2	4	3-1	3	3-2	1

문제5에서는 긴 이야기를 듣습니다. 이 문제에는 연습이 없습니다. 문제지에 메모를 해도 괜찮습니다.

1番、2番

문제지에 아무것도 인쇄되어 있지 않습니다. 우선 이야기를 들으세요. 그러고 나서 질문과 보기를 듣고 1~4 중에서 가장 알맞은 것을 하나 고르세요.

1番

2-5-01.MP3

女の人と男の人がスーパーで話しています。

F：「腸活」って知ってる？

M：なにそれ。初めて聞いたよ。

F：雑誌で見たんだけど、腸内環境を整えるって意味らしくて今流行ってるらしいんだけど、この腸活にはいろんな食べ物の中でもヨーグルトが効果的みたいだよ。しかも腸が健康状態だと免疫力の向上効果もあるんだって。

M：そうなんだ。気にしたことなかったな。

F：見て見て。このヨーグルトは砂糖が入ってないから、すこし酸味がつよいかもしれないけど、さっぱりしてるかもね。カレーに加えたりして料理の隠し味にもできるし。しかも一番低カロリーだよ。

M：よさそうだね。このところ甘いものばっかり食べてるし、ちょっと糖分控えめにしたほうがいいかなと思ってたとこなんだよね。

F：こっちのヨーグルトはちょっと砂糖が入ってるね。でも機能性ヨーグルトって言われてて、老廃物や毒素を出す効果が優れてるからダイエットに効果抜群だって。

M：へ～。ヨーグルトっていってもいろんなのがあるんだね。どれも同じかと思ってた。

여자와 남자가 슈퍼에서 이야기하고 있습니다.

F : '장활'이라고 알아?

M : 그게 뭐야? 처음 들었어.

F : 잡지에서 봤는데 장내 환경을 조절한다는 뜻인 것 같고 지금 유행한다는데, 이 장활에는 여러 음식 중에서도 요구르트가 효과적인 모양이야. 게다가 장이 건강한 상태라면 면역력 향상 효과도 있대.

M : 그렇구나. 신경 쓴 적 없었네.

F : 봐봐. 이 요구르트는 설탕이 안 들어 있어서 조금 신맛이 강할지도 모르지만, 산뜻할 수도 있어. 카레에 추가해서 조미료로도 할 수 있고 게다가 가장 저칼로리야.

M : 좋을 거 같네. 요즘 단것만 먹어서 당분을 조금 자제하는 게 좋겠다 하던 참인데.

F : 이쪽 요구르트는 설탕이 좀 들어 있네. 하지만 기능성 요구르트라고 해서 노폐물이나 독소를 배출하는 효과가 뛰어나니까 다이어트에 효과가 탁월하대.

M : 허, 요구르트라고 해도 여러 가지가 있구나. 다 같은 줄 알았어.

F : これはフルーツヨーグルトか。ミカンとかモモとかも含めて５種類のフルーツが大きく切られて入ってるみたい。甘いから食べやすいし、フルーツも同時に摂取できるから朝食べるのに適してるね。

M : フルーツ入ってるのいいね！一人暮らしで食生活が偏ってるからヨーグルトとフルーツ一度に摂れたら楽だし。

F : そうね。朝ごはん食べないなら、なおさらいいかも。あっ、こっちはプレミアムヨーグルトだって。生クリームが入ってるような濃厚なおいしさで、ちょっと甘めみたい。酸味が少ないからヨーグルトが苦手って人にはいいかもね。でも高いな～。

M : たくさんありすぎて迷うな。フルーツもいいけど、やっぱりお腹周りが気になるし、ダイエットに効果的なこれにするよ。

男の人はどのヨーグルトを買いますか。

F : 이건 과일 요구르트구나. 귤이나 복숭아 같은 것도 포함해서 다섯 가지 과일이 큼직하게 썰려서 들어 있는 모양이야. 달아서 먹기 쉽고 과일도 동시에 섭취할 수 있으니 아침에 먹기에 적합하겠네.

M : 과일 들어 있는 거 좋네! 혼자 살아서 식생활이 치우쳐 있으니까 요구르트랑 과일을 한번에 먹으면 편하고.

F : 맞아. 아침 안 먹으면 더 좋을지도 몰라. 아, 이쪽은 프리미엄 요구르트래. 생크림이 들어 있는 듯한 진한 맛인데 좀 달콤한 것 같아. 신맛이 적어서 요구르트를 잘 못 먹는 사람한테는 괜찮겠어. 하지만 비싸구나.

M : 너무 많이 있으니까 고민되네. 과일도 좋지만 역시 배 둘레가 걱정되니 다이어트에 효과적인 이걸로 할래.

남자는 어느 요구르트를 삽니까?

1	酸味が強い低カロリーのヨーグルト	1 신맛이 강한 저칼로리 요구르트
2	老廃物や毒素を出す機能性ヨーグルト	2 노폐물이나 독소를 배출하는 기능성 요구르트
3	朝に適したフルーツヨーグルト	3 아침에 적합한 과일 요구르트
4	酸味が少ないプレミアムヨーグルト	4 신맛이 적은 프리미엄 요구르트

단어

腸活 장 활동 | 環境 환경 | 整える 조절하다 | 流行る 유행하다 | ヨーグルト 요구르트 | 免疫力 면역력 | 向上 향상 | 酸味 신맛 | さっぱり 산뜻함 | 隠し味 숨겨진 맛 | 低カロリー 저칼로리 | 糖分 당분 | 控える 자제하다 | 機能 기능 | 老廃物 노폐물 | 毒素 독소 | 優れる 뛰어나다 | 抜群 발군 | フルーツ 과일 | 摂取 섭취 | 適する 적당하다 | 偏る 치우치다 | 生クリーム 생크림 | 濃厚 농후 | お腹周り 배 둘레

해설

남자는 마지막에 다이어트에 효과적인 요구르트로 하겠다고 말하고 있다. 대화에서 다이어트에 아주 효과적이라고 한 것은 기능성 요구르트이므로 정답은 2번이다. 1번은 저칼로리 요구르트지만 다이어트에 효과가 있다고는 하지 않았다.

会社で社員が話しています。 ^{かいしゃ しゃいん はな}

M1 : 今年の社員旅行は僕らが担当だって。どうする？ ^{ことし しゃいんりょこう ぼく たんとう}

F : 去年は温泉だったわよね？宿泊施設もきれいだった ^{きょねん おんせん しゅくはく し せつ}
し、よかったわ。

M2 : でも2年連続はちょっとね。 ^{ねんれんぞく}

M1 : そうだよな。ちょっとネットで調べたんだけど、最近 ^{しら さいきん}
は体験型社員旅行が流行ってるみたいだよ。 ^{たいけんがたしゃいんりょこう はや}

M2 : 何それ。 ^{なに}

M1 : 酒造見学ツアーとか、オリジナルの陶器を作ったり、 ^{しゅぞうけんがく とうき つく}
みんなで楽しめるアクティビティが組み込まれてたり ^{たの く こ}
するケースが多いんだって。 ^{おお}

F : 楽しそう。うちの会社、お酒好きな人多いし、酒造に ^{たの かいしゃ さけ ず ひとおお しゅぞう}
興味がある人も多そうじゃない？ ^{きょうみ ひと おお}

M1 : そうそう。いつもは観光スポットを回ってみんなで食 ^{かんこう まわ しょく}
事っていうパターンだったし、社員をまとめるのが大 ^{じ しゃいん だい}
変そうだから、何か企画がある旅行もいいよね。 ^{へん なに きかく りょこう}

M2 : テーマパークもいいんじゃない？1日中、自由行動に ^{にちじゅう じゆうこうどう}
したらそれぞれの時間を過ごせるし、社員旅行って感 ^{じかん す しゃいんりょこう かん}
じもしないし。この間新しくできたテーマパークは ^{あいだあたら}
隣にゴルフ場が併設されてるみたいで、分かれて楽 ^{となり じょう へいせつ わ たの}
しむのもいいね。

F : それだったら、完全に自由に過ごせるキャンプはど ^{かんぜん じゆう す}
う？

M1 : えっ？キャンプはめんどくさいよ。自由がありそう ^{じゆう}
で、ない気がする。準備も大変だし、やらなきゃいけ ^{き じゅんび たいへん}
ないことも多いから、余計に気を使いそうで嫌がる人 ^{おお よけい き つか いや ひと}
も多いかも。 ^{おお}

M2 : そうだな。2泊3日あるし、みんなが興味ありそうなの ^{はくみっか きょうみ}
と完全に自由に行動できるのを組み合わせたらどう？ ^{かんぜん じゆう こうどう く あ}

F : いいわね。そしたら、これとこれにしましょう。

社員旅行はどこに行くことにしましたか。 ^{しゃいんりょこう い}

회사에서 사원이 이야기하고 있습니다.

M1 : 올해 사원 여행은 우리가 담당이래. 어
떻게 할까?

F : 작년에는 온천이었지? 숙박시설도 깨끗
했고 좋았어.

M2 : 하지만 2년 연속은 좀.

M1 : 그렇지. 인터넷으로 좀 알아봤는데 요즘
은 체험형 사원 여행이 유행하는 것 같아.

M2 : 그게 뭐야?

M1 : 주조 견학 여행이나 독창적인 도기를
만들거나, 다 같이 즐길 수 있는 활동이
포함돼 있거나 하는 케이스가 많대.

F : 재밌겠다. 우리 회사, 술 좋아하는 사람
많으니까 주조에 관심 있는 사람도 많
을 것 같지 않아?

M1 : 맞아 맞아. 늘 관광지를 돌아보고 다 같
이 식사라는 패턴이었고, 사원을 한데
모으는 게 큰일일 테니 뭔가 기획이 있
는 여행도 좋겠네.

M2 : 테마파크도 괜찮지 않아? 하루 종일 자
유 행동으로 하면 각자 시간을 보낼 수
있으니 사원 여행이라는 느낌도 안 들
고. 얼마 전 새로 생긴 테마파크는 옆에
골프장이 병설된 것 같으니 나눠서 즐
기는 것도 좋겠네.

M1 : 그럼 완전히 자유롭게 보낼 수 있는 캠
핑은 어때?

F : 어? 캠핑은 귀찮아. 자유가 있는 듯 없
는 것 같아. 준비도 힘들고 해야 할 일도
많으니까 쓸데없이 신경 쓸 것 같아서
싫어하는 사람도 많을지 몰라.

M2 : 그렇구나. 2박 3일 있으니 모두가 관심
있을 거랑 완전히 자유롭게 행동할 수
있는 걸 조합하는 건 어때?

M1 : 좋네. 그럼 이거랑 이걸로 합시다.

사원 여행은 어디에 가기로 했습니까?

1　酒造見学とキャンプ	1　주조 견학과 캠핑
2　陶器づくりとキャンプ	2　도자기 만들기와 캠핑
3　キャンプとテーマパーク	3　캠핑과 테마파크
4　酒造見学とテーマパーク	4　주조 견학과 테마파크

단어

担当 담당 | 宿泊施設 숙박 시설 | 流行る 유행하다 | 酒造 주조 | オリジナル 오리지널 | 陶器 도자기 | アクティビティ 액티비티 | 組み込む 한패에 넣다, 편입하다 | ケース 경우, 사례, 사건 | 観光スポット 관광지 | まとめる 한데 모으다 | テーマパーク 테마파크 | 併設 병설 | 余計に 한층 더, 더욱 | 組み合わせる 조합하다

해설

남자의 마지막 대사에 주목한다. 흥미 있을 것 같은 것과 완전히 자유롭게 행동할 수 있는 것을 조합한 사원여행으로 하겠다고 말하고 있다. 모두가 흥미 있을 것 같은 것은 전반부에서 여자가 술이라고 말했으므로 하나는 주조 견학이고 완전히 자유 행동인 것은 테마파크이다. 캠핑은 싫어하는 사람도 많을 것 같다고 했으므로 정답은 4번이다.

3 番

우선 이야기를 들으세요. 그러고 나서 두 개의 질문을 듣고, 각각 문제지의 1~4 중에서 가장 알맞은 것을 하나 고르세요.

3 番

2-5-03.MP3

大学の公開講座について職員が話しています。

F1: 大学の公開講座というのは、一般人を対象として開設された講義のことです。この秋学期にも様々な公開講座が開設される予定ですが、現在受付が可能な講座は今月開設のこの4つです。まずは、パソコンスキルを学ぶ講座ですが、1日4時間半で、1週間コースとなっております。値段は少し高いですが、この講座を修了すると、パソコン資格が取得でき、履歴書にも資格として記入が可能です。次に、日本の伝統芸能を学ぶ、2日間限定の講座があります。初日には大学内で伝統芸能についての文化や歴史などを学び、2日目には歌舞伎鑑賞がスケジュールに含まれています。

대학의 공개 강좌에 대해 직원이 이야기하고 있습니다.

F1: 대학의 공개 강좌는 일반인을 대상으로 개설된 강의를 말합니다. 이번 가을 학기에도 다양한 공개 강좌가 개설될 예정인데, 현재 접수가 가능한 강좌는 이달 개설되는 이 네 개입니다. 우선은 컴퓨터 기술을 배우는 강좌인데, 하루 4시간 반이고 1주 과정입니다. 가격은 조금 비싸지만 이 강좌를 수료하면 컴퓨터 자격증을 취득할 수 있고 이력서에도 자격으로 기입할 수 있습니다. 다음으로 일본의 전통 예능을 배우는 이틀 한정의 강좌가 있습니다. 첫날에는 대학 내에서 전통 예능에 대한 문화와 역사 등을 배우고, 2일째에는 가부키 감상이 스케줄에 들어 있습니다.

そして、平日の夜に毎日開設されている税金を学ぶ講座もあります。税理士の方が相続税や贈与税など、税に関するあらゆることを教えてくださいます。こちらの講座に限り、前日予約でも構いません。最後は、1日限定で開講されるパンの食べ比べ講座です。これはフランスで修業したパン職人の方がいらっしゃって、講義をしてくださいますが、パンを実際に作るのはもちろん、フランス語も学べます。今月はこの4つですが、これから月ごとに様々な講座が開設される予定でございます。

F2：へ～。大学の講座っていうととっつきにくい感じがしたけど、楽しそうな講座が多いのね。

M：そうだな。最近パンにはまってるから食べ比べの講座もいいなあ。でも女性ばっかりだったらどうしよう。

F2：伝統芸能の講座もいいな。日本人といっても、伝統芸能に触れる機会なんてなかなかないし。でもやっぱり講義を受けて何か得られるものがいいから、これかな。

M：確かにそれもいいね。うーん、悩むな。パンもいいけど有給とらなきゃいけないし。仕事があるから夜もいけるこれにしようかな。

F2：そうね。早速申請しましょう。

그리고 평일 저녁 매일 개설되는 세금을 배우는 강좌도 있습니다. 세무사분이 상속세나 증여세 등 세금에 관한 모든 것을 알려 주십니다. 이 강좌에 한해 전날 예약해도 됩니다. 마지막은 1일 한정으로 개강되는 빵맛 비교 강좌입니다. 이것은 프랑스에서 유학한 제빵사분이 오셔서 강의를 해 주시는데요, 빵을 실제로 만드는 것은 물론, 프랑스어도 배울 수 있습니다. 이달은 이 네 개지만 앞으로 매달 다양한 강좌가 개설될 예정입니다.

F2: 헤, 대학교 강좌라고 하면 접근하기 힘든 느낌이 들었는데, 재미있을 것 같은 강좌가 많네.

M: 그러네. 요즘 빵에 빠져 있어서 맛 비교하는 강좌도 좋겠네. 근데 여자만 있으면 어쩌지?

F2: 전통 예능 강좌도 좋겠다. 일본인이라고 해도 전통 예능을 접할 기회는 좀처럼 없으니까. 그래도 역시 강의를 듣고 뭔가 얻을 수 있는 게 좋으니까 이건가.

M: 확실히 그것도 좋네. 음…, 고민되네. 빵도 좋지만 유급 휴가를 내지 않으면 안 되고, 일이 있으니까 밤에도 갈 수 있는 이걸로 할까?

F2: 그래. 당장 신청하자.

質問1　男の人はどんな講座を申し込みますか。

1　パソコンスキルを学ぶ講座

2　伝統芸能を学ぶ講座

3　税金を学ぶ講座

4　パンの食べ比べ講座

質問2　女の人はどんな講座を申し込みますか。

1　パソコンスキルを学ぶ講座

2　伝統芸能を学ぶ講座

3　税金を学ぶ講座

4　パンの食べ比べ講座

질문1　남자는 어떤 강좌를 신청합니까?

1　컴퓨터 기술을 배우는 강좌

2　전통 예능을 배우는 강좌

3　세금을 배우는 강좌

4　빵 맛 비교 강좌

질문2　여자는 어떤 강좌를 신청합니까?

1　컴퓨터 기술을 배우는 강좌

2　전통 예능을 배우는 강좌

3　세금을 배우는 강좌

4　빵 맛 비교 강좌

단어

秋学期^{あきがっき} 가을 학기 | 資格^{しかく} 자격(증) | 履歴書^{りれきしょ} 이력서 | 記入^{きにゅう} 기입 | 鑑賞^{かんしょう} 감상 | 税金^{ぜいきん} 세금 | 税理士^{ぜいりし} 세무사 | 相続税^{そうぞくぜい} 상속세 |
贈与税^{ぞうよぜい} 증여세 | 修業^{しゅぎょう} 수업 | とっつきにくい 붙임성이 없다 | はまる 빠지다 | 触^ふれる 접촉하다 | 有給^{ゆうきゅう} 유급 | 早速^{さっそく} 당장

해설

남자는 빵 강좌에 가고 싶지만 유급 휴가를 내야 하므로 야간 강좌로 했다. 넷 중에서 야간 강좌가 있는 것은 세금을 배우는 강좌이므로 질문1의 정답은 3번이다. 여자는 강좌를 듣고 뭔가 얻을 수 있는 것이 좋다고 말하고 있다. 넷 중에서 컴퓨터 기술 강좌가 자격증을 취득할 수 있고, 이력서에도 기입할 수 있으므로 질문2의 정답은 1번이다.

실전 연습 02 ▶ p.56

| 1 | 4 | 2 | 4 | 3-1 | 4 | 3-2 | 1 |

문제5에서는 긴 이야기를 듣습니다. 이 문제에는 연습이 없습니다. 문제지에 메모를 해도 괜찮습니다.

1番^{ばん}、 2番^{ばん}

문제지에 아무것도 인쇄되어 있지 않습니다. 우선 이야기를 들으세요. 그리고 나서 질문과 보기를 듣고 1~4 중에서 가장 알맞은 것을 하나 고르세요.

1番^{ばん}

夫婦^{ふうふ}が話^{はな}しています。

F : 山本^{やまもと}さん、もうすぐ退職^{たいしょく}ね。

M : そうだね。新人^{しんじん}の頃^{ころ}から本当^{ほんとう}にお世話^{せわ}になったよな。

F : 退職祝^{たいしょくいわ}い、何^{なに}にする？花束^{はなたば}もいいけど、ちょっと物足^{ものた}りないわよね。

M : うーん。何^{なに}がいいかな。でもさ、送^{おく}っちゃいけないものもあるんだろ？

F : そうそう。お茶^{ちゃ}とかは香典返^{こうでんがえ}しやお悔^くやみの場^ばで使^{つか}われることが多^{おお}いから、避^さけた方^{ほう}がいいし、ネクタイとか時計^{とけい}とかは、ビジネスグッズだからもっと働^{はたら}けって意味^{いみ}に解釈^{かいしゃく}される可能性^{かのうせい}もあるわ。現金^{げんきん}は絶対^{ぜったい}だめね。選^{えら}ぶ手間^{てま}を省^{はぶ}いたって思^{おも}われるし。

M : それなら入浴剤^{にゅうよくざい}なんてどう？お疲^{つか}れさまでしたって気持^{きも}ちも込^こめてさ。最近^{さいきん}お風呂^{ふろ}にこだわってるって話^{はなし}も聞^きいたし。

부부가 이야기하고 있습니다.

F : 야마모토 씨, 이제 곧 퇴직이네.

M : 그렇구나. 신입 때부터 진짜 신세를 졌어.

F : 퇴직 선물, 뭘로 할까? 꽃다발도 좋지만 좀 부족한 것 같아.

M : 음. 뭐가 좋을까? 그치만 보내면 안 되는 것도 있잖아.

F : 맞아. 차 같은 건 부의 답례품이나 조문 장소에서 많이 쓰이니까 피하는 게 좋고, 넥타이나 시계 같은 건 비즈니스 상품이니까 더 일하라는 의미로 해석될 수도 있어. 현금은 절대 안 돼. 고르는 수고를 덜었다고 생각되니까.

M : 그러면 입욕제 같은 건 어때? 수고하셨다는 마음도 담아서 말이야. 요즘 목욕에 신경 쓴다는 이야기도 들었고.

F：そうね。形に残らないから気兼ねなく渡せるし、山本さんに負担になることはないけど、ちょっと安すぎない？

M：それもそうだな。名前入りのコップとかはどう？山本さんコーヒー好きだし、おいしいコーヒー豆もつけてコーヒーカップにするのもいいかも。あー、迷うな。

F：お風呂が好きなら日帰り温泉はどう？車で1時間くらいのところにある稲木温泉なんていいんじゃない？何種類もお風呂があるみたいだし、レストランもついてるから、1日中いても飽きないかもね。奥さんにも喜んでもらえそうじゃない？

M：いいな。それならご夫婦で楽しめそうだし。よし、そしたらそれにしよう。明日仕事の後に旅行代理店に行ってみるよ。

F：よろしくね。

夫婦は退職祝いに何をあげることにしましたか。

1　花束と入浴剤
2　ネクタイと時計
3　コーヒー豆とコーヒーカップ
4　日帰り温泉のチケット

F：그러네. 형태로 남지 않으니까 거리낌 없이 줄 수 있고, 야마모토 씨한테 부담이 되지는 않겠지만, 너무 싸지 않아?

M：그도 그러네. 이름을 새긴 컵 같은 건 어때? 야마모토 씨 커피 좋아하니까 맛있는 커피 원두도 곁들여 커피잔으로 하는 것도 좋을 것 같아. 아~, 고민되네.

F：목욕을 좋아하면 당일치기 온천은 어때? 차로 1시간 정도 거리에 있는 이나키 온천 좋지 않아? 몇 가지나 되는 탕이 있는 모양이고, 레스토랑도 딸려 있으니까 하루 종일 있어도 질리지 않을지도 몰라. 부인도 좋아할 것 같지 않아?

M：좋네. 그거라면 부부끼리 즐길 수 있을 것 같고. 좋았어. 그럼 그걸로 하자. 내일 일 끝나고 여행사에 가 볼게.

F：잘 부탁해.

부부는 퇴직 선물로 무엇을 주기로 했습니까?

1　꽃다발과 입욕제
2　넥타이와 시계
3　커피 원두와 커피잔
4　당일치기 온천 티켓

해설

퇴직 선물 후보가 많이 나오는데, 남자의 마지막 대사에 주목할 것. 부부끼리 즐길 수 있는 것은 당일치기 온천이므로 정답은 4번이다.

2番

🔊 2-5-05.MP3

犬の図鑑を見ながら家族が話しています。

F1：犬の種類ってたくさんあるんだね。

F2：そうね。どの子にしようか迷うわね。

M：そうだな。初めてのペットだから、慎重に選ばないとな。

F1：トイプードルはどう？成犬でも3キロぐらいだっていうし。この説明によると賢いし、好奇心旺盛だし、すごく活発みたいだね。運動不足やストレスが溜まってると、室内やケージ内を荒らすなどのいたずらをしてしまうこともあるんだって。あとは、骨折が多い犬種みたいよ。

F2：チワワは？性格は、陽気で勇敢だって。家族とそうでない人をはっきり区別するから、侵入者が来たら番犬としては優秀だけど、怖がりゆえの吠え癖もあるみたいよ。

M：しょっちゅう吠えたら近所に迷惑かな。それぞれ性格もあるんだろうけど。僕は大型犬のシベリアンハスキーがいいな。成犬だと30キロくらいになるみたいだよ。かっこいい！体力があるから、毎日2時間以上の散歩や運動が必要らしい。あとはしつけしにくいみたいだね。飼い主の方がめげないように根気よく教えることが大切だって。

F1：大型犬は無理よ！いつでも運動できるように庭付きの家で育ててあげないと。こんな狭い家で飼うなんてかわいそうよ。

F2：そうね。大型犬もかっこいいけど、さすがにうちじゃ無理ね。

M：そしたらシーズーは？成犬でも小さすぎず大きすぎず、ちょうどいいんじゃない？遊び好きで活発だけど、穏やかで落ち着いてるから人やほかの犬にも友好的だって。家族に対してすごく気を使うし、子供との接し方も上手みたいだよ。

개 도감을 보면서 가족이 이야기하고 있습니다.

F1 : 개 종류가 많이 있구나.

F2 : 그러네. 어느 아이로 할까 고민되네.

M : 그렇군. 첫 애완동물이니까 신중하게 골라야지.

F1 : 토이푸들은 어때? 성견이라도 3킬로 정도라고 하고, 이 설명에 의하면 영리하고 호기심 왕성하고 굉장히 활발한 것 같아. 운동 부족이나 스트레스가 쌓이면 실내나 케이지 안을 엉망으로 만드는 등의 못된 장난을 치기도 한대. 그리고 골절이 많은 견종 같아.

F2 : 치와와는? 성격은 밝고 용감하대. 가족과 가족이 아닌 사람을 확실히 구별해서 침입자가 오면 파수견으로는 우수하지만, 겁에 질려 짖는 버릇도 있는 것 같아.

M : 자주 짖으면 이웃집에 민폐겠구나. 제각기 성격도 있겠지만. 난 대형견인 시베리안 허스키가 좋아. 성견이면 30킬로 정도 되는 것 같아. 멋있어! 체력이 있어서 매일 2시간 이상 산책이나 운동이 필요하대. 그리고 교육시키기 힘든 것 같네. 주인이 굴하지 않고 꾸준히 가르치는 게 중요하대.

F1 : 대형견은 무리야! 언제든 운동할 수 있게 마당이 딸린 집에서 길러야지. 이런 좁은 집에서 키우다니 가엾어.

F2 : 맞아. 대형견도 멋있지만, 역시 우리 집에서는 무리야.

M : 그럼 시추는? 성견이라도 너무 작지 않고 너무 크지도 않고 딱 좋지 않아? 노는 걸 좋아하고 활발하지만 온순하고 차분해서 사람이나 다른 개한테도 우호적이래. 가족에게 아주 신경을 쓰고, 아이를 대하는 법도 능숙한 것 같아.

F1：そうね。あー、どうしよう。どれも可愛すぎて決められない。でもやっぱり人懐っこい子がいいな。

F2：それならフレンドリーな性格って書いてあるこの子にする？

M：そうだね。明日ペットショップに行ってみてみよう〜。

この家族はどの犬を飼うことに決めましたか。

1　賢くて好奇心旺盛なトイプードル
2　陽気で勇敢なチワワ
3　体力がある大型犬のシベリアンハスキー
4　活発だけど落ち着いているシーズー

F1 : 그렇구나. 아, 어떡하지. 다 너무 귀여워서 못 정하겠어. 그렇지만 역시 사람을 잘 따르는 아이가 좋겠어.

F2 : 그럼 호의적인 성격이라 적혀 있는 이 아이로 할까?

M : 그러네. 내일 펫숍에 가서 살펴보자.

이 가족은 어느 개를 키우기로 결정했습니까?

1　영리하고 호기심 왕성한 토이푸들
2　활기차고 용감한 치와와
3　체력이 좋은 대형견 시베리안 허스키
4　활발하지만 차분한 시추

▶ **단어**

図鑑 도감 | ペット 애완동물 | 慎重 신중함 | トイプードル 토이푸들 | 成犬 성견 | 賢い 현명하다, 영리하다 | 好奇心 호기심 | 旺盛 왕성 | ケージ 케이지 | 荒らす 파손하다, 망치다 | いたずら 장난 | 骨折 골절 | 犬種 견종 | チワワ 치와와 | 陽気 성질이 밝고 쾌활한 모양 | 勇敢 용감함 | 侵入者 침입자 | 番犬 파수견 | 吠える 짖다 | シベリアンハスキー 시베리안 허스키 | しつけ 예의범절을 가르침 | 飼い主 주인 | めげる 기가 죽다 | 根気 끈기 | 庭 정원 | シーズー 시추 | 友好的 우호적 | 接し方 사람을 대하는 방법 | 人懐っこい 사람을 잘 따르다 | フレンドリー 우호적인, 호의적인 | ペットショップ 애완동물 가게

▶ **해설**

개 이름을 몰라도 혼란스러워 하지 말고 각각의 특징을 파악하는 것이 포인트이다. 끝 부분에서 여자들이 사람을 잘 따르는 아이, 호의적인 아이가 좋다고 말하고 있으므로 그 특징을 가진 것은 시추이다. 정답은 4번.

3番

우선 이야기를 들으세요. 그러고 나서 두 개의 질문을 듣고, 각각 문제지의 1~4 중에서 가장 알맞은 것을 하나 고르세요.

3番

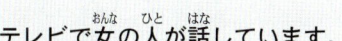

2-5-06.MP3

テレビで女の人が話しています。

F1: 農業が好きな社会人や主婦、退職後の趣味として人気なのが週末農業。毎日畑に通うわけではないので、上手に野菜を育てられるか心配する人も多いようです。そこで、今日は農業初心者のために、育てやすい野菜を紹介します。まずはトマトやナスといった夏野菜です。梅雨の時期に害虫駆除をするのがポイントですが、水はけの良い土地で水分を少なめにすると、甘いトマトが育ちやすいです。またナスは直射日光にも雨にも強いので、初心者にはもってこいの野菜です。次におすすめは根菜類の野菜です。ほぼ1年中収穫でき、常備野菜の中でも圧倒的な収穫量を誇る人参はおすすめでしょう。玉ねぎは、店頭で見ない日がないほどいつでも食べられる野菜ですが、実は収穫時期が年に一度だけしかありません。のんびり育てたい方にはおすすめです。また葉野菜もいいですね。ただ、葉野菜は一般的に日持ちしないことが多いので、採れたらその日のうちに食べるのがおすすめです。地中海料理でお馴染みのルッコラは特にイタリア料理で使われますが、スーパーで購入すると意外と高くなるので、栽培するのもいいでしょう。

M: 初めてでも育てやすい野菜がいっぱいあるんだな。

TV에서 여자가 이야기하고 있습니다.

F1: 농업을 좋아하는 사회인이나 주부, 퇴직 후의 취미로 인기인 것이 주말 농업. 매일 밭에 다니는 건 아니어서 능숙하게 채소를 기를 수 있을지 걱정하는 사람도 많은 것 같습니다. 그래서 오늘은 농업 초보자를 위해 기르기 쉬운 채소를 소개하겠습니다. 우선은 토마토와 가지라는 여름 채소입니다. 장마철에 해충을 구제하는 게 포인트인데, 배수가 좋은 땅에서 수분을 적게 하면 달콤한 토마토가 잘 자랍니다. 또한 가지는 직사광선과 비에도 강하기 때문에 초보자에게는 안성맞춤인 채소입니다. 다음으로 추천하는 것은 뿌리 채소입니다. 거의 연중 내내 수확할 수 있어 상비 채소 중에서도 압도적인 수확량을 자랑하는 당근은 추천할 만하지요. 양파는 가게 앞에서 안 보는 날이 없을 정도로 언제든 먹을 수 있는 채소이지만, 사실은 수확 시기가 1년에 한 번밖에 없습니다. 느긋하게 키우고 싶으신 분께는 추천합니다. 또 잎채소도 좋겠네요. 다만, 잎채소는 일반적으로 오래 보존할 수 없는 게 많기 때문에 따면 그날 안에 먹기를 권합니다. 지중해 요리에서 친숙한 루꼴라는 특히 이탈리아 음식에서 쓰이는데, 슈퍼에서 구입하면 의외로 비싸지니 재배하는 것도 좋겠지요.

M: 처음이라도 기르기 쉬운 채소가 많이 있구나.

F2: そうね。私はどれにしようかしら。根菜類も好きなんだけど、土にうめると、ちょっと大変そう。最近イタリア料理作ることも多いし、これにしようかな。

M: 僕は料理しなくてもそのまま食べられるのがいいな。1個ずつ取って食べられるし、サラダにもよさそう。収穫するのが楽しみだな。

F2: そうね。そしたら早速明日、苗を買いに行ってみよう。

F2: 그러게. 나는 어떤 걸로 할까? 근채류도 좋아하지만, 땅에 심으면 좀 힘들 것 같아. 요즘 이탈리아 요리도 많이 만드니까 이걸로 할까?

M: 나는 요리하지 않아도 그냥 먹을 수 있는 게 좋겠어. 한 개씩 따서 먹을 수 있고 샐러드로도 좋을 것 같아. 수확할 게 기대돼.

F2: 응. 그럼 당장 내일 모종을 사러 가 보자.

質問1　女の人は何を育てることにしましたか。

1 夏野菜のトマト

2 夏野菜のナス

3 根菜類の人参

4 葉野菜のルッコラ

질문1　여자는 무엇을 키우기로 했습니까?

1 여름 채소인 토마토

2 여름 채소인 가지

3 근채류인 당근

4 잎채소인 루꼴라

質問2　男の人は何を育てることにしましたか。

1 夏野菜のトマト

2 夏野菜のナス

3 根菜類の人参

4 葉野菜のルッコラ

질문2　남자는 무엇을 키우기로 했습니까?

1 여름 채소인 토마토

2 여름 채소인 가지

3 근채류인 당근

4 잎채소인 루꼴라

단어

週末農業 주말 농업 | 畑 밭 | 初心者 초보자 | トマト 토마토 | ナス 가지 | 梅雨 장마 | 害虫駆除 해충 구제 | 水はけ 배수 | 直射日光 직사광선 | もってこい 안성맞춤 | 根菜 근채, 뿌리채소 | 常備 상비 | 圧倒的 압도적 | 収穫 수확 | 誇る 자랑하다 | 人参 당근 | 玉ねぎ 양파 | 店頭 점포 앞 | のんびり 느긋하게 | 日持ち 오래 보존할 수 있음 | 採る 뽑다 | 地中海 지중해 | おなじみ 친숙함 | ルッコラ 루꼴라 | スーパー 슈퍼마켓 | 購入 구입 | 栽培 재배 | 埋める 묻다, 메우다 | 苗 모종

해설

모두 초보자가 기르기 쉬운 채소지만, 여자는 이탈리아 요리에 관심이 있다고 했으므로 잎채소인 루꼴라가 정답이다. 남자는 한 개씩 따서 그대로 먹을 수 있고 샐러드로도 좋다고 했으므로 여름 채소인 토마토를 기를 것이다. 질문 1은 4번, 질문 2는 1번이 정답이다.

1	2	2	3	3-1	1	3-2	4

문제5에서는 긴 이야기를 듣습니다. 이 문제에는 연습이 없습니다. 문제지에 메모를 해도 괜찮습니다.

1番、2番
ばん　　ばん

문제지에 아무것도 인쇄되어 있지 않습니다. 우선 이야기를 들으세요. 그리고 나서 질문과 보기를 듣고 1~4 중에서 가장 알맞은 것을 하나 고르세요.

1番
ばん

2-5-07.MP3

れんきゅう　　　おとこ　ひと　おんな　ひと　はな
連休について男の人と女の人が話しています。

あした　　れんきゅう
M : 明日から連休か。

こんかい　なが　　　　しゅうかん
F : そうね。今回は長くて1週間くらいあるもんね。みん
りょこう　い
ないろんな旅行に行くのかしら。

じゅうたい　はじ
M : さっきニュースで言ってたけど、もう渋滞が始まっ
やまぞ　　ゆき
てるって。しかも山沿いは雪がちらついてるらしいか
じゅうたい
ら、もっと渋滞がひどくなるかもな。

わたし　　　　　　　あした　あさしゅっぱつ　　　おも
F : 私たちはどうする？明日の朝出発しようと思ってたけ
じかん
ど、ちょっと時間ずらしたほうがいいかな。

あした　ひる
M : そうかもな。今日の夜はもう無理だから、明日の昼ぐ
よてい　くる　　　　じゅうたい　ま　こ
らいはどうだろう。予定は狂うけど、渋滞に巻き込ま
れるよりましだろう。

ゆき　ふ　　　どうろ　こお
F : そうよね。雪が降るなら道路が凍って、スリップしそ
きけん　　　　　　　　　　　　　　で　　　ほう　あん
うだし、危険よね。それならゆっくり出かけた方が安
ぜん　　　あした　かんぜん　いどう　　　　ふつかめ　よてい
全だわ。明日は完全に移動だけにして、2日目の予定を
へんこう
変更する？

ふつかめ　わり　よゆう　　　　　　　　　　あした　よてい
M : 2日目は割と余裕があるスケジュールだし、明日の予定
をいれてもよさそうだね。ちょっときついかもしれな
いけど。

ゆき　　　　　　　つ
F : 雪がどのくらい積もるかにもよるわね。場合によって
うご　　　　　　　　　　　　　　　ようす
は動けないかもしれないし。とりあえず様子をみるこ
とにしよう。

연휴에 대해 남자와 여자가 이야기하고 있습니다.

M : 내일부터 연휴구나.

F : 응. 이번에는 길어서 일주일 정도 돼. 모두 다양한 여행 가나 봐

M : 아까 뉴스에서 그러던데, 벌써 정체가 시작됐대. 게다가 산기슭은 눈이 조금씩 내리고 있는 모양이라 정체가 더 심해질지도 몰라.

F : 우리는 어떻게 할까? 내일 아침에 출발할까 했는데, 시간을 좀 늦추는 게 좋을까?

M : 그럴지도 몰라. 오늘 밤은 이제 무리니까 내일 낮 정도는 어떨지. 예정은 틀어지지만, 정체에 휩쓸리는 것보다 나을 거야.

F : 그렇지. 눈이 오면 도로도 얼어서 미끄러울 것 같으니 위험해. 그렇다면 천천히 출발하는 게 안전해. 내일은 완전히 이동만 하는 걸로 하고 둘째 날 예정을 변경할래?

M : 둘째 날은 비교적 여유가 있는 스케줄이니까 내일 예정을 넣어도 좋을 것 같아. 좀 빡빡할지도 모르지만.

F : 눈이 얼마나 쌓이느냐에도 달렸지. 경우에 따라서는 못 움직일 수도 있고, 일단 상황을 지켜 보자.

M：わかった。帰りはどうしようか。向こうを朝出発にしてたけど、夜まで遊んで帰るのはどう？せっかく行くのに1日だけだと物足りないよ。

F：いいわね。夜だったら高速道路もすいてるだろうし、スムーズに帰れそうよね。途中でサービスエリアによって、何か食べたいな。

M：いいね。そういえば、温泉付きのサービスエリアがあったって雑誌で見た気がする。そこによってもよさそう。旅の疲れを癒して、帰ったら寝るだけっていう状態にしておけば、楽だしね。

F：賛成〜。そしたら、抜けがないように持っていく荷物、もう一回チェックしておこう！

二人はどうすることにしましたか。

1　明日の朝出発を夜出発に変更する
2　2日目の予定は様子を見て決める
3　帰りは渋滞に巻き込まれないように朝出発する
4　行くときに温泉付きのサービスエリアに寄る

M : 알았어. 돌아오는 건 어떻게 할까? 저쪽을 아침에 출발하기로 했는데 밤까지 놀다 오는 건 어때? 모처럼 가는데 하루만이면 좀 아쉬워.

F : 좋아. 밤이면 고속도로도 비어 있을 테고, 원활하게 돌아올 수 있을 것 같아. 도중에 휴게소에 들러서 뭔가 먹고 싶어.

M : 좋네. 그러고 보니 온천 딸린 휴게소가 있다고 잡지에서 본 것 같아. 거기에 들러도 좋을 것 같아. 여행 피로를 풀고 돌아와서는 자기만 하면 되는 상태로 해 두면 편할 거고.

F : 찬성〜. 그러면 빠진 게 없도록 가져갈 짐 한번 더 체크해 두자!

두 사람은 어떻게 하기로 했습니까?

1　내일 아침 출발을 밤 출발로 변경한다
2　둘째 날 예정은 상황을 보고 결정한다
3　귀가는 정체에 휩쓸리지 않도록 아침에 출발한다
4　갈 때 온천이 있는 휴게소에 들른다

단어

連休 연휴 | 渋滞 정체 | 山沿い 산기슭 | ちらつく 조금씩 내리다 | 時間をずらす 시간을 미루다 | 予定が狂う 예정이 틀어지다 | 巻き込む 말려들게 하다 | 凍る 얼다 | スリップ 미끄러짐 | ゆっくり 천천히 | 割と 비교적 | きつい 헐렁하지 않다 | 物足りない 어딘가 부족하다 | スムーズに 원활하게 | サービスエリア 휴게소 | 癒す 풀다, 치유하다 | 賛成 찬성 | 抜け 빠짐, 누락 | チェックする 체크하다

해설

여행 일정이 어떻게 변경되었는지 잘 메모한다. 우선, 내일 아침 출발이 낮 출발로 바뀌었고, 둘째 날 일정은 상황을 보고 결정하기로 했다. 또한 돌아오는 것은 아침 출발에서 밤 출발로 바뀌었으며, 오는 길에는 온천 딸린 휴게소에 들러 여독을 풀고 오기로 했다. 보기 중에서 이 조건에 맞는 것은 2번이다.

デパートで店員とお客さんが話しています。

F1：いらっしゃいませ。何かお探しでしょうか。

F2：あの、男性用のコートを探してるんですが。

F1：あっ、お連れ様のコートでしょうか。お好みのスタイルはありますか。

M：そうだな～。仕事でもプライベートでも着られるのがいいなあ。

F1：それでしたら、こちらの定番コートはいかがでしょうか。スーツにも合いますし、カジュアルな服装にも合いますよ。ただ、少し薄めなので、真冬にはちょっと。寒さを凌ぐのは無理かもしれません。

F2：このタイプは似たようなのがあるから、違うのにしたら？

M：そうだな。このフード付きはどう？

F1：こちらはこの冬一番人気のコートでございます。某ドラマで俳優が着ていたので、人気に火が付いたのですが、フード付きなのでお顔周りも寒くないですし、少し大きめに作られているので、細身のパンツと合わせるとかっこいいと思います。

F2：いいわね。でも、細身のパンツなんて履く？見たことないけど。

M：それもそうだな。他には何がある？

F1：そうですね。こちらは羽毛入りのダウンジャケットで、軽量で暖かいことが一番の特徴です。昔は極寒地の防寒着や作業着として着られていましたが、最近ではビジネススタイルにも合うきれい目なデザインも多いんですよ。

M：これいいなあ。一番あったかそうだし、中に1枚ワイシャツ着たらいいから、楽だし。

F1：そうですね。あとは、春まで着られるトレンチコートですね。冬用をお持ちでしたら、これから春に向けて買っておくのもいいかもしれません。

백화점에서 점원과 손님이 이야기하고 있습니다.

F1 : 어서 오세요. 무엇을 찾으십니까?

F2 : 저, 남성용 코트를 찾는데요.

F1 : 아, 일행분의 코트인가요? 좋아하는 스타일이 있나요?

M : 글쎄요. 직장에서도 사석에서도 입을 수 있는 게 좋겠네.

F1 : 그러시면 이 기본 코트는 어떠세요? 정장에도 어울리고, 캐주얼 차림에도 어울려요. 다만 조금 얇아서 한겨울에는 좀. 추위를 견디는 건 무리일지도 모릅니다.

F2 : 이 타입은 비슷한 게 있으니까 다른 걸로 하는 게 어때?

M : 그렇군. 이 후드 달린 건 어때?

F1 : 이건 올겨울 가장 인기 있는 코트입니다. 모 드라마에서 배우가 입어서 인기에 불이 붙었는데요, 후드가 달려 있어서 얼굴 주변도 안 추운 데다 조금 크게 제작되어서 좁은 바지와 매치하면 멋있을 겁니다.

F2 : 좋네. 하지만 통이 좁은 바지 같은 거 입어? 본 적 없는데.

M : 그것도 그러네. 그 밖에는 뭐가 있나요?

F1 : 글쎄요. 이쪽은 깃털이 들어간 다운재킷인데, 가볍고 따뜻한 게 가장 큰 특징입니다. 예전에는 극한지의 방한복이나 작업복으로 입었지만 요즘은 비즈니스 스타일에도 어울리는 깔끔한 디자인도 많거든요.

M : 이거 좋네. 가장 따뜻할 것 같고, 안에 와이셔츠 한 장 입으면 되니까 편하고.

F1 : 그렇군요. 그리고 봄까지 입을 수 있는 트렌치코트네요. 겨울용을 가지고 계시면 지금부터 봄을 위해 사 두는 것도 좋을 것 같아요.

F2: トレンチコート素敵なデザインでいいじゃない！どう？

M: うーん。でも今すぐ着たいしな。うん。機能性を考えて、これにするよ。

男の人は何を買うことにしましたか。

1　少し薄めの定番コート
2　ドラマで俳優が着ていたフード付きのコート
3　羽毛入りのダウンジャケット
4　春まで着られるトレンチコート

F2: 트렌치코트 디자인도 멋지고 좋잖아! 어때?

M: 음. 하지만 지금 당장 입고 싶어. 음. 기능성을 고려해서 이걸로 할래.

남자는 무엇을 사기로 했습니까?

1　조금 얇은 기본 코트
2　드라마에서 배우가 입었던 후드 코트
3　깃털이 들어간 다운재킷
4　봄까지 입을 수 있는 트렌치코트

단어

コート 코트 | お連れ様 일행 | スタイル 스타일 | スーツ 정장 | カジュアル 캐주얼 | 服装 복장 | 真冬 한겨울 | 凌ぐ 참고 견디어 내다 | フード 후드 | 火が付く 불이 붙다 | パンツ 바지 | 羽毛 깃털 | ダウンジャケット 다운재킷 | 極寒地 극한지 | 防寒着 방한복 | 作業着 작업복 | ビジネススタイル 비즈니스 스타일 | ワイシャツ 와이셔츠 | トレンチコート 트렌치코트 | 機能性 기능성

해설

대화에서 남자가 가장 좋은 반응을 보인 것은 다운 재킷이다. 기능성도 좋고, 지금 당장 입고 싶다고 말했으므로 정답은 3번이다.

3番
^{ばん}

우선 이야기를 들으세요. 그리고 나서 두 개의 질문을 듣고, 각각 문제지의 1~4 중에서 가장 알맞은 것을 하나 고르세요.

3番
^{ばん}

 2-5-09.MP3

お弁当屋さんで男の人が話しています。

M1: 当社のメニューですが、一番の人気は、最近発売されたステーキととんかつが半分ずつ入ったハーフ弁当です。どっちも食べたいというお客様のリクエストにお応えして、作りました。100円でサラダを付けることも可能です。和風ハンバーグ弁当も人気ですね。こちらはご飯少なめにすることも可能ですし、ご飯の種類を麦ごはんや五穀米に変えることも可能です。また、おかずの種類が多いお弁当がお好みでしたら、おかずぎっしり弁当もおすすめです。こちらは玉子焼きやサラダなど5種類のおかずとメインのおかずでとんかつが入っています。他のお弁当より少しお値段が高いですが、少しずつたくさん味わいたいという方にはいいですね。それから、ダイエット中の方や炭水化物を取りたくない方にはおかずのみのメニューもございます。サラダはグリーンサラダと決まっていますが、メインのおかずを唐揚げ、焼肉、生姜焼き、とんかつの中からお選びいただけます。また、サイドメニューとして、お味噌汁やポテトサラダ、うどんなどもありますので、ぜひご利用ください。

F: ここのお弁当、久しぶりだわ。何にしようかなぁ。ご飯が変えられるのいいね。最近五穀米にはまってるのよ。

M2: 僕は昨日も来たよ。昨日はとんかつ食べたから、今日はハンバーグってのもいいな。

도시락 가게에서 남자가 이야기하고 있습니다.

M1: 당사의 메뉴인데요. 최고 인기는 최근 발매된 스테이크와 돈가스가 반씩 들어 있는 반반 도시락입니다. 둘 다 먹고 싶다는 고객의 요청에 부응해 만들었습니다. 100엔으로 샐러드를 추가하는 것도 가능합니다. 일본식 햄버그 도시락도 인기네요. 이것은 밥 양을 적게 할 수도 있고, 밥의 종류를 보리밥이나 오곡밥으로 바꿀 수도 있습니다. 또 반찬 종류가 많은 도시락을 좋아하신다면 반찬이 가득인 도시락도 추천합니다. 이것은 계란 프라이나 샐러드 등 다섯 가지 반찬과 메인 반찬으로 돈가스가 들어 있습니다. 다른 도시락보다 조금 비싸지만, 조금씩 많이 맛보고 싶어하는 분에게는 좋네요. 그리고 다이어트 중이신 분이나 탄수화물을 섭취하고 싶지 않은 분께는 반찬만 있는 메뉴도 있습니다. 샐러드는 그린 샐러드로 정해져 있습니다만, 메인 반찬을 닭튀김, 불고기, 돼지고기 생강구이, 돈가스 중에서 고르실 수 있습니다. 또한, 사이드 메뉴로 된장국이나 감자 샐러드, 우동 등도 있으니 부디 이용해 주세요.

F: 여기 도시락 오랜만이야. 뭘로 할까? 밥을 바꿀 수 있는 거 좋네. 요즘 오곡밥에 빠져 있거든.

M2: 나는 어제도 왔어. 어제는 돈가스 먹었으니까 오늘은 햄버그도 괜찮겠군.

F ：えー、どうしよう。やっぱり、一番人気のメニューに
しようかな。メインも２つあるし、満足できそう。し
かも今日は残業になりそうだし、今のうちにしっかり
食べとかなくちゃ。

M2：うーん。僕はダイエットもしてるし、メインもいろん
な種類から選べるからやっぱりこっちにしようかな。

F ：음, 어떡하지? 역시 가장 인기 있는 메
뉴로 할까? 메인도 두 개니까 괜찮을 것
같아. 게다가 오늘은 야근이 될 것 같으
니 지금 잘 먹어야지.

M2：음. 나는 다이어트도 하고 있고 메인도
여러 종류에서 선택할 수 있으니까 역시
이걸로 할까?

質問1　女の人は何を買いますか。

1　ステーキととんかつが入っているハーフ弁当
2　ご飯が変えられる和風ハンバーグ弁当
3　おかずの種類が多いおかずぎっしり弁当
4　サラダと4種類の中から選べるおかず

질문 1　여자는 무엇을 삽니까?

1　스테이크와 돈가스가 들어 있는 반반
도시락
2　밥을 바꿀 수 있는 일본식 햄버그 도시
락
3　반찬 종류가 많은 반찬 가득 도시락
4　샐러드와 네 가지 중에서 고를 수 있는
반찬

質問2　男の人は何を買いますか。

1　ステーキととんかつが入っているハーフ弁当
2　ご飯が変えられる和風ハンバーグ弁当
3　おかずの種類が多いおかずぎっしり弁当
4　サラダと4種類の中から選べるおかず

질문 2　남자는 무엇을 사겠습니까?

1　스테이크와 돈가스가 들어 있는 반반
도시락
2　밥을 바꿀 수 있는 일본식 햄버그 도시락
3　반찬 종류가 많은 반찬 가득 도시락
4　샐러드와 네 가지 중에서 고를 수 있는
반찬

▶ 해설

각각의 도시락이 어떤 특징이 있는지 잘 듣는다. 여자는 햄버그도 좋지만, 최종적으로 최고 인기 메뉴로 하겠다고 했다. 가장 인기
있는 도시락은 스테이크와 돈가스가 들어 있는 반반 도시락이므로 정답은 1번이다. 남자도 햄버그로 하려고 했지만 다이어트 중이
므로 탄수화물이 없는 반찬만 있는 메뉴로 하기로 했다. 정답은 4번이다.

실전 공략 모의고사 01 ~ 03 정답

모의고사 01 ▶ p.62

문제 1	예 3	1 1	2 3	3 3	4 4	5 3	6 3		
문제 2	예 3	1 2	2 4	3 3	4 1	5 2	6 3	7 3	
문제 3	예 3	1 1	2 4	3 1	4 4	5 2	6 2		
문제 4	예 2	1 2	2 2	3 3	4 3	5 3	6 1	7 3	8 3	9 1
		10 2	11 2	12 1	13 2	14 1				
문제 5		1 2	2 4	3-1 1	3-2 2				

모의고사 02 ▶ p.72

문제 1	예 3	1 3	2 2	3 2	4 1	5 2	6 4		
문제 2	예 3	1 4	2 4	3 2	4 2	5 3	6 1	7 3	
문제 3	예 3	1 4	2 2	3 4	4 3	5 1	6 4		
문제 4	예 2	1 1	2 3	3 2	4 2	5 3	6 1	7 3	8 3	9 1
		10 2	11 1	12 3	13 3	14 3				
문제 5		1 3	2 2	3-1 1	3-2 2				

모의고사 03 ▶ p.82

문제 1	예 3	1 3	2 2	3 3	4 2	5 1	6 3		
문제 2	예 3	1 2	2 1	3 4	4 4	5 1	6 2	7 4	
문제 3	예 3	1 1	2 3	3 2	4 2	5 3	6 1		
문제 4	예 2	1 2	2 1	3 1	4 2	5 1	6 3	7 3	8 1	9 3
		10 2	11 3	12 2	13 2	14 1				
문제 5		1 4	2 3	3-1 1	3-2 3				

<ruby>問題<rt>もんだい</rt></ruby> 1

문제1에서는 먼저 질문을 들으세요. 그러고 나서 이야기를 듣고 문제지의 1~4 중에서 가장 알맞은 것을 하나 고르세요.

<ruby>例<rt>れい</rt></ruby>

▶ 3-1-01.MP3

<ruby>男<rt>おとこ</rt></ruby>の<ruby>人<rt>ひと</rt></ruby>と<ruby>女<rt>おんな</rt></ruby>の<ruby>人<rt>ひと</rt></ruby>が<ruby>旅行<rt>りょこう</rt></ruby>の<ruby>準備<rt>じゅんび</rt></ruby>について<ruby>話<rt>はな</rt></ruby>しています。<ruby>男<rt>おとこ</rt></ruby>の<ruby>人<rt>ひと</rt></ruby>は<ruby>何<rt>なに</rt></ruby>をしなければなりませんか。

M：<ruby>久<rt>ひさ</rt></ruby>しぶりの<ruby>海外旅行<rt>かいがいりょこう</rt></ruby>か。<ruby>楽<rt>たの</rt></ruby>しみだなぁ。

F：そうだねぇ。たくさん<ruby>写真<rt>しゃしん</rt></ruby><ruby>撮<rt>と</rt></ruby>らなきゃ。<ruby>予備<rt>よび</rt></ruby>のバッテリーは<ruby>必<rt>かなら</rt></ruby>ず<ruby>持<rt>も</rt></ruby>って<ruby>行<rt>い</rt></ruby>かないとね。スマホの<ruby>電源<rt>でんげん</rt></ruby><ruby>切<rt>き</rt></ruby>れたら<ruby>困<rt>こま</rt></ruby>るし。

M：そうだね。でもコンセントの<ruby>差<rt>さ</rt></ruby>し<ruby>込<rt>こ</rt></ruby>みって<ruby>同<rt>おな</rt></ruby>じだっけ？

F：ううん、<ruby>違<rt>ちが</rt></ruby>うはず。<ruby>確<rt>たし</rt></ruby>か2つあったよね？<ruby>探<rt>さが</rt></ruby>しとかなきゃ。

M：そうだね。どっかクローゼットにあったと<ruby>思<rt>おも</rt></ruby>うけど。あとは？<ruby>薬<rt>くすり</rt></ruby>とかは<ruby>必要<rt>ひつよう</rt></ruby>ない？

F：<ruby>万<rt>まん</rt></ruby>が<ruby>一<rt>いち</rt></ruby>のために、<ruby>一応<rt>いちおう</rt></ruby><ruby>持<rt>も</rt></ruby>って<ruby>行<rt>い</rt></ruby>った<ruby>方<rt>ほう</rt></ruby>がよさそうね。<ruby>風邪薬<rt>かぜぐすり</rt></ruby>とか<ruby>胃薬<rt>いぐすり</rt></ruby>とか。あっ、そういえば<ruby>胃薬<rt>いぐすり</rt></ruby><ruby>切<rt>き</rt></ruby>れてたから<ruby>買<rt>か</rt></ruby>ってきてくれる？

M：わかった。ガイドブックとかもいる？

F：<ruby>重<rt>おも</rt></ruby>くて<ruby>荷物<rt>にもつ</rt></ruby>になるし、ネットで<ruby>全部<rt>ぜんぶ</rt></ruby><ruby>調<rt>しら</rt></ruby>べられるからいいんじゃない？あっ、<ruby>海外<rt>かいがい</rt></ruby>でもネット<ruby>使<rt>つか</rt></ruby>えるように<ruby>携帯<rt>けいたい</rt></ruby>Wifiもレンタルしておかなくちゃ。

M：それは<ruby>当日<rt>とうじつ</rt></ruby>、<ruby>空港<rt>くうこう</rt></ruby>でレンタルしよう。

<ruby>男<rt>おとこ</rt></ruby>の<ruby>人<rt>ひと</rt></ruby>は<ruby>何<rt>なに</rt></ruby>をしなければなりませんか。

1　<ruby>予備<rt>よび</rt></ruby>のバッテリーを<ruby>買<rt>か</rt></ruby>う
2　コンセントの<ruby>差<rt>さ</rt></ruby>し<ruby>込<rt>こ</rt></ruby>みを<ruby>探<rt>さが</rt></ruby>す
3　<ruby>胃薬<rt>いぐすり</rt></ruby>を<ruby>買<rt>か</rt></ruby>う
4　Wifiをレンタルする

남자와 여자가 여행 준비에 대해 이야기하고 있습니다. 남자는 무엇을 해야 합니까?

M : 오랜만에 하는 해외여행이네. 기대돼.

F : 그래. 사진 많이 찍어야지. 예비 배터리는 꼭 가져가야겠네. 스마트폰 전원 다 되면 곤란하니까.

M : 그래. 그런데 콘센트 플러그가 같았어?

F : 아니, 다를 거야. 분명히 2개 있었지? 찾아 놓아야지.

M : 그래. 어딘가 벽장에 있었던 거 같아. 나머지는? 약 같은 건 필요 없어?

F : 만일을 위해 일단 가져가는 게 좋을 거 같아. 감기약이나 위장약 같은 거. 앗. 그러고 보니 위장약 떨어졌으니까 사 올래?

M : 알았어. 가이드북도 필요해?

F : 무거워서 짐이 되고, 인터넷으로 전부 찾을 수 있으니까 괜찮지 않아? 앗. 해외에서도 인터넷 쓸 수 있도록 휴대 와이파이도 빌려 둬야겠어.

M : 그건 당일 공항에서 빌리자.

남자는 무엇을 해야 합니까?

1　예비 배터리를 산다
2　콘센트 플러그를 찾는다
3　위장약을 산다
4　Wifi를 빌린다

단어

予備^{よび} 예비 | バッテリー 배터리 | スマホ 스마트폰 | 電源^{でんげん} 전원 | 切^きれる 다 되다 | コンセント 콘센트 | 差^さし込^こみ 플러그 | クローゼット 벽장, 옷장 | 万^{まん}が一^{いち} 만일 | 風邪薬^{かぜぐすり} 감기약 | 胃薬^{いぐすり} 위장약 | ガイドブック 가이드북 | 荷物^{にもつ}になる 짐이 되다 | レンタル 대여

해설

남자가 해야 할 것은 여자한테 부탁받은 위장약을 사 오는 것이므로 정답은 3번이다. 예비 배터리는 집에 있으므로 살 필요가 없고, 플러그를 찾는 것도 여자가 하겠다고 했으므로 남자가 할 일은 아니다. 와이파이 대여는 당일 공항에서 하기로 했으므로 4번도 정답이 아니다.

1番^{ばん}

3-1-02.MP3

美容室^{びようしつ}で美容師^{びようし}とお客^{きゃく}さんが話^{はな}しています。美容師^{びようし}はこれからどうしますか。

M：いらっしゃいませ。あ～鈴木^{すずき}さん、お久^{ひさ}しぶりですね。

F：こんにちは。最近忙^{さいきんいそが}しくてなかなか来^こられなくて。

M：今日^{きょう}はどうしましょうか。

F：ばっさり切^きるかパーマをかけるか迷^{まよ}ってて。もうずっとロングだから、気分^{きぶん}変^かえてイメチェンしようかなと思^{おも}ってたんだけど、せっかく伸^のばしたし、切^きるのももったいない気^きがして。パーマかけて雰囲気^{ふんいき}変^かえてもいいかな。それとカラーもお願^{ねが}いしようかな。

M：そうですね～。鈴木^{すずき}さん、ショートも似合^{にあ}いそうな気^きがしますよ。お顔^{かお}も小^{ちい}さいし、ロングより全体的^{ぜんたいてき}なイメージがスッキリして見^みえるかもしれません。そこまで短^{みじか}くせずに、傷^{いた}んでるところも含^{ふく}めて10センチくらい切^きって、パーマをかけたらかなり雰囲気^{ふんいき}は変^かわりますよ。

F：そうかなぁ。迷^{まよ}っちゃうな～。今^{いま}のままでパーマも悪^{わる}くないし。会社^{かいしゃ}の同僚^{どうりょう}がずっとストレートだったのに、パーマかけて、すごく素敵^{すてき}だったのよね。

M：これから寒^{さむ}くなりますし、切^きらないっていうのもありますね。それと、カラーは別^{べつ}な日^ひにしたほうがいいと思^{おも}いますよ。パーマとカラーを同時^{どうじ}にすると、髪^{かみ}の毛^けが傷^{いた}んじゃうので。

미용실에서 미용사와 손님이 이야기하고 있습니다. 미용사는 이제부터 어떻게 합니까?

M：어서 오세요. 아, 스즈키 씨, 오랜만이네요.

F：안녕하세요. 요즘 바빠서 좀처럼 올 수가 없어서요.

M：오늘은 어떻게 할까요?

F：싹둑 자를까 파마를 할까 고민이에요. 정말이지 계속 긴 머리니까 기분 전환 삼아 이미지를 바꿔 볼까 했는데, 애써 기른 데다 자르는 것도 아까운 생각이 들어서. 파마해서 분위기 바꿔도 될까. 그리고 염색도 부탁할까.

M：그렇군요. 스즈키 씨, 짧은 머리도 어울릴 것 같아요. 얼굴도 작으니까 긴 머리보다 전체적인 이미지가 세련돼 보일지도 몰라요. 그렇게 짧게는 말고 상한 곳도 포함해서 10센티 정도 자르고 파마를 하면 꽤 분위기가 달라질 거예요.

F：그럴까. 고민되네. 지금 상태로 파마하는 것도 나쁘지 않고. 회사 동료가 계속 스트레이트였는데 파마했더니 아주 멋지더라고요.

M：이제부터 추워질 테니 안 자르려는 것도 있군요. 그리고 염색은 다른 날에 하는 게 좋을 것 같아요. 파마와 염색을 동시에 하면 머리카락이 상하거든요.

F : そっか。うーん。よし！決めた！そしたら、全体的な雰囲気は変えずにパーマしてもらおうかしら。カラーは今日はやめとくわ。傷んでるところは少し切ってね。

M : わかりました。それでは、まずはカットから始めますね。

美容師はこれからどうしますか。

1 全体的に切りそろえてからパーマをする

2 パーマをかけてから10センチくらい短く切る

3 髪の毛の長さは全く変えずに、パーマとカラーをする

4 短く切ってからカラーをする

F : 그렇구나. 음. 좋아! 결정했어! 그러면 전체적인 분위기는 바꾸지 말고 파마해 주세요. 염색은 오늘은 관둘게요. 상한 곳은 조금 잘라 주세요.

M : 알겠습니다. 그럼, 우선은 커트부터 시작하겠습니다.

미용사는 이제부터 어떻게 합니까?

1 전체적으로 다듬고 파마를 한다

2 파마를 하고 10센티 정도 짧게 자른다

3 머리 길이는 전혀 바꾸지 않고 파마와 염색을 한다

4 짧게 자르고 염색을 한다

해설

여자의 마지막 대사에 주목한다. 상한 부분을 조금 자르고 전체적인 분위기는 바꾸지 않고 파마를 해 달라는 것이므로 미용사가 할 일은 1번이다. 여자는 10센티 정도 짧게 잘라 달라거나, 길이를 전혀 바꾸지 말라고 말하지 않았고, 염색도 오늘은 하지 말라고 했으므로 2, 3, 4는 정답이 아니다.

2番

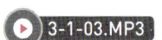 3-1-03.MP3

男の人と女の人が話しています。女の人はこの後、まず何をしますか。

M : はい、ウィルスブロック社です。

F : すみません。先日買ったコンピュータウィルスブロックのプログラムが設置できないんですが。

M : あっ、そうですか。まずは弊社のホームページで、お客様の情報を登録していただく必要があるのですが、そちらは登録されましたか。

남자와 여자가 이야기하고 있습니다. 여자는 이후에 우선 무엇을 합니까?

M : 네, 바이러스 블록사입니다.

F : 실례합니다. 요전에 산 컴퓨터 바이러스 차단 프로그램이 설치되지 않는데요.

M : 아, 그렇습니까? 우선은 저희 회사 홈페이지에서 고객님 정보를 등록해 주셔야 하는데, 그쪽은 등록하셨나요?

F : はい。「ウィルスブロックプログラム設置の方へ」という
ところから登録ページにいったのでそれはできたんで
すが、そのあと商品番号を入力してもエラーになって
しまって先に進めないんです。

M : 少々お待ちください。こちらで確認してみます。登録
はちゃんとされていますね。商品番号の入力にお間違
いないでしょうか。大文字と小文字、半角と全角など
一つでも違うと入れないのですが。

F : はい。それは大丈夫です。しっかり確認しながら入力
したので。

M : 商品番号は説明書の最後に書いてある12桁のアルファ
ベットと数字が混ざったものですが、そちらをご入力
されましたでしょうか。

F : あっ、説明書ですか。私はバーコードの隣にあるもの
だと思っていました。説明書どこにあったかな。あっ、
この12桁ですね。

M : はい、そちらを入力されたら大丈夫だと思います。そ
のあと、再度パスワードの入力がありますが、5回間
違ってしまいますと、ロックがかかって、1日パスワー
ドの入力ができなくなってしまいますので、そちらも
お間違いがないようにお気をつけくださいませ。

女の人はこの後、まず何をしますか。

1 個人情報をもう一度登録する
2 説明書をしっかり読む
3 説明書に書いてある商品番号を入力する
4 パスワードを間違えないように入力する

F : 네. '바이러스 차단 프로그램 설치하실 분
께'라는 곳에서 등록 페이지에 가서 그건
했는데요, 그 뒤에 상품 번호를 입력해도
에러가 나서 다음으로 진행할 수 없거든요.

M : 잠시만 기다려 주세요. 이쪽에서 확인해
보겠습니다. 등록은 제대로 되어 있네요.
상품 번호 입력에 오류가 없으신가요?
대문자와 소문자, 반각과 전각 등 하나라
도 틀리면 입력되지 않는데요.

F : 네. 그건 괜찮아요. 확실히 확인하면서 입
력했거든요.

M : 상품 번호는 설명서 맨 끝에 적혀 있는
열두 자리 알파벳과 숫자가 섞인 건데요,
그걸 입력하셨는지요?

F : 아, 설명서예요? 저는 바코드 옆에 있는
건 줄 알았어요. 설명서 어디에 있더라.
아, 이 열두 자리군요.

F : 네, 그걸 입력하시면 괜찮을 거라고 생각
합니다. 그런 다음, 다시 패스워드를 입력
해야 하는데요, 5회 틀리게 되면 잠겨서
하루는 패스워드 입력을 할 수 없게 되니
그것도 실수가 없도록 주의하십시오.

여자는 이후에 우선 무엇을 합니까?

1 한번 더 개인정보를 등록한다
2 설명서를 잘 읽는다
3 설명서에 적힌 상품 번호를 입력한다
4 패스워드를 틀리지 않도록 입력한다

단어

設置 설치 | 弊社 폐사, 저희 회사 | エラー 에러 | 大文字 대문자 | 小文字 소문자 | 半角 반각 | 全角 전각 | 〜桁 자릿수 |
バーコード 바코드 | パスワード 비밀번호 | ロックがかかる 잠기다

해설

여자는 개인정보는 등록되어 있는데 상품 번호 입력이 안 되어 회사에 전화했다. 담당 직원이 '설명서 맨 끝에 적혀 있는 것이 상품 번호'라고 말하고 있으므로 정답은 3번이다.

男の人と女の人が話しています。男の人はこの後どうしますか。

M：あれ！財布がない。鞄に入れてたはずなのに。

F：えっ？ポケットは？いつも携帯と一緒にポケットに入れてるじゃない。

M：ううん。ポケットにはない。今日は鞄に入れてたんだよ。あー、最悪だ。いつもはこんなことないのにな。

F：まったく。ぼーっとしてるからそんなことになるのよ。どこかで落としちゃったとかは？さっきのカフェに置き忘れたってことはない？

M：うーん。どうだろう。覚えてないんだよね。一応、出てくるときにテーブルの上は確認したからそれはないと思うんだけど。あー、どうしよう。今日出てくるときに銀行でおろしたばっかだったから結構お金入ってるのに。

F：カードとか免許証は？

M：クレジットカード入ってる。しかも親のカードも入ってるんだよ。どうしよう。使われちゃったら。

F：とりあえず、カフェに戻ろう。まだそんなに遠くまできてないし、もしかしたらトイレに置き忘れたってこともありえるから、とりあえず行ってみた方がいいんじゃない？

M：そうだね。もしなかったら急いでカード会社に連絡しないと。悪用されてたら大変だよ。

男の人はこの後どうしますか。

1 鞄をもう一度確認する
2 カード会社に連絡する
3 カフェに戻って確認する
4 カフェに電話する

남자와 여자가 이야기하고 있습니다. 남자는 이후에 어떻게 합니까?

M：어라! 지갑이 없어. 가방에 넣었을 텐데.

F：뭐? 주머니는? 항상 휴대폰과 함께 주머니에 넣잖아.

M：아니. 주머니에는 없어. 오늘은 가방에 넣었거든. 아, 최악이다. 평소엔 이런 일 없는데.

F：정말이지. 멍 때리고 있으니까 그렇게 되는 거야. 어딘가에서 떨어뜨렸다던가? 좀 전의 카페에 두고 온 건 아니야?

M：음. 글쎄. 기억이 안 나. 일단 나올 때 테이블 위는 확인했으니까 그건 아닌 것 같은데. 아, 어떡하지? 오늘 나올 때 은행에서 막 돈을 찾아서 돈이 꽤 들어 있는데.

F：카드나 면허증은?

M：신용카드가 들어 있어. 게다가 부모님 카드도 들어 있는데. 어떡하지? 도용당하면?

F：일단 카페로 돌아가자. 아직 그렇게 멀리까지 안 왔고, 어쩌면 화장실에 놓고 온 걸 수도 있으니 일단 가 보는 게 좋지 않아?

M：그래. 만약 없으면 서둘러 카드사에 연락해야지. 악용되면 큰일이야.

남자는 이후에 어떻게 합니까?

1 가방을 한번 더 확인한다
2 카드사에 연락한다
3 카페로 돌아가서 확인한다
4 카페에 전화한다

ぼーっとする 멍해지다 | 置き忘れる 두고 오다 | おろす 돈을 찾다 | クレジットカード 신용카드 | | 悪用 악용

여자의 마지막 대사 「とりあえず(일단)」에 주목한다. 카페에 돌아가자고 말하고 있으므로 정답은 3번이다. 카드사에 연락하는 것은 카페에 지갑이 없을 경우이므로 이다음 할 일은 아니다.

4番

▶ 3-1-05.MP3

男の人と女の人が話しています。男の人はこれからどうすると言っていますか。

M : エコバッグっていつも持ってる？

F : もちろん持ってるわよ。コンビニやスーパー行くときも使うし、折り畳みできて持ち運びもしやすいから、鞄にいつも入ってるわよ。

M : さすがだね。この間コンビニ行ったんだけど、いつも通りビニール袋に入れてもらおうとしたら、先週から有料になったって言われてさ。しかもビニール袋の代金は小銭でって言われたんだよ。どこのお店もそういうシステムらしくてさ。現金持たずにカードだけ持って行ったから、たくさん買ったのに、結局抱えて持って帰ることになって大変だったよ。

F : 確かに最近はどこのお店でもビニール袋は有料になってるわよね。エコバッグ持つのはどう？ビニール袋のごみも出なくていいじゃない。スーパーのポイントも2倍になるし、時々は割引になったりするから得することが多いわよ。

M : そうか。でもなぁ。僕、鞄を持つ習慣がないからなぁ。鞄に入れっぱなしにしておけばいいんだろうけど、いつも財布と携帯だけしか持たないから。

F : 鞄持てばいいじゃない。それかエコバッグに入れて歩けばいいんじゃない？

M : いや、でもめんどくさいな。それだったらいつでもビニール袋買えるようにしておくよ。

男の人はこれからどうすると言っていますか。

남자와 여자가 이야기하고 있습니다. 남자는 이제부터 어떻게 하겠다고 말하고 있습니까?

M : 에코백은 항상 가지고 있어？

F : 물론 가지고 있지. 편의점이나 슈퍼 갈 때도 사용하고, 접을 수 있어서 가지고 다니기도 편하니까 가방에 항상 들어 있어.

M : 역시나네. 요전에 편의점에 갔는데, 평소대로 비닐봉투에 담으려고 했더니 지난주부터 유료가 됐대서. 게다가 비닐봉투 대금은 잔돈으로 달라고 하더라. 어느 가게나 그런 시스템인 것 같던데. 현금 없이 카드만 가져가서, 잔뜩 샀는데 결국 껴안고 들고 돌아오게 돼서 힘들었어.

F : 확실히 최근에는 어느 가게나 비닐봉투는 유료가 됐어. 에코백 가지고 다니는 건 어때? 비닐봉투 쓰레기도 안 나오고 좋잖아. 슈퍼 적립금도 두 배가 되는 데다, 가끔은 할인도 되니까 이득인 경우가 많아.

M : 그렇구나. 하지만 말이야. 난 가방을 들고 다니는 습관이 없어서 말이야. 가방에 그냥 넣어 두면 되겠지만, 항상 지갑이랑 휴대폰만 들고 다니니까.

F : 가방 들고 다니면 되잖아. 아니면 에코백에 넣고 다니면 되잖아.

M : 아니, 그치만 귀찮아. 그렇다면 언제든지 비닐봉투를 살 수 있게 해 둘게.

남자는 이제부터 어떻게 하겠다고 말하고 있습니까?

1	エコバッグを買う	1	에코백을 산다
2	エコバッグをポケットに入れておく	2	에코백을 주머니에 넣어 둔다
3	ビニール袋をもらわない	3	비닐봉투를 받지 않는다
4	小銭を持っていく	4	잔돈을 가지고 다닌다

단어

エコバッグ 에코백 | 折り畳み 접어 작게 함 | 持ち運び 들어 나름 | ビニール袋 비닐봉투 | 小銭 잔돈 | 抱える (껴)안다 | ポイント 포인트 | 得する 득보다 | 入れっぱなし 넣어둠

해설

여자는 에코백을 추천하지만, 남자는 귀찮으니 비닐봉투를 살 수 있게 해 두겠다고 한다. 비닐봉투는 잔돈으로만 살 수 있으므로 4번이 정답이다.

5番

3-1-06.MP3

会社で男の人と女の人が電話で話しています。女の人はどうすることにしましたか。

M：明日、大雪注意報が出てるんですけど、大丈夫ですかね。

F：そうみたいね。明日から出張だっていうのに。飛行機、ちゃんと飛ぶかしら。

M：先ほど、航空会社に電話して確認したんですが、まだ欠航にはなっていないとのことでした。

F：そう。今回は工場の視察も兼ねてるから絶対行きたいんだけど。大雪だったら、新幹線で行くのも無理よね。

M：そうですね。どうなるかわかりませんし、もし無理そうなら、ウェブ会議にするのはどうですか。

F：そうね。電話よりも顔を見ながら話せるし、いいんだけど、私あんまりやったことないから、よくわからないのよね。しかもカメラに向かって話すのも苦手だし。自分の顔を画面でみると何だか恥ずかしくて。

M：僕も大学の時、時間を合わせるのが難しくて、会議はほとんどウェブ上ですることが多かったんですが、結構いいですよ。

회사에서 남자와 여자가 통화하고 있습니다. 여자는 어떻게 하기로 했습니까?

M : 내일 대설주의보가 내려졌는데, 괜찮을까요?

F : 그런 것 같네. 내일부터 출장인데. 비행기 제대로 뜰까?

M : 아까 항공사에 전화해서 확인했는데요, 아직 결항되지는 않았대요.

F : 그래. 이번에는 공장 시찰을 겸하고 있어서 꼭 가고 싶은데. 대설이라면 신칸센으로 가는 것도 무리지.

M : 그렇군요. 어떻게 될지 모르겠고, 만약 무리일 것 같으면 화상 회의로 하는 건 어때요?

F : 글쎄. 전화보다도 얼굴을 보면서 얘기할 수 있으니까 괜찮지만, 난 별로 해 본 적이 없어서 잘 모르겠어. 게다가 카메라를 보고 말하는 것도 서툴고. 내 얼굴을 화면으로 보면 왠지 부끄럽고.

M : 저도 대학 때 시간 맞추기가 어려워서 회의 거의 화상으로 하는 경우가 많았는데요, 꽤 좋아요.

移動する必要がないのはもちろんですけど、映像によって相手の表情が見えるので、緊張感がなくなるということはないですし。

F : そっか。そしたら、一応、ギリギリまでは行く方向で準備しておいて、万が一に備えてウェブ会議の準備をしておいてくれる？

M : わかりました。

女の人はどうすることにしましたか。

1	大雪でも出張に行く	
2	出張を中止してウェブ会議にする	
3	出張に行けない場合はウェブ会議にする	
4	出張もウェブ会議も中止する	

이동할 필요가 없는 건 물론이지만, 영상으로 상대방 표정이 보여서 긴장감이 없어지는 건 아니고요.

F : 그렇구나. 그러면 일단은 최대한 가는 방향으로 준비해 놓고, 만일에 대비해 화상 회의 준비를 해 둘래?

M : 알겠습니다.

여자는 어떻게 하기로 했습니까?

1 대설이라도 출장 간다

2 출장을 중지하고 화상 회의를 한다

3 출장을 못 가는 경우는 화상 회의를 한다

4 출장도 화상 회의도 중지한다

단어

注意報 주의보 | 欠航 결항 | 視察 시찰 | 兼ねる 겸하다 | ウェブ会議 화상 회의 | 結構 꽤 | 映像 영상 | 緊張感 긴장감 | ギリギリ 빠듯함 | 万が一 만일 | 備える 대비하다, 준비하다

해설

여자의 마지막 대사에 주목한다. 끝까지 출장으로 가는 방향으로 하되, 만약 안 되면 화상 회의로 바꾼다는 것이므로 정답은 3번.

---

6 番

 3-1-07.MP3

ライブ会場の近くで女の人と男の人が話しています。男の人はこれからまず何をしますか。

F : うわー、もう人が並んでる！やっぱり人気よね。しかも5年ぶりのライブだし。

M : そうだね。5万人分のチケットが3分で完売だったらしいよ。取ってくれた友達に感謝するしかないね。僕たちの席は、かなり後ろの方みたいだけど、特大スクリーンがあるみたいだし、しかも、近くまで来てくれるみたいなんだよ。でもトイレが遠いらしくて、始まる前には行っといた方がいいって。

콘서트장 근처에서 여자와 남자가 이야기하고 있습니다. 남자는 지금부터 우선 무엇을 합니까?

F : 와, 벌써 사람들이 줄 서 있어! 역시 인기네. 게다가 5년 만에 하는 콘서트이니.

M : 그렇구나. 5만 명분 티켓이 3분 만에 매진됐대. 끊어준 친구한테 감사할 수밖에 없네. 우리 자리는 꽤 뒤쪽 같지만, 대형 스크린이 있는 모양이고, 게다가 근처까지 와 주는 모양이야. 하지만 화장실이 멀어서 시작 전에는 가 두는 게 좋대.

F : そうなんだ！あー、なんだか緊張してきた。今日はとことん楽しまなくちゃ！でもちょっとお腹すいたなぁ。なんか食べる？ライブまでまだ2時間もあるし。

M : そういえば駅からこっちに向かうときに屋台がたくさん出てたよね？そこ行ってみる？やきそばとかたこ焼きとか軽く食べようよ。

F : いいね。飲み物はどうしようか。行ったら何かあるかな。

M : いや、飲みものはなかった気がするな。かき氷とかはあったと思うけど。

F : そしたら、私はあっちの自動販売機で買ってから屋台の方に行くから、先に行って屋台で何か買っててくれる？

M : わかった。たぶん屋台も人が多そうだから、適当なもの見つけて買っとくよ。あっ、飲み物は炭酸以外でお願いしてもいい？

F : わかった！買ってからすぐそっち向かうね。

男の人はこれからまず何をしますか。

1 トイレに行っておく
2 炭酸以外の飲み物を買う
3 屋台に行って食べ物を買う
4 かき氷を買う

F : 그렇구나! 아, 왠지 긴장돼. 오늘은 끝까지 즐겨야지. 근데 배가 좀 고파. 뭔가 먹을래? 콘서트까지 아직 두 시간이나 있으니까.

M : 그러고 보니 역에서 이쪽으로 올 때 포장마차가 많이 나와 있었지? 거기 가 볼래? 볶음국수나 다코야키 같은 거 가볍게 먹자.

F : 좋아. 마실 건 어떻게 할까? 가면 뭔가 있을까?

M : 아니, 마실 건 없었던 것 같아. 빙수 같은 건 있을 것 같지만.

F : 그럼 나는 저쪽 자판기에서 사서 포장마차 쪽으로 갈 테니까 먼저 가서 포장마차에서 뭔가 사 줄래?

M : 알았어. 아마 포장마차도 사람이 많을 것 같으니까 적당한 걸 찾아서 사 둘게. 아, 음료는 탄산 아닌 걸로 부탁해도 돼?

F : 알았어! 사서 바로 그쪽으로 갈게.

남자는 지금부터 우선 무엇을 합니까?

1 화장실에 간다
2 탄산 이외의 음료를 산다
3 포장마차에 가서 먹을 것을 산다
4 빙수를 산다

단어

完売 매진, 완판 | スクリーン 스크린 | とことん 철저하게, 끝까지 | 屋台 포장마차 | かき氷 빙수 | 炭酸 탄산

해설

남자는 여자에게 포장마차에서 뭔가 적당한 음식을 사 달라고 부탁받았으므로 정답은 3번이다. 화장실은 콘서트 전에 가는 게 좋다고 친구에게 들었을 뿐이고 지금 당장 하는 것은 아니다. 음료를 사는 것은 여자가 하겠다고 했고, 빙수를 산다고는 하지 않았다.

問題 2

문제2에서는 먼저 질문을 들으세요. 그런 다음 문제지의 보기를 읽으세요. 읽을 시간이 있습니다. 그러고 나서 이야기를 듣고 문제지의 1~4 중에서 가장 알맞은 것을 하나 고르세요.

例

男女の友達同士が話しています。女の人はどうして彼が怒ったと言っていますか。

F : ああ。どうしよう。彼を怒らせちゃったみたい。

M : どうしたの?

F : それが、この間、会社の飲み会があったんだけど、ほら、うちの部署、男性社員ばかりじゃない。行くのはちょっと…って言われてたんだけど、仕方なくて…。

M : ああ。それで怒らせちゃったの?

F : ううん、それはなんとか大丈夫だったの。それよりも彼が心配して何度も電話してたみたいなんだけど、私酔っぱらっちゃって…全然電話に出なかったの。

M : え? それで連絡した?

F : 次の日、携帯の着信履歴みてびっくり。あわてて彼に電話したら、なんで電話に出なかったのかって。

M : そりゃそうだ。

女の人はどうして彼が怒ったと言っていますか。

1 早く帰らなかったから
2 飲み会に行ったから
3 電話に出なかったから
4 携帯をなくしてしまったから

남녀 친구끼리 이야기하고 있습니다. 이 여자는 왜 남자 친구가 화났다고 말하고 있습니까?

F : 아〜. 어쩌지? 남자 친구를 화나게 한 거 같아.

M : 어떻게 한 거야?

F : 그게 요전에 회사 회식이 있었는데, 있잖아, 우리 부서, 남자 사원뿐이잖아. 가는 건 좀…이라고 했는데 어쩔 수 없이….

M : 아. 그래서 화나게 했구나.

F : 아니, 그건 그럭저럭 괜찮았어. 그것보다도 남자 친구가 걱정돼서 몇 번이나 전화했던 것 같은데 내가 취해 버려서…전화를 전혀 안 받았어.

M : 뭐? 그래서 연락했어?

F : 다음 날 휴대폰 부재중 통화를 보고 깜짝 놀랐어. 서둘러서 남자 친구한테 전화했더니 왜 전화를 안 받았냐고.

M : 그건 그렇네.

이 여자는 왜 남자 친구가 화났다고 말하고 있습니까?

1 빨리 돌아가지 않았기 때문에
2 회식에 갔기 때문에
3 전화를 받지 않았기 때문에
4 휴대폰을 잃어버렸기 때문에

단어

怒らせる 화나게 하다 | ほら 급히 주의를 환기시킬 때 내는 소리, 이봐, 얘, 자 | 部署 부서 | 仕方ない 어쩔 수 없다 | なんとか 어떻게든 | それよりも 그것보다도 | 酔っぱらう 몹시 취하다 | 電話に出る 전화를 받다 | 着信履歴 착신 이력

1番

 3-1-09.MP3

不動産で男の人と女の人が話しています。女の人は何を重視して部屋を選びましたか。

M：こちらのお部屋はいかがですか。現在新築のアパートで家賃も格安で、駅から徒歩5分ですが。

F：うーん。アパートか。でもやっぱり女性の一人暮らしだからセキュリティーはしっかりしてないとなぁ。アパートだとちょっと心配なのよね。

M：それならこちらはどうでしょう。エントランスホールには管理人が24時間いますし、エレベーターも自分の部屋の階しかいけません。玄関も二重ロックですし。セキュリティーは万全です。

F：すごい。これだけ、セキュリティーがしっかりしていたら安心ね。でも家賃が高そうだけど。

M：そうですね。ご希望の家賃価格よりは3万円ほど高くなりますね。

F：3万円か。高いわね。他の部屋はどう？今見せてもらった2つの部屋より広い物件とかあるかしら。

M：それでしたら、こちらのお部屋なんかどうでしょう。駅からは少し遠いんですが、マンションで、お部屋も広く、日当たりもいいですね。それに、家賃はお客様のご予算より1万円ほどお安くなっております。

F：この部屋いいじゃない！セキュリティーもある程度は完備されてるし、何より家賃が安い！アパートほど安くはないけど、やっぱり家賃の出費は抑えたほうがいいし。よし。それならこの部屋にするわ。

M：ありがとうございます。それではお手続きの準備をいたしますね。

女の人は何を重視して部屋を選びましたか。

부동산에서 남자와 여자가 이야기하고 있습니다. 여자는 무엇을 중시해서 방을 골랐습니까?

M：이 방은 어떠세요? 현재 신축 아파트라 집세도 싸고, 역에서 도보 5분인데요.

F：음. 아파트라. 하지만 역시 여자 혼자 사니까 보안은 확실히 돼 있어야 하는데. 아파트라면 좀 걱정되네.

M：그럼 이쪽은 어떨까요? 입구에는 관리인이 24시간 있고, 엘리베이터도 자기 방 층만 갈 수 있습니다. 현관도 이중 잠금이고요. 보안은 완벽합니다.

F：멋지다. 이만큼 보안이 완벽하면 안심이네. 하지만 집세가 비쌀 것 같은데.

M：그렇군요. 원하시는 집세보다는 3만 엔 정도 비싸네요.

F：3만 엔이나. 비싸네. 다른 방은 어때요? 지금 본 두 방보다 넓은 물건 같은 게 있을까요?

M：그러시면 이쪽 방은 어떠세요? 역에서는 조금 멀지만, 맨션이고 방도 넓고 채광도 좋아요. 게다가 집세는 고객님 예산보다 만 엔 정도 쌉니다.

F：이 방 좋잖아! 보안도 어느 정도는 완비되어 있고, 무엇보다 집세가 저렴해! 아파트만큼 싸지는 않지만 역시 집세 지출은 억제하는 게 좋으니까. 좋았어. 그럼 이 방으로 할게요.

M：감사합니다. 그럼 수속 준비를 하겠습니다.

여자는 무엇을 중시해서 방을 골랐습니까?

1 部屋の広さと日当たり	1 방의 넓이와 채광
2 家賃の安さとセキュリティー	2 저렴한 집세와 보안
3 駅からの距離	3 역에서의 거리
4 部屋の広さとセキュリティー	4 방의 넓이와 보안

단어

新築 신축 | アパート 아파트 | 家賃 집세 | セキュリティー 보안 | エントランスホール 입구 | 管理人 관리인 | 玄関 현관 | 二重ロック 이중 잠금 | 万全 만전 | 物件 물건 | 日当たり 볕이 듦 | 予算 예산 | 完備 완비 | 出費 지출 | 抑える 억제하다 | 手続き 수속, 절차

해설

여자는 처음에는 보안이 확실해야 한다고 했지만, 보안이 확실해도 희망 금액보다 집세가 비싸면 마음에 들지 않는 것 같다. 대화 마지막 부분에서 보안도 좋고, '무엇보다' 집세가 싸다고 말하고 있으므로 중시한 요소는 보안과 저렴한 집세이다. 정답은 2번.

2番

3-1-10.MP3

男の人と女の人が話しています。男の人は離婚について どう思っていますか。

F：最近3組に1組は離婚する時代って言うじゃない？ 離婚 したって聞くとどう思う？

M：うーん。あんまりいいイメージはないかなぁ。

F：そうよねぇ。

M：離婚するからには何か問題があるからだと思うし、も し子供がいたら少なくともいい影響は与えないと思う けどなぁ。

F：でもねぇ。一緒に暮らしててもけんかばかりして、お 互い不満ばっかり言い合うような毎日なら、いっそ離 婚したほうがいい気もするな。無理して一緒にいる必 要ないし。

M：確かにそれはそうだね。今は離婚したって言われても 「へ～、そうなんだ」くらいにしか思われないし、辛い 思いをするくらいなら離婚してもいいかもね。

남자와 여자가 이야기하고 있습니다. 남자는 이혼에 대해서 어떻게 생각하고 있습니까?

F：요즘 세 쌍에 한 쌍은 이혼하는 시대라고 하잖아. 이혼했단 말 들으면 어떻게 생각해?

M：음. 별로 좋은 이미지는 아니랄까.

F：그렇지.

M：이혼하는 이상에는 뭔가 문제가 있기 때문일 것 같고, 만약 아이가 있다면 적어도 좋은 영향은 주지 않을 것 같은데….

F：하지만 말이야. 같이 살아도 싸움만 하고, 서로 불평만 하는 매일이라면 차라리 이혼하는 게 나을 것도 같아. 무리해서 같이 있을 필요 없고.

M：확실히 그건 그렇네. 지금은 이혼했다고 해도 '어～, 그래' 정도로밖에 생각되지 않고, 고통스러울 정도라면 이혼해도 괜찮을지도 모르겠네.

F : そうそう。会社の同僚の中にも離婚した人がいるんだけど「区切りがついてすっきりした」とか「将来離婚しなければよかったって思うかもしれないけど、今は後悔してない」って話す人もいるし、前向きなスタートっていう見方もあるわね。

M : そっか〜。離婚は人生の失敗って思ってる人は少なくなってきてる今の時代の風潮かもね。でもやっぱり僕は離婚はしたくないかな。

F : えっ? その前に結婚できるかどうかわからないじゃない。

M : あはは。それもそうだね。

男の人は離婚についてどう思っていますか。

1 特に悪いイメージは持っていない
2 前向きなスタートなら離婚してもいい
3 無理に離婚することはない
4 あまりいいイメージは持っていない

F : 맞아. 회사 동료 중에도 이혼한 사람이 있는데 '정리가 돼서 시원해'라든가 '훗날 이혼을 하지 말걸 하고 생각할 수도 있지만 지금은 후회하지 않아'라고 말하는 사람도 있고, 적극적인 출발이라는 견해도 있어.

M : 그렇구나. 이혼은 인생의 실패라고 생각하는 사람이 적어지는 지금 시대의 풍조일지도. 하지만 역시 나는 이혼은 하고 싶지 않으려나.

F : 뭐? 그 전에 결혼할 수 있을지 모르잖아.

M : 아하하. 그것도 그렇네.

남자는 이혼에 대해서 어떻게 생각하고 있습니까?

1 딱히 나쁜 이미지는 갖고 있지 않다
2 적극적인 출발이라면 이혼해도 좋다
3 무리하게 이혼할 필요는 없다
4 별로 좋은 이미지는 갖고 있지 않다

단어

~組 ~쌍 | 少なくとも 적어도 | 影響 영향 | 与える 주다 | いっそ 도리어, 차라리 | 同僚 동료 | 区切りをつける 단락을 짓다 | すっきりする 기분이 후련해지다 | 後悔 후회 | 前向き 적극적임 | スタート 스타트, 출발 | 見方 견해 | 風潮 풍조

해설

남자는 시작 부분에서 이혼에 대해 딱히 좋은 이미지는 아니라고 했다. 대화 중에 이혼에 대해 사는 게 힘들면 이혼해도 좋을지도 모른다고는 말하고 있지만, 맨 끝에 역시 본인은 이혼하고 싶지 않다고 말하고 있으므로 정답은 4번이다.

お笑い芸人がテレビのインタビューを受けています。お笑い芸人は今後何をしていきたいと考えていますか。

F：衝撃的なギャグで脚光を浴びてきた芸人の月島さん。一時期は毎日のようにテレビで拝見していましたが、テレビ番組と距離を置いた理由を伺ってもよろしいでしょうか。

M：そうですね～。自分でもびっくりするくらいブレークしてしまって、テレビの仕事はスケジュールの面でもいつなくなるかわからないじゃないですか。いつまで番組に出続けられるか、いつまで番組に呼んでもらえるか、毎日不安でした。また、次々に新しい芸人が出てくることに恐怖さえも覚え、自分の居場所がなくなるのではといった焦りも感じましたね。そんな競争社会から距離を置きたくなったというのが正直な気持ちですね。

F：そうでしたか。視聴者からしたら、最近テレビで見なくなったなあ～という印象でしたが、最近はどのような活動をされているんですか。

M：最近では全国各地で営業をするだけではなく、バラエティーの世界以外でも積極的に活動しています。体育大学卒業なので、自慢の体を生かしてマラソン大会に出場したり、自転車の旅に挑戦するなどして活動の幅を広げています。

F：今後はどのようなことをしていきたいとお考えでしょうか。

M：そうですね。最近は何冊か絵本を出版したのですが、最初は自分の子供のために書いた本でしたが、意外と反響がよくて。ショッピングモールや公園など子供たちが集まる場所に行って読み聞かせをしたいですね。定期的に開催し、子供たちとの距離を縮めていけたらと思っています。

개그맨이 TV 인터뷰를 하고 있습니다. 개그맨은 앞으로 무엇을 하고 싶습니까?

F : 충격적인 개그로 각광을 받아온 개그맨 쓰키지마 씨. 한때는 매일 같이 TV에서 뵀었는데, TV 프로그램과 거리를 둔 이유를 여쭤 봐도 될까요?

M : 글쎄요. 저도 깜짝 놀랄 정도로 쉬어요. TV 일은 스케줄 면에서도 언제 없어질지 모르잖아요. 언제까지 방송에 계속 나올 수 있을지, 언제까지 방송에 불러줄지 매일 불안했습니다. 또, 차례로 새로운 개그맨이 나오는 것에 두려움마저도 느껴, 제가 설 자리가 없어지는 건 아닌가 하는 초조함도 느꼈습니다. 그런 경쟁 사회에서 거리를 두고 싶어졌다는 게 솔직한 심정이네요.

F : 그랬습니까? 시청자 입장에서 보면, 요즘 TV에서 안 보이네 하는 느낌이었는데요, 요즘은 어떤 활동을 하고 계시나요?

M : 요즘은 전국 각지에서 영업을 하는 것뿐 아니라 예능 세계 이외에서도 적극적으로 활동하고 있습니다. 체대 졸업이라서 자랑인 몸을 살려서 마라톤 대회에 출전하기도 하고, 자전거 여행에 도전하는 등 활동의 폭을 넓히고 있습니다.

F : 앞으로는 어떤 일을 하고 싶으세요?

M : 글쎄요. 최근에는 몇 권의 그림책을 출판했는데, 처음에는 제 아이를 위해 쓴 책이었는데, 의외로 반향이 좋아요. 쇼핑몰이나 공원 등 아이들이 모이는 장소에 가서 읽어 주고 싶습니다. 정기적으로 개최해 아이들과의 거리를 좁혀 나갈 수 있었으면 좋겠습니다.

F : そうですか。素敵な活動ですね。がんばってください！

お笑い芸人は今後何をしていきたいと考えていますか。

1　テレビで自分の番組を持ちたい
2　自慢の体を生かしてマラソン大会に出場したい
3　子供たちに絵本の読み聞かせをしていきたい
4　テレビでできる活動の幅を広げていきたい

F : 그렇군요. 멋진 활동이네요. 힘내세요!

개그맨은 앞으로 무엇을 하고 싶습니까?

1　TV에서 자신의 프로그램을 갖고 싶다
2　자랑인 몸을 살려 마라톤 대회에 출전하고 싶다
3　아이들에게 그림책을 읽어 주고 싶다
4　TV에서 할 수 있는 활동의 폭을 넓히고 싶다

단어

お笑い芸人 개그맨｜衝撃的 충격적｜ギャグ 개그｜脚光を浴びる 각광을 받다｜一時期 한 시기｜拝見する 보다｜距離を置く 거리를 두다｜伺う 물어보다｜ブレーク 짤막한 휴식｜恐怖を覚える 공포를 느끼다｜居場所 거처｜焦り 초조함｜競争 경쟁｜視聴者 시청자｜営業 영업｜バラエティー 버라이어티｜生かす 살리다｜幅を広げる 폭을 넓히다｜絵本 그림책｜反響がいい 반향이 좋다｜読み聞かせ 문장을 읽어서 들려줌｜開催 개최｜縮める 좁히다

해설

여자가 마지막 질문으로 앞으로 어떤 일을 하고 싶은지 묻자 남자는 아이들에게 그림책을 읽어주고 싶다고 대답하고 있다. 정답은 3번. TV에서 자신의 프로그램을 갖고 싶은지, TV에서 할 수 있는 활동의 폭을 넓히고 싶다고는 말하지 않았다. 또한 마라톤 대회에는 이미 출전하고 있으므로 향후 하고 싶은 것은 아니다.

4番

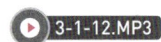 3-1-12.MP3

男の人と女の人がネットショッピングについて話しています。女の人はネットショッピングの一番の魅力は何だと言っていますか。

M : 最近ネットショッピング始めたんだけどさ。便利でいいね。使ってる？
F : もちろん！毎日のように使ってるわよ。
M : さすが！最近は何か買った？
F : うーん、そうね。洋服かな。仕事が忙しくて、ショッピングに行く暇もないのよ。自分のサイズはだいたい分かってるし、いいものがあったらすぐ注文しちゃってる。

남자와 여자가 인터넷 쇼핑에 대해서 이야기하고 있습니다. 여자는 인터넷 쇼핑의 가장 큰 매력이 무엇이라고 합니까?

M : 최근 인터넷 쇼핑을 시작했는데. 편리하고 좋네. 쓰고 있어?
F : 물론이지! 매일 같이 쓰고 있어.
M : 역시! 최근엔 뭔가 샀어?
F : 음, 글쎄. 옷이구나. 일이 바빠서 쇼핑하러 갈 시간도 없어. 내 사이즈는 대개 알고 있으니까 좋은 게 있으면 바로 주문하고 있어.

M：へ～。すごいね。僕はまだそこまではできないな。サイズが合わなかったらどうしようって心配しちゃってなかなか踏み出せない。でも食料品はネットで買ってるんだ。家から出なくて済むし、なくなったらすぐ注文できるし。

F：そうそう。ネットショッピングっていつでも注文できるってところがいいわよね。私も最近はスーパー行ってないな。食べ物とか飲み物とか今まではスーパーに買いに行って、重たい荷物持って帰ってきて、すごく面倒臭かったんだけど、ネットで注文してから、楽になったわ。あと必要だと思った瞬間に、その場で注文できるから、買い忘れってこともなくなったかな。

M：そうなんだよね。一回やり始めるとはまっちゃって、この楽さからなかなか抜け出せそうにないよ。

F：これから外で買い物する機会がどんどん減っていきそうね。

女の人はネットショッピングの一番の魅力は何だと言っていますか。

M：와, 대단하네. 난 아직 거기까지는 못하는데. 사이즈가 안 맞으면 어쩌나 하고 걱정해서 좀처럼 시작할 수가 없어. 하지만 식료품은 인터넷에서 사고 있어. 집에서 안 나가도 되고, 떨어지면 바로 주문할 수 있고.

F：맞아 맞아, 인터넷 쇼핑은 언제든 주문할 수 있다는 점이 좋아. 나도 요즘은 슈퍼에 안 가. 먹을 거나 마실 건 지금까지는 슈퍼에 사러 가서 무거운 짐을 들고 와서 아주 귀찮았는데, 인터넷으로 주문하고 나서 편해졌어. 그리고 필요하다고 생각한 순간에 그 자리에서 주문할 수 있으니까 살 걸 잊어버리는 일도 없어졌지.

M：그렇구나. 한 번 하기 시작하면 빠져 버려서 이 재미에서 좀처럼 벗어나지 못할 것 같아.

F：앞으로 밖에서 쇼핑할 기회가 점점 줄어들 것 같아.

여자는 인터넷 쇼핑의 가장 큰 매력은 무엇이라고 합니까?

1　いつでも注文できるところ
2　自分に合う服の種類が多いところ
3　すぐ届けてくれるところ
4　気軽に返品できること

1　언제든지 주문할 수 있는 점
2　자기한테 맞는 옷의 종류가 많은 점
3　바로 보내주는 점
4　쉽게 반품할 수 있는 점

단어

ネットショッピング 인터넷 쇼핑 | 洋服 옷 | サイズ 사이즈 | 大体 대부분 | なかなか 좀처럼 | 踏み出す 내딛다 | 食料品 식료품 | スーパー 슈퍼마켓 | その場 그 순간 | はまる 빠지다 | 抜け出す 벗어나다 | 機会 기회

해설

여자는 바빠서 쇼핑하러 갈 시간이 없고, 또 대화 중반부에 언제라도 주문할 수 있다는 점이 좋다고 말하고 있다. 따라서 정답은 1번이다. 2, 3, 4번은 대화 내용에 나오지 않는다.

<ruby>番<rt>ばん</rt></ruby>

3-1-13.MP3

旅行会社の人が話しています。一番人気のコースは何だと言っていますか。

F：いくつかプランがございますが、まずは台湾3泊4日のコースはいかがでしょうか。飛行時間も短く、気軽にいける海外と最近お問い合わせが増えています。定番グルメを楽しみたい、夜市に行ってお買い物したいという方にはぴったりです。もちろんオプションで世界遺産や美術館などを巡るコースも付けられます。お値段もリーズナブルで、女性の方からのお申込みが多いですね。次にこちらシンガポール3泊5日のコースですが、こちらは3か月前から予約が殺到しています。絶景スポットやおしゃれなカフェなどが多く、若い女性に大人気です。あまりにも予約が多く、定員オーバーしたため追加でコースを作りました。残席はあとわずかとなりますが、今ならお申込み可能です。ハワイも人気ですね。シンガポールほどではないですが、こちらも3泊5日で観光地を巡ったり、サーフィンをしたりとハワイを満喫できるコースになっています。ちょっと遠くはなりますが、ドバイもおすすめですね。中東ならではのアラビアン文化を体験できますし、意外と治安が良く、高級ホテルでのスパやアフタヌーンティーも楽しめます。

여행사 직원이 이야기하고 있습니다. 가장 인기 있는 코스는 무엇이라고 합니까?

F：몇 가지 플랜이 있는데요, 먼저 대만 3박 4일 코스는 어떠세요? 비행 시간도 짧고, 부담 없이 갈 수 있는 해외라 최근 문의가 증가하고 있습니다. 대표적인 식도락을 즐기고 싶다거나, 야시장에 가서 쇼핑을 하고 싶은 분께는 안성맞춤입니다. 물론 옵션으로 세계유산이나 미술관 등을 도는 코스도 추가할 수 있습니다. 가격도 합리적이어서 여성분들의 신청이 많네요. 다음으로 이쪽 싱가포르 3박 5일 코스인데요, 이쪽은 세 달 전부터 예약이 쇄도하고 있습니다. 절경 명소와 멋진 카페 등이 많아 젊은 여성에게 인기가 많습니다. 예약이 너무 많아 정원이 초과되어 추가로 코스를 만들었습니다. 남은 자리는 얼마 안 되지만, 지금이라면 신청 가능합니다. 하와이도 인기가 많네요. 싱가포르만큼은 아니지만, 이쪽도 3박 5일로 관광지를 돌거나, 서핑을 하거나 하며 하와이를 만끽할 수 있는 코스로 구성돼 있습니다. 좀 멀긴 하지만 두바이도 추천할 만합니다. 중동만의 아라비안 문화를 체험할 수 있고 의외로 치안이 좋으며, 고급 호텔에서의 스파와 애프터눈 티도 즐길 수 있습니다.

一番人気のコースは何だと言っていますか。

가장 인기 있는 코스는 무엇이라고 합니까?

1　台湾

2　シンガポール

3　ハワイ

4　ドバイ

1　대만

2　싱가포르

3　하와이

4　두바이

단어

プラン 플랜 | 飛行時間 비행 시간 | 気軽に 부담 없이 | 問い合わせ 문의 | グルメ 식도락 | 夜市 야시장 | ぴったり 딱임 | オプション 옵션 | 世界遺産 세계 유산 | 巡る 돌다, 순회하다 | コース 코스 | リーズナブル 합리적임 | 申込み 신청 | 殺到 쇄도 | 絶景スポット 절경 지점 | 定員オーバー 정원 초과 | 残席 잔여석 | わずか 조금 | 満喫する 만끽하다 | おすすめ 추천 | 中東 중동 | アラビアン文化 아라비안 문화 | 治安 치안 | スパ 스파 | アフタヌーンティー 애프터눈 티

해설

이야기 중반에 싱가포르가 3개월 전부터 예약이 쇄도하고 있으며, 추가로 코스를 만들었다고 했으므로 인기가 제일 많다. 정답은 2번이다.

6 番

男の人と女の人が話しています。女の人は観葉植物の育て方の何が問題だと言っていますか。

M : 先日観葉植物を買ったんですが、全然大きくならないんです。何が原因なのでしょう。

F : ああ〜、そうですね。肥料は適度に与えていますか。

M : はい。定期的に肥料も与えていますし、観葉植物は水を毎日与えなくてもいいと言われてたので、水も1週間に1度たっぷり与えています。家が日当たりが悪くて、直接日差しを受けられないことが原因でしょうか。

F : あっ、なるほど。この観葉植物は水よりも日光を必要とする植物なんです。湿った場所では育ちませんし、土が濡れている状態なのにまた水を与えてしまうと、かえって腐ってしまう可能性があります。ですので、十分に日光を浴びさせてください。ベランダに出しておくのもいいし、室内に日が当たる場所がなければ休みの日に1日外に出しておくのもいいでしょう。肥料は今のままで定期的に与えてください。

M : そうですか。室内に置いておける観葉植物だと聞いたので、てっきり日光は必要ないと思ってました。

남자와 여자가 이야기하고 있습니다. 여자는 관엽식물 기르는 방법의 무엇이 문제라고 합니까?

M : 요전에 관엽식물을 샀는데 전혀 안 자라요. 뭐가 원인일까요?

F : 아〜, 그렇군요. 비료는 적당히 주고 있나요?

M : 네. 정기적으로 비료도 주고 있고, 관엽식물은 물을 매일 주지 않아도 된다고 해서 물도 일주일에 한 번 푹 주고 있습니다. 집이 볕이 잘 안 들어서 직접 햇빛을 못 받는 게 원인일까요?

F : 아, 그렇군요. 이 관엽식물은 물보다도 햇빛을 필요로 하는 식물입니다. 습한 곳에서는 안 자라고, 흙이 젖어 있는 상태인데 또 물을 주게 되면 오히려 썩을 가능성이 있습니다. 그러니 충분히 햇빛을 쬐게 해 주세요. 베란다에 내놓는 것도 좋고 실내에 해가 드는 곳이 없으면 휴일에 하루 밖에 내놓는 것도 좋겠죠. 비료는 지금처럼 정기적으로 주세요.

M : 그렇군요. 실내에 놔둘 수 있는 관엽식물이라고 들어서 틀림없이 햇빛은 필요 없다고 생각했습니다.

F：いくら観葉植物といっても植物によって特性がありますからね。室内であっても少しでも光が当たる場所に置いておくといいですよ。水は土が乾いたらあげるようにしてくださいね。それからこちらの肥料ですが、最近改良された肥料なんですよ。これを2か月に1度与えると大きくなると思いますよ。

F：아무리 관엽식물이라고 해도 식물마다 특성이 있으니까요. 실내라도 조금이라도 빛이 닿는 곳에 놔두면 돼요. 물은 흙이 마르면 주도록 하세요. 그리고 이 비료 말인데요, 최근 개량된 비료거든요. 이걸 두 달에 한 번 주면 자랄 거예요.

女の人は観葉植物の育て方の何が問題だと言っていますか。

여자는 관엽식물 기르는 방법의 무엇이 문제라고 합니까?

1　肥料をたっぷり与えていたこと
2　水を与える頻度が少なかったこと
3　日差しを十分に与えていなかったこと
4　室内においていたこと

1　비료를 듬뿍 주었던 것
2　물을 주는 빈도가 적었던 것
3　햇빛을 충분히 주지 않았던 것
4　실내에 두었던 것

단어

先日 요전날, 일전 | 観葉植物 관엽식물 | 肥料 비료 | 適度に 적당히 | 与える 주다 | 定期的 정기적 | 日当たり 볕이 듦 | 日差し 햇빛 | 日光 햇빛 | 湿る 습하다 | ベランダ 베란다 | 室内 실내 | てっきり 틀림없이, 꼭 | 特性 특성 | 改良 개량

해설

관엽식물이니까 햇빛이 필요 없다고 생각해서 햇볕을 쬐어 주지 않은 점이 문제인 것을 알 수 있다. 정답은 3번. 비료와 물은 지금 정도면 되고, 실내에 둔 것은 문제가 아니다.

7番

 3-1-15.MP3

会社で男の人と女の人が話しています。男の人はなぜアルバイトを辞めると言っていますか。

회사에서 남자와 여자가 이야기하고 있습니다. 남자는 왜 아르바이트를 그만두겠다고 합니까?

M：あ〜。もう無理だ！
F：どうしたの？何かあったの？
M：それがさ、先月からレストランの調理のアルバイト始めたんだけど、最悪なんだよ。エアコンは効かなくて暑いし、人手が足りないときは洗い場もやんなきゃいけないし。体が1つじゃ足りないよ。
F：大変だね。

M：아, 이제 무리야!
F：왜 그래? 무슨 일 있었어?
M：그게 말이지, 지난달부터 레스토랑에서 조리 아르바이트를 시작했는데, 최악이야. 에어컨은 안 들어서 덥고, 일손이 모자랄 때는 설거지도 해야 하고. 몸이 하나로는 부족해.
F：힘들겠네.

M：でも肉体的な疲れはまだ大丈夫なんだよ。問題は一緒に働いてる社員が相当嫌な奴でさ。こっちはわからないから聞いてるのに、嫌な顔されるし、できなかったら散々文句言われた挙句、最初から全部やりなおしとか言われるし。この間なんかせっかく作った料理、ひっくり返されて全部ゴミ箱行きだよ。もう最悪。

F：うわー、それはひどいね。体が疲れるのはなんとか回復できるけど、精神的な疲れってなかなかとれないのよね。

M：そうなんだよ。ストレスたまって限界でさ。昨日もまたネチネチいろいろ言われて、もうやってられないよ。明日バイト先に行ってやめてくるつもり。

F：そっかそっか。それがいいね。無理して働くことないよ。

男の人はなぜアルバイトを辞めると言っていますか。

M : 그래도 육체적인 피로는 아직 괜찮아. 문제는 같이 일하는 사원이 어지간히 싫은 녀석이라서 말이야. 나는 몰라서 묻는 건데 싫은 얼굴을 하고, 못 하면 이러쿵저러쿵 불평을 하다가 결국 처음부터 다 다시 하라고 하고, 요전엔 뭔가 애써 만든 요리를 엎어서 전부 쓰레기통행이었어. 정말이지 최악이야.

F : 와, 그거 너무하네. 몸이 피곤한 건 어떻게든 회복할 수 있지만, 정신적인 피로는 좀처럼 풀 수 없는데.

M : 그렇다니까. 스트레스가 쌓여서 한계라서 말이야. 어제도 또 깐족깐족 이런저런 말을 들어서 더 이상 못하겠어. 내일 아르바이트 하는 곳에 가서 그만두고 올 생각이야.

F : 그렇구나. 그게 좋겠네. 무리해서 일할 필요 없어.

남자는 왜 아르바이트를 그만두겠다고 합니까?

---

1 調理場が暑くて仕事がしにくいから
2 人手が足りない時は洗い場もやらなければならないから
3 社員からのいじめがひどいから
4 体の疲れがたまっているから

1 주방이 덥고 일이 하기 어려워서
2 일손이 모자랄 때는 설거지도 해야 해서
3 사원의 괴롭힘이 심해서
4 몸의 피로가 쌓여서

단어

調理 조리 | アルバイト 아르바이트 | エアコン 에어컨 | 人手 일손 | 洗い場 설거지칸, 주방 | 肉体的 육체적 | 相当 상당히, 어지간히 | 嫌な奴 싫은 녀석 | 散々 이러쿵저러쿵 | 文句 불평 | (～た)挙句 ～(한) 끝에 | せっかく 모처럼 | ひっくり返す 뒤집다 | ひどい 심하다 | 回復 회복 | 限界 한계 | ネチネチ 깐족깐족

해설

육체적인 피로는 아직 괜찮지만, 다른 직원한테 듣는 폭언이나 태도가 싫어 그만두는 거라고 말하고 있다. 정답은 3번이다. 조리장이 덥고 설거지도 해야 하며 피곤한 것도 이유는 될 수 있지만, 그것은 아직 괜찮다고 말하고 있다.

문제3에서는 문제지에 아무것도 인쇄되어 있지 않습니다. 이 문제는 전체적으로 어떤 내용인지를 묻는 문제입니다. 이야기 앞에 질문은 없습니다. 우선 이야기를 들으세요. 그리고 나서 질문과 보기를 듣고 1부터 4 중에서 가장 알맞은 것을 하나 고르세요.

れい
例

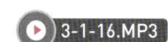 3-1-16.MP3

だいがく せんせい はな
大学の先生が話しています。

M : さて、今日は初日なので授業の内容について簡単に説明します。えー、みなさん、「健康、フィットネス」と聞いて何を思い浮かべますか。この授業では生涯を通じて活力あるライフスタイルを形成するための理論を学び、実践を通してより理解度を深めていきます。具体的には健康的な生活習慣を身につけること、健康に関する知識や理解を習得します。また、健康や体力面だけではなく、仲間とともに身体活動を体験することで、「友達作り」「仲間との信頼関係づくり」も目的としています。自分のライフスタイルをよりよいものにするために、ぜひ積極的に取り組んでください。

この授業で取り上げる内容はどのようなことですか。

1　体の仕組みについての深い理解
2　信頼関係への重視と強いメンタル
3　健康についての理論と実践
4　ライフスタイルの形成

대학 교수가 이야기하고 있습니다.

M : 그럼, 오늘은 첫날이니까 수업 내용에 대해 간단하게 설명하겠습니다. 음~, 여러분, '건강, 휘트니스'라는 말을 들으면 뭐가 떠오르나요? 이 수업에서는 평생 동안 활력 있는 라이프 스타일을 형성하기 위한 이론을 배우고, 실천을 통해서 보다 이해도를 높여갑니다. 구체적으로는 건강한 생활습관을 몸에 익히는 것, 건강에 관한 지식과 이해를 습득합니다. 또, 건강과 체력면뿐만 아니라 동료와 함께 신체 활동을 체험함으로써 '친구 만들기' '동료와의 신뢰 관계 만들기'도 목적으로 하고 있습니다. 자신의 라이프 스타일을 보다 좋게 만들기 위해서 부디 적극적으로 임해 주세요.

이 수업에서 다루는 내용은 어떤 것입니까?

1　인체 구조에 대한 깊은 이해
2　신뢰 관계 중시와 강한 정신
3　건강에 관한 이론과 실천
4　라이프 스타일의 형성

단어

初日 첫날 | 思い浮かべる 떠올리다 | 生涯 생애 | ～を通じて ～을 통해 | 活力 활력 | ライフスタイル 라이프 스타일 | 形成 형성 | 理論 이론 | 実践 실천 | 身につける 습득하다 | よりよいもの 보다 좋은 것 | 取り組む 맞붙다, 몰두하다

해설

대학 교수는 먼저 결론을 말하고 있다. 후반부에는 '구체적으로는'이라는 말이 나오므로 앞에서 말한 결론의 상세와 내용을 통해서 어떤 목적이 있는지 말하고 있다. 정답은 3번이다.

3-1-17.MP3

おんな ひと はな
女の人が話しています。

F : 外国語の能力を向上させるには塾に行って先生に直接
教えてもらったり、現地に留学したりする人が多いと
思いますが、一番効果的な方法は仲間と一緒にグルー
プで勉強することだと思います。以前私は英語を勉
強していたのですが、一人で勉強していた時は、どう
しても飽きてしまい、途中で集中力も切れてしまう
ので、勉強が面白いと思えませんでした。でも友達に
誘われてグループで勉強し始めたところ、とても楽し
く、やる気につながりました。最近はグループで勉強
しやすいようにカフェや専用施設も増えていますし、
一人で勉強することに行き詰まったら、勉強方法の一
つに加えてほしいと思います。

おんな ひと なに はな
女の人は何について話していますか。

1　効果的な外国語の勉強方法

2　外国語を独学することのよさ

3　グループ学習のデメリット

4　一緒に勉強する仲間の作り方

여자가 말하고 있습니다.

F : 외국어 능력을 향상시키기 위해서는 학
원에 가서 선생님에게 직접 배우거나 현
지에 유학하는 사람이 많을 것 같은데요,
가장 효과적인 방법은 친구들과 함께 그
룹으로 공부하는 것이라고 생각합니다.
이전에 저는 영어를 공부했는데, 혼자 공
부했을 때는 도저히 질려 버리고, 도중에
집중력도 떨어져서 공부가 재미있다고
생각하지 않았습니다. 하지만 친구의 권
유로 그룹으로 공부하기 시작했더니 아
주 즐겁고 의욕으로 이어졌습니다. 요즘
은 그룹으로 공부하기 쉽게 카페나 전용
시설도 늘고 있으니 혼자 공부하다가 벽
에 부딪치면 공부 방법의 하나로 추가해
보면 좋겠습니다.

여자는 무엇에 대해서 이야기하고 있습니까?

1　효과적인 외국어 공부법

2　외국어 독학의 장점

3　그룹 학습의 단점

4　함께 공부하는 동료 만드는 법

단어

向上 향상 | 塾 학원 | グループ 그룹 | 飽きる 질리다 | 集中力 집중력 | やる気 의욕 | カフェ 카페 | 専用 전용 | 施設 시
설 | 行き詰まる 막히다, 막다르다

해설

외국어 능력을 향상시키는 효과적인 방법은 그룹으로 함께 공부하는 것이며, 그것이 왜 효과적인지에 대해 말하고 있다. 정답은 1
번이다.

2番

女の人が講演会で話しています。

F：日本人はタンパク質が不足気味なのでプロテインで栄養補給をしましょうと言われています。ボディビルダーや筋肉を大きくしなければならないスポーツ選手が愛用するプロテインですが、最近は子どもの部活動で指導者から飲むように勧められることもあるようです。しかし、私の研究では、学校給食のメニューのようなバランスの考えられた食事ができていればタンパク質が不足するようなことはスポーツ選手でも考えられません。一般の人であれば尚更心配する必要はないので、バランスのよい食事を心がけて、むやみにプロテインなどを飲まないようにしましょう。運動後、しばらく食事がとれないときにはサプリメント等を飲んで補うのもいいでしょう。高齢者には総合タイプの栄養補助食品でタンパク質を確保するのもいいかもしれませんね。

女の人は何について伝えていますか。

1 日本人はタンパク質が不足している
2 タンパク質不足により、栄養不足が心配されている
3 プロテインの飲みすぎで、栄養が偏る
4 バランスのよい食生活であればプロテインを飲まなくてもよい

여자가 강연회에서 이야기하고 있습니다.

F：일본인은 단백질이 부족해서 프로테인으로 영양 보급을 하자고들 합니다. 보디빌더나 근육을 키워야 하는 운동 선수가 애용하는 프로테인인데. 요즘은 아이들 동아리 활동에서 지도자가 마시라고 권하는 경우도 있는 것 같습니다. 하지만 제 연구에서는 학교 급식 메뉴처럼 밸런스를 고려한 식사가 되어 있으면 단백질이 부족한 경우는 운동 선수라도 생각할 수 없습니다. 일반인이라면 더욱더 걱정할 필요는 없으니 균형 잡힌 식사를 유의하고 함부로 프로테인 같은 것을 마시지 맙시다. 운동 후, 잠깐 식사를 할 수 없을 때는 보조식품 등을 먹어서 보충하는 것도 좋을 겁니다. 고령자에게는 종합 타입의 영양 보조식품으로 단백질을 확보하는 것도 좋을지도 모르겠네요.

여자는 무엇에 대해서 전하고 있습니까?

1 일본인은 단백질이 부족하다
2 단백질 부족으로 영양 부족이 우려된다
3 프로테인 과음으로 영양이 치우친다
4 균형이 잘 잡힌 식생활이면 프로테인을 안 마셔도 된다

단어

タンパク質 단백질 | プロテイン 프로테인 | 補給 보급 | ボディビルダー 보디빌더 | 愛用 애용 | バランス 균형 | 尚更 더욱더 | むやみに 함부로 | サプリメント 건강 보조식품(영양제) | 補う 보충하다 | 補助 보조 | 確保 확보

해설

일본인은 단백질이 부족하다고 하는데, 급식과 같이 균형이 잘 잡힌 식사라면 프로테인은 마시지 않아도 된다고 말하고 있다. 정답은 4번이다.

3番

大学の先生が話しています。

M : 今日は魚の育て方について説明します。2種類あります が、一つ目の養殖は魚が出荷サイズになるまで水槽や いけすで育てます。即ち、魚が子供の頃から大人にな るまで、人の管理下で育てられています。もう一つは 栽培という方法がありますが、卵から稚魚になるまで の一番弱い期間を人間の手によりしっかり保護し、育 て、無事に外敵から身を守ることができるようになっ たら、その魚が成長するのに適した海に放流します。 その後、自然の海で成長したものを漁獲します。一番 大きな違いは、養殖は魚を水槽などで育て、放流はし ないですが、栽培では魚を海に放流するというところ です。

대학 교수가 이야기하고 있습니다.

M : 오늘은 물고기를 기르는 방법에 대해 설 명하겠습니다. 두 종류가 있는데, 첫 번째 양식은 물고기가 출하 사이즈가 될 때까 지 수조나 가두리에서 기릅니다. 즉, 물고 기가 어릴 때부터 다 자랄 때까지 사람의 관리 하에서 길러집니다. 또 하나는 재배 라는 방법이 있는데요, 알에서 치어가 될 때까지의 가장 약한 기간을 사람의 손으 로 확실히 보호하고 길러 무사히 외적으 로부터 몸을 지킬 수 있게 되면, 그 물고 기가 성장하기에 적합한 바다에 방류합 니다. 그 후 자연의 바다에서 성장한 것 을 어획합니다. 가장 큰 차이는 양식은 물고기를 수조 등에서 기르고 방류는 하 지 않지만, 재배는 물고기를 바다에 방류 한다는 점입니다.

先生は何について話していますか。

교수는 무엇에 대해 이야기하고 있습니까?

1 養殖と栽培の違い

2 魚を育てることの難しさ

3 成魚になる確率

4 魚の放流方法

1 양식과 재배의 차이

2 물고기 기르기의 어려움

3 성어가 될 확률

4 물고기 방류 방법

단어

養殖 양식 | 出荷 출하 | 水槽 수조 | いけす 가두리 | 即ち 즉 | 管理 관리 | 栽培 재배 | 稚魚 치어 | 保護 보호 | 外敵 외적 | 身を守る 몸을 지키다 | 適する 적합하다 | 放流 방류 | 漁獲 어획

해설

물고기를 기르는 두 가지 방법과 각각 어떠한 차이가 있는지에 대해서 설명하고 있다. 정답은 1번이다. 2, 3, 4에 대해서는 언급하 지 않았다.

4番

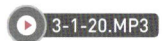

社長が話しています。

M：えー、みなさん、今年から社員のサポート体制を大幅に変更したいと思います。最近は確かに転職を繰り返す方が多く、気に入らなければすぐやめるという傾向にあると思います。わが社でも去年の離職率があがっており、深刻な問題となっております。会社と合わなければ未練なくさっとやめる。これも一つの方法かもしれません。しかし就職難のこの時代に、せっかく苦労して手に入れた入社の機会を無駄にしてほしくありません。そこで、私は社員全員が快適に仕事ができるように社員のサポート体制を整えることにしました。従来のサポートに加え、定期的に各部署で面談をしたり、仕事に対する悩みなどを気軽に相談できるようなシステムを整えていく予定です。後ほど各部署に通達しますので、詳細を確認しておいてください。

社長が이야기하고 있습니다。

M：음, 여러분, 올해부터 사원의 지원 체제를 큰 폭으로 변경하고자 합니다. 요즘은 확실히 이직을 반복하는 분이 많고, 마음에 들지 않으면 바로 그만두는 경향이 있는 것 같습니다. 우리 회사에서도 작년 이직률이 올라 심각한 문제가 되고 있습니다. 회사와 맞지 않으면 미련 없이 획 그만둔다. 이것도 하나의 방법일지도 모릅니다. 하지만 취업이 어려운 이 시대에 애써 어렵게 구한 입사 기회를 헛되게 하지 않았으면 합니다. 그래서 저는 전 사원이 쾌적하게 일을 할 수 있도록 사원의 지원 체제를 정비하기로 했습니다. 기존 지원에 추가로 정기적으로 각 부서에서 면담을 하거나 일에 대한 고민 등을 부담 없이 상담할 수 있는 시스템을 정비해 갈 예정입니다. 나중에 각 부서에 통지할 테니 상세를 확인해 주십시오.

社長の話のテーマは何ですか。

사장의 이야기 주제는 무엇입니까?

1 転職を繰り返す人への不満

2 不満が多い社員への激励

3 新部署設置のお知らせ

4 サポート体制の変更

1 이직을 반복하는 사람에 대한 불만

2 불만이 많은 사원에 대한 격려

3 새 부서 설치 소식

4 지원 체제 변경

단어

サポート 서포트, 지원 | 体制 체제 | 大幅 큰 폭 | 転職 이직 | 繰り返す 반복하다 | 傾向 경향 | 離職率 이직률 | 深刻 심각 | 未練 미련 | 無駄 허사 | 快適 쾌적 | 整える 조정하다 | 定期的 정기적 | 部署 부서 | 面談 면담 | 気軽に 부담 없이 | システム 시스템 | 後ほど 나중에 | 通達 통지 | 詳細 상세 | 激励 격려 | 設置 설치

해설

회사를 그만두는 사람이 많아 심각한 문제가 되고 있으므로 사원 전체가 쾌적하게 일할 수 있는 지원 체제를 정비하겠다고 말하고 있다. 기존 지원에 추가로라고 말하고 있으므로 정답은 4번이다.

5番

（3-1-21.MP3）

テレビで女の人が話しています。

F：ペットを既に飼われている方であれば、ペットがいかに癒し効果のある生き物なのかが分かりますよね。現在一人暮らしで少し寂しさを感じていたり、またストレスを抱えている方にはペットをおすすめします。ペットはただ可愛いだけじゃなく、心理的に本当に効果があることが分かっており、癒されるだけじゃなく、健康にも良いとされているのです。またペットは遊び相手や話し相手にもなってくれます。犬や猫は人間の心を読む力があると言われており、何か嬉しいことがあった時とか悲しいことがあった時に話すと、悲しい時には寄り添ってくれることも多々あります。犬や猫を飼えない方も、亀や鳥であれば飼いやすいので、是非チャレンジしてみてくださいね！

女の人は主に何について伝えていますか。

TV에서 여자가 이야기하고 있습니다.

F : 애완동물을 이미 키우고 있는 분이라면 애완동물이 얼마나 치유 효과가 있는 생물인지 아시겠지요. 현재 혼자 살아서 조금 외로움을 느끼거나 또 스트레스를 안고 있는 분에게는 애완동물을 추천합니다. 애완동물은 그저 귀여울 뿐만 아니라 심리적으로 진짜 효과가 있다는 것을 알고 있으며, 치유될 뿐만 아니라 건강에도 좋다고 되어 있습니다. 또 애완동물은 놀이 상대나 말동무도 되어 줍니다. 개나 고양이는 인간의 마음을 읽는 능력이 있다고 하며, 뭔가 기쁜 일이 있을 때나 슬픈 일이 있을 때 이야기하면, 슬플 때에는 바싹 달라붙어 주는 경우도 많이 있습니다. 개나 고양이를 못 키우는 분도 거북이나 새라면 기르기 쉬우니 꼭 도전해 보세요!

여자는 주로 무엇에 대해 전달하고 있습니까?

1 ペットの育て方
2 ペットの癒し効果
3 犬や猫の選び方
4 亀や鳥の評価

1 애완동물을 기르는 방법
2 애완동물의 치유 효과
3 개나 고양이를 고르는 법
4 거북이나 새의 평가

단어

ペット 애완동물｜既に 이미｜癒し 치유, 힐링｜ストレス 스트레스｜抱える 껴안다｜寄り添う 바싹 붙다, 다가붙다｜亀 거북이｜チャレンジ 도전

해설

애완동물이 인간에게 어떤 치유 효과가 있고, 또 얼마나 건강에도 좋은지에 대해 말하고 있다. 정답은 2번. 기르는 법이나 고르는 법, 각각의 동물에 대한 평가는 언급되지 않았다.

6番

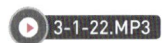
3-1-22.MP3

テレビで男の人が説明しています。

M：生命保険は、加入者があらかじめいくらかの保険料を負担し、「もしも」のことが実際に起きたときに給付を受ける仕組みです。私たちの生活の中には、さまざまなリスクがひそんでいます。死亡や病気、ケガ、介護など予期しないできごとで経済的に生活が困難になったり、生活が実現できなくなったりすることがあります。このような、いつ起きるかわからないけれども、いったん起きるとまとまったお金が必要となるような場合に備えておくのが生命保険なのです。また、生命保険はお子さんの教育費やご自身の老後の生活資金などの将来必要となるお金を、必要な時期や目的にあわせて準備する手段としても、利用することができます。正しい知識を身につけ、上手に生命保険を活用しましょう。

男の人は何を説明していますか。

1　生命保険の危険性
2　生命保険のシステム
3　保険会社のサービス内容
4　様々なリスクの種類

TV에서 남자가 설명하고 있습니다.

M：생명보험은 가입자가 미리 어느 정도의 보험료를 부담해 '만일의 경우'가 실제로 발생했을 때에 급부를 받는 구조입니다. 우리 생활 속에는 다양한 리스크가 숨어 있습니다. 사망이나 병, 부상, 개호 등 예기치 않은 일로 경제적으로 생활이 곤란해지거나 생활을 실현할 수 없게 되는 경우가 있습니다. 이처럼 언제 발생할지 모르지만, 일단 발생하면 목돈이 필요해질 경우에 대비해 두는 것이 생명보험입니다. 또, 생명보험은 자녀의 교육비나 자신의 노후 생활자금 같은 장래 필요해질 돈을, 필요한 시기나 목적에 맞춰 준비하는 수단으로도 이용할 수 있습니다. 올바른 지식을 몸에 익혀 능숙하게 생명보험을 활용합시다.

남자는 무엇을 설명하고 있습니까?

1　생명보험의 위험성
2　생명보험의 시스템
3　보험사의 서비스 내용
4　다양한 리스크의 종류

단어

生命保険 생명보험 | 加入者 가입자 | あらかじめ 미리, 사전에 | 負担 부담 | 給付 급부 | リスク 리스크 | ひそむ 숨어 있다 | 介護 개호 | 困難 곤란 | 備える 대비하다 | 老後 노후

해설

생명보험이 어떤 보험인지에 관해 설명하고 있으며, 위험성이나 보험사의 서비스 내용, 리스크의 종류에 대해서는 언급하지 않았다. 정답은 2번.

문제 4에서는 문제지에 아무것도 인쇄되어 있지 않습니다. 우선 문장을 들으세요. 그리고 나서 그에 대한 대답을 듣고 1~3중에서 가장 알맞은 것을 하나 고르세요.

れい
例

3-1-23.MP3

F : もしもし、田中部長にお取り次ぎ願いたいのですが。 M : 1 お世話になっております。 　　2 少々お待ちくださいませ。 　　3 もちろん承知の上です。	F : 여보세요, 다나카 부장님께 연결해 주세요. M : 1 신세를 지고 있습니다. 　　2 잠깐만 기다려 주세요. 　　3 물론 알고 있습니다.

단어

取り次ぐ (양자 사이에서) 한 쪽의 의사를 다른 편에 전하다 | 少々 조금, 잠시 | 承知 알아들음, 동의 | ～の上 ～한 후에

해설

「取り次ぐ」라는 말이 포인트이다. 상대방이 전화 등으로 제3자를 연결해 달라고 하는 것이므로 정답은 2번이다.

ばん
1 番

3-1-24.MP3

F : あなた、子供じゃあるまいし、いつまで寝てるの？ M : 1 子供たちはもう起きた？ 　　2 わかったよ。今起きるよ。 　　3 何時に起きたらいいかな。	F : 당신, 애도 아니고 언제까지 자고 있을 거야? M : 1 애들은 벌써 일어났어? 　　2 알았어. 지금 일어날게. 　　3 몇 시에 일어나면 좋을까?

단어

～じゃあるまいし ~는 아닐 테고

해설

'아이가 아닌데 언제까지 잘 거야? 일어나'라는 뜻이므로 정답은 2번이다.

2番

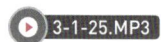

M : 昨日メールで送ったこと、もしかして気に障った？

F : 1　え？何か心配ごとでもあるの？

　　2　え？別にそんなことないけど。

　　3　え？ちゃんと返信したけど。

M : 어제 메일로 보낸 거, 혹시 기분 나빴어?

F : 1　어? 무슨 걱정이라도 있어?

　　2　어? 딱히 그렇지 않은데.

　　3　어? 제대로 답장했는데.

단어

気に障る 마음에 걸리다 ｜ 返信 답장

해설

「気に障る」는 '감정을 상하게 한다'는 뜻이므로 그에 대한 대답은 2번이다.

3番

3-1-26.MP3

F : 急に改まってどうしたんですか。

M : 1　まだどうするか悩んでいるんです。

　　2　もう一度ご送付願えませんか。

　　3　実は折り入ってご相談があるんです。

F : 갑자기 정색을 하고 무슨 일 있어요?

M : 1　아직 어떻게 할지 고민하고 있어요.

　　2　다시 한번 보내 주시겠어요?

　　3　실은 긴히 의논드릴 게 있어요.

단어

改まる 정색하다, 고쳐지다 ｜ 送付 송부 ｜ 折り入って 긴히

해설

「改まる」는 '정색하다, 격식을 차리다'라는 뜻이다. 특히 회사에서 뭔가 심각한 상황을 말할 때의 태도를 나타낼 때 많이 쓰이는 표현이다. 정답은 3번.

▶ 3-1-27.MP3

M：お忙しいところ、心のこもったお返事ありがとうございました。

F：1　また後日、こちらからお知らせいたします。
　　2　またのお越しを心よりお待ちしております。
　　3　とんでもないです。私こそありがとうございました。

M：바쁘신 중에 정성 어린 답변 감사드립니다.

F：1　또 훗날 이쪽에서 알려 드리겠습니다.
　　2　또 오시기를 진심으로 기다리고 있겠습니다.
　　3　천만에요. 저야말로 감사했습니다.

단어

心 がこもる 정성이 어리다 ｜ お越し 오심 ｜ とんでもない 당치 않다, 천만에(요)

해설

'답장해 줘서 고맙다'는 말에 대한 대답이므로 3번이 어울린다.

ばん
5番

▶ 3-1-28.MP3

F：何をそんなにイライラしてるの？

M：1　頭をひねっても出てこないよ。
　　2　彼には頭が上がらないよ。
　　3　ちょっと頭冷やしてくる。

F：뭘 그렇게 안절부절못해?

M：1　머리를 짜내도 안 나와.
　　2　그에게는 고개를 들 수 없어.
　　3　머리 좀 식히고 올게.

단어

イライラ 초조한 모양 ｜ 頭をひねる 머리를 쥐어짜다, 골똘히 생각하다 ｜ 頭が上がらない 고개를 들지 못하다 ｜ 頭を冷やす 머리를 식히다

해설

보기의 관용구를 아는 것이 포인트이다. 「イライラ」는 초조한 상태이므로 냉정해져서 돌아오겠다고 답한 3번이 정답이다.

6番

M : 今度のプレゼンテーション、絶対成功させましょう。

F : 1 みなさんの足を引っ張らないようにがんばります。

2 みなさんと手を組みたいと思います。

3 みなさんに手取り足取り教えてあげます。

M : 이번 프레젠테이션, 꼭 성공시킵시다.

F : 1 여러분의 발목을 잡지 않도록 열심히 하겠습니다.

2 여러분과 손을 잡고 싶습니다.

3 여러분께 친절하게 알려 드리겠습니다.

> ### 단어
>
> プレゼンテーション 프레젠테이션 | 成功 성공 | 足を引っ張る 발목을 잡다 | 手を組む 손을 잡다 | 手取り足取り 자상히, 친절히

> ### 해설
>
> 보기의 관용구를 아는 것이 포인트이다. 「足を引っ張る」는 '일의 진행에 해나 방해가 되지 않도록 하다'라는 뜻이다. 프레젠테이션의 성공에 방해가 되지 않도록 열심히 하겠다고 말한 1번이 정답이다.

7番

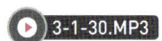

M : 台風で一時中断してた試合、再開の目処が立ったみたいだよ。

F : 1 これから強くなりそうね。

2 まだ2時間もあるのに。

3 思ったより早かったわね。

M : 태풍으로 일시 중단됐던 시합, 재개 전망이 선 모양이야.

F : 1 이제부터 세질 것 같아.

2 아직 두 시간이나 있는데.

3 생각보다 일렀네.

> ### 단어
>
> 一時中断 일시 중단 | 再開 재개 | 目処が立つ 전망이 서다

> ### 해설
>
> 「目処が立つ」는 '전망이 서다'라는 뜻으로 중단됐던 시합이 시작될 것 같다는 뜻이다. 정답은 3번.

8番

3-1-31.MP3

F：では、この件はいったん見合わせるということで。

M：1 この度は誠にありがとうございます。

2 ご検討、よろしくお願いいたします。

3 そうですね。改めて話し合いましょう。

F：그럼, 이 건은 일단 보류하는 걸로.

M：1 이번에는 진심으로 감사드립니다.

2 검토 잘 부탁드립니다.

3 그렇군요, 다시 얘기하시죠.

단어

いったん 일단 | 見合わせる 보류하다 | 検討 검토 | 改めて 다시

해설

「見合わせる」는 실행을 멈추고 잠시 상황을 지켜본다는 뜻이다. 2번일 것 같지만, 일을 일단 그만둔다는 뜻이므로 검토를 부탁한다는 말은 정답이 아니다. 정답은 3번.

9番

3-1-32.MP3

F：この報告書、今日中に提出するようにと言ったはずだよね。

M：1 はい、申し訳ございません。おっしゃる通りでございます。

2 はい、そう申し上げたはずですが、何かあったんですか。

3 はい、わかってます。それでは、明日までに提出いたします。

F：이 보고서, 오늘 중으로 제출하라고 했을 텐데.

M：1 네, 죄송합니다. 말씀하신 대로입니다.

2 네, 그렇게 말씀드렸을 텐데요, 무슨 문제 있습니까?

3 네, 알고 있습니다. 그럼 내일까지 제출하겠습니다.

단어

報告書 보고서 | 提出 제출

해설

혼나고 있는 상황임을 아는 것이 포인트이다. 3번처럼 '알고 있어요'라고 대답하는 것은 상대방을 더욱 화나게 만들기 때문에 대답이 될 수 없다. 먼저 사과하는 것이 포인트. 정답은 1번이다.

10番

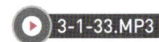

F：先日、先生の講演会を拝聴し、とても感動しました。

M：1　そんなに泣かなくても。

　　2　そうだったんだね。ありがとう。

　　3　もっとしっかり勉強しなさい。

F：지난번 선생님의 강연회를 듣고 정말 감동했습니다.

M：1　그렇게 울지 않아도.

　　2　그랬구나. 고마워.

　　3　좀 더 착실히 공부해.

講演会 강연회 | 拝聴 배청(남의 말을 들음)

강연회를 듣고 감동받았다고 말하고 있으므로 감사 인사를 하는 2번이 정답이다.

11番

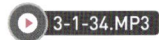

F：友達がどんどん結婚していくのにひきかえ、私はまだ…。

M：1　いつ結婚する予定？

　　2　彼氏がいるんだからいいでしょ。

　　3　友達が多くてうらやましいよ。

F：친구들이 점점 결혼하는데 반해, 나는 아직….

M：1　언제 결혼할 예정이야?

　　2　남자 친구가 있으니까 괜찮잖아.

　　3　친구가 많아서 부러워.

どんどん 점점 | ～にひきかえ ~에 반해

나는 아직 결혼할 수 없다는 대화의 대답으로 1번과 3번은 어색하다. 정답은 2번.

12番

M : この天気じゃ野外ライブ、中止かな。

F : 1　だめもとで行ってみる？

　　2　そんなこと言ったらきりがないよ。

　　3　聞かなかったことにするね。

M : 이 날씨로는 야외 콘서트, 중지되려나.

F : 1　밑져야 본전이니 가 볼래?

　　2　그런 말 하면 끝이 없어.

　　3　못 들은 걸로 할게.

단어

野外 야외 | だめもと 밑져야 본전 | ～きりがない 끝이 없다

해설

야외 콘서트가 중지될지도 모르지만 그래도 가 보자고 한 1번이 대답으로 자연스럽다.

13番

M : あー、どうしよう。親友を裏切ってしまった。

F : 1　そうだったんだ。大変だったね。

　　2　今更後悔しても、後の祭りだよ。

　　3　お祭りに行くのはどう？

M : 아, 어떡하지? 친구를 배신해 버렸어.

F : 1　그랬구나. 힘들었겠네.

　　2　이제 와서 후회해 봤자 이미 늦었어.

　　3　축제 가는 게 어때?

단어

裏切る 배신하다 | 今更 이제 와서, 새삼 | 後悔 후회 | 後の祭り 사후 약방문, 소 잃고 외양간 고치기

해설

친구를 배신했다는 말에 '힘들었겠다' '축제에 가는 게 어때?'라고 반응하는 것은 이상하다. 「後の祭り」는 '때를 놓쳤다'는 뜻이므로 정답은 2번이다.

14番

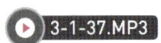 3-1-37.MP3

M：あれ？田中さんに会わなかった？今出て行ったんだけど。

F：1　ううん、行き違いになったかな。

　　2　ううん、間違ったかな。

　　3　そういえば山本さんは？

M：어? 다나카 씨 못 만났어? 지금 나갔는데.

F：1 아니, 엇갈렸나.

　　2 아니, 틀렸나.

　　3 그리고 보니 야마모토 씨는?

단어

行き違い 엇갈림 | 間違う 틀리다

해설

「行き違う」는 길이나 시간 등이 엇갈려 상대를 못 만나는 것을 말한다. 정답은 1번이다.

問題 5

문제 5에서는 긴 이야기를 듣습니다. 이 문제에는 연습이 없습니다. 문제지에 메모를 해도 괜찮습니다.

1番、2番

문제지에 아무것도 인쇄되어 있지 않습니다. 우선 이야기를 들으세요. 그리고 나서 질문과 보기를 듣고 1~4 중에서 가장 알맞은 것을 하나 고르세요.

1番

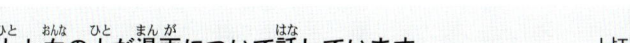

男の人と女の人が漫画について話しています。

M : さーと、テストも終わったし、溜まってた漫画でも読むか。

F : 漫画?そんな子供じみたものまだ読んでるの?

M : 失礼な。漫画を馬鹿にしたらだめだよ。漫画ってすごいんだから。

F : ごめんごめん。小さいころに読んで以来、全然読まなくなっちゃったからついつい。で、何がすごいの?

M : 漫画なんてただの娯楽だって言われるけど、情報とか知識がたくさん得られるんだから。

F : へー、例えば?

M : 社会問題や環境問題をテーマにしたものなんかはストーリーの中に専門用語が出てくるし、それにまつわるエピソードがあるから、理解しやすいんだよね。文章 だと難しく書かれてて、何がなんだかわからない場合が多いけど、漫画はその点、頭に入りやすくて助かるよ。あとは、ビジネスにも活用できるしね。

F : 確かに小学校の時、歴史は漫画で覚えた記憶があるわ。でも漫画がビジネスに?聞いたことないけど。

남자와 여자가 만화에 대해서 이야기하고 있습니다.

M : 자, 시험도 끝났으니 밀린 만화라도 읽을까?

F : 만화? 그런 유치한 거 아직도 읽어?

M : 무례하네. 만화를 깔보면 안 돼. 만화는 대단하니까.

F : 미안미안. 어렸을 때 읽은 뒤로 전혀 안 읽게 돼서 그만. 근데 뭐가 대단해?

M : 만화 따위 그냥 오락이라고들 하는데, 정보나 지식을 많이 얻을 수 있거든.

F : 에~, 예를 들면?

M : 사회문제나 환경문제를 주제로 한 것들은 스토리에 전문 용어가 나오고, 그것에 얽힌 에피소드가 있어서 이해하기 쉬워. 글이라고 하면 어렵게 써져서 뭐가 뭔지 모르는 경우가 많지만, 만화는 그 점이 머리에 잘 들어와서 도움이 돼. 그리고 비즈니스에도 활용할 수 있고.

F : 확실히 초등학교 때 역사는 만화로 외웠던 기억이 있어. 하지만 만화가 비즈니스에? 들어본 적 없는데.

M：最近は、漫画で商品を紹介する広告漫画ってのもあるんだよ。同じ内容でも4コマ漫画の方が、文章だけあるのより見やすいし、わかりやすいだろ。絵があるだけで、理解が深まるんだよね。商品やサービスを漫画で紹介することで簡単にメリットが伝えられるしね。

F：なるほどね。漫画って言っても一概に悪いとは言えないわね。

M：そうだよ。むしろ得することのほうが多いんだから。

F：そっかー。でも私は漫画にはまるのはまだまだ先になりそうだわ。

女の人は漫画についてどう考えていますか。

M：요즘엔 만화로 상품을 소개하는 광고 만화라는 것도 있어. 같은 내용이라도 네 컷 만화 쪽이 글만 있는 것보다 보기 쉽고 알기 쉽잖아. 그림이 있는 것만으로 이해가 깊어지거든. 상품이나 서비스를 만화로 소개함으로써 쉽게 장점을 전달할 수 있고.

F：과연. 만화라고 해도 일률적으로 나쁘다고는 할 수 없네.

M：맞아. 오히려 득보는 게 더 많다니까.

F：그렇구나. 하지만 나는 만화에 빠지는 건 아직 먼일 같아.

여자는 만화에 대해서 어떻게 생각합니까?

1 ビジネスにも役に立つ素晴らしいものである

2 いろんなメリットがあることはわかったが、あまり興味はない

3 勉強も絵で説明されているとわかりやすいからいい

4 小学校の授業には漫画を取り入れたほうがいい

1 비즈니스에도 도움이 되는 훌륭한 것이다

2 여러 가지 장점이 있는 것은 알지만 별로 관심이 없다

3 공부도 그림으로 설명되어 있으면 이해하기 쉬워서 좋다

4 초등학교 수업에는 만화를 도입하는 게 좋다

단어

子供じみた 유치한 | 馬鹿にする 무시하다, 바보 취급하다 | 以来 이후 | ついつい 그만, 자신도 모르게 | 娯楽 오락 | 知識 지식 | 環境 환경 | テーマ 테마 | ストーリー 스토리 | 専門用語 전문용어 | まつわる 얽히다 | エピソード 에피소드 | 頭に入る 머리에 들어오다 | ビジネス 비즈니스 | 活用 활용 | 広告 광고 | 4コマ 네 컷 | サービス 서비스 | メリット 장점 | 一概に 일률적으로 | むしろ 오히려 | はまる 빠지다

해설

남자가 만화의 장점에 대해 열심히 설명하자 여자는 '일률적으로 나쁘다고는 할 수 없겠다'며 이해하는 태도를 보이지만, 끝에서 만화에 빠지는 것은 아직 멀었다고 말하고 있으므로 그다지 흥미가 없음을 알 수 있다. 정답은 2번.

会社で社員と部長が話しています。

F1: さて、今度の新商品、どんなパッケージにしようかしら。いくつか案を考えてきてくれた？

M: いろいろ考えてはみたんですが、女性向けということでアイディアをひねり出すのに苦労しました。

F2: 新商品の話を聞いて、ぱっと思いついたのが、裏にメッセージが書いてあるのはどうかなと思いました。やはり、この商品のターゲット層が働く女性へということなので、「今日もお疲れ様」とか「少し休んでもいいんじゃない？」という優しい言葉が書いてあると、嬉しくなると思います。

F1: いいわね。文字ででも優しい言葉をかけてもらえたら、心が落ち着きそうよね。

M: 占いやおみくじはどうでしょうか。男性よりも女性のほうが占いによく行く傾向がありますし、包み紙をあけた瞬間に大吉が出るとその日1日頑張れそうな気がします。また、「今日のラッキーカラーは赤！」など一言コメントを添えてもいいですね。

F1: そうね。1日の始まりに食べると元気が出そうね。ただ、悪い結果が出て、テンションが下がってしまう恐れもあるわね。

M: あとは、食事のメニューが書いてあるのもおもしろそうだと思いました。いつも何食べようか迷うじゃないですか。メニューを決めるのが苦手な人や、グループでメニューを決めるときなどにピッタリだと思います。

F1: それだと最初はおもしろいんだけど、だんだん飽きてこないかしら。しかも食事は好みがあるし。

회사에서 사원과 부장이 이야기하고 있습니다.

F1: 자, 이번 신상품, 어떤 패키지로 할까? 몇 가지 안을 생각해 왔어?

M: 이런 저런 생각은 해 봤는데요, 여성용이라 아이디어를 짜내기가 힘들었습니다.

F2: 신상품 이야기를 듣고 확 떠오른 것이 뒷면에 메시지가 적혀 있는 것은 어떨까 생각했습니다. 역시 이 상품의 대상이 일하는 여성이니 '오늘도 수고하셨습니다'라든가 '조금 쉬어도 되지 않아?'라는 다정한 말이 적혀 있으면 기뻐질 것 같아요.

F1: 좋네. 글로라도 다정한 말을 건네 받으면 마음이 안정될 것 같아.

M: 점이나 제비는 어떨까요? 남성보다 여성 쪽이 점 보러 잘 가는 경향이니까 포장지를 연 순간에 대길이 나오면 그날 하루 힘이 날 것 같아요. 또 '오늘의 행운색은 빨강!' 같은 한마디 코멘트를 덧붙여도 좋겠네요.

F1: 그렇군. 하루를 시작할 때 먹으면 기운이 날 것 같네. 다만 나쁜 결과가 나와서 기분이 나빠질 우려도 있겠어.

M: 그리고 식사 메뉴가 적혀 있는 것도 재미있을 것 같습니다. 항상 뭘 먹을지 고민되잖아요. 메뉴를 정하는 게 힘든 사람이나 그룹으로 메뉴를 정할 때 등에 안성맞춤일 것 같습니다.

F1: 그건 처음에는 재미있지만 점점 질리지 않을까? 게다가 식사는 취향이 있으니까.

F2: 飴一つ一つにテーマを決めるなんていかがでしょうか。例えば、「仕事が楽しくなる飴」や「前向きになる飴」「今日は贅沢をする日」などのテーマをパッケージに書いて、そうなりたいときや、そうしたいときに食べてもらうんですが、落ち込んだときに効果抜群だと思います。

M : それいいですね。男性でも気兼ねなく買える気がします。占いとか、メッセージ付きってちょっと抵抗感があるんですよね。テーマだったら男性も手に取りやすいと思います。

F1: それもそうね。女性だけのためにって思ってたけど、男性にもって考えたらそれが一番よさそうね。そしたら、今回はその案でいきましょう。

今回のパッケージにはどの案を採用することにしましたか。

1　裏に「お疲れさま」など優しいメッセージを書く

2　占いやおみくじの結果を包み紙の中に書く

3　多種多様な食事のメニューをパッケージの外に書く

4　「前向きになる」など色々なテーマを書く

F2: 사탕 하나하나에 주제를 정하는 건 어때요? 예를 들면 '일이 즐거워지는 사탕'이나 '적극적이 되는 사탕' '오늘은 사치를 부리는 날' 같은 주제를 패키지에 적어서 그렇게 되고 싶을 때나 그렇게 하고 싶을 때에 먹는 건데요, 우울할 때 아주 효과적일 것 같습니다.

M : 그거 좋네요. 남자라도 서슴 없이 살 수 있을 것 같아요. 운세나 메시지가 딸린 건 좀 저항감이 있거든요. 테마라면 남자들도 쉽게 집을 것 같습니다.

F1: 그것도 그렇네. 여자만을 위해서라고 생각했는데, 남자도라고 생각하면 그게 제일 좋겠네. 그럼 이번에는 그 안으로 갑시다.

이번 패키지에는 어느 안을 채용하기로 했습니까?

1　뒷면에 '수고하셨습니다' 등 다정한 메시지를 적는다

2　점이나 제비 결과를 포장지 안에 적는다

3　다양한 식사 메뉴를 패키지 밖에 적는다

4　'적극적이 된다' 등 다양한 테마를 적는다

해설

사원들이 다양한 아이디어를 내고 있는데, 최종적으로 남성으로도 타깃층을 넓히면 테마가 적혀 있는 패키지가 가장 좋을 것 같다고 말하고 있으므로 정답은 4번이다.

3番^{ばん}

우선 이야기를 들으세요. 그러고 나서 두 개의 질문을 듣고, 각각 문제지의 1〜4 중에서 가장 알맞은 것을 하나 고르세요.

3番^{ばん}

 3-1-40.MP3

アクセサリーショップで店員が説明しています。

F1: こちらは一番人気で、値段もお手頃なゴールドのリングです。細めに作られていますが、極小ダイヤがちりばめられているので、一つだけでも存在感がありますし、どんなファッションとも相性がいいので、いろんなシーンでおしゃれに使いまわせます。お値段はちょっと高くなりますが、誕生石を使ったのも人気アイテムですね。上品で鮮やかなデザインなので、いつものファッションもぐっと華やぎますし、お守り代わりに自分で購入されたり、大切なお友達の誕生日プレゼントにされる方も多いですね。ただ、こちらは4月の誕生石であるダイヤモンドだけが品切れの状態でございます。ダイヤや宝石など、余計な装飾のないシンプルなシルバーリングはとても使いやすいので、他の指輪と重ね付けするのにおすすめですね。ただ、シンプルすぎるので一つだけではあまり目立たないかもしれません。あとは大粒の真珠をあしらったリングもございますよ。存在感がありますので目を引きますね。ただ、在庫がなく、お取り寄せになりますので、ご予約だけ承っております。

M: 指輪っていろんな種類があるんだね。こんなにあるなんて知らなかったな。

F2: そうよ〜。それにしてもどれも素敵ね。迷うな。でも指輪たくさんあるし、2つ付けるときのためにこれにしよっかな。どう思う?

M: うーん。それもきれいだけど、やっぱりダイヤがあるこれがいいかな。似合うと思うよ。

F2: えー、どうしよう。でも私はもうすぐ誕生日だし、自分へのご褒美で、奮発してこれにする。

액세서리 가게에서 점원이 설명하고 있습니다.

F1: 이건 가장 인기가 많고 가격도 적당한 금반지입니다. 가늘게 만들어졌지만, 아주 작은 다이아몬드가 박혀 있어서 하나만으로도 존재감이 있고, 어떤 패션과도 궁합이 좋아서 다양한 장면에서 멋지게 쓸 수 있습니다. 가격은 조금 비싸지만, 탄생석을 사용한 것도 인기 아이템이에요. 고급스럽고 산뜻한 디자인이라 평소의 패션도 한층 화려해지고, 부적 대용으로 직접 구입하시거나 소중한 친구의 생일선물로 하시는 분도 많아요. 다만, 이건 4월의 탄생석인 다이아몬드만이 품절 상태입니다. 다이아나 보석 등 불필요한 장식이 없는 심플한 은반지는 아주 사용하기 쉬워서 다른 반지와 레이어드하는 데 추천합니다. 다만, 너무 심플해서 하나만으로는 별로 눈에 안 띌지도 몰라요. 그리고 알이 큰 진주를 배합한 반지도 있습니다. 존재감이 있어서 시선을 끕니다. 단, 재고가 없고 주문하셔야 하므로 예약만 받고 있습니다.

M: 반지는 여러 종류가 있구나. 이렇게 있는 줄 몰랐어.

F2: 그래. 그건 그렇고 다 멋지네. 고민돼. 그치만 반지 많이 있으니 두 개 레이어드할 때를 위해 이걸로 할까? 어떻게 생각해?

M: 음. 그것도 예쁜데, 역시 다이아가 있는 이게 좋을 것 같아. 어울려.

F2: 음, 어떡하지? 하지만 나는 이제 곧 생일이니까 내 자신한테 주는 상으로 큰 맘 먹고 이걸로 할래.

質問1　男の人はどの指輪がいいと思っていますか。

1　一番人気のゴールドの指輪

2　誕生石を使った鮮やかなデザインの指輪

3　余計な装飾がないシルバーの指輪

4　大粒の真珠をあしらった指輪

質問2　女の人はどの指輪を買うことにしましたか。

1　一番人気のゴールドの指輪

2　誕生石を使った鮮やかなデザインの指輪

3　余計な装飾がないシルバーの指輪

4　大粒の真珠をあしらった指輪

질문1　남자는 어느 반지를 사기로 했습니까?

1　가장 인기 있는 금반지

2　탄생석을 사용한 세련된 디자인의 반지

3　여벌 장식이 없는 은반지

4　굵은 진주를 배합한 반지

질문2　여자는 어느 반지를 사기로 했습니까?

1　가장 인기 있는 금반지

2　탄생석을 사용한 세련된 디자인의 반지

3　여벌 장식이 없는 은반지

4　굵은 진주를 배합한 반지

단어

アクセサリーショップ 액세서리 가게 | 手頃 적당함 | ゴールド 골드, 금 | リング 반지 | 極小 극소, 아주 작음 | ダイヤ 다이아몬드 | ちりばめる 박아 넣다 | 存在感 존재감 | ファッション 패션 | 相性 궁합 | シーン 장면, 상황 | 誕生石 탄생석 | アイテム 아이템 | 上品 고급품 | 鮮やか 선명함, 산뜻함 | デザイン 디자인 | 華やぐ 화려하다 | お守り 부적 | 購入 구입 | 品切れ 품절 | 余計 불필요함, 쓸데없음 | 装飾 장식 | シンプル 심플함 | シルバー 실버, 은 | 重ね付け 레이어드, 겹침 | 大粒 알갱이가 큼 | 真珠 진주 | あしらう 곁들이다, 배합하다 | 目を引く 눈길을 끌다 | 在庫 재고 | 取り寄せ 주문 | 承る 삼가 받다 | 褒美 포상 | 奮発 분발

해설

네 종류의 반지에 대해 설명하고 있다. 남자는 반지의 종류를 잘 모르지만, 다이아몬드가 있는 것이 좋다고 말한다. 점원이 설명한 것 중에 다이아몬드가 있는 것은 금반지뿐이므로 질문1의 정답은 1번이다. 여자는 처음에는 두 개 레이어드 할 수 있는 은반지를 사려고 했으나, 마지막에 생일이니까 이걸로 하겠다고 말하고 있으므로 탄생석이 포함된 것을 살 것이다. 질문2의 정답은 2번이다.

모의고사 02

もんだい
問題 1

문제1에서는 먼저 질문을 들으세요. 그러고 나서 이야기를 듣고 문제지의 1부터 4 중에서 가장 알맞은 것을 하나 고르세요.

れい
例

3-2-01.MP3

男の人と女の人が旅行の準備について話しています。男の人は何をしなければなりません か。

M：久しぶりの海外旅行か。楽しみだなぁ。

F：そうだねぇ。たくさん写真撮らなきゃ。予備のバッテリーは必ず持って行かないとね。スマホの電源切れたら困るし。

M：そうだね。でもコンセントの差し込みって同じだっけ？

F：ううん、違うはず。確か2つあったよね？探しとかなきゃ。

M：そうだね。どっかクローゼットにあったと思うけど。あとは？薬とかは必要ない？

F：万が一のために、一応持って行った方がよさそうね。風邪薬とか胃薬とか。あっ、そういえば胃薬切れてたから買ってきてくれる？

M：わかった。ガイドブックとかもいる？

F：重くて荷物になるし、ネットで全部調べられるからいいんじゃない？あっ、海外でもネット使えるように携帯Wifiもレンタルしておかなくちゃ。

M：それは当日、空港でレンタルしよう。

男の人は何をしなければなりませんか。

1　予備のバッテリーを買う
2　コンセントの差し込みを探す
3　胃薬を買う
4　Wifiをレンタルする

남자와 여자가 여행 준비에 대해 이야기하고 있습니다. 남자는 무엇을 해야 합니까?

M : 오랜만에 하는 해외여행이네. 기대돼.

F : 그래. 사진 많이 찍어야지. 예비 배터리는 꼭 가져가야겠네. 스마트폰 전원 다 되면 곤란하니까.

M : 그래. 그런데 콘센트 플러그가 같았어?

F : 아니, 다를 거야. 분명히 2개 있었지? 찾아 놓아야지.

M : 그래. 어딘가 벽장에 있었던 거 같아. 나머지는? 약 같은 건 필요 없어?

F : 만일을 위해 일단 가져가는 게 좋을 거 같아. 감기약이나 위장약 같은 거. 앗, 그러고 보니 위장약 떨어졌으니까 사 올래?

M : 알았어. 가이드북도 필요해?

F : 무거워서 짐이 되고, 인터넷으로 전부 찾을 수 있으니까 괜찮지 않아? 앗, 해외에서도 인터넷 쓸 수 있도록 휴대 와이파이도 빌려 둬야겠어.

M : 그건 당일 공항에서 빌리자.

남자는 무엇을 해야 합니까?

1　예비 배터리를 산다
2　콘센트 플러그를 찾는다
3　위장약을 산다
4　Wifi를 빌린다

단어

予備 예비 | バッテリー 배터리 | スマホ 스마트폰 | 電源 전원 | 切れる 다 되다 | コンセント 콘센트 | 差し込み 플러그 | クローゼット 벽장, 옷장 | 万が一 만일 | 風邪薬 감기약 | 胃薬 위장약 | ガイドブック 가이드북 | 荷物になる 짐이 되다 | レンタル 대여

해설

남자가 해야 할 것은 여자한테 부탁받은 위장약을 사 오는 것이므로 정답은 3번이다. 예비 배터리는 집에 있으므로 살 필요가 없고, 플러그를 찾는 것도 여자가 하겠다고 했으므로 남자가 할 일은 아니다. 와이파이 대여는 당일 공항에서 하기로 했으므로 4번도 정답이 아니다.

1番

3-2-02.MP3

女の人と男の人がプレゼントについて話しています。女の人は何を送りますか。

F：ねえ、ちょっと聞きたいことあるんだけど。

M：ん？どうした？

F：田中部長への今年のお歳暮、何がいいかな。いつも家族ぐるみで仲良くさせてもらってるし、出産祝いもいただいたからお返しも兼ねてと思うんだけど。

M：うーん。何がいいかな。海産グルメの詰め合わせなんてどう？部長、海産物好きだし。

F：海産グルメか。でも生ものだし、日持ちするかしら。部長のところ、お子さんもう独立してるでしょ。ご夫婦だけだし、生もの送ったら迷惑じゃないかしら。

M：それもそうだな。ビールはどう？この間飲み会でビールには目がないんだって言ってたし、いろんな地ビールの詰め合わせ送ったら喜んでくれそうじゃない？

F：そうね。そしたらビールと一緒に他のお酒もセットで送っておく？ビールだけじゃ味気ないでしょ。

M：それもいいな。でも焼酎はだめだよ。焼酎は好きじゃないって言ってたし。ウィスキーとか日本酒のほうがいいんじゃない？あっ、でもウィスキーも好き嫌いがあるって言ってたからな。嫌いなもの送ったらまずいよな。

여자와 남자가 선물에 대해 이야기하고 있습니다. 여자는 무엇을 보냅니까?

F : 있잖아, 좀 물어볼 게 있는데.

M : 응? 뭔데?

F : 다나카 부장님한테 드릴 올해 연말 선물, 뭐가 좋을까? 늘 가족끼리 친하게 지내고 있고, 출산 선물도 받아서 답례도 할 겸 드리려고 하는데.

M : 음. 뭐가 좋을까? 해산물 세트 같은 건 어때? 부장님, 해산물 좋아하시잖아.

F : 해산물 세트? 그런데 날음식이라 오래 두고 먹을 수 있을까? 부장님 댁, 자녀분은 이미 독립했잖아. 부부만 사시는데 날음식을 보내면 민폐 아닐까?

M : 그것도 그렇네. 맥주는 어때? 얼마 전에 회식에서 맥주에는 사족을 못 쓴다고 하셨고, 다양한 지역 맥주 세트를 보내면 좋아하실 것 같지 않아?

F : 그렇겠네. 그럼 맥주랑 같이 다른 술도 세트로 보낼까? 맥주만으로는 좀 허전하겠지?

M : 그것도 좋겠네. 그런데 소주는 안 돼. 소주는 좋아하지 않는다고 하셨으니까. 위스키나 일본술이 낫지 않아? 아, 하지만 위스키도 좋아하는 게 있고 싫어하는 게 있다고 했으니. 싫어하는 걸 보내면 곤란하지.

F : そうね。そしたら、その二つは外しとくね。

女の人は何を送りますか。

1 海産グルメ
2 海産グルメとビール
3 地ビールと日本酒
4 焼酎とウィスキー

F : 그렇지. 그럼 그 두 가지는 뺄게.

여자는 무엇을 보냅니까?

1 해산물 세트
2 해산물 세트와 맥주
3 지역 맥주와 일본술
4 소주와 위스키

단어

お歳暮 세모, 연말 | 家族ぐるみ 가족끼리 | 出産祝い 출산 축하 선물 | お返し 답례 | ~兼ねて ~겸해서 | 海産 해산물 | グルメ 식도락 | 詰め合わせ 여러 가지 물건을 한데 섞어 담음 | 生もの 날것 | 日持ち 며칠이고 보존할 수 있음 | 目がない 매우 좋아하다 | 地ビール 지역 맥주 | 味気ない 재미없다, 맛없다 | まずい 맛없다

해설

대화 앞부분에서 해산물 세트는 날것이라 오래 보존할 수 없으므로 보내지 않기로 했고, 소주는 좋아하지 않고, 위스키는 기호가 있기 때문에 제외하겠다고 했으므로 정답은 3번이다. 일본술에 관해서는 언급되지 않았지만, 맥주만 보내는 것은 부족한 것 같아 뭔가 다른 술과 함께 보내고 싶지만, 소주와 위스키는 안 되므로 남은 일본술이 함께 보낼 술의 종류가 된다

2番

3-2-03.MP3

会社で男の人と女の人が話しています。女の人は何をしなければなりませんか。

F : 部長、あの、来週の新商品発表会の件でご相談なんですが。

M : ああ。どう？資料作りはうまくいってる？

F : 新商品の特徴もしっかり入れておきましたし、田中先輩にも手伝ってもらって、資料はほぼ出来上がってるのですが、当日の司会者が決まっていなくて。

M : まだ決まってないのか。当日はたくさんのお客様がいらっしゃるんだぞ。司会者がいないと困るじゃないか。

F : 申し訳ございません。いろんな方に聞いてみてはいるんですが、なかなか引き受けてもらえなくて。

회사에서 남자와 여자가 이야기하고 있습니다. 여자는 무엇을 해야 합니까?

F : 부장님, 저기, 다음 주 신상품 발표회 건으로 의논드릴 게 있는데요.

M : 어. 어떤가? 자료 준비는 잘되고 있나?

F : 신상품의 특징도 확실히 넣었고, 다나카 선배에게도 도움을 받아서 자료는 거의 완성되고 있는데, 그날 사회자가 정해지지 않아서요.

M : 아직 안 정해졌어? 그날은 많은 손님들이 오신단 말이야. 사회자가 없으면 곤란하잖아?

F : 죄송합니다. 여러 분들에게 물어보고는 있는데, 하시겠다는 분이 좀체 없어서요.

M：えっ？社内の人間に聞いているのか。こういう発表会にはプロの司会者にオファーするようにと言っておいたじゃないか。

F：申し訳ございません。会議で経費削減しろと言われていたので、社内から厳選するものだと思っていました。

M：勝手に自己判断して決めるのはよくないだろ。判断に迷った場合は、私に聞くようにとあれだけ言っておいたのに。急いで連絡しなさい。

F：承知しました。

女の人は何をしなければなりませんか。

1　資料を作りなおす
2　司会者派遣会社に連絡する
3　先輩に手伝ってもらって司会者を探す
4　社内から司会者を決める

M : 뭐? 사내 사람들에게 묻고 있는 건가? 이런 발표회 때는 전문 사회자에게 맡기라고 말해 두었잖아?

F : 죄송합니다. 회의에서 경비를 삭감하라고 해서, 사내에서 엄선하는 것으로 생각했습니다.

M : 제멋대로 혼자 판단해서 결정하는 것은 좋지 않지. 판단이 어려울 때는 나한테 물어보라고 그렇게 말했건만. 서둘러서 연락해.

F : 알겠습니다.

여자는 무엇을 해야 합니까?

1　자료를 다시 만든다
2　사회자 파견 회사에 연락한다
3　선배에게 도움을 받아 사회자를 찾는다
4　사내에서 사회자를 정한다

해설

부장이 사회자는 프로 사회자로 하라고 했는데 여자는 자기 판단으로 사내에서 선정하려고 했다. 이에 부장은 서둘러 프로 사회자에게 연락하라고 했으므로 정답은 2번이다.

3番

病院で男の人が看護師と話しています。男の人はまず何をしますか。

F：それではこちらにいらしてください。今日は健康診断ということですね。簡単に説明しますので、こちらにおかけください。

M：はい。

F：まずは隣の部屋で検査用の服に着替えて、スリッパに履き替えてください。また、その部屋に問診票がありますので、そちらにご記入後、2階のBルームへお越しください。身長、体重、視力検査など一般的な検査が行われます。

M：わかりました。靴下ははいたままでもいいですか。

F：靴下は脱いでください。それから、隣のCルームで採血を行います。昨日は9時以降何も召し上がってないですよね。胃の中に食べ物が残っていると正確な診断ができないのですが。

M：はい、言われた通り、水しか飲んでいません。

F：安心しました。採血が終わった後は、胸部レントゲン検査になりますので、地下1階のレントゲン室へお越しください。最後に診察となりますので、終わりましたら、1階で看護師に診断票を提出してください。

M：わかりました。全部でどのくらい時間がかかりそうですか。

F：今日はそんなに混みあっていないので、1時間半から2時間くらいで終わると思います。

M：わかりました。よろしくお願いします。

男の人はまず何をしますか。

1　問診票に記入する
2　検査服に着替える
3　採血ルームに行く
4　レントゲン室に行く

병원에서 남자가 간호사와 이야기하고 있습니다. 남자는 우선 무엇을 합니까?

F：그럼 이쪽으로 오십시오. 오늘은 건강검진이시군요. 간단하게 설명드릴 테니 이쪽에 앉으세요.

M：네.

F：먼저 옆 방에서 검사용 옷으로 갈아입으시고 슬리퍼로 갈아 신으세요. 그리고 그 방에 문진표가 있으니, 거기에 기입하신 후에 2층의 B룸으로 가십시오. 신장, 체중, 시력검사 등 일반적인 검사를 진행할 겁니다.

M：알겠습니다. 양말은 신고 있어도 됩니까?

F：양말은 벗어 주세요. 그 다음, 옆에 있는 C룸에서 채혈을 할 겁니다. 어제 9시 이후 아무것도 안 드셨지요? 위 속에 음식물이 남아 있으면 정확한 진단이 불가능해서요.

M：네, 말씀하신 대로 물밖에 안 마셨습니다.

F：안심이네요. 채혈이 끝난 다음에는 흉부 엑스레이 검사를 하실 거라서, 지하 1층의 엑스레이실로 가십시오. 마지막으로 진찰을 받게 되실 테니, 다 끝나면 1층에서 간호사에게 진단표를 제출해 주세요.

M：알겠습니다. 전부 다 하는 데 시간이 어느 정도 걸릴까요?

F：오늘은 그렇게 붐비지 않아서 1시간 반에서 2시간 정도면 끝날 것 같습니다.

M：알겠습니다. 잘 부탁드립니다

남자는 우선 무엇을 합니까?

1　문진표에 기입한다
2　검사복으로 갈아입는다
3　채혈실에 간다
4　엑스레이실에 간다

PART 3 실전 공략_정답 및 해석　149

健康診断 건강진단 | 検査 검사 | 着替える 갈아입다 | 履き替える 갈아 신다 | 問診票 문진표 | お越しになる 오시다 |
採血 채혈 | 召し上がる 드시다 | 胸部 흉부 | レントゲン 엑스레이 | 混みあう 붐비다

해설

남자가 '우선' 해야 할 일을 묻는 문제이므로 이에 주목해서 듣는다. 간호사가 '우선은 옷을 갈아입으세요'라고 했으므로 정답은 2번이다.

4番

3-2-05.MP3

男の人が洗濯機のお客様センターに電話をしています。
男の人は最初に何をしますか。

F : はい、コスモス洗濯機、修理センターでございます。

M : あの、そちらで買った洗濯機なんですが、洗濯機の電源が入らなくなってしまったんです。

F : あっ、それは大変申し訳ございません。お客様がお使いになっている製品はどのようなものでしょうか。

M : えーと、9リットルのドラム式で、乾燥機がついているタイプなんですが。

F : かしこまりました。それではですね。お客様の洗濯機の右下部分に製造番号と書かれているシールが貼ってあるはずなので、今ご確認いただけますか。

M : ああ。ちょっと待ってくださいね。ああ、はいはい。ありますね。MA-0218です。

F : ありがとうございます。そちらの商品はご購入後3年は保証期間として無料で修理させていただいておりますが、いつご購入されたかおわかりでしょうか。

M : いや～。買ってから3年は経ってないと思うんですけど。保証書は捨ててないと思うので、どこかにあると思います。

남자가 세탁기 고객센터에 전화를 하고 있습니다. 남자는 맨 처음에 무엇을 합니까?

F : 네, 코스모스 세탁기 AS센터입니다.

M : 저기, 거기서 산 세탁기인데요, 세탁기 전원이 안 들어와서요.

F : 아, 정말 죄송합니다. 고객님께서 사용하고 계신 제품은 어느 제품인지요?

M : 음, 9리터 드럼식이고, 건조기가 달려 있는 타입인데요.

F : 알겠습니다. 그러면요, 고객님 세탁기의 오른쪽 아랫부분에 제조번호라고 쓰여 있는 스티커가 붙어 있을 겁니다. 지금 확인해 주실 수 있을까요?

M : 아. 잠시만 기다려 주세요. 아, 네. 있네요. MA-0218이에요.

F : 감사합니다. 그 상품은 구입 후 3년은 보증기간이라서 무료로 AS를 해 드리고 있는데요, 언제 구입하셨는지 아십니까?

M : 글쎄요, 산 지 3년은 안 된 것 같은데요. 보증서는 버리지 않았을 테니, 어딘가에 있을 겁니다.

F：それでしたら、そちらの保証書にてご購入日をご確認くださいませ。保証期間内の場合はそちらの保証書を写真に撮っていただき、メールにてお送りください。そちらが確認されましたら、再度こちらからご連絡差し上げますね。もし3年を経過されているようでしたら、保証書の送付は結構ですので、ホームページにて修理依頼書を作成してください。もちろんお電話でも修理の受付も承っております。修理の際には手数料として5000円をいただいておりますので、あらかじめご了承くださいませ。

M：ご丁寧にどうもありがとうございます。

男の人は最初に何をしますか。

1 保証書を探して修理センターに送る
2 修理依頼書をホームページで作成する
3 修理の受付を電話でする
4 修理費を支払う

F：그러시면, 그 보증서로 구입 일자를 확인해 주시기 바랍니다. 보증기간 내인 경우에는 그 보증서를 사진으로 찍으셔서 메일로 보내 주세요. 그것이 확인되면 다시 한 번 저희 쪽에서 연락을 드리겠습니다. 만약 3년을 경과했다면, 보증서는 안 보내 주셔도 되니, 홈페이지에서 AS 의뢰서를 작성해 주세요. 물론 전화로도 AS 접수를 받고 있습니다. AS를 받으실 경우에는 수수료로 5천 엔이 부과된다는 점, 미리 양해 바랍니다.

M：친절하게 안내해 주셔서 감사합니다.

남자는 맨 처음에 무엇을 합니까?

1 보증서를 찾아서 AS센터에 보낸다
2 수리 의뢰서를 홈페이지에서 작성한다
3 수리 접수를 전화로 한다
4 수리비를 지불한다

단어

電源 전원 | ドラム式 드럼식 | 乾燥機 건조기 | かしこまる 삼가 명령을 받들다 | 製造 제조 | シール 스티커 | 貼る 붙이다 | 購入 구입 | 保証 보증 | 経過 경과 | 送付 송부 | 結構だ 괜찮다 | 依頼 의뢰 | 受付 접수 | 承る 삼가 받다 | ～際 ~때 | 手数料 수수료 | あらかじめ 미리, 사전에 | 了承する 양해하다 | 丁寧だ 정중하다

해설

남자가 우선 해야 할 일은 보증서를 찾아서 언제 구입했는지 확인하고, 3년 이내라면 그 보증서를 AS센터에 보내는 것이다. 정답은 1번.

就職説明会で社員と学生が話しています。学生はこの後、最初に何をしなければなりませんか。

M：こんにちは。弊社を志望の学生さんですか。

F：あっ、はい。よろしくお願いします。御社が第一志望でぜひ入社したいと考えております。すみませんが、いくつか質問してもよろしいでしょうか。

M：どうぞ何でも聞いてください。

F：履歴書は、ネット上で提出とのことでしたが、決まったフォームがありますか。

M：専用ホームページに行くと、記入項目が分かれていますので、一つずつそちらにウェブ上でご記入ください。ただ、履歴書の作成のためには、サイトに登録する必要があります。まずはそれからしてくださいね。

F：わかりました。面接はできる限り私服でとのことでしたが、スーツで行っても構わないのでしょうか。

M：弊社ではみなさんがどのような人物かを知る有力な手掛かりとして「私服で来てください」とお願いしています。スーツでお越しになってもかまいませんが、できれば私服でお願いします。

F：あっ、そうですか。面接ではどのようなことを主に聞かれますか。

M：そうですね。志望動機はもちろんですけど、大学で何を頑張ったか、これまでの人生でどのような経験を積んできたかを主に聞きます。こちらから質問することもたくさんありますので、しっかり準備してきてくださいね。

F：わかりました。ありがとうございます。頑張ります。

学生はこの後、最初に何をしなければなりませんか。

취업 설명회에서 직원과 학생이 이야기하고 있습니다. 학생은 이후 가장 먼저 무엇을 해야 합니까?

M：안녕하세요. 저희 회사를 지망하는 학생이신가요?

F：아, 네. 잘 부탁드립니다. 귀사가 제1지망이라서 꼭 입사하고 싶습니다. 죄송하지만, 몇 가지 여쭤봐도 될까요?

M：뭐든지 물어보세요.

F：이력서는 온라인으로 제출하라고 되어 있는데, 정해진 양식이 있습니까?

M：전용 홈페이지에 가시면, 기입 항목이 나누어져 있으니, 웹상에서 그쪽에 하나하나 기입해 주세요. 단, 이력서 작성을 위해서는 사이트에 등록을 해야 합니다. 먼저 그것부터 하세요.

F：알겠습니다. 면접은 가능한 한 사복 차림으로 오라고 되어 있는데, 정장을 입고 가도 상관없을까요?

M：저희 회사에서는 여러분이 어떤 사람인지를 알 유력한 단서로 삼고자 사복으로 와 주시기를 부탁드리고 있습니다. 정장을 입고 오셔도 상관없지만, 가능하다면 사복으로 부탁드립니다.

F：아, 그렇군요. 면접에서는 주로 어떤 것을 묻나요?

M：글쎄요. 지망 동기는 물론이고, 대학에서 무엇을 열심히 했는지, 지금까지의 인생에서 어떤 경험을 쌓아 왔는지를 주로 묻습니다. 저희가 질문도 많이 할 것이니, 확실하게 준비해 오시기 바랍니다.

F：알겠습니다. 감사합니다. 열심히 하겠습니다.

학생은 이후 가장 먼저 무엇을 해야 합니까?

1	履歴書を提出する	1	이력서를 제출한다	
2	サイトに登録する	2	사이트에 등록한다	
3	スーツを購入する	3	정장을 구입한다	
4	面接の準備をする	4	면접 준비를 한다	

단어

弊社 폐사, 당사ㅣ志望 지망ㅣ御社 귀사ㅣ履歴書 이력서ㅣフォーム 폼, 양식ㅣ専用 전용ㅣ記入 기입ㅣ項目 항목ㅣ作成 작성ㅣできる限り 가능한 한ㅣ私服 사복ㅣスーツ 정장ㅣ構わない 상관없다ㅣ有力 유력ㅣ手掛かり 단서ㅣお越しになる 오시다ㅣ主に 주로ㅣ動機 동기

해설

학생이 '맨 처음에' 할 일은 이력서를 제출하기 위해 사이트에 등록하는 것이다. 이것은 직원의 「まずはそれからしてください ね(우선은 그런 다음 해 주세요)」라는 대사로 알 수 있다. '그것'은 사이트에 등록하는 것이므로 정답은 2번이다.

6 番

学校で先生と母親が話しています。母親はこれからどうしますか。

M：息子さん、家での様子はいかがですか。

F：それが、最近携帯のゲームにはまってしまって。勉強なんてそっちのけのようなんです。どうしたらいいでしょうか。

M：携帯ゲームに夢中になってしまうお子さんは多いようですからね。

F：連絡のためにと与えたものだったのに。今では子供のおもちゃになっちゃって。この間は食事のときにもゲームをしていたので、携帯を取り上げましたよ。

M：そうでしたか。そのあとはどうでしたか。

F：1日中泣きじゃくって、口もきいてくれませんでしたよ。そこまで携帯に依存しているとは思っていなくて、親として反省する限りです。

학교에서 선생님과 어머니가 이야기하고 있습니다. 어머니는 이제부터 어떻게 합니까?

M：아드님이 집에서는 어떻습니까?

F：그게, 요즘 들어 휴대폰 게임에 빠져서요. 공부는 뒷전이에요. 어떻게 하면 좋을까요?

M：휴대폰 게임에 빠져 있는 아이들은 많은 것 같습니다.

F：연락을 위해서 준 건데. 지금은 아이의 장난감이 되어 버려요. 일전에는 식사할 때도 게임을 하고 있어서 휴대폰을 뺐었어요.

M：그러셨군요. 그 뒤로는 어땠습니까?

F：하루 종일 엉엉 울고 저한테 말을 한마디도 하지 않더라고요. 그렇게까지 휴대폰에 의존하고 있는 줄은 몰랐는데, 부모로서 반성할 따름입니다.

M：そうですか。でも息子さんはそうやって無理やり取り
上げるより、ちゃんと話し合って、ルールを決めたら
しっかり守れるお子さんだと思いますよ。大人もそう
ですけど、強制的に取り上げられるともっとやりた
くなるじゃないですか。ゲームをする時間を決めると
か、親子の間でしっかり規則を決めるといいと思いま
すよ。

F：守れなかった場合は没収してもいいですかね。

M：それも息子さんとの話し合いで決めるといいでしょ
う。没収してもいいし、携帯を解約してもいいし。決
めた約束はしっかり守るということを分からせるのが
効果的ですね。

F：そうですね。早速今日、やってみます。ありがとうご
ざいました。

母親はこれからどうしますか。

1 携帯を取り上げる

2 携帯の使用時間を決める

3 携帯を解約する

4 息子と携帯使用のルールを決める

M：그러시군요. 하지만 아드님은 그렇게 억
지로 빼앗는 것보다, 대화를 잘 나눠서
규칙을 정하면 잘 지킬 수 있는 아이라
고 생각합니다. 어른도 그렇지만, 강제적
으로 빼앗기면 더 하고 싶어지지 않습니
까? 게임을 하는 시간을 정하든지, 부모
와 아이 간에 확실하게 규칙을 정하면 좋
을 것 같습니다.

F：지키지 못한 경우에는 압수해도 될까요?

M：그것도 아드님과 대화로 정하는 것이 좋
겠죠. 압수해도 되고, 휴대폰을 해약해도
되고요. 결정한 약속은 분명히 지킨다는
것을 알도록 하는 것이 효과적이죠.

F：그렇군요. 당장 오늘 해 보겠습니다. 감사
합니다.

어머니는 이제부터 어떻게 합니까?

1 휴대폰을 뺏는다

2 휴대폰 사용 시간을 정한다

3 휴대폰을 해약한다

4 아들과 휴대폰 사용 규칙을 정한다

단어

はまる 빠지다 | そっちのけ 뒷전으로 돌림 | 夢中になる 열중하다 | 取り上げる 빼앗다 | 泣きじゃくる 흐느껴 울다 |
口をきく 말을 하다 | 依存 의존 | 反省する 반성하다 | ~限りだ ~뿐이다 | 無理やり 억지로 | 話し合う 서로 이야기하다 |
ルール 룰, 규칙 | しっかり 확실히 | 守る 지키다 | 強制的 강제적 | 規則 규칙 | 没収 몰수 | 解約 해약 | 効果的 효과적 |
早速 즉시

해설

선생님은 아들과 대화해서 부모 자식 간에 규칙을 정하는 것이 좋다고 조언하고 있고, 엄마는 그것을 오늘 해 보겠다고 말하고 있
으므로 정답은 4번이다.

문제 2에서는 먼저 질문을 들으세요. 그런 다음 문제지의 보기를 읽으세요. 읽을 시간이 있습니다. 그러고 나서 이야기를 듣고 문제지의 1부터 4 중에서 가장 알맞은 것을 하나 고르세요.

れい
例

だんじょ ともだちどうし はな おんな ひと かれ おこ い
男女の友達同士が話しています。女の人はどうして彼が怒ったと言っていますか。

F : ああ。どうしよう。彼を怒らせちゃったみたい。

M : どうしたの？

F : それが、この間、会社の飲み会があったんだけど、ほら、うちの部署、男性社員ばかりじゃない。行くのはちょっと…って言われてたんだけど、仕方なくて…。

M : ああ。それで怒らせちゃったの？

F : ううん、それはなんとか大丈夫だったの。それよりも彼が心配して何度も電話してたみたいなんだけど、私酔っぱらっちゃって…全然電話に出なかったの。

M : え？それで連絡した？

F : 次の日、携帯の着信履歴みてびっくり。あわてて彼に電話したら、なんで電話に出なかったのかって。

M : そりゃそうだ。

おんな ひと かれ おこ い
女の人はどうして彼が怒ったと言っていますか。

남녀 친구끼리 이야기하고 있습니다. 이 여자는 왜 남자 친구가 화났다고 말하고 있습니까?

F : 아~. 어쩌지? 남자 친구를 화나게 한 거 같아.

M : 어떻게 한 거야?

F : 그게 요전에 회사 회식이 있었는데, 있잖아, 우리 부서, 남자 사원뿐이잖아. 가는 건 좀…이라고 했는데 어쩔 수 없이….

M : 아. 그래서 화나게 했구나.

F : 아니, 그건 그럭저럭 괜찮아. 그것보다도 남자 친구가 걱정돼서 몇 번이나 전화했던 것 같은데 내가 취해 버려서…전화를 전혀 안 받았어.

M : 뭐? 그래서 연락했어?

F : 다음 날 휴대폰 부재중 통화를 보고 깜짝 놀랐어. 서둘러서 남자 친구한테 전화했더니 왜 전화를 안 받았냐고.

M : 그건 그렇네.

이 여자는 왜 남자 친구가 화났다고 말하고 있습니까?

はや かえ
1 早く帰らなかったから

の かい い
2 飲み会に行ったから

でん わ で
3 電話に出なかったから

けいたい
4 携帯をなくしてしまったから

1 빨리 퇴근하지 않았기 때문에

2 회식에 갔기 때문에

3 전화를 받지 않았기 때문에

4 휴대폰을 잃어버렸기 때문에

단어

おこ ぶしょ しかた
怒らせる 화나게 하다 | ほら 급히 주의를 환기시킬 때 내는 소리, 이봐, 얘, 자 | 部署 부서 | 仕方ない 어쩔 수 없다 | なんとか 어떻게든 | それよりも 그것보다도 | 酔っぱらう 몹시 취하다 | 電話に出る 전화를 받다 | 着信履歴 착신 이력

해설

남자친구가 화낸 이유가 후반부에 나와 있다. 남자친구가 왜 전화를 안 받았냐고 했다고 했으므로 정답은 3번이다. 1번과 4번은 대화에 나오지 않았고, 2번은 사실이지만 이것은 괜찮다고 했으므로 정답이 아니다.

1番

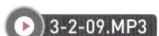 3-2-09.MP3

男の人と女の人が話しています。女の人は子供のSNSについて何が心配だと言っていますか。

M : ねえねえ、最近の子供たちってSNSの活用すごいよね。

F : そうそう。うちの姪っ子も一緒にいるのにずーっとSNSばっかり。

M : 子供って覚えるの早いからな〜。うちの甥っ子もSNS使ってるみたいなんだけど、この間大変だったみたい。

F : えっ?何かあったの?

M : 学校で面白半分で作った動画が一気に拡散しちゃったみたいなんだよ。投稿してすぐ削除したみたいなんだけど、ほら、SNSって一回投稿したら、ものすごいスピードで広がるだろ?その動画を見た人たちから根も葉もないうわさをたてられて、収拾がつかなくなったんだって。今は少し落ち着いたみたいなんだけど、それでもまだどこかに動画が残ってるらしいから不安は消えないよな。

F : えー。そうだったんだ。楽しく使うならいいけど、正しい使い方を分かってなかったら、何か起きたときが怖いわよね。特に子供は何でもかんでもやりたがるから、SNSの怖さを知らないだろうし。何も知らない子供がSNSを使うのは本当に心配だわ。

M : そうだよね。大人の僕でもその話を聞いて、SNSやらなくなったくらいだし。子供でも大人でも正しい使い方を知っておくべきだね。

F : そうね。私も気をつけなくちゃ。むやみやたらに写真や動画を投稿したり、コメントとか残したりするもんじゃないわね。

남자와 여자가 이야기하고 있습니다. 여자는 아이의 SNS에 대해 무엇이 걱정이라고 합니까?

M : 있잖아, 요즘 아이들은 SNS를 엄청나게 하잖아.

F : 맞아, 맞아. 우리 여자 조카도 같이 있는데도 계속 SNS만 해.

M : 애들은 빨리 익히니까. 우리 남자 조카도 SNS를 하는 것 같은데, 얼마 전에 큰일이 있었나 봐.

F : 응? 무슨 일 있었어?

M : 학교에서 재미 삼아 만든 동영상이 단숨에 퍼져 버렸나 봐. 올리고 나서 바로 삭제한 모양인데, 왜 그렇잖아, SNS라는 게 한 번 올리면 엄청나게 빠른 속도로 퍼지잖아? 그 동영상을 본 사람들로부터 아무 근거 없는 소문이 돌아서 수습 불가능한 상태가 됐대. 지금은 조금 진정이 된 것 같기는 한데, 그래도 아직 어딘가에 동영상이 남아 있을 테니까 불안감은 남아 있지.

F : 어머. 그랬구나. 재미있게 사용하는 건 좋은데, 올바른 사용법을 모르면 뭔가 일이 생겼을 때가 무서운 거야. 특히 아이들은 뭐든지 하고 싶어 하니까, SNS의 무서움을 모를 것이고. 아무것도 모르는 아이들이 SNS를 하는 건 정말 걱정스러운 일이야.

M : 맞아. 어른인 나도 그 얘기를 듣고 SNS를 끊게 됐을 정도인데. 아이든 어른이든 올바른 사용법을 알아둬야 해.

F : 그래. 나도 조심해야겠어. 사진이나 동영상을 무턱대고 올리거나 코멘트를 남기는 게 아니야.

M : あー、なんだか怖くなってきた。そのままにしてたけど今日SNSから全部脱退しよう。

女の人は子供のSNSについて何が心配だと言っていますか。

1 面白半分で動画を作って投稿すること
2 変な噂が広まってしまうこと
3 SNSに依存してしまうこと
4 正しい使い方をわからず使ってしまうこと

M : 아, 뭔가 무서워졌어. 그냥 놔뒀었는데, 오늘 SNS에서 전부 탈퇴해야겠어.

여자는 아이의 SNS에 대해 무엇이 걱정이라고 합니까?

1 재미로 동영상을 만들어서 올리는 것
2 이상한 소문이 퍼지는 것
3 SNS에 의존하는 것
4 올바른 사용법을 모르고 사용하는 것

단어

活用 활용 | 姪っ子 조카딸 | 甥っ子 조카 | 面白半分 진반 농반, 반 장난 | 動画 동영상 | 一気に 단숨에 | 拡散 퍼지다 | 投稿 투고 | ものすごい 엄청나다 | 根も葉もない 근거 없다 | 噂 소문 | 収拾 수습 | 落ち着く 안정되다 | 何でもかんでも 뭐든지 | むやみやたら 함부로 | コメント 코멘트 | 脱退 탈퇴

해설

전체적인 대화의 흐름을 잘 파악한다. 여자는 아무것도 모르는 아이가 SNS를 쓰는 것은 진짜 걱정이라고 말하고 있으므로 정답은 4번이다. 재미로 동영상을 만들어 올렸다가 단숨에 퍼져서 큰일이 됐다고 하는 것은 올바른 사용법을 모르고 SNS를 쓴 결과이고, 1번과 2번은 걱정은 아니다.

2番

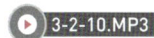
3-2-10.MP3

テレビで医者が話しています。インフルエンザの最も効果的な予防方法は何だと言っていますか。

M : 寒さが増してきて、この時期みなさんが心配な感染症と言えばインフルエンザではないでしょうか。そこで今日はインフルエンザ予防のための効果的な方法をお教えします。まずは何といっても手洗いうがいです。ウィルスは手から一番よく入ると言われています。外から帰ってきたら必ず手洗いうがいを心がけましょう。それから、マスクもいいですね。特に風邪の症状が出ている方は咳やくしゃみをするとき口と鼻を覆っていれば他の人へ感染するリスクを減らすことができるでしょう。

TV에서 의사가 이야기하고 있습니다. 독감의 가장 효과적인 예방법은 무엇이라고 합니까?

M : 날씨가 점점 추워지니, 이럴 때 여러분이 걱정하는 감염증 하면 독감이 아닐까요? 그래서 오늘은 독감 예방을 위한 효과적인 방법을 알려 드리겠습니다. 우선은 뭐니 뭐니 해도 손씻기와 양치질입니다. 바이러스는 손으로부터 가장 잘 침투한다고 합니다. 바깥에 나갔다 돌아오면 반드시 손씻기와 양치질을 하는 것을 명심합시다. 그리고, 마스크도 좋습니다. 특히 감기 증상이 나타난 분은 기침이나 재채기를 할 때 입과 코를 가리면 다른 사람에게 옮길 위험을 줄일 수 있겠죠.

もちろん日頃から健康管理をし、十分に栄養と睡眠を
とって抵抗力を高めておくことも大事ですね。そして
やはり何といっても予防接種を受けることですね。予
防接種をしてもインフルエンザにかかったという人も
いますが、何よりも効果的な方法と言えるでしょう。
早めに予防接種を受けて、今年はインフルエンザにか
からず、健康で元気に過ごせるといいですね。

**インフルエンザの最も効果的な予防方法は何だと言って
いますか。**

물론 평소에 건강 관리를 하고 충분한 영
양과 수면을 취해서 저항력을 높여 두는
것도 중요합니다. 그리고 역시 뭐니 뭐니
해도 예방접종을 하는 것이겠지요. 예방
접종을 했는데도 독감에 걸렸다는 분도
계시지만, 무엇보다도 효과적인 방법이라
고 할 수 있을 것입니다. 미리 예방접종을
해서 올해는 독감에 걸리지 않고 건강하
고 활기차게 보낼 수 있으면 좋겠지요.

독감의 가장 효과적인 예방법은 무엇이라고
합니까?

1　手洗いとうがいをする
2　マスクをする
3　健康管理をしっかりする
4　予防接種を受ける

1　손 씻기와 양치질을 한다
2　마스크를 한다
3　건강 관리를 확실히 한다
4　예방 접종을 받는다

해설

대화 후반에 '뭐니 뭐니 해도' 예방 접종을 하는 게 '무엇보다' 효과적인 방법이라고 말하고 있으므로 정답은 4번이다.

3番

ばん

🔊 **3-2-11.MP3**

女の人と男の人が育児休暇について話しています。男の人はどうすることにしましたか。

F : そういえば田中さんのところもうすぐお子さん生まれるんじゃない？

M : そうなんだよ！もうそろそろなんだけど、実は今育児休暇をとるかどうか悩んでて。

F : 最近は男性も育児休暇が取りやすくなってるし、いいじゃない！

M : 妻にも相談したんだけど、収入が減るわけでもないし、休暇がとれるならとってほしいって言われたんだよね。

F : そりゃそうよ。奥さん一人で子供の世話から家事まで全部するのは大変だもの。

M : そうだよね。でも逆に僕がいることで妻に迷惑かけちゃうんじゃないかって心配なんだ。

F : なんで？旦那さんにいろいろやってもらったほうが奥さんも楽じゃない？

M : それはそうなんだけど、今まで家事全般を妻に任せてきたから、僕がいたところで何もできないし。やろうとしても妻に聞きながらしなきゃだからイライラさせてしまうんじゃないかって。それなら仕事して定時に帰ったほうがましだろ？子供と触れ合う時間があるのはいいんだけど、妻の機嫌を損ねたくなくて。

F : なるほどね。でも初めてのお子さんでしょ？奥さんがイライラするかもしれないけど、やっぱり誰かそばにいてくれたほうが安心よ。お母さんだけに育児を任せるっていう時代は終わったの。不安や心配はあるかもしれないけど、一緒に子育てしていく楽しみを考えた方がいいんじゃない？

M : そうだね。よし、早速部長に話してみるよ。

男の人はどうすることにしましたか。

여자와 남자가 육아 휴직에 대해 이야기하고 있습니다. 남자는 어떻게 하기로 했습니까?

F : 그러고 보니, 다나카 씨네 집에 이제 곧 아기가 태어나잖아?

M : 맞아! 이제 얼마 남지 않았는데, 실은 육아 휴가를 낼까 말까 고민 중이야.

F : 요즘은 남자도 육아 휴가를 내기 쉬워져서 괜찮잖아!

M : 아내한테도 의논했는데, 수입이 줄어드는 것도 아니니까 휴직할 수 있으면 했으면 좋겠다고 하더라고.

F : 그야 당연하지. 아내 혼자서 아이를 돌보고 살림까지 전부 하는 건 너무 힘들지.

M : 그렇지. 하지만 반대로 내가 있음으로 해서 아내를 힘들게 하지는 않을까 걱정이 돼.

F : 왜? 남편이 여러 가지 일들을 해 주는 게 아내한테도 더 편하지 않을까?

M : 그건 그렇지만, 지금까지 살림 전반을 아내에게 맡겨 왔던 터라, 내가 있어 봤자 아무것도 할 수가 없어. 하려고 해도 아내에게 물어가면서 해야 할 테니, 아내를 짜증나게 하지 않을까 해서. 그럴 거면 일하고 정시에 퇴근하는 게 더 낫잖아? 아기랑 함께하는 시간이 있는 건 좋지만, 아내의 심기를 불편하게 하고 싶지 않아서.

F : 그럴 수도 있겠다. 하지만 첫 아이잖아? 아내가 짜증날 수도 있지만, 역시 누군가가 옆에 있어 주는 게 안심이 될 거야. 엄마한테만 육아를 맡기는 시대는 끝났어. 불안이나 걱정은 있을 수 있지만, 함께 아이를 키워가는 즐거움을 생각하는 편이 좋지 않을까?

M : 그렇네. 좋아, 당장 부장님한테 얘기해 볼게.

남자는 어떻게 하기로 했습니까?

<table>
<tr><td>1 育児休暇をとらない</td><td>1 육아 휴가를 내지 않는다</td></tr>
<tr><td>2 育児休暇をとるために部長に相談する</td><td>2 육아 휴직을 위해 부장님과 상의한다</td></tr>
<tr><td>3 定時で帰れるよう会社側に交渉する</td><td>3 정시에 퇴근할 수 있도록 회사 측에 교섭한다</td></tr>
<tr><td>4 妻ともう一度相談する</td><td>4 아내와 다시 한번 의논한다</td></tr>
</table>

단어

育児休暇 육아 휴가 | 悩む 고민하다 | 収入 수입 | 世話 돌봄 | 家事 집안일 | 逆に 반대로 | 迷惑をかける 폐를 끼치다 | 全般 전반 | 任せる 맡기다 | イライラ 짜증나는 모양 | 定時 정시 | ましだ 낫다 | 触れ合う 접촉하다 | 機嫌を損ねる 기분을 상하게 하다 | そば 곁, 옆 | 子育て 육아 | 早速 즉시

해설

육아 휴가를 낼지 고민하던 차에 여자가 함께 육아를 하는 즐거움을 생각하는 게 좋지 않겠냐고 하자 남자는 부장에게 '육아 휴직'에 대해 의논해 보겠다고 한다. 정답은 2번이다.

4番

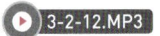

男の人と女の人が話しています。女の人はこのホテルの一番の問題点は何だと言っていますか。

M : わが社が手掛けたロボットホテル、評判はどうだね？

F : はい、世界初のロボットだけのホテルとして注目を集めておりましたが、やはりロボットだけに任せるのは難しいようです。

M : 何か問題でもあったのか。

F : 先日、お客様からクレームがあったのですが、部屋に設置されているロボットがお一人のお客様のいびきに反応し、一晩中「すみません、リクエストが聞き取れませんでした」と話しかけてきたようで、もう一人のお客様はまったく寝られなかったと。また、他のお客様からは「関係ない話にはぐいぐい割り込んでくるくせに、必要な時は全然助けてくれない」とのお声もいただきました。

M : そうだったのか。それらのロボットは今どうなった？

F : 部屋からは撤去し、今は倉庫に保管してあります。

남자와 여자가 이야기하고 있습니다. 여자는 이 호텔의 가장 큰 문제점이 무엇이라고 합니까?

M : 우리 회사가 만든 로봇 호텔, 평은 어떤가?

F : 예, 세계 최초의 로봇만 있는 호텔로 주목을 받고 있습니다만, 역시 로봇에게만 맡기는 것은 어려운 모양입니다.

M : 뭔가 문제라도 있었나?

F : 일전에 고객으로부터 항의가 있었는데, 방에 설치돼 있는 로봇이 한 고객의 코고는 소리에 반응을 해서 밤새도록 "죄송합니다. 요청하신 것을 못 알아들었습니다."라고 말해서, 다른 고객 한 분은 전혀 잠을 못 잤다고 합니다. 그리고, 다른 고객으로부터는 '관계 없는 말에는 재깍재깍 끼어들면서, 필요할 때는 전혀 도움이 되지 않는다'는 의견도 들었습니다.

M : 그랬군. 그 로봇은 지금 어떻게 됐지?

F : 방에서 철거해서 지금은 창고에 보관되어 있습니다.

M：他には？

F：フロントにもロボットを設置して対応しておりますが、設置されていたロボットの半分が、故障してはいないのですが、お客様の声に反応せずに、まったく動かない状態だったようで、宿泊客からの簡単な観光関連の質問にも答えられなかったそうです。お客様のパスポートのコピーもうまくいかず、結局人間が出ていく羽目になりました。

M：そうだったのか。効率化を図ったつもりだったが、まだまだだな。問題点と改善点をまとめた報告書を提出しておいてくれ。

女の人はこのホテルの一番の問題点は何だと言っていますか。

1　ロボットの故障が多くて対応が遅い
2　ロボットが臨機応変に対応できない
3　人間が常にいなければならない
4　コンセプトが定まっていない

M：그밖에는？

F：프런트에도 로봇을 설치해서 응대하고 있는데, 설치되어 있던 로봇의 절반이 고장은 나지 않았지만 고객의 목소리에 반응하지 않고 전혀 작동하지 않는 상태인 모양이어서, 투숙객으로부터의 간단한 관광 관련 질문에도 대답을 못 했다고 합니다. 고객의 여권을 복사하는 것도 잘 안 돼서, 결국 사람이 출동하는 상황이 되었습니다.

M：그랬군. 효율화를 도모하려고 한 것인데, 아직 멀었군. 문제점과 개선점을 정리한 보고서를 제출해 주게.

여자는 이 호텔의 가장 큰 문제점이 무엇이라고 합니까？

1　로봇의 고장이 많아서 대응이 늦는다
2　로봇이 임기응변으로 대응할 수 없다
3　인간이 항상 있어야 한다
4　콘셉트가 정해지지 않았다

단어

わが社 우리 회사｜手掛ける 손수 다루다, 보살피다｜ロボット 로봇｜評判 평판｜注目を集める 주목을 받다｜任せる 맡기다｜クレーム 클레임, 불만｜設置 설치｜いびき 코 고는 소리｜一晩中 밤새｜リクエスト 요청｜聞き取る 알아듣다｜ぐいぐい 쭉｜割り込む 끼어들다｜撤去 철거｜倉庫 창고｜保管 보관｜フロント 프런트｜故障 고장｜宿泊客 숙박객｜パスポート 여권｜コピー 복사｜羽目になる 지경에 이르다｜効率化を図る 효율화를 꾀하다｜改善 개선｜報告書 보고서

해설

여자의 보고에 따르면, 로봇이 그 상황에 맞게 대응할 수 없는 점이 가장 큰 문제라고 말하고 있으므로 정답은 2번이다. 콘셉트는 확실히 정해져 있고, 고장이 많다고는 말하지 않았으며, 사람이 항상 있어야 한다고도 하지 않았다.

男の人と女の人が話しています。女の人が怒った理由は何だと言っていますか。

F：この間電気屋さんでテレビ買ったんだけどさ、返品しようと思って電話したら返品できないって言われちゃって。

M：返品？なんで？不良品だったの？

F：それが、友達から同じタイプのテレビを譲ってもらえることになったのよ。未使用だし、まだ箱に入ったままだから返品できると思ったんだけど。

M：お店の人はなんだって？

F：クーリングオフ制度を利用したいっていったら、この制度って購入する意思がない人に対して、販売者から強引に商品を購入させられた場合に限られるから、今回の場合は適応されないらしいのよ。

M：そうだったんだ。そのシステムは知らなかったな。

F：返品できないことはもう仕方ないと思ってるの。私の不注意だし。それよりも店員の言い方が気にくわなくて。「押し売りなどしておりませんし、お客様がご自身で購入される意思を示されましたよね」とか、「弊社ではそのような返品に応じる義務はございません」とかあまりにも冷たいし、失礼だから、本社のお客様センターにクレームのメールしたわよ。

M：さすがにその態度はひどいね。本社からは回答きた？

F：メール送ったとたん、すぐ謝罪の電話がきて、その店員には厳重注意してくれるって。テレビの返品はできないけど、その分のポイントをくれるっていうから、仕方なく手を打ったわよ。

M：そうだったんだ。仕方ないね。買い物するときも気をつけなくちゃね。

女の人が怒った理由は何だと言っていますか。

남자와 여자가 이야기하고 있습니다. 여자가 화난 이유는 무엇이라고 합니까?

F : 일전에 전자제품점에서 TV를 샀는데, 반품하려고 전화했더니 반품이 안 된다는 거야.

M : 반품? 왜? 불량품이었어?

F : 그게, 친구한테 같은 타입의 TV를 받을 수 있게 됐거든. 미사용 제품이고, 아직 상자에 들어 있는 상태라서 반품이 될 거라고 생각했는데.

M : 가게 직원은 뭐래?

F : 계약 철회 보증 제도를 이용하고 싶다고 했더니. 이 제도는 구입할 의사가 없는 사람이 판매자로부터 억지로 제품을 강매당한 경우에 한해서 가능하기 때문에, 이번 경우는 적용이 안 되는 모양이야.

M : 그랬구나. 그 시스템은 몰랐네.

F : 반품이 안 되는 건 이제 어쩔 수 없다고 생각하고 있어. 내 부주의이고. 그보다 점원이 말하는 게 마음에 안 들어서. "강매 같은 건 하지 않았고, 손님이 스스로 구입할 의사를 보이셨죠."라던지, "저희 회사에서는 그런 반품에 응할 의무가 없습니다."라던지, 너무나도 냉정하고 무례해서 본사 고객센터에 항의 메일을 보냈어.

M : 아무리 그래도 그런 태도는 심하네. 본사에서는 답변 왔어?

F : 메일을 보내자마자 바로 사죄 전화가 와서, 그 점원에게는 엄중하게 주의를 준다고 하더라고. TV를 반품할 수는 없지만, 그에 해당하는 포인트를 준다고 하니까 어쩔 수 없이 받아들였어.

M : 그랬구나. 어쩔 수 없네. 물건을 살 때도 주의해야겠네.

여자가 화난 이유는 무엇이라고 합니까?

1	返品できないから	1	반품할 수 없어서
2	契約書を無理やり書かされたから	2	계약서를 억지로 써서
3	社員の態度があまりにも失礼だったから	3	직원의 태도가 너무나 무례해서
4	ポイントをくれなかったから	4	포인트를 주지 않아서

단어

電気屋 전자제품 매장 | 返品 반품 | 不良品 불량품 | タイプ 타입 | 譲る 양보하다 | クーリングオフ制度 쿨링오프 제도 | 購入 구입 | 強引 강제 | 限る 한정되다 | 適応 적응 | システム 시스템 | 仕方ない 어쩔 수 없다 | 気にくわない 마음에 안 들다 | 押し売り 강매 | 弊社 폐사, 당사 | 応じる 응하다 | 義務 의무 | 本社 본사 | 回答 회답 | ～(た)とたん ~하자마자 | 謝罪 사죄 | 厳重 注意 엄중 주의 | ポイント 포인트 | 手を打つ 손뼉을 치다

해설

반품할 수 없는 것은 본인의 부주의이니 어쩔 수 없지만 '그보다도' 점원의 태도가 나빴던 게 가장 화난 이유라고 말하고 있다. 정답은 3번.

6 番

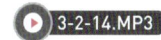

女の人と男の人が話しています。男の人はどんなアドバイスをしましたか。

F : 先輩、入社2年目にもなって、後輩ができたっていうのになかなか仕事がうまくいかなくて。どうしたらいいですかね。

M : うーん、そうだね。山田さんはいつも一生懸命でがんばってるのはよく分かる。ただ完璧でなければならないという気持ちが前に出すぎて、いつも余裕がなく、焦っているように見える。まずは深呼吸して落ち着くことだね。落ち着いて周りを見ると今自分がすべきことが見えてくる。僕も新人の頃はすべて一人でやらなきゃいけないプレッシャーに押しつぶされそうで、この仕事向いてないんじゃないかってかなり悩んだし、気楽に相談できる同僚がいなかったし、心細かったな。自信なんて全くなかったし。でも仕事をこなせばこなすほど、自分の経験になって自信がつくようになる。山田さんの周りには助けてくれる仲間もたくさんいるし、うらやましいよ。

여자와 남자가 이야기하고 있습니다. 남자는 어떤 조언을 했습니까?

F : 선배님, 입사 2년차도 됐고, 후배가 생겼는데도 좀처럼 일이 능숙해지지가 않아서요. 어떻게 하면 좋을까요?

M : 음, 그렇구나. 야마다 씨는 항상 열심히 노력하는 거 잘 알고 있어. 단지, 완벽해야 한다는 마음이 너무 앞서서 늘 여유가 없고 초조해 보여. 우선은 심호흡을 하고 침착해야 해. 침착하게 주위를 보면 지금 자신이 해야 할 일이 보일 거야. 나도 신입 시절에는 혼자서 모든 것을 다 해야 하는 부담감에 짓눌려서 이 일이 나에게 안 맞는 건 아닐까 엄청 고민도 했고, 마음 편히 의논할 수 있는 동료도 없어서 외로웠지. 자신도 전혀 없었고, 그래도 일을 해내면 해낼수록, 자신의 경험이 돼서 자신감이 생기게 돼. 야마다 씨 주위에는 도와줄 동료도 많고, 부러워.

いい同僚にも恵まれてるんだし、一人ですべて抱え込まないで、もう少し肩の力を抜いてやってもいいんじゃないかな。仕事を他の人と分け合うことも必要だよ。

좋은 동료들도 있는 건 복 받은 것이니, 혼자서 모든 걸 끌어안고 있지 말고, 좀 더 어깨 힘을 빼고 해도 되지 않을까? 일을 다른 사람과 분담하는 것도 필요해.

男の人はどんなアドバイスをしましたか。

남자는 어떤 조언을 했습니까?

1　もう少し気楽にやってもいい	1　좀 더 편하게 해도 된다
2　今と同じように一生懸命やるべきだ	2　지금처럼 열심히 해야 한다
3　周りの人に仕事を指示した方がいい	3　주위 사람에게 일을 지시하는 게 좋다
4　仕事に向いてないからやめた方がいい	4　일에 맞지 않으니 그만두는 게 좋다

> **단어**

入社 입사 | なかなか 좀처럼 | 余裕 여유 | 焦る 초조하다 | 深呼吸 심호흡 | 落ち着く 침착하다 | プレッシャー 부담감 | 押しつぶす 억지로 누르다, 뭉개버리다 | 向く 적합하다, (알)맞다 | 悩む 고민하다 | 気楽に 편하게 | 同僚 동료 | 心細い 불안하다 | 仕事をこなす 일을 소화시키다 | 仲間 한패, 동료 | 恵まれる 혜택받다 | 抱え込む 껴안다 | 肩の力を抜く 어깨의 힘을 빼다 | 分け合う 서로 나누다

> **해설**

남자는 여자에게 심호흡하고 침착하게, 어깨의 힘을 빼고 해도 된다고 말하고 있으므로 정답은 1번이다. 지금처럼 해야 한다든가 일을 지시하거나 그만두는 편이 좋다고는 말하지 않았다.

7 番
ばん

男の人と女の人が話しています。女の人は引っ越しの一番の理由は何だと言っていますか。

M：有村さん、引っ越しするんだって？引っ越したばかりなのに、何かあったの？

F：そうなの。立地もよくて、交通アクセスも最高だし、部屋も広くてよかったんだけど、隣の人の騒音がうるさくて。テレビの音から、話してる声まで聞こえるし、しまいには友達大勢呼んでパーティーもしてるみたいなの。もううんざり。内見したときにはそんなことなかったんだけど、住んでみないとわからないことってあるわよね。

M：そうだったんだ。それは災難だったね。それが一番の理由？

F：いや、実は、この間ネットで買った荷物を直接受け取れなかったから、ドアの前においてもらってたんだけど、無くなってたのよ。慌てて管理人さんに監視カメラ確認してもらったんだけど、最近この辺り一帯で発生してる盗難事件だったらしくて。その泥棒がマンションに入った時間がちょうど管理人さんがお昼休憩に行ってるときだったみたいで、誰もその犯人を見てないのよ。怖くなっちゃってさ。もうこのマンションには住めないと思って、急いで新居を探したってわけ。

M：そうだったんだ。そういえば、僕も今日荷物が届くって実家から連絡あったな。ドアの前においてもらうようにしたけど、宅配ボックスに入れてもらおうかな。

F：絶対そうしたほうがいいよ。何かあってからじゃ遅いし。

M：取りに行くのが面倒くさいけど、安全なのに越したことはないもんね。あー。怖い世の中になってきたね。

F：ほんとほんと。念には念をって言うじゃない。宅配ボックスが空いてなかったら管理人さんに預かってもらうなり、安全な方法で保管してもらったほうがいいわよ。

남자와 여자가 이야기하고 있습니다. 여자는 이사의 가장 큰 이유가 무엇이라고 합니까?

M：아리무라 씨, 이사한다며? 이사한 지 얼마 안 됐는데, 무슨 일 있었어?

F：맞아. 입지도 좋고 교통 접근성도 최고고 방도 넓어서 좋았는데, 이웃집 소음이 시끄러워서. TV 소리에서부터 말하는 소리까지 들리고, 나중에는 친구들을 왕창 불러서 파티까지 하는 모양이야. 정말 질렸어. 집 보러 왔을 때는 그런 게 없었는데, 살아보지 않으면 모르는 게 있는 거야.

M：그랬구나. 그건 재난이었네. 그게 가장 큰 이유야?

F：아니, 실은 얼마 전에 인터넷에서 산 물건을 직접 받을 수가 없어서 문 앞에 두고 가라고 했는데, 없어진 거야. 당황해서 관리인 아저씨한테 부탁해서 보안 카메라를 확인해 봤는데, 요즘 이 주변 일대에서 발생하고 있는 도난 사건이었던 모양이야. 그 도둑이 맨션에 들어온 시간이 마침 관리인 아저씨가 점심 휴식을 가 있던 때인 모양이라서 아무도 그 범인을 못 본 거야. 너무 무서워졌어. 이제 이 맨션에는 못 살 것 같아서, 급하게 새집을 알아본 거야.

M：그랬구나. 그러고 보니, 나도 오늘 짐이 도착한다고 부모님 집에서 연락이 있었어. 문 앞에 두라고 했는데, 택배함에 넣어 달라고 할까?

F：꼭 그렇게 해. 일이 생기고 나면 늦어.

M：가지러 가는 게 귀찮기는 하지만, 안전보다 더 중요한 건 없지. 아, 무서운 세상이 됐어.

F：맞아, 맞아. 조심하고 또 조심하라고 하잖아. 빈 택배함이 없으면 관리인 아저씨한테 맡겨 달라고 하든지, 안전한 방법으로 보관해 달라고 하는 게 좋을 거야.

<ruby>女<rt>おんな</rt></ruby>の<ruby>人<rt>ひと</rt></ruby>は<ruby>引<rt>ひ</rt></ruby>っ<ruby>越<rt>こ</rt></ruby>しの<ruby>一番<rt>いちばん</rt></ruby>の<ruby>理由<rt>りゆう</rt></ruby>は<ruby>何<rt>なん</rt></ruby>だと<ruby>言<rt>い</rt></ruby>っていますか。

여자는 이사의 가장 큰 이유가 무엇이라고 합니까?

1　<ruby>隣人<rt>りんじん</rt></ruby>の<ruby>騒音<rt>そうおん</rt></ruby>がうるさかったから
2　<ruby>宅配<rt>たくはい</rt></ruby>ボックスがなかったから
3　<ruby>盗難<rt>とうなん</rt></ruby><ruby>被害<rt>ひがい</rt></ruby>で<ruby>住<rt>す</rt></ruby>むのが<ruby>怖<rt>こわ</rt></ruby>くなったから
4　<ruby>管理人<rt>かんりにん</rt></ruby>の<ruby>管理<rt>かんり</rt></ruby>がずさんだったから

1　이웃의 소음이 시끄러워서
2　택배 박스가 없어서
3　도난 피해로 사는 게 무서워져서
4　관리인의 관리가 허술해서

단어

<ruby>立地<rt>りっち</rt></ruby> 입지 | <ruby>交通<rt>こうつう</rt></ruby>アクセス 교통 수단 | <ruby>騒音<rt>そうおん</rt></ruby> 소음 | しまいには 끝에는 | <ruby>大勢<rt>おおぜい</rt></ruby> 많은 사람, 여럿 | うんざり 지긋지긋함 | <ruby>内見<rt>ないけん</rt></ruby> 비공개로 봄 | <ruby>災難<rt>さいなん</rt></ruby> 재난 | <ruby>慌<rt>あわ</rt></ruby>てる 당황하다 | <ruby>管理人<rt>かんりにん</rt></ruby> 관리인 | <ruby>監視<rt>かんし</rt></ruby>カメラ CCTV | <ruby>一帯<rt>いったい</rt></ruby> 일대 | <ruby>盗難事件<rt>とうなんじけん</rt></ruby> 도난 사건 | <ruby>泥棒<rt>どろぼう</rt></ruby> 도둑 | <ruby>休憩<rt>きゅうけい</rt></ruby> 휴식 | <ruby>犯人<rt>はんにん</rt></ruby> 범인 | <ruby>新居<rt>しんきょ</rt></ruby> 새집 | <ruby>届<rt>とど</rt></ruby>く 도착하다 | <ruby>実家<rt>じっか</rt></ruby> 본가, 친가 | <ruby>宅配<rt>たくはい</rt></ruby>ボックス 택배 박스 | <ruby>越<rt>こ</rt></ruby>したことはない 더 나은 것은 없다 | <ruby>世<rt>よ</rt></ruby>の<ruby>中<rt>なか</rt></ruby> 세상 | <ruby>念<rt>ねん</rt></ruby> 주의함 | <ruby>預<rt>あず</rt></ruby>かる 맡다 | <ruby>保管<rt>ほかん</rt></ruby> 보관

해설

소음도 이사의 이유이긴 하지만 첫 번째 이유는 아니다. 가장 큰 이유는 택배 물건을 도난당해서 무서워져서 맨션에 살 수 없게 됐다고 말하고 있으므로 정답은 3번이다.

問題3

もんだい

문제3에서는 문제지에 아무것도 인쇄되어 있지 않습니다. 이 문제는 전체적으로 어떤 내용인지를 묻는 문제입니다. 이야기 앞에 질문은 없습니다. 우선 이야기를 들으세요. 그리고 나서 질문과 보기를 듣고 1~4 중에서 가장 알맞은 것을 하나 고르세요.

例

れい

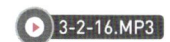
3-2-16.MP3

大学の先生が話しています。

M : さて、今日は初日なので授業の内容について簡単に説明します。えー、みなさん、「健康、フィットネス」と聞いて何を思い浮かべますか。この授業では生涯を通じて活力あるライフスタイルを形成するための理論を学び、実践を通してより理解度を深めていきます。具体的には健康的な生活習慣を身につけること、健康に関する知識や理解を習得します。また、健康や体力面だけではなく、仲間とともに身体活動を体験することで、「友達作り」「仲間との信頼関係づくり」も目的としています。自分のライフスタイルをよりよいものにするために、ぜひ積極的に取り組んでください。

この授業で取り上げる内容はどのようなことですか。

1　体の仕組みについての深い理解
2　信頼関係への重視と強いメンタル
3　健康についての理論と実践
4　ライフスタイルの形成

대학 교수가 이야기하고 있습니다.

M : 그럼, 오늘은 첫날이니까 수업 내용에 대해 간단하게 설명하겠습니다. 음~. 여러분, '건강, 휘트니스'라는 말을 들으면 뭐가 떠오르나요? 이 수업에서는 평생 동안 활력 있는 라이프 스타일을 형성하기 위한 이론을 배우고, 실천을 통해서 보다 이해도를 높여갑니다. 구체적으로는 건강한 생활습관을 몸에 익히는 것, 건강에 관한 지식과 이해를 습득합니다. 또, 건강과 체력면뿐만 아니라 동료와 함께 신체 활동을 체험함으로써 '친구 만들기' '동료와의 신뢰 관계 만들기'도 목적으로 하고 있습니다. 자신의 라이프 스타일을 보다 좋게 만들기 위해서 부디 적극적으로 임해 주세요. .

이 수업에서 다루는 내용은 어떤 것입니까?

1　인체 구조에 대한 깊은 이해
2　신뢰 관계 중시와 강한 정신
3　건강에 관한 이론과 실천
4　라이프 스타일의 형성

단어

初日 첫날 | 思い浮かべる 떠올리다 | 生涯 생애 | ~を通じて ~을 통해 | 活力 활력 | ライフスタイル 라이프 스타일 | 形成 형성 | 理論 이론 | 実践 실천 | 身につける 습득하다 | よりよいもの 보다 좋은 것 | 取り組む 맞붙다, 몰두하다

해설

대학 교수는 먼저 결론을 말하고 있다. 후반부에는 '구체적으로는'이라는 말이 나오므로 앞에서 말한 결론의 상세와 내용을 통해서 어떤 목적이 있는지 말하고 있다. 정답은 3번이다.

テレビのアナウンサーが話しています。

F：みなさん、虫についてどのようなイメージを持っていますか。おそらく好きな人はあまりいないかもしれません。しかし、虫が人を救う時代が来ているようです。先日、クモの研究チームは206種類のクモの毒を取り出し、それらの毒が人の痛みを消せる可能性があると考えられると発表しました。まだ試験段階ではありますが、クモの毒の特性を使って化合物を作ると、鎮痛薬としての効果がある可能性を秘めたものとして特に期待が高いそうです。世界には慢性痛に悩まされている人が増えており、これによる経済的負担も大きいとの調査結果が出ています。今後の研究に期待がかかっています。

アナウンサーは何について伝えていますか。

1　クモが持つ特性の多さ
2　慢性痛による経済的負担
3　世界中の毒を持つクモの種類
4　クモの毒を使った鎮痛薬の研究

TV 아나운서가 말하고 있습니다.

F : 여러분, 벌레에 대해서 어떤 이미지를 가지고 계십니까? 아마 좋아하는 사람은 별로 없을지도 모릅니다. 하지만, 벌레가 사람을 구하는 시대가 오고 있는 모양입니다. 얼마 전, 거미 연구팀은 206종류의 거미 독을 채취해 그것들의 독이 인간의 고통을 없애줄 가능성이 있는 것으로 여겨진다고 발표했습니다. 아직 시험 단계이기는 하지만, 거미 독의 특성을 이용한 화합물을 만들면, 진통제로서의 효과가 있을 가능성을 내포하고 있는 물질로 특히 기대가 높다고 합니다. 세계에는 만성 통증으로 고통받고 있는 사람이 늘고 있어서, 이로 인한 경제적 부담도 크다는 조사 결과가 나왔습니다. 앞으로의 연구에 기대가 모아지고 있습니다.

아나운서는 무엇에 대해 전달하고 있습니까?

1　거미가 가진 많은 특성
2　만성 통증에 따른 경제적 부담
3　전 세계의 독거미의 종류
4　거미 독을 이용한 진통제 연구

단어

虫 벌레 | 救う 구하다 | くも 거미 | 研究 연구 | 毒 독 | 段階 단계 | 特性 특성 | 化合物 화합물 | 鎮痛薬 진통제 | 秘める 숨기다 | 慢性痛 만성 통증 | 負担 부담

해설

거미 독이 사람의 고통을 없애줄 가능성이 있다고 발표되어, 그 특성을 살린 화합물이 만성 통증에 시달리는 사람을 구해 줄 수도 있으므로 그 연구를 하고 있다고 말하고 있다. 정답은 4번이다.

2番

ラジオで女の人が話しています。

F：子供にはご飯をたくさん食べてほしいのに、いくら工夫をしてもダダをこねたり、動き回ったり、子供の食事が思うように進まないことって多いですよね。そこで、今回はよく食べる子になるためにはどうしたらいいか、お伝えします。まずは早寝早起きをしましょう。生活リズムが整っていて、時間を決めずにだらだら食べるのはやめたほうがいいですね。また、食事の時間にはテレビやおもちゃなどは片づけておき、食事に集中できる環境が整っているようにしましょう。その際には親もスマホを食卓に持ち込まないようにしましょう。最後に、親子で一緒に食べるようにするといいですね。子供は大人の食べ方をよく見ています。子供があまり食べなくて悩んでいるのでしたら、ぜひ今日から取り組んでみてくださいね。

女の人は何について話していますか。

1　子供にとってのよくない習慣
2　よく食べる子になるための方法
3　あまり食べない子の共通点
4　親の食習慣の影響

ラ디오에서 여자가 이야기하고 있습니다.

F : 아이가 밥을 많이 먹기를 바라는데, 아무리 궁리를 해도 떼를 쓰거나 돌아다니거나 해서 아이의 식사가 생각처럼 진행되지 않는 경우가 많죠. 그래서 이번에는 잘 먹는 아이가 되기 위해서는 어떻게 하면 좋은지 알려 드리겠습니다. 첫 번째로, 일찍 자고 일찍 일어나게 합시다. 생활 리듬이 지켜져야지, 시간을 정하지 않고 질질 끌며 먹는 것은 그만두는 것이 좋겠죠. 그리고, 식사 시간에는 TV나 장난감 등은 정리해 두고, 식사에 집중할 수 있는 환경이 갖추어져 있도록 합시다. 이때는 부모도 스마트폰을 식탁에 가지고 가지 않도록 합시다. 마지막으로, 부모와 아이가 함께 식사를 하면 좋겠죠. 아이는 어른이 어떻게 먹는지 잘 보고 있습니다. 아이가 잘 안 먹어서 고민이라면, 꼭 오늘부터 노력해 보시기 바랍니다.

여자는 무엇에 대해서 이야기하고 있습니까?

1　어린이에게 있어서의 나쁜 습관
2　잘 먹는 아이가 되기 위한 방법
3　잘 먹지 않는 아이의 공통점
4　부모의 식습관의 영향

단어

工夫 궁리 | ダダをこねる 떼를 쓰다 | 動き回る 돌아다니다 | リズム 리듬 | 整う 형태가 갖추어지다 | だらだら 줄줄 |
環境 환경 | 際 때 | 食卓 식탁 | 持ち込む 반입하다 | 取り組む 몰두하다, 맞붙다

해설

대화 앞부분에서 잘 먹는 아이가 되려면 어떻게 하면 좋을지를 전달하겠다고 말하고 있으며, 그 뒤로는 그 방법에 대해서 말하고 있다. 정답은 2번이다.

3番

大学の先生が話しています。

M: 先日、毎日3個の卵を食べて長生きした女性がいるとのニュースがありました。その影響は大きく、それ以降、卵をたくさん食べると長寿につながると紹介されることもありますが、一概にそうとは言えません。なぜなら、卵を1週間に3～4個食べる人は全く食べない人に比べて、心筋梗塞や脳梗塞のリスクが高く、早死にする危険性があるとの研究が発表されたからです。この発表によると、これらのリスクだけではなく、さらには死亡率に悪影響を及ぼしていることが明らかになりました。この研究では、卵をいくつまで食べたらいいかという結果は発表されていませんが、食べる量が少なければ少ないほど、病気になるリスクは低くなるようです。卵は控えめにした方がいいかもしれませんね。

大학 교수가 이야기하고 있습니다.

M: 얼마 전, 매일 달걀 세 개를 먹고 장수한 여성이 있다는 뉴스가 있었습니다. 그게 큰 영향을 끼쳐서 그 이후 달걀을 많이 먹으면 장수로 이어진다고 소개되는 경우도 있습니다만, 일괄적으로 그렇다고는 할 수 없습니다. 왜냐하면 달걀을 일주일 동안 3~4개 먹는 사람은 전혀 먹지 않는 사람에 비해 심근경색이나 뇌경색의 위험이 높고, 일찍 사망하는 위험성이 있다는 연구가 발표되었기 때문입니다. 이 발표에 따르면 이러한 위험뿐 아니라, 나아가 사망률에 악영향을 끼치고 있다는 것이 밝혀졌습니다. 이 연구에서는 달걀을 몇 개까지 먹으면 좋은가 하는 결과는 발표되어 있지 않지만, 먹는 양이 적으면 적을수록 병에 걸릴 위험은 낮아지는 모양입니다. 달걀은 적게 먹는 것이 좋을 수도 있습니다.

先生は何について話していますか。

교수는 무엇에 대해서 이야기하고 있습니까?

1 生卵の危険性
2 卵を食べた方がいい理由
3 長生きする秘訣
4 卵が人間に与える影響

1 날달걀의 위험성
2 계란을 먹는 게 좋은 이유
3 장수하는 비결
4 달걀이 인간에게 미치는 영향

단어

長生き 장수 | 影響 영향 | 以降 이후 | 長寿 장수 | 一概に 일률적으로 | 心筋梗塞 심근경색 | 脳梗塞 뇌경색 | リスク 리스크, 위험 | 早死 요절 | 研究 연구 | 死亡率 사망률 | 及ぼす 미치다 | 控えめ 약간 적을 듯함 | 秘訣 비결

해설

남자가 말하는 것의 요지를 파악하는 문제이다. 남자는 달걀을 많이 먹어 장수한 사람도 있고, 최근 연구에서는 달걀을 과잉 섭취하면 요절할 위험이 있다고도 말하고 있다. 즉, 달걀이 사람에게 어떤 영향을 주는지를 말하고 있으므로 정답은 4번이다.

4番

テレビでアナウンサーが話しています。

F：ご覧ください。私が来ておりますこちらの公園は都市北部にあり、面積は約3平方キロメートル。そう聞いてもぴんと来ませんよね。園内すべてを見ようとすると1日がかりの大きさと言えば、なんとなくイメージできるでしょうか。一言でいえば牧場に来たような気分になれる、そんな雰囲気です。園内はなだらかなアップダウンが続いていて、草は刈り込みすぎていない、手を入れすぎていない素朴な魅力があって、高原かな？と思わせる雰囲気です。また園内には10の池がありますが、そのうち4つが泳げる池なのです。しかも男性用、女性用、男女共用があるという、にわかには信じられない話です。看板を見てみると、季節によって、泳げる範囲が違うようで、冬季は遊泳エリアが狭くなります。一風変わったこの公園、今年の夏休みはたくさんの観光客でにぎわいそうです。

アナウンサーは何について伝えていますか。

1　公園にいる観光客
2　池の周りの施設
3　公園内の様子
4　男女共用の池

TV에서 아나운서가 이야기하고 있습니다.

F：보십시오. 제가 와 있는 이 공원은 도시 북부에 있으며, 면적은 약 3평방킬로미터입니다. 이 말을 들어도 감이 확 오지 않으시죠? 공원 안을 다 보려면 하루가 걸리는 넓이라고 하면 느낌이 오실까요? 한마디로 하자면 목장에 온 듯한 기분이 드는 그런 분위기입니다. 공원 안은 완만한 오르막과 내리막이 이어지고, 풀은 너무 깎이지 않은, 사람 손이 많이 가지 않은 소박한 매력이 있어서 고원인가 하는 생각이 들게 하는 분위기입니다. 그리고 원내에는 10개의 연못이 있는데, 그중 4개가 수영을 할 수 있는 연못입니다. 게다가 남성용, 여성용, 남녀 공용이 있다는, 언뜻 믿기지 않는 이야기입니다. 간판을 보면, 계절에 따라 수영할 수 있는 범위가 다른 것 같은데, 동계에는 헤엄칠 수 있는 구역이 줄어듭니다. 한 차원 다른 이 공원, 올여름 휴가 때는 많은 관광객들로 붐빌 것 같습니다.

아나운서는 무엇에 대해 전하고 있습니까?

1　공원에 있는 관광객
2　연못 주변 시설
3　공원 내의 모습
4　남녀 공용 연못

단어

面積 면적 | ピンとくる 감이 오다 | ～がかり 걸려서 함 | 牧場 목장 | なだらか 완만함 | アップダウン 업다운 | 刈り込む 깎아서 손질하다 | 素朴 소박 | 魅力 매력 | 高原 고원 | にわかには 갑자기는, 당장에는 | 範囲 범위 | 遊泳 유영 | エリア 지역 | 一風 격식이나 품격, 느낌

해설

아나운서는 공원에 와 있는데 공원은 고원 같은 분위기에, 열 개의 연못이 있다는 등 공원에 대해 설명하고 있다. 정답은 3번.

5番

男の人が話しています。

M：えー、こちらが私のチームが開発したインスタントラーメンです。発売当初は売り上げがなかなか伸びず悩んでいましたが、先日この商品をモチーフにした特別ドラマを2時間にわたって放送したところ、放送直後から、インスタントラーメンを食べたい！買いたい！という声がホームページに殺到しました。既に売り切れている店舗も多く、「お店に買いに行ったが売り切れていて買えませんでした」とか、「商品はいつ入ってくるんですか」という問い合わせが多く、生産が追いつかない状態です。また、在庫がある大手スーパーでは商品棚の最も目立つ場所に置かれ、今の売れ筋商品として売り出されているようです。今年度、この商品の売り上げは史上最高を記録するのではないかと予想しています。

男の人は何について話していますか。

남자가 이야기하고 있습니다.

M：음, 이게 저희 팀이 개발한 인스턴트 라면입니다. 발매 당시에는 매출이 좀처럼 늘지 않아 고민이었는데, 얼마 전 이 상품을 모티브로 한 특별 드라마를 2시간에 걸쳐서 방송했더니, 방송 직후부터 '인스턴트 라면을 먹고 싶다, 사고 싶다'는 의견들이 홈페이지에 쇄도했습니다. 이미 품절된 점포도 많고, '가게에 사러 갔지만 품절되어서 못 샀어요'라든가 '상품은 언제 들어오나요?'와 같은 문의가 많아서 생산이 따라가지 못하는 상태입니다. 그리고 재고가 있는 대형 슈퍼에서는 상품 진열대의 가장 눈에 띄는 장소에 놓여져, 오늘의 핫한 상품으로 팔려나가는 모양입니다. 이번 연도, 이 상품의 매출은 사상 최고를 기록하지 않을까 예상하고 있습니다.

남자는 무엇에 대해 이야기하고 있습니까?

1 ドラマの宣伝効果	1 드라마의 선전 효과
2 SNSの効果	2 SNS의 효과
3 インスタントラーメンの売り上げ	3 인스턴트 라면의 매출
4 商品の大量生産	4 상품의 대량 생산

단어

開発 개발 | インスタントラーメン 인스턴트 라면 | 当初 당초 | 売上 매출 | モチーフ 모티브 | 殺到 쇄도 | すでに 이미 | 売り切れ 매진, 품절 | 店舗 가게, 점포 | 問い合わせ 문의 | 追いつく 따라잡다 | 在庫 재고 | 大手スーパー 대형 마트 | 売れ筋 잘 팔리는 상품 | 史上 역대, 역사상

해설

드라마 덕분에 매장에서 품절되는 사례가 많고 생산이 따라가지 못하며, 대형 마트에서는 잘 팔리는 상품으로서 대대적으로 팔리고 있다고 말하고 있으므로 정답은 1번이다.

6番

講演会で女の人が話しています。

F：人生の各ステージで試験や面接は避けて通れません。その中でも最も苦労するのは実は我が子の小学校受験であると言われています。有名私立小学校の面接ではこの学校を志望する理由はもちろん、親の人柄や家族の雰囲気までも聞かれます。例えば、「最近どんなことでお子さんを褒めましたか」や「奥様、またはご主人のどんな部分をお子さんに受け継いでほしいか」など工夫を凝らした様々な質問が飛び出します。このような質問に対して、決して慌ててはいけません。面接官はご両親の聞く能力や相手の心を察する力、そしてコミュニケーション能力を見ているのです。これからお子さんの受験を控えているみなさん。ぜひ今申し上げたことを頭に入れて臨んでみてくださいね。

講演会のタイトルにふさわしいのはどれですか。

1 名門校に合格する勉強法
2 名門校の受験システム
3 子供をしつける方法
4 小学校受験時の親の心構え

강연회에서 여자가 이야기하고 있습니다.

F：인생의 각 장면에서 시험이나 면접은 피하고서는 지날 수 없습니다. 그중에서도 가장 힘든 것은 사실 우리 아이의 초등학교 입시라고 합니다. 유명 사립 초등학교의 면접에서는 이 학교를 지망하는 이유는 물론이고, 학부모의 인품이나 가족의 분위기까지도 질문합니다. 예를 들어, "최근에 어떤 일로 아이를 칭찬했습니까?", "부인, 또는 남편의 어떤 부분을 자녀분에게 물려주고 싶은가" 등과 같이 열심히 고안해 낸 다양한 질문이 튀어나옵니다. 이 같은 질문에 대해서 결코 당황해서는 안 됩니다. 면접관은 부모의 듣는 능력이나 상대의 마음을 헤아리는 능력, 그리고 커뮤니케이션 능력을 보고 있는 것입니다. 앞으로 자녀의 입시를 앞두고 계신 여러분. 꼭 지금 말씀드린 점을 염두에 두고 임해 보시기 바랍니다.

강연회 제목으로 적합한 것은 어느 것입니까?

1 명문 학교에 합격하는 공부법
2 명문 학교의 입시 시스템
3 아이를 훈육하는 방법
4 초등학교 입시 시의 부모의 마음가짐

단어

避ける 피하다 | 我が子 우리 아이 | 志望 지망 | 人柄 인품 | 受け継ぐ 계승하다 | 工夫 궁리 | 凝らす 엉기게 하다 | 察する 헤아리다 | コミュニケーション 커뮤니케이션 | 控える 앞두다 | 臨む 임하다

해설

앞으로 초등학교 입시에서 특히 면접을 앞둔 부모 자식에 대해 면접에 나오는 내용이나 어떤 마음가짐으로 임하면 좋을지를 말하고 있다. 보기의 「心構え(마음가짐)」라는 단어를 아는 것이 포인트이다. 정답은 4번.

問題 4

문제 4에서는 문제지에 아무것도 인쇄되어 있지 않습니다. 우선 문장을 들으세요. 그리고 나서 그에 대한 대답을 듣고 1~3 중에서 가장 알맞은 것을 하나 고르세요.

例 <small>れい</small>

> F : もしもし、田中部長にお取り次ぎ願いたいのですが。
>
> M：1 お世話になっております。
>
> 2 少々、お待ちくださいませ。
>
> 3 もちろん承知の上です。

> F : 여보세요, 다나카 부장님께 연결해 주세요.
>
> M：1 신세를 지고 있습니다.
>
> 2 잠깐만 기다려 주세요.
>
> 3 물론 알고 있습니다.

단어

取り次ぐ (양자 사이에서) 한 쪽의 의사를 다른 편에 전하다 | 少々 조금, 잠시 | 承知 알아들음, 동의 | ～の上 ～한 후에

해설

「取り次ぐ」라는 말이 포인트이다. 상대방이 전화 등으로 제3자를 연결해 달라고 하는 것이므로 정답은 2번이다.

1番 <small>ばん</small>

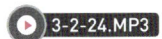

> F : うちの息子ったら、宿題そっちのけでスマホばっか り。
>
> M：1 うちの子も同じだよ。
>
> 2 スマホって便利だね。
>
> 3 そっちでは何をする予定？

> F : 우리 아들 말이야, 숙제는 뒷전이고 스마트폰만 해.
>
> M：1 우리 아이도 마찬가지야.
>
> 2 스마트폰은 편리하군.
>
> 3 그쪽에서는 무엇을 할 예정이야?

단어

そっちのけ 뒷전 | スマホ 스마트폰

해설

「そっちのけ」는 '뒷전으로 돌림, 내동댕이침, 거들떠 보지 않음'이라는 뜻이므로 어울리는 대답은 1번이다.

2 番 ^{ばん}

2 番

🔊 3-2-25.MP3

PART 1 유형공략

M：彼女とさ、仲直りはおろか話し合いの機会さえも作ってもらえなくて。

F：1　今からカフェでも行こうよ。
　　2　とりあえず明日私に電話してくれる？
　　3　そうか。でも諦めたらだめだよ。

M： 여자친구와는 말이지, 화해는커녕 대화의 기회조차도 만들어 주지 않아서.

F：1 지금부터 카페라도 가자.
　　2 일단 내일 나한테 전화해 줄래?
　　3 그렇군. 하지만 포기하면 안 돼.

PART 2 합격공략

PART 3 실전공략

단어

仲直り 화해 | ～はおろか ~는커녕 | ～さえ ~조차

해설

여자친구와 화해는커녕 이야기할 기회도 안 준다고 말하고 있으므로 어울리는 대답은 3번이다.

3 番 ^{ばん}

🔊 3-2-26.MP3

M：この間の接待、自腹切って最悪だったよ。

F：1　大丈夫？病院行った？
　　2　うわー、ありえないね。
　　3　薬あるけど飲む？

M： 요전번 접대, 비용이 자기 부담이라 최악이었어.

F：1 괜찮아? 병원에 갔어?
　　2 와, 말도 안 돼.
　　3 약 있는데 먹을래?

단어

接待 접대 | 自腹を切る 비용을 자기가 부담하다

해설

「自腹を切る」는 '비용을 자기 돈으로 낸다'는 뜻이므로 상처나 병이 아니다. 답은 2번이다.

4番

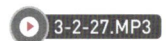

M：ねえ、髪伸びすぎじゃない？切ったら？

F：1 私が切ってあげようか。

2 試験に受かるまでのゲン担ぎなんだから。

3 あー、すっきりした。あそこの美容室いいね。

F : 이봐, 머리 너무 기른 거 아니야? 자르는 게 어때?

M : 1 내가 잘라 줄까?

2 시험에 합격할 때까지의 부적 같은 거라서.

3 아~, 시원하다. 저기 미용실 좋네.

단어

ゲン担ぎ 좋은 결과가 되기를 기원하는 의미로 하는 행위 | すっきり 시원함

해설

「ゲン担ぎ」는 어떤 성공이나 달성을 바라는 행동으로, 여기서는 머리를 기르는 것이 시험 합격을 바라는 행동이므로 정답은 2번이다.

5番

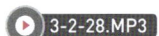

F：ものすごく緊張してたのに、なんか拍子抜けしちゃった。

M：1 結構早いテンポだったね。

2 拍手するタイミング、逃しちゃったよ。

3 厳しいって聞いてたのに、そうでもなかったね。

F : 엄청 긴장했었는데 왠지 맥이 빠졌어.

M : 1 꽤 빠른 템포였지.

2 박수 칠 타이밍을 놓쳤어.

3 엄하다고 들었는데, 그렇지도 않았구나.

단어

拍子抜け 맥이 빠지다 | 結構 꽤 | テンポ 템포, 속도 | 拍手 박수 | タイミング 타이밍 | 逃す 놓치다

해설

「拍子抜け」란 긴장감이 있었는데 기운이 빠져 버리는 것을 말한다. 음악에서 쓰는 템포나 박수의 뜻이 아니다. 정답은 3번.

6 番

3-2-29.MP3

M : 今日はお客さんが多いね。

F : 1 そうだね。品物を並べたそばからすぐ売れてくよ。

2 私のそばからみんないなくなってさみしいな。

3 蕎麦じゃなくてうどんの方が好きなんだけど。

M : 오늘은 손님이 많네.

F : 1 그러게. 물건을 진열하는 족족 금방 팔릴 거야.

2 내 곁에서 다들 사라져서 외롭구나.

3 메밀국수 말고 우동이 좋은데.

단어

そばから ~하자마자, ~하는 족족

해설

「そば」의 뜻을 아는 것이 포인트. 여기서는 손님이 많은 가게에서 물건을 진열한 순간 바로 팔린다는 뜻이므로 정답은 1번이다.

7 番

3-2-30.MP3

F : この資料、シュレッダーにかけといてくれる？

M : 1 はい。今すぐ修正しておきます。

2 はい、今すぐコピーして参ります。

3 はい、破棄しておきます。

F : 이 자료, 문서 절단기에 넣어 줄래?

M : 1 네, 지금 바로 수정해 두겠습니다.

2 네, 지금 바로 복사해 오겠습니다.

3 네, 파기해 두겠습니다.

단어

資料 자료 | シュレッダーにかける 문서 절단기에 넣다, 문서 절단기로 처리하다 | 修正 수정 | コピー 복사 | 破棄 파기

해설

「シュレッダーにかける」의 뜻을 아는 것이 포인트이다. 자료를 분해해서 버리는 것을 말하므로 정답은 3번이다.

8 番

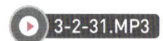

F : 来週のご都合はいかがでしょうか。

M : 1 それでは来週伺います。

2 来週打ち合わせしましょう。

3 来週はちょっと立て込んでおりまして。

F : 다음 주 사정은 어떠세요?

M : 1 그럼 다음 주에 방문하겠습니다.

2 다음 주 미팅합시다.

3 다음 주는 좀 바빠서요.

단어

都合 사정, 형편 | 打ち合わせ 미팅, 회의 | 立て込む (사람이 빡빡하거나 일이 겹쳐서) 붐비다

해설

「都合」는 '사정, 형편'이란 뜻으로 다음 주 일정을 묻고 있다. 또한 「立て込む」는 '바쁘다'는 뜻이므로 정답은 3번이다.

9 番

3-2-32.MP3

M : 料理ってひと手間加えるとさらにおいしくなるよね。

F : 1 そうそう。それが大事よね。

2 手作りするとお金がかかるよね。

3 デパ地下で買うのも悪くないよね。

M : 요리는 수고를 더하면 한층 맛있어지지.

F : 1 맞아, 그게 중요해.

2 직접 만들면 돈이 들어.

3 백화점 지하에서 사는 것도 나쁘지 않아.

단어

ひと手間 수고 | 加える 더하다, 보태다 | デパ地下 백화점 지하

해설

「ひと手間を加える」는 '어떤 일에 평범한 작은 수고를 더하여 그 일이 좀 더 좋아지도록 하는 행동'이라는 뜻이므로 정답은 1번이다.

10番

3-2-33.MP3

M : 山田さん、あんなこと社長に言わなければよかったものを。

F : 1 すごいよね。昇進して給料アップだって。

2 そうだよね。クビになるなんて思ってなかっただろうね。

3 そうだよね。私も山田さんみたいに言ってみようかな。

M : 야마다 씨, 그런 건 사장님께 말하지 않았으면 좋았을 텐데.

F : 1 대단해. 승진해서 월급이 올랐대.

2 그러게. 해고될 줄은 생각도 못했을 거야.

3 그러게. 나도 야마다 씨처럼 말해 볼까?

단어

昇進 승진 | 給料アップ 월급 인상 | クビになる 해고되다, 잘리다

해설

「あんなこと」란 '나쁜 것'이다. '나쁜 것을 말하지 않았으면 좋았을 텐데'에 대해 어울리는 정답은 2번이다.

11番

3-2-34.MP3

M : 今度来る転校生、すごくかわいいんだって。

F : 1 水を差すようで悪いけど、男の子らしいよ。

2 水をかけると冷静になれるよ。

3 水を飲んでから考えたほうがいいね。

M : 이번에 오는 전학생, 엄청 귀엽대.

F : 1 물을 끼얹는 것 같아 미안하지만 남자인 것 같아.

2 물을 뿌리면 냉정해질 거야.

3 물을 마시고 나서 생각하는 게 좋아.

단어

転校生 전학생 | 水を差す 물을 끼얹다

해설

「水を差す」는 '물을 끼얹다, 기대를 저버리다, 방해하다'라는 뜻이므로 정답은 1번이다.

12 番

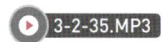 3-2-35.MP3

F : 何、その恩着せがましい言い方。やめてくれる?
M : 1　気を付けた方がいいよ。
　　2　ありがたいよね。そこまでしてくれて。
　　3　ごめん、そんなつもりで言ったわけじゃないよ。

F : 뭐야. 그 은혜를 베푸는 듯한 말투. 그만 둬 줄래?
M : 1　조심하는 게 좋아.
　　2　고맙네. 거기까지 해 줘.
　　3　미안, 그럴 생각으로 한 말은 아니야.

단어

恩着せがましい 자못 은혜라도 베푸는 듯이 굴다, 생색을 내려는 듯이 굴다

해설

「恩着せがましい」는 '자못 은혜를 베풀었으니 감사해라'라는 태도를 말한다. 좋은 태도가 아니므로 정답은 3번이다.

13 番

 3-2-36.MP3

M : 会議でせっかく意見を出したのに、まるっきり無視されたよ。
F : 1　えー、無視した方がいいね。
　　2　やっと認められたね。
　　3　えー、それはひどいね。

M : 회의에서 모처럼 의견을 냈는데 완전히 무시당했어.
F : 1　음, 무시하는 게 낫겠네.
　　2　겨우 인정받았네.
　　3　음, 그거 심하네.

단어

まるっきり 완전히 | 無視 무시

해설

완전히 무시당했다고 말했으므로 대답으로는 3번이 적합하다.

14 <ruby>番<rt>ばん</rt></ruby>

3-2-37.MP3

M : この<ruby>間<rt>あいだ</rt></ruby>、<ruby>耐<rt>た</rt></ruby>えるに<ruby>耐<rt>た</rt></ruby>えかねて<ruby>子供<rt>こども</rt></ruby>を<ruby>怒鳴<rt>どな</rt></ruby>りつけてしまって。

F : 1　そのうちできるようになりますよ。

　　 2　<ruby>耐<rt>た</rt></ruby>えなきゃいけない<ruby>状況<rt>じょうきょう</rt></ruby>ってあるわよね。

　　 3　<ruby>仕方<rt>しかた</rt></ruby>ないよ。そういう<ruby>時<rt>とき</rt></ruby>もあるし。

M : 지난번에 참다 못해 아이를 마구 혼내서.

F : 1　그러다 보면 할 수 있게 될 거예요.

　　 2　참아야 할 상황이란 게 있잖아.

　　 3　어쩔 수 없지. 그럴 때도 있고.

단어

<ruby>耐<rt>た</rt></ruby>える 참다 | ～かねる ~하기 어렵다 | <ruby>怒鳴<rt>どな</rt></ruby>りつける 큰 소리로 꾸짖다 | <ruby>仕方<rt>しかた</rt></ruby>ない 어쩔 수 없다

해설

참지 못하고 아이를 혼낸 것을 후회하고 있으므로 위로의 말을 해 주는 3번이 어울린다.

問題5

문제5에서는 긴 이야기를 듣습니다. 이 문제에는 연습이 없습니다. 문제지에 메모를 해도 괜찮습니다.

1番、2番

문제지에 아무것도 인쇄되어 있지 않습니다. 우선 이야기를 들으세요. 그러고 나서 질문과 보기를 듣고 1~4 중에서 가장 알맞은 것을 하나 고르세요.

1番

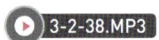

男の人と女の人が退職について話しています。

M：先週さ、隣の部署の新人が退職代行サービスを使って やめたらしいよ。まだ入社して1年だっていうのに。

F：そうなの？1年で辞めるって何かあったのかな。って いうか、退職代行サービスって何？家事とか運転の代 行とかなら聞いたことあるけど。

M：本人に代わって会社と退職の手続きを行うらしいよ。 退職するときのやり取りって面倒だろ？それを無駄 で、効率が悪いと思ってる人が多い20代の若者に人 気らしいよ。

F：えー。退職手続きなんて自分でするのが当たり前だと 思ってたけど、そんなサービスもあるのね。でもさ、 辞めたいってなかなか簡単に言えないじゃない？どん どん思い詰めちゃって、何も連絡なしに辞められるよ りは代行業者を通して言われるほうが、まだましな気 がするけど。

M：そうだな～。「辞めたいです」って言ったら、「無責任だ」 とか「常識がない」とか言われて、まるで退職そのもの が悪いかのように責め立てられそうで言い出しにくい し。

남자와 여자가 퇴직에 대해 이야기하고 있습니다.

M：지난주에 옆 부서의 신입이 퇴직 대행 서비스를 이용해서 그만둔 모양이야. 아직 입사한 지 1년이라고 하던데.

F：그래? 1년 만에 그만두다니 뭔가 있었나? 그보다 퇴직 대행 서비스라는 게 뭐야? 가사나 운전 대행 같은 말은 들어봤지만.

M：본인 대신 회사와 퇴직 절차를 밟는 모양 이야. 퇴직할 때 오가는 절차라는 게 아 주 성가시잖아? 그게 쓸데없고 효율성이 떨어진다고 생각하는 사람이 많은 20대 의 젊은이들에게 인기인 모양이야.

F：뭐? 퇴직 절차라는 건 자기가 하는 게 당 연하다고 생각했는데, 그런 서비스도 있 구나. 하지만 그만두고 싶다는 말을 하는 게 좀처럼 쉽지 않지. 자꾸만 생각이 많 아져서 아무 연락도 없이 그만두는 것보 다는 대행업자를 통해서 말하는 게 그나 마 나은 것 같은데.

M：그렇구나. 그만두고 싶다고 말하면, 무책 임하다거나 상식이 없다는 말을 들으니, 마치 퇴직 자체가 나쁜 것처럼 몰아세울 것 같아서 말을 꺼내기 힘들기도 하지.

F : そうそう。辞めるって自分の心でははっきり決まってるのに、上司に気を使って言い出せずにいたり、余計なことに労力を割いたりするくらいならお金を払ってさっさと辞めるってのも一つの方法だとは思うな。

M : うーん。合理的なような身勝手なような。礼儀やマナーがないようにも思えるんだよね。

F : ただ、辞める人たちには悪意はないんでしょ？単にめんどくさいから、プロに任せるって思えばそれも一理あるわよね。はあ。私もそのサービス使おうかしら。

M : だめだよ！僕たちには来月大事なプレゼンがあるんだから！

男の人はこのサービスについてどう思っていますか。

1　面倒くさい退職手続きを任せられるので安心だ

2　何も連絡なしに辞めるよりはこのサービスを利用するのがいい

3　このサービスは効率的だとは思っているが、あまりよくは思ってない

4　上司に退職を言い出せない気持ちは理解できるので、このサービスを使ってみたい

F : 맞아, 맞아. 그만두겠다고 마음속으로는 확실히 결정했는데 상사 눈치를 보느라 말도 못 하고 있거나, 쓸데없는 것에 노력을 할애할 바에야 돈을 지불하고 빨랑빨랑 그만두는 것도 하나의 방법이라고는 생각해.

M : 음. 합리적인 것 같기도 하고 제멋대로인 것 같기도 한데. 예의나 매너가 없는 것처럼 여겨지기도 해.

F : 단, 그만두는 사람들에게 악의는 없겠지? 단순히 성가셔서 전문가에게 맡긴다고 생각하면 그것도 일리 있지. 하아. 나도 그 서비스를 이용할까?

M : 안 돼! 우리에게는 다음달 중요한 프레젠테이션이 있단 말이야!

남자는 이 서비스에 대해서 어떻게 생각하고 있습니까?

1　귀찮은 퇴직 처리를 맡길 수 있어서 안심이다

2　아무 연락 없이 그만두는 것보다는 이 서비스를 이용하는 게 좋다

3　이 서비스는 효율적이라고는 생각하지만, 별로 좋게는 생각하지 않는다

4　상사에게 퇴직하겠다는 말을 꺼내지 못하는 마음은 이해할 수 있기 때문에 이 서비스를 이용해 보고 싶다

단어

部署 부서 | 代行 대행 | サービス 서비스 | 手続き 절차, 수속 | やり取り 주고받음 | 無駄 낭비 | 効率 효율 | なかなか 쉽사리, 좀처럼 | 思い詰める 외곬로 생각하다 | 業者 업자 | ましだ 낫다 | 責め立てる 몰아세우다 | 余計 쓸데없음 | 労力 노력 | 割く 가르다, 할애하다 | 合理的 합리적 | 身勝手 제멋대로임 | 礼儀 예의 | マナー 매너 | 悪意 악의 | プロ 전문가 | 一理ある 일리가 있다 | プレゼン 프레젠테이션

해설

후반부 남자의 대사에 주목한다. '합리적인 듯 이기적인. 예의나 매너가 없는 것처럼도 생각할 수 있다'는 것은 이 서비스는 합리적이고 효율적이라고는 생각하지만, 매너가 없는 것처럼 생각되어 별로 좋게는 생각하고 있지 않다는 뜻이다. 정답은 3번.

ばん

3-2-39.MP3

おとこ ひと おんな ひと くるま はなし
男の人と女の人が車について話しています。

M1：いらっしゃいませ。

M2：あの、車を見に来たんですが。

M1：どうぞこちらへおかけください。どういったタイプの
車をお探しですか。

F ：実は、私が乗ろうと思っているんですが、5年前に免
許をとって以来一度も乗ってない、いわゆるペーパー
ドライバーなので、運転が不安で。初心者や女性に向
いている車ってどんなものがありますか。

M1：女性の方に人気の車はやはり軽自動車ですね。小回り
もききますし、駐車もしやすく、とても運転しやすい
ので、お買い求めになる方が多いですね。こちらのタ
イプは、後ろにドアがない、4人乗りのものです。運
転のしやすさに関しては断トツですね。初心者の方で
も安心してご乗車できると思います。

M2：うーん、あまりにも小さすぎる気がするな。子供の荷
物が多いので、できるだけゆったりスペースがあるほ
うがいいかなと思うんですが、他にはありますか。

M1：それでしたら、こちらはどうでしょうか。天井が高
く、車内も広々としていますし、トランクには荷物が
十分入るよう、スペースが確保されています。後ろに
もドアがついている4人乗りで、車体も高くて、見通
しが良く、運転しやすいですね。思ったよりも車幅が
狭いので、駐車もしやすいですよ。

F ：高さや広さは十分ね。車体も小さめで乗りやすそうだ
し。ただ、後ろのドアがちょっと気になるわ。開くタ
イプだと、子供がドアを開けるときに隣の車にぶつ
けそうで心配なのよね。

남자와 여자가 차에 대해서 이야기하고 있
습니다.

M1：어서 오십시오.

M2：저기, 차를 보러 왔는데요.

M1：이쪽에 앉으십시오. 어떤 타입의 차를
찾으십니까?

F ：사실은 제가 타려고 하는데요, 5년 전에
면허를 따고 그 이후 한 번도 차를 운전
하지 않은, 소위 말하는 장롱 면허라서
운전이 불안해요. 초보자나 여성에게 적
합한 차는 어떤 게 있을까요?

M1：여성분들에게 인기가 있는 차는 역시 경
차겠죠. 작게 돌 수도 있고 주차도 하기
쉽고, 운전하기 매우 쉬워서 구입하시는
분들이 많습니다. 이 타입은 뒤에 문이
없는 4인승입니다. 운전하기 편하기로는
단연 1등입니다. 초보자분들도 안심하고
승차할 수 있을 거라고 생각합니다.

M2：음, 작아도 너무 작은 것 같은데. 아이 짐
이 많아서 가능한 한 공간이 여유 있는
편이 좋지 않을까 생각하는데, 다른 것
도 있습니까?

M1：그러시면, 이쪽은 어떠십니까? 천장이
높고 차 내부도 널찍하고, 트렁크에는
짐이 충분히 들어갈 만한 공간이 확보되
어 있습니다. 뒤에도 문이 있는 4인승이
고, 차체도 높고 시야가 좋아서 운전하
기 편하죠. 생각보다 차폭이 좁아서 주
차도 하기 쉽습니다.

F ：높이나 넓이는 충분하네. 차체도 자그마
하고 타기 편할 것 같고, 다만, 뒤쪽 문이
좀 신경 쓰이네. 여는 타입이면 아이가
문을 열 때 옆 차에 부딪칠 것 같아서 걱
정 돼서 말이야.

M1：別のタイプでは後部ドアが両方スライドドアになっているものもございますよ。少しお値段が上がってしまうのですが、お子様が隣の車にぶつける心配がないのがメリットですね。あとは、ドアはスライドタイプで、軽自動車の中では一番燃費がいいタイプもございます。ガソリン代も安く済みますし、最近少しずつ人気の商品となってきていますね。ただ、この2つはトランクが狭いので、たくさんの荷物をのせるには不向きかなと思いますね。

F：そうね。あんまり荷物が積めないのはちょっとね。子供のスポーツ教室の荷物もあるし、これがいいかなと思うんだけど、どう思う？

M2：いいんじゃない？ドアの開け閉めは子供たちに言い聞かせておけば大丈夫だよ。

二人はどの車を買うことにしましたか。

1　後ろにドアがない4人乗りのもの
2　後ろに開くタイプのドアがついている4人乗りのもの
3　後ろが両方ともスライド式のドアになっている4人乗りのもの
4　後ろにスライド式のドアがついていて、一番燃費のいい4人乗りのもの

M1：다른 타입 중에는 뒷문 양쪽이 슬라이딩 도어로 되어 있는 것도 있습니다. 조금 가격이 올라가기는 하지만, 자녀분이 옆 차에 부딪칠 걱정이 없는 점이 장점이죠. 또 문은 슬라이딩 타입이면서 경차 중에서는 가장 연비가 좋은 타입이기도 합니다. 주유비도 싸게 해결돼서, 요즘 조금씩 인기 상품이 되고 있습니다. 다만, 이 두 가지는 트렁크가 좁아서 많은 짐을 싣기에는 부적합하지 않나 생각합니다.

F：그렇군요. 짐을 너무 못 싣는 건 좀 그렇네요. 아이의 운동 교실 짐도 있고, 이게 좋을 것 같은데, 어떻게 생각해?

M2：좋지 않아? 문을 열고 닫는 것은 아이들에게 잘 일러두면 괜찮을 거야.

두 사람은 어느 차를 사기로 했습니까?

1　뒤에 문이 없는 4인승 차
2　뒤에 여는 타입의 문이 있는 4인승 차
3　뒤가 양쪽 모두 슬라이드식의 문으로 되어 있는 4인승 차
4　뒤에 슬라이드식의 문이 있고 가장 연비가 좋은 4인승 차

단어

タイプ 타입 | 免許 면허 | 以来 이후 | ペーパードライバー 장롱 면허 | 初心者 초보자 | 向いている 적합하다 | 軽自動車 경차 | 小回り 작은 회전 반경으로 돎 | 買い求める 구입하다 | 断トツ 단연코 선두에 섬 | ゆったり 넉넉함 | スペース 공간 | 天井 천장 | トランク 트렁크 | 確保 확보 | 車体 차체 | 見通し 전망 | 車幅 차폭 | ぶつける 부딪히다 | メリット 장점 | 燃費 연비 | ガソリン 가솔린 | 不向き 부적합 | 言い聞かす 타이르다

해설

네 종류의 차가 나오는데 슬라이드식의 문은 포기하고 마지막으로 짐을 많이 실을 수 있는 타입의 차를 골랐다. 정답은 2번.

3番

우선 이야기를 들으세요. 그러고 나서 두 개의 질문을 듣고, 각각 문제지의 1~4 중에서 가장 알맞은 것을 하나 고르세요.

3番

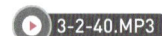 3-2-40.MP3

<u>女の人がコインランドリーについて説明しています。</u>

F1: こちらのコインランドリーでは一般的な洗濯と乾燥が３０キロまでできるベーシックなコースに加えて、オプションとして４つのコースがございます。まずAコースは、ニットやコートなど、冬服のドライクリーニングが可能です。クリーニングに出すよりはこちらでされるほうが断然お得だと思います。Bコースはしつこい汚れを落としたいという方のためのコースです。例えば野球やサッカーのユニフォームが泥だらけで普通の洗濯ではなかなか落とせないというものにはピッタリです。こちらのコースでは靴専用の洗濯機もご使用可能です。ペット用品を洗濯されたい方はCコースですね。ペットの臭いや毛をしっかり根こそぎ落としてくれます。そして布団が3枚まで同時にできるDコースもあります。こちらはちょっとお時間がかかりますので、お時間に余裕のある方にはおすすめですね。また、すべてのコースにはコーヒーが無料で1杯つきます。あちらに併設されているカフェにて、領収書をお見せになるともらえますので、ぜひご利用ください。

F2: 最近のコインランドリーってすごいのね。広いし、コーヒーまであるなんて。なんだかおしゃれなカフェみたい。クーラーも完備されてるし、快適だわ。

M: こんなに変わってるとは思わなかったな。僕は昔からよく使ってたんだけど、洗濯が終わるまでの待つ時間が嫌だったんだよね。これならこうやって友達と一緒に来てもいいし、一人でも快適に待てるな。

여자가 빨래방에 대해 설명하고 있습니다.

F2: 이 빨래방에서는 일반적인 세탁과 건조가 30킬로그램까지 가능한 기본 코스뿐 아니라, 옵션으로 4개의 코스가 더 있습니다. 우선 A코스는 니트나 코트 등, 겨울옷의 드라이클리닝이 가능합니다. 세탁소에 보내는 것보다는 이곳에서 하시는 편이 단연 이득이라고 생각합니다. B코스는 심한 오염을 없애고 싶으신 분들을 위한 코스입니다. 가령 야구나 축구 유니폼이 진흙투성이라서 일반 세탁으로는 좀처럼 오염을 없앨 수 없는 옷에는 제격입니다. 이 코스에서는 신발 전용 세탁기도 사용 가능합니다. 애완 용품을 세탁하고 싶으신 분은 C코스가 좋습니다. 애완 동물의 냄새나 털을 남김없이 제거해 줍니다. 그리고 이불이 3개까지 동시에 세탁 가능한 D코스도 있습니다. 이 코스는 조금 시간이 걸리기 때문에 시간에 여유가 있는 분에게 권해 드립니다. 그리고, 모든 코스에는 커피가 무료로 한 잔 포함되어 있습니다. 저쪽에 같이 마련되어 있는 카페에서 영수증을 보여주시면 받을 수 있으니 꼭 이용해 주십시오.

F2: 요즘 빨래방은 대단하네. 넓지, 커피까지 있지. 뭔가 세련된 카페 같아. 에어컨도 완비되어 있어 쾌적해.

M: 이렇게 달라졌을 거라고는 생각 못 했어. 나는 예전부터 자주 이용했는데, 세탁이 끝날 때까지 기다리는 시간이 싫었거든. 이런 곳이라면 이렇게 친구랑 같이 와도 좋고 혼자라도 쾌적하게 기다릴 수 있겠어.

186

しかもいろんなコースがあるんだね。僕はキャンプに行った時の服があって相当汚れてるし、靴もあるからこのコースかな。

F2: 私は冬物がたくさんあるし、あとはうちの猫の毛布もあるから、これとこれにしようかしら。

M：あっ、そうか。オプションって一つだけじゃないのか。そしたら、クリーニングに持って行こうと思ってたニットとかダウンジャケット、ここでやってみようかな。

게다가 다양한 코스가 있잖아. 나는 캠핑 갔을 때 입었던 옷이 있어서 상당히 더러워져 있고 신발도 있으니까 이 코스가 좋겠네.

F2: 나는 겨울 옷들이 많고, 또 우리 고양이 담요도 있으니까 이거랑 이걸로 할까 봐.

M: 아, 그렇구나. 옵션이 한 가지만이 아닌가? 음. 그럼 세탁소에 가지고 가려고 했던 니트나 다운재킷, 여기서 해 볼까?

質問1　男の人はオプションでどのコースをつけることにしましたか。

1　AコースとBコース
2　AコースとCコース
3　BコースとCコース
4　CコースとDコース

質問2　女の人はオプションでどのコースをつけることにしましたか。

1　AコースとBコース
2　AコースとCコース
3　BコースとCコース
4　CコースとDコース

질문1　남자는 옵션으로 어느 코스를 추가하기로 했습니까?

1　A코스와 B코스
2　A코스와 C코스
3　B코스와 C코스
4　C코스와 D코스

질문2　여자는 옵션으로 어느 코스를 추가하기로 했습니까?

1　A코스와 B코스
2　A코스와 C코스
3　B코스와 C코스
4　C코스와 D코스

단어

コインランドリー 빨래방 | 洗濯 세탁 | 乾燥 건조 | ベーシック 기본 | オプション 옵션 | ニット 니트 | コート 코트 | ドライクリーニング 드라이클리닝 | 断然 단연 | しつこい汚れ 찌든 때 | ユニフォーム 유니폼 | 泥だらけ 진흙투성이 | なかなか 좀처럼 | ピッタリ 딱 맞음 | 用品 용품 | 根こそぎ 뿌리째 뽑음 | 余裕 여유 | 併設 병설 | 領収書 영수증 | 完備 완비 | 快適 쾌적 | キャンプ 캠핑 | 相当 상당히 | ダウンジャケット 다운재킷

해설

각각의 코스를 잘 파악한다. 남자는 캠핑을 다녀와 옷이 상당히 더러워졌기 때문에 찌든 때를 제거하는 B코스와 마지막에 니트나 다운재킷 같은 겨울 옷 클리닝이 가능한 A코스도 이용하려고 하므로 질문1의 정답은 1번이다. 여자는 겨울 옷이 많고, 고양이 담요가 있다고 했으므로 A와 C코스를 이용할 것이다. 질문2의 정답은 2번이다.

<ruby>問題<rt>もんだい</rt></ruby> **1**

문제1에서는 먼저 질문을 들으세요. 그러고 나서 이야기를 듣고 문제지의 1~4 중에서 가장 알맞은 것을 하나 고르세요.

<ruby>例<rt>れい</rt></ruby>

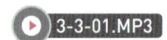 3-3-01.MP3

<ruby>男<rt>おとこ</rt></ruby>の<ruby>人<rt>ひと</rt></ruby>と<ruby>女<rt>おんな</rt></ruby>の<ruby>人<rt>ひと</rt></ruby>が<ruby>旅行<rt>りょこう</rt></ruby>の<ruby>準備<rt>じゅんび</rt></ruby>について<ruby>話<rt>はな</rt></ruby>しています。<ruby>男<rt>おとこ</rt></ruby>の<ruby>人<rt>ひと</rt></ruby>は<ruby>何<rt>なに</rt></ruby>をしなければなりませんか。

M：<ruby>久<rt>ひさ</rt></ruby>しぶりの<ruby>海外旅行<rt>かいがいりょこう</rt></ruby>か。<ruby>楽<rt>たの</rt></ruby>しみだなぁ。

F：そうだねぇ。たくさん<ruby>写真撮<rt>しゃしんと</rt></ruby>らなきゃ。<ruby>予備<rt>よび</rt></ruby>のバッテリーは<ruby>必<rt>かなら</rt></ruby>ず<ruby>持<rt>も</rt></ruby>って<ruby>行<rt>い</rt></ruby>かないとね。スマホの<ruby>電源切<rt>でんげんき</rt></ruby>れたら<ruby>困<rt>こま</rt></ruby>るし。

M：そうだね。でもコンセントの<ruby>差<rt>さ</rt></ruby>し<ruby>込<rt>こ</rt></ruby>みって<ruby>同<rt>おな</rt></ruby>じだっけ？

F：ううん、<ruby>違<rt>ちが</rt></ruby>うはず。<ruby>確<rt>たし</rt></ruby>か２つあったよね？<ruby>探<rt>さが</rt></ruby>しとかなきゃ。

M：そうだね。どっかクローゼットにあったと<ruby>思<rt>おも</rt></ruby>うけど。あとは？<ruby>薬<rt>くすり</rt></ruby>とかは<ruby>必要<rt>ひつよう</rt></ruby>ない？

F：<ruby>万<rt>まん</rt></ruby>が<ruby>一<rt>いち</rt></ruby>のために、<ruby>一応<rt>いちおう</rt></ruby><ruby>持<rt>も</rt></ruby>って<ruby>行<rt>い</rt></ruby>った<ruby>方<rt>ほう</rt></ruby>がよさそうね。<ruby>風邪薬<rt>かぜぐすり</rt></ruby>とか<ruby>胃薬<rt>いぐすり</rt></ruby>とか。あっ、そういえば<ruby>胃薬切<rt>いぐすりき</rt></ruby>れてたから<ruby>買<rt>か</rt></ruby>ってきてくれる？

M：わかった。ガイドブックとかもいる？

F：<ruby>重<rt>おも</rt></ruby>くて<ruby>荷物<rt>にもつ</rt></ruby>になるし、ネットで<ruby>全部調<rt>ぜんぶしら</rt></ruby>べられるからいいんじゃない？あっ、<ruby>海外<rt>かいがい</rt></ruby>でもネット<ruby>使<rt>つか</rt></ruby>えるように<ruby>携帯<rt>けいたい</rt></ruby>Wifiもレンタルしておかなくちゃ。

M：それは<ruby>当日<rt>とうじつ</rt></ruby>、<ruby>空港<rt>くうこう</rt></ruby>でレンタルしよう。

<ruby>男<rt>おとこ</rt></ruby>の<ruby>人<rt>ひと</rt></ruby>は<ruby>何<rt>なに</rt></ruby>をしなければなりませんか。

1　<ruby>予備<rt>よび</rt></ruby>のバッテリーを<ruby>買<rt>か</rt></ruby>う
2　コンセントの<ruby>差<rt>さ</rt></ruby>し<ruby>込<rt>こ</rt></ruby>みを<ruby>探<rt>さが</rt></ruby>す
3　<ruby>胃薬<rt>いぐすり</rt></ruby>を<ruby>買<rt>か</rt></ruby>う
4　Wifiをレンタルする

남자와 여자가 여행 준비에 대해 이야기하고 있습니다. 남자는 무엇을 해야 합니까?

M：오랜만에 하는 해외여행이네. 기대돼.

F：그래. 사진 많이 찍어야지. 예비 배터리는 꼭 가져가야겠네. 스마트폰 전원 다 되면 곤란하니까.

M：그래. 그런데 콘센트 플러그가 같았어?

F：아니, 다를 거야. 분명히 2개 있었지? 찾아 놓아야지.

M：그래. 어딘가 벽장에 있었던 거 같아. 나머지는? 약 같은 건 필요 없어?

F：만일을 위해 일단 가져가는 게 좋을 거 같아. 감기약이나 위장약 같은 거. 앗. 그러고 보니 위장약 떨어졌으니까 사 올래?

M：알았어. 가이드북도 필요해?

F：무거워서 짐이 되고, 인터넷으로 전부 찾을 수 있으니까 괜찮지 않아? 앗. 해외에서도 인터넷 쓸 수 있도록 휴대 와이파이도 빌려 둬야겠어.

M：그건 당일 공항에서 빌리자.

남자는 무엇을 해야 합니까?

1　예비 배터리를 산다
2　콘센트 플러그를 찾는다
3　위장약을 산다
4　Wifi를 빌린다

단어

予備 예비 | バッテリー 배터리 | スマホ 스마트폰 | 電源 전원 | 切れる 다 되다 | コンセント 콘센트 | 差し込み 플러그 | クローゼット 벽장, 옷장 | 万が一 만일 | 風邪薬 감기약 | 胃薬 위장약 | ガイドブック 가이드북 | 荷物になる 짐이 되다 | レンタル 대여

해설

남자가 해야 할 것은 여자한테 부탁받은 위장약을 사 오는 것이므로 정답은 3번이다. 예비 배터리는 집에 있으므로 살 필요가 없고, 플러그를 찾는 것도 여자가 하겠다고 했으므로 남자가 할 일은 아니다. 와이파이 대여는 당일 공항에서 하기로 했으므로 4번도 정답이 아니다.

1番

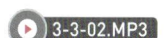

男の人が講演会について電話で話しています。男の人が次にしなければならないことは何ですか。

M：もしもし。あのう、再来週の中野先生の講演会に申し込みたいんですが。

F：あ、ありがとうございます。再来週ですと、18日の講演会ですね。ただ今確認いたしますので、少々お待ちくださいませ。

M：はい。

F：お待たせいたしました。大変申し訳ございませんが、あいにくその日は満席となっております。直近ですと、来週の11日、月末ですと25日はまだお席に余裕がございますが、いかがなさいますか。

M：そうですか。うーん。来週でもいいかな。うん、そしたら11日でお願いします。

F：かしこまりました。11日の講演会で予約させていただきますね。参加費ですが、日にちが迫っておりますので、本日の午後5時までにお振込みいただけますでしょうか。

M：えっ？今日ですか。今日まではちょっと…。すみません。そしたら11日はキャンセルしてもらえますか。25日でお願いします。

남자가 강연회에 대해 전화로 이야기하고 있습니다. 남자가 다음에 해야 하는 것은 무엇입니까?

M：여보세요. 저기 다음 주 나카노 선생님 강연회에 신청하고 싶은데요.

F：아, 감사합니다. 다음 주라면 18일 강연회네요. 지금 확인해 드릴 테니 잠시만 기다려 주세요.

M：네.

F：오래 기다리셨습니다. 대단히 죄송한데 공교롭게 그날은 만석입니다. 가장 가까운 날은 다음 주 11일, 월말이라면 25일은 아직 자리에 여유가 있습니다만 어떻게 하시겠어요?

M：그래요? 음~. 다음 주도 좋겠네요. 그래요, 그러면 11일로 부탁드리겠습니다.

F：알겠습니다. 11일 강연회로 예약해 드리겠습니다. 참가비는 날짜가 촉박해서 오늘 오후 5시까지는 납입해 주실 수 있으세요?

M：네? 오늘요? 오늘까지는 좀…. 죄송합니다. 그러면 11일은 취소해 주시겠어요? 25일로 부탁드려요.

F : かしこまりました。25日でご予約を承りました。お振込みは22日までにお願いいたします。それから、事前アンケートを行っておりますので、お振込み後、ホームページにてアンケートにご記入をよろしくお願いいたします。アンケート記入後に、入場券が発行されますので、印刷して当日お持ちください。

M : わかりました。ありがとうございます。

男の人が次にしなければならないことは何ですか。

1　アンケートに記入する
2　今日までに参加費を振り込む
3　月末の講演会の参加費を振り込む
4　入場券を印刷する

F : 알겠습니다. 25일로 예약 접수하겠습니다. 납입은 22일까지 부탁드리겠습니다. 그리고 사전 앙케트를 실시하고 있으니 입금 후 홈페이지에서 설문에 기입 잘 부탁드리겠습니다. 설문 기입 후에 입장권이 발행되니까 인쇄해서 당일 소지하세요.

M : 알겠습니다. 감사합니다.

남자가 다음에 해야 하는 것은 무엇입니까?

1　설문에 기입한다
2　오늘까지 참가비를 입금한다
3　월말 강연회의 참가비를 입금한다
4　입장권을 인쇄한다

해설

어떤 순서로 해야 하는지를 잘 듣는다. 남자는 25일 강연회를 예약한 뒤 우선은 그 이체를 해야 한다. 기일은 오늘이 아니라 22일까지이므로 정답은 3번이다. 이체 후에 앙케트를 기입하고, 그 뒤에 입장권을 인쇄해서 당일 가져가는 것이므로 1번과 4번은 답이 아니다.

2番

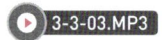
3-3-03.MP3

バーベキューについて男の人と女の人が話しています。女の人はまず何をしなければなりませんか。

M : それじゃあ、今度のバーベキューは手ぶらでいけるバーベキュー会場でいい？

F : そうね。ちょっと高めだけど、食材も機材もいらないし、しかも後片付けもしなくていいんでしょ？バーベキューって後片付けがめんどくさいじゃない。それをしなくていいなんて最高よ。

바비큐에 대해 남자와 여자가 이야기하고 있습니다. 여자는 우선 무엇을 해야 합니까?

M : 그러면, 다음 번 바비큐는 맨손으로 갈 수 있는 바비큐 회장이 좋지?

F : 응. 좀 비싸지만 식재료도 기구도 필요 없고, 게다가 뒷정리도 하지 않아도 되지? 바비큐는 뒷정리가 귀찮잖아. 그걸 안 해도 되니 최고야.

M：そうそう。先月友達と行ったんだけど、すごく楽だよ。場所も駅から近いし、バーベキューっていうより、焼肉屋ってイメージが強いかもな。でも部屋ごとに仕切りがあるから、隣のお客さんを気にしなくてもいいし。よし！決まり！早めに予約しないとな。パンフレットに連絡先が書いてあったはずだけど、持って来たかな。

F：会場の名前覚えてる？

M：確か「手ぶらでBBQ」だったと思うんだけど。

F：ちょっと待って、調べてみる。あっ、あった！ここに電話すればいいのよね？

M：そうそう。これこれ！そしたら電話お願いできる？代金前払いだったはずだから、僕が立て替えておくよ。

F：わかった。ありがとう！それから持ち込む食材とか飲み物とか決めなくちゃ。会場にあることはあるんだろうけど、食べたいものとか飲みたいものがないって場合は困るしね。

M：そうだね。来週くらいに、メニュー見ながら、持ってくもの決めよう！

女の人はまず何をしなければなりませんか。

1　バーベキューの機材を準備する
2　バーベキュー会場に電話で予約する
3　バーベキューの代金を振り込む
4　持ち込む食材や飲み物を決める

M：맞아 맞아. 지난달 친구랑 갔었는데 엄청 편해. 장소도 역에서 가깝고, 바비큐라기보다 고깃집 이미지가 강할지도 몰라. 하지만 방마다 구분이 있으니까 옆 손님을 신경 쓰지 않아도 되고. 좋아! 결정! 빨리 예약해야지. 팸플릿에 연락처가 적혀 있을 텐데 갖고 왔나?

F：장소 이름 기억해?

M：분명 '맨손으로 BBQ'였던 거 같아.

F：잠깐 기다려 봐. 찾아볼게. 앗, 있어! 여기에 전화하면 되지?

M：맞아 맞아. 이거야 이게! 그러면 전화 부탁해도 돼? 대금은 선불이었으니 내가 먼저 치를게.

F：알았어. 고마워! 그리고 가져갈 식재료나 음료를 정하자. 바비큐장에 있기야 있겠지만 먹고 싶은 거나 마시고 싶은 게 없으면 곤란하니까

M：그렇지. 다음 주쯤에 메뉴를 보면서 가져갈 것을 정하자!

여자는 우선 무엇을 해야 합니까?

1　바비큐 도구를 준비한다
2　바비큐장에 전화로 예약한다
3　바비큐 대금을 입금한다
4　가져갈 식재료나 음료를 정한다

단어

手ぶら 빈손, 맨손 | 食材 식재료 | 機材 기자재 | 後片付け 뒤처리, 설거지 | 仕切り 칸막이, 경계 | パンフレット 팸플릿 | 前払い 선불 | 立て替える 대신 치르다 | 持ち込む 가지고 들어오다

해설

여자가 '우선' 해야 할 일은 남자가 부탁한 바비큐장에 예약 전화를 하는 것이므로 정답은 2번이다. 기자재는 준비할 필요가 없고 대금을 입금하는 것은 남자가 할 것이므로 1번과 3번은 정답이 아니다. 4번은 하기는 하지만 지금 당장은 아니고 다음 주 정도에라고 말하고 있으므로 정답이 아니다.

3 番

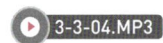 3-3-04.MP3

自動車教習所で受付の人と学生が話しています。学生は
授業の初日にまず何をしますか。

M：あの、運転免許を取りたいんですが。

F：あっ、こちらへどうぞ。普通自動車免許でよろしいで
すか。

M：はい、よろしくお願いします。

F：それではですね。まず入校手続きを行います。何か身
分を証明できるものはお持ちですか。

M：パスポートと学生証は持ってきました。それと、入校
料金も持ってきています。

F：かしこまりました。お預かりしますね。それでは、こ
の書類にご記入ください。

M：はい、わかりました。これでいいですか。

F：ありがとうございます。それでは、お手続きが終わる
までこれからの流れを説明しますね。1段階はこの教習
所で行います。午前中が学科の受講、午後は技能時間
となっています。学科はスケジュール通りに行われま
すが、技能は1日2時間までとなってます。お好きな時
間を必ず受付で予約してください。

M：あの、学科のスケジュールはどこで確認したらいいで
すか。

F：授業の開講日に受付でスケジュールと教室番号が書か
れたプリントを配りますので、いらしてください。技
能練習は2日目から可能ですので、1日目が終わったら
受付にきて予約をしてくださいね。

学生は授業の初日にまず何をしますか。

1　入校手続きを完了させる
2　入校料金を支払う
3　受付でスケジュール表をもらう
4　技能の練習時間を予約する

자동차 교습소에서 접수원과 학생이 이야기
를 하고 있습니다. 학생은 수업 첫날에 우선
무엇을 합니까?

M：저, 운전면허를 따고 싶은데요.

F：아, 이쪽으로 오세요. 보통자동차면허로
하시겠어요?

M：네, 잘 부탁드립니다.

F：그러면 말이지요, 우선 입교 수속을 하겠
습니다. 뭔가 신분을 증명할 수 있는 걸
갖고 계신가요?

M：여권과 학생증은 갖고 왔어요. 그리고 입
교 요금도 가져왔습니다.

F：잘 알겠습니다. 잠깐 주세요. 그러면 이
서류에 기입해 주세요.

M：네, 알겠습니다. 이렇게 하면 되나요?

F：감사합니다. 그러면 수속이 끝날 때까지
이제부터의 절차를 설명하겠습니다. 1단
계는 이 교습소에서 실시해요. 오전 중
이 학과 수강, 오후는 기능 시간으로 되
어 있어요. 학과는 스케줄대로 실시되지
만, 기능은 하루 2시간까지로 되어 있어
요. 편안하신 시간을 꼭 접수에서 예약해
주세요.

M：저, 학과 스케줄은 어디에서 확인하면 돼
요?

F：수업 개강일에 접수에서 스케줄과 교실번
호가 적힌 프린트를 배부하니까 오세요.
기능 연습은 2일째부터 가능하니까 첫날
이 끝나면 접수에 가서 예약해 주세요.

학생은 수업 첫날에 우선 무엇을 합니까?

1　입교 수속을 완료한다
2　입교 요금을 지불한다
3　접수처에서 시간표를 받는다
4　기능 연습 시간을 예약한다

教習所_{きょうしゅうじょ} 교습소 | 免許_{めんきょ} 면허 | 入校_{にゅうこう} 입교, 입학 | 手続き_{てつづ} 수속, 절차 | 身分_{みぶん} 신분 | 記入_{きにゅう} 기입 | 流れ_{なが} 흐름 | 技能_{ぎのう} 기능 | スケジュール 스케줄 | 開講日_{かいこうび} 개강일

해설

수업 첫날에 '우선' 무엇을 해야 하는지가 포인트이다. 마지막에 접수 담당자가 개강일에 스케줄 프린트를 나눠 줄 테니 접수처로 오라고 말하고 있으므로 정답은 3번이다. 4번은 수업이 끝난 뒤 다시 접수하러 가는 것이므로 우선 할 일이 아니다.

4番_{ばん}

 3-3-05.MP3

男_{おとこ}の人_{ひと}と女_{おんな}の人_{ひと}が話_{はな}しています。女_{おんな}の人_{ひと}はこの後_{あと}すぐ何_{なに}をしなければなりませんか。

M：ここ最近_{さいきん}、SNSの不正_{ふせい}アクセスが増_ふえてるらしいよ。手口_{てぐち}も巧妙_{こうみょう}になってるみたい。

F：そうそう。昨日_{きのう}友達_{ともだち}から急_{きゅう}にお金_{かね}貸_かしてくれって連絡_{れんらく}が来_きてさ。心配_{しんぱい}して電話_{でんわ}したら、そんなの送_{おく}ってないよ！って言_いわれて。確認_{かくにん}してみたら、友達_{ともだち}のアカウントが他_{ほか}の人_{ひと}に乗_のっ取_とられて使_{つか}われちゃってったみたい。

M：怖_{こわ}いな～。友達_{ともだち}から、そんな内容_{ないよう}がきたら信_{しん}じてしまうよな。僕_{ぼく}もついこの間_{あいだ}そんなことあったから、他_{ほか}の端末_{たんまつ}からのログインを許可_{きょか}しないように設定_{せってい}しなおしたよ。

F：そうね。私_{わたし}の場合_{ばあい}は会社_{かいしゃ}でもパソコンと連動_{れんどう}させてるから、気_きを付_つけてたつもりだったけど、パスワードもしばらく同_{おな}じだし、そろそろ変更_{へんこう}しなきゃ。

M：そうだね。パスワードは定期的_{ていきてき}に変更_{へんこう}するのがいいよ。それから、パソコンと連動_{れんどう}させてるなら、つなぎっぱなしにしないで、しっかりログアウトしたほうがいいね。そのままだと他人_{たにん}に使_{つか}われちゃう可能性_{かのうせい}もあるし。あとはスマホもロックしておいたほうがいいかもね。もし他_{ほか}の人_{ひと}に操作_{そうさ}されてもロックをかけておけば乗_のっ取_とられにくくなるし。

남자와 여자가 이야기하고 있습니다. 여자는 이후 바로 무엇을 해야 합니까?

M : 요 근래, SNS에 부정 접속이 늘고 있는 것 같아. 수법도 교묘해지는 것 같아.

F : 맞아 맞아. 어제 친구한테서 갑자기 돈을 빌려 달라는 연락이 와서 말이야. 걱정돼서 전화하니 그런 거 안 보냈어!라고 하잖아. 확인해 보니 친구 계정이 다른 사람에게 도용돼 버렸던 거 같아.

M : 무섭네〜. 친구한테서 그런 내용이 오면 믿어 버리지. 나도 바로 얼마 전에 그런 일이 있어서 다른 단말기에서 하는 로그인을 허가하지 않도록 다시 설정했어.

F : 그렇구나. 내 경우는 회사에서도 컴퓨터와 연동시키니까 조심한다고 했지만 패스워드도 한동안 같았으니 이제 변경해야겠어.

M : 그래. 패스워드는 정기적으로 변경하는 게 좋아. 그리고 컴퓨터와 연동시킨다면 계속 연결하지 말고 확실하게 로그아웃하는 게 좋아. 그대로 두면 다른 사람이 도용할 가능성도 있고. 그리고 스마트폰도 잠가 두는 게 좋을지도 몰라. 만약 다른 사람이 조작해도 잠가 두면 도용하기 어려워지니까.

F : メールも気を付けた方がよさそうね。なりすましで連絡してくる場合があるみたいだし。この間携帯会社からIDが使えなくなってるのでこのページから設定しなおしてくださいって携帯に届いてさ。びっくりして、携帯会社に電話したら、そういう悪質なメールが出回ってるから、絶対にアクセスしないでくださいって。

M : そうだね。自分で判断する前に、直接、相手や本人に電話して確認するようにしておくのも大事だね。

女の人はこの後すぐ何をしなければなりませんか。

1　電話で確認する
2　パスワードを変更する
3　スマホのロック機能を設定する
4　パソコンからしっかりログアウトする

F : 메일도 조심하는 게 좋을 것 같아. 속이고 연락해 오는 경우가 있는 것 같아. 요전에 핸드폰 회사에서 ID를 쓸 수 없으니 이 페이지에서 다시 설정해 주세요라고 휴대폰으로 와서 말이야. 깜짝 놀라서 휴대폰 회사에 전화하니 그런 악질적인 메일이 돌아다니니까 절대로 접속하지 말아 주세요라고 하더라.

M : 그렇구나. 스스로 판단하기 전에 직접 상대나 본인에게 전화해서 확인하도록 해 두는 것도 중요하구나.

여자는 이후 바로 무엇을 해야 합니까?

1　전화로 확인한다
2　비밀번호를 변경한다
3　스마트폰의 잠금 기능을 설정한다
4　컴퓨터에서 확실히 로그아웃한다

단어

不正アクセス 부정 접속 | 手口 수법 | 巧妙 교묘 | アカウント 계정 | 乗っ取る 빼앗다 | 端末 단말기 | ログイン 로그인 | 連動 연동 | パスワード 비밀번호 | ログアウト 로그아웃 | スマホ 스마트폰 | ロック 잠금 | 操作 조작 | なりすまし 행세 | 悪質 악질 | 出回る 나돌다

해설

여자는 한동안 비밀번호를 바꾸지 않기 때문에 바꿔야 한다고 말하고 있으므로 정답은 2번이다. 1번은 이상한 연락이 왔을 때의 대응책, 3과 4는 다른 사람에게 도용되지 않기 위한 대응책이므로 여자가 바로 해야 할 일은 아니다.

会社（かいしゃ）で男（おとこ）の人（ひと）と女（おんな）の人（ひと）が話（はな）しています。男（おとこ）の人（ひと）はこの後（あと）、まず何（なに）をしなければなりませんか。

M：お疲（つか）れ様（さま）です。部長（ぶちょう）、何（なに）かご用（よう）ですか。

F：あっ、中村君（なかむらくん）、ごめんね、退勤間際（たいきんまぎわ）に。明日（あした）アメリカから取引先（とりひきさき）のお客様（きゃくさま）がいらっしゃるんだけど、同行（どうこう）するはずだった通訳（つうやく）の方（かた）が急（きゅう）に体調崩（たいちょうくず）しちゃって来（こ）られないみたいなの。中村君（なかむらくん）、以前英語通訳（いぜんえいごつうやく）の経験（けいけん）あったわよね？

M：はい、先月（せんげつ）もオーストラリアからのお客様（きゃくさま）のおもてなしはしましたけど。

F：よかった。それなら大丈夫（だいじょうぶ）そうね。急（きゅう）で申（もう）し訳（わけ）ないんだけど、明日（あした）から通訳（つうやく）でお客様（きゃくさま）につきそってくれる？出張（しゅっちょう）のスケジュールを変更（へんこう）するなんて絶対（ぜったい）できないし、こちら側（がわ）に不手際（ふてぎわ）があったら困（こま）るでしょ。

M：でも僕（ぼく）で大丈夫（だいじょうぶ）でしょうか。この案件（あんけん）にかかわってないので、詳細（しょうさい）がよくわからないのですが。

F：大丈夫（だいじょうぶ）よ。中村君（なかむらくん）なら飲（の）み込（こ）みも早（はや）いし。会議（かいぎ）の内容（ないよう）や出張（しゅっちょう）のスケジュールなどの資料（しりょう）は準備（じゅんび）してあるから、明日（あした）まで読（よ）み込（こ）んどいてくれる？午後（ごご）に空港（くうこう）に迎（むか）えに行（い）くから、それまでには頭（あたま）に入（い）れといてね。

M：わかりました。この件（けん）の担当者（たんとうしゃ）との打（う）ち合（あ）わせってできますか。

F：そうね。そしたら明日（あした）の午前中（ごぜんちゅう）に一度（いちど）ミーティングしましょう。私（わたし）が手配（てはい）しておくわ。

M：よろしくお願（ねが）いします。

男（おとこ）の人（ひと）はこの後（あと）、まず何（なに）をしなければなりませんか。

1 資料（しりょう）を読（よ）んでおく
2 取引先（とりひきさき）のお客様（きゃくさま）を接待（せったい）する
3 空港（くうこう）にお客様（きゃくさま）を迎（むか）えに行（い）く
4 担当者（たんとうしゃ）と打（う）ち合（あ）わせをする

회사에서 남자와 여자가 이야기하고 있습니다. 남자는 이후 우선 무엇을 해야 합니까?

M：수고 많으십니다. 부장님, 무슨 볼일이라도 있으신가요?

F：아, 나카무라 군, 미안해. 퇴근 직전에. 내일 미국에서 거래처 손님이 오는데, 동행하려던 통역이 갑자기 컨디션이 나빠져서 올 수 없는 것 같아. 나카무라 군, 예전에 영어 통역한 경험 있지?

M：네. 지난달에도 호주에서 온 손님 접대는 했습니다만.

F：다행이다. 그러면 괜찮을 것 같아. 갑자기 미안한데, 내일부터 통역으로 손님과 동행해 줄래? 출장 스케줄을 변경하는 건 절대 불가능하고 이쪽에 실수가 있으면 곤란하잖아.

M：하지만 저로 괜찮을까요? 이 안건에 관여하지 않아서 자세한 것은 잘 모르는데요.

F：괜찮아. 나카무라 군이라면 이해도 빠르니까. 회의 내용이나 출장 스케줄 같은 자료는 준비해 둘 테니까 내일까지 읽어 둘래? 오후에 공항에 마중 갈 테니까 그때까지는 머리에 넣어 둬.

M：알겠습니다. 이 건의 담당자와 협의는 될까요?

F：그래. 그럼 내일 오전 중에 한번 미팅하자. 내가 준비해 둘게.

M：잘 부탁드립니다.

남자는 이후 우선 무엇을 해야 합니까?

1 자료를 읽어 둔다
2 거래처 손님을 접대한다
3 공항에 손님을 마중하러 간다
4 담당자와 미팅을 한다

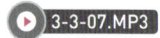

단어

間際(まぎわ) 직전, 막 ~하려는 찰나 | 取引先(とりひきさき) 거래처 | 同行(どうこう) 동행 | おもてなし 대접 | 付(つ)き添(そ)う 곁에서 시중들다 | 不手際(ふてぎわ) 실수 | 詳細(しょうさい) 상세 | 飲(の)み込(こ)みが早(はや)い 이해가 빠르다 | 頭(あたま)に入(い)れる 머리에 집어 넣다 | 打(う)ち合(あ)わせ 미팅, 회의

해설

이후에 먼저 해야 할 것은 거래처 손님의 정보를 제대로 파악하는 것. 자료를 읽어 두라는 말을 들었으므로 정답은 1번이다. 2, 3, 4번은 내일 할 일이므로 정답은 아니다.

6番(ばん)

旅館(りょかん)で男(おとこ)の人(ひと)と女(おんな)の人(ひと)が話(はな)しています。女(おんな)の人(ひと)は何(なに)をしなければなりませんか。

M：予約(よやく)していた中田(なかた)です。

F：あっ、お待(ま)ちしておりました。中田(なかた)様(さま)ですね。この度(たび)はご来館(らいかん)誠(まこと)にありがとうございます。

M：あの、2人(ふたり)で予約(よやく)してたんですが、急(きゅう)に1人(ひとり)増(ふ)えてしまって。追加(ついか)できますか。

F：少々(しょうしょう)お待(ま)ちくださいませ。はい、可能(かのう)でございます。追加料金(ついかりょうきん)が発生(はっせい)いたしますが、よろしいでしょうか。それから、現在(げんざい)お客様(きゃくさま)がご予約(よやく)されているお部屋(へや)はお庭(にわ)が見(み)える2人(ふたり)部屋(べや)なんですが、3人(にん)部屋(べや)に変更(へんこう)となりますが、そちらもよろしいでしょうか。

M：はい、大丈夫(だいじょうぶ)です。それから、朝食(ちょうしょく)の追加(ついか)もお願(ねが)いします。あっ、あと夕食(ゆうしょく)も予約(よやく)してたんですが、部屋(へや)で食(た)べることも可能(かのう)ですか。

F：はい、可能(かのう)ですよ。何時(なんじ)ごろがご希望(きぼう)ですか。

M：7時半(じはん)ぐらいでお願(ねが)いします。

F：かしこまりました。それでは後(のち)ほどお部屋(へや)でお食事(しょくじ)できるように手配(てはい)しておきます。

M：ありがとうございます。あと、大浴場(だいよくじょう)は24時間(じかん)ですか。

F：24時間(じかん)となっておりますが、夜中(よなか)3時(じ)から4時(じ)は掃除時間(そうじじかん)となってますので、その時間(じかん)は避(さ)けてご利用(りよう)くださいませ。

女(おんな)の人(ひと)は何(なに)をしなければなりませんか。

여관에서 남자와 여자가 이야기하고 있습니다. 여자는 무엇을 해야 합니까?

M：예약한 나카타입니다.

F：아, 기다리고 있었습니다. 나카타 님이시죠. 이번에 내관해 주셔서 정말 감사합니다.

M：저, 2인용으로 예약했었는데요, 갑자기 한 사람 늘어 버려서. 추가 가능한가요?

F：잠시 기다려 주세요. 네 가능합니다. 추가 요금이 발생하는데 괜찮으신가요? 그리고 현재 손님께서 예약하신 방은 정원이 보이는 2인용 방인데, 3인용 방으로 변경되는데 그것도 괜찮으신가요?

M：네, 괜찮습니다. 그리고 조식 추가도 부탁드릴게요. 앗, 그리고 저녁도 예약했었는데, 방에서 먹는 것도 가능한가요?

F：네, 가능합니다. 희망하시는 시간은 몇 시경인가요?

M：7시 반 정도로 부탁드립니다.

F：잘 알겠습니다. 그러면 나중에 방에서 식사가 가능하도록 준비해 두겠습니다.

M：감사합니다. 그리고 목욕탕은 24시간 운영인가요?

F：24시간입니다만, 밤 3시부터 4시는 청소 시간이라 그 시간은 피해서 이용해 주세요.

여자는 무엇을 해야 합니까?

1　3人部屋を準備する

2　夕食の準備をする

3　夕食が部屋で食べられるよう手配する

4　大浴場の掃除をする

1　3인실을 준비한다

2　저녁식사 준비를 한다

3　저녁식사를 방에서 먹을 수 있도록 준비한다

4　목욕탕 청소를 한다

단어

来館 내관, 영화관·도서관·박물관 따위 시설에 옴 | 誠に 진심으로 | 増える 늘어나다 | 追加 추가 | 発生する 발생하다 | 庭 정원 | 後ほど 나중에 | 手配 준비, 수배 | 大浴場 대욕장 | 避ける 피하다 | 利用する 이용하다

해설

3인실은 빈방이 있어 변경이 가능하므로 일부러 준비할 필요는 없다. 여자가 해야 할 일은 저녁식사 준비가 아니고 방에서 먹을 수 있도록 준비하는 것이므로 정답은 3번이다. 4번은 여자가 할 일이 아니다.

問題 2

문제 2에서는 먼저 질문을 들으세요. 그런 다음 문제지의 보기를 읽으세요. 읽을 시간이 있습니다. 그러고 나서 이야기를 듣고 문제지의 1~4 중에서 가장 알맞은 것을 하나 고르세요.

例

 3-3-08.MP3

男女の友達同士が話しています。女の人はどうして彼が怒ったと言っていますか。

F：ああ。どうしよう。彼を怒らせちゃったみたい。

M：どうしたの？

F：それが、この間、会社の飲み会があったんだけど、ほら、うちの部署、男性社員ばかりじゃない。行くのはちょっと…って言われてたんだけど、仕方なくて…。

M：ああ。それで怒らせちゃったの？

F：ううん、それはなんとか大丈夫だったの。それよりも彼が心配して何度も電話してたみたいなんだけど、私酔っぱらっちゃって…全然電話に出なかったの。

M：え？それで連絡した？

F：次の日、携帯の着信履歴みてびっくり。あわてて彼に電話したら、なんで電話に出なかったのかって。

M：そりゃそうだ。

女の人はどうして彼が怒ったと言っていますか。

남녀 친구끼리 이야기하고 있습니다. 이 여자는 왜 남자 친구가 화났다고 말하고 있습니까?

F：아~. 어쩌지? 남자 친구를 화나게 한 거 같아.

M：어떻게 한 거야?

F：그게 요전에 회사 회식이 있었는데, 있잖아, 우리 부서, 남자 사원뿐이잖아. 가는 건 좀…이라고 했는데 어쩔 수 없이….

M：아. 그래서 화나게 했구나.

F：아니, 그건 그럭저럭 괜찮았어. 그것보다도 남자 친구가 걱정돼서 몇 번이나 전화했던 것 같은데 내가 취해 버려서…전화를 전혀 안 받았어.

M：뭐? 그래서 연락했어?

F：다음 날 휴대폰 부재중 통화를 보고 깜짝 놀랐어. 서둘러서 남자 친구한테 전화했더니 왜 전화를 안 받았냐고.

M：그건 그렇네.

이 여자는 왜 남자 친구가 화났다고 말하고 있습니까?

1 早く帰らなかったから
2 飲み会に行ったから
3 電話に出なかったから
4 携帯をなくしてしまったから

1 빨리 퇴근하지 않아서
2 회식에 가서
3 전화를 받지 않아서
4 휴대폰을 분실해서

단어

怒らせる 화나게 하다 | ほら 급히 주의를 환기시킬 때 내는 소리, 이봐, 얘, 자 | 部署 부서 | 仕方ない 어쩔 수 없다 | なんとか 어떻게든 | それよりも 그것보다도 | 酔っぱらう 몹시 취하다 | 電話に出る 전화를 받다 | 着信履歴 착신 이력

PART 1
유형공략

PART 2
합격공략

PART 3
실전공략

해설

남자친구가 화낸 이유가 후반부에 나와 있다. 남자친구가 왜 전화를 안 받았냐고 했다고 했으므로 정답은 3번이다. 1번과 4번은 대화에 나오지 않았고, 2번은 사실이지만 이것은 괜찮다고 했으므로 정답이 아니다.

1番

 3-3-09.MP3

男の人と女の人が話しています。女の人はドラマが面白くなかった理由は何だと言っていますか。

M : 最近面白いドラマないなー。何か見てるものある？

F : そうだね。若手人気俳優が出てる話題作は見てみた？

M : あー！見ようと思ってまだ見てないんだよね。どうだった？俳優の演技力がいろんな評論家から絶賛されてたけど。

F : 確かに俳優の演技は素晴らしかったわよ。すごくかっこよかったんだけどね〜。ドラマから先に見てたら何も感じなかったんだろうけど、ほら、このドラマって漫画が原作じゃない？漫画とあまりにもイメージがかけ離れてて、途中で見るのやめちゃったのよね。

M : そうだったんだ。ストーリー的には原作通りだったの？

F : ううん。それもちょっと変わってたの。最近はちょっと過激な描写やシーンがあるだけでも、視聴者からのクレームで打ち切りになるドラマが多いみたいし、慎重に作ったって感じがしたかな。見ながら、あー、あのシーンカットされてるとかこんなセリフじゃなかったのにとか何回も思ったのよ。人気俳優を起用したのも視聴率のためってのが見え見えだったし。

M : そっか。見ようと思ってたんだけどな。原作があるドラマって大体失敗するのが多い気がする。やっぱり原作が一番だよな。

F : そうだね。このドラマに関しては、原作をお勧めするよ。漫画読みたくなったらいつでも言って。全巻持ってるから。

M : ありがとう。その時は貸してもらうよ。

女の人はドラマが面白くなかった理由は何だと言っていますか。

남자와 여자가 이야기하고 있습니다. 여자는 드라마가 재미없었던 이유가 뭐라고 합니까?

M : 요즘 재밌는 드라마 없네~. 뭐 보고 있는 거 있어?

F : 글쎄. 젊은 인기 배우가 나오는 화제작은 봐 봤어?

M : 아~! 봐야지 하고 아직 안 봤어. 어땠어? 배우 연기력이 여러 평론가한테서 칭찬 받던데.

F : 확실히 배우 연기는 훌륭했어. 엄청 멋있었지만 말이야. 드라마부터 먼저 보면 아무 것도 못 느꼈겠지만, 얘, 이 드라마는 만화가 원작이잖아? 만화랑 이미지가 너무나 떨어져 있어서 도중에 보는 거 관뒀어.

M : 그랬구나. 스토리면에서는 원작대로였어?

F : 아니. 그것도 좀 바꼈어. 요즘은 좀 과격한 묘사나 장면이 있기만 해도 시청자 클레임으로 중단되는 드라마가 많은 것 같아 신중하게 만들었구나 하는 느낌이 들었어. 보면서 아~, 그 장면 잘렸구나라든가 이런 대사가 아니었는데라든가 몇 번이나 생각했어. 인기 배우를 기용한 것도 시청률 때문인 것이 뻔히 보였고.

M : 그렇구나. 보려고 했었는데 말이야. 원작이 있는 드라마는 대개 실패하는 게 많은 느낌이야. 역시 원작이 제일이야.

F : 응. 이 드라마에 관해서는 원작을 추천해. 만화 읽고 싶어지면 언제라도 말해. 전권을 갖고 있으니까.

M : 고마워. 그때 빌릴게.

여자는 드라마가 재미없었던 이유가 뭐라고 합니까?

1 人気俳優の演技が上手じゃなかったから	1 인기 배우의 연기가 능숙하지 않아서
2 原作のイメージとあまりにも違いすぎたから	2 원작 이미지와 너무 달라서
3 ストーリーが全く違うものになっていたから	3 스토리가 전혀 다르게 돼 있어서
4 原作を読まなかったから	4 원작을 안 읽어서

단어

若手 젊은이 | 話題作 화제작 | 演技力 연기력 | 評論家 평론가 | 絶賛 절찬 | 原作 원작 | かけ離れる 동떨어지다 | 過激 과격 | 描写 묘사 | シーン 장면 | 視聴者 시청자 | クレーム 클레임, 불평, 불만 | 打ち切り 중단 | 慎重 신중 | カット 컷 | セリフ 대사 | 起用 기용 | 見え見え 상대방의 의도 등이 훤히 들여다보이는 모양 | お勧め 추천 | 全巻 전권

해설

대화 앞부분에 '만화의 이미지와 동떨어져 있어서 도중에 보는 것을 그만두었다'고 말하고 있으므로 정답은 2번이다. 이야기는 조금 바뀌었지만 완전히 다른 것은 아니다.

2番

男の人と女の人が話しています。男の人は絵を描くことの一番の魅力は何だと言っていますか。

F : 山田さん、絵画コンクール優勝おめでとう。

M : わざわざありがとう。まさか自分がとれるなんて思ってなかったよ。

F : 山田さんがこんなに絵が上手だなんて知らなかったなあ。普段はどんな絵を描くの？

M : そうだな。風景画はもちろんだけど、被写体があったら何でも描くよ。人でも虫でも動物でも。絵を描いている時間はかなり集中するから、頭の中が空っぽになって複雑な頭の中が整理されるんだよね。モヤモヤした時とかストレスがたまった時には自然と手が動いて絵を描いてる。絵を描くことが自分の癒しになってるのかな。自分をリセットしたくて絵を描いてるって言っても過言ではないかも。

F : へえ。そうなんだ。私なんて絵の才能ってこれっぽっちもないから、そうやってサラッと描けちゃう山田さんがうらやましいな。

남자와 여자가 이야기하고 있습니다. 남자는 그림을 그리는 것의 최고 매력은 무엇이라고 말하고 있습니까?

F : 야마다 씨, 그림 콩쿠르 우승 축하해.

M : 일부러 고마워. 설마 내가 받다니 생각 안 했어.

F : 야마다 씨가 그림을 이렇게 잘 그리다니 몰랐어. 보통은 어떤 그림을 그려?

M : 글쎄. 풍경화는 물론이고, 피사체가 있으면 무엇이든 그려. 사람도 곤충도 동물도. 그림을 그리는 시간은 꽤 집중하니까 머리가 텅 비어 복잡한 머릿속이 정리돼. 개운치 않을 때나 스트레스가 쌓였을 때에는 저절로 손이 움직여 그림을 그려. 그림을 그리는 게 자기 힐링이 되는 건가. 자신을 리셋하고 싶어서 그림을 그린다고 해도 과언이 아닌 것 같아.

F : 와. 그렇구나. 나는 그림 재능은 요만큼도 없으니 이렇게 쓱 그려 버리는 야마다 씨가 부럽네.

M : そんなことないよ。逆に思った通りに描けなかったらストレスにもなるし。でもそれでも描きたいと思っちゃうんだよね。こんな風に評価されて、僕の絵を見て喜んでくれることがうれしいし。人が喜んでるのを見ると自分もうれしくなるしね。

F : そっか。絵の魅力って出来上がりだけじゃないのね。

M : そうだね。人に喜んでもらうのもうれしいけど、自分を無の状態にできるってのが一番の魅力かな。

男の人は絵を描くことの一番の魅力は何だと言っていますか。

1　自分をリセットできること
2　絵によっていろんな感情表現ができること
3　人に喜んでもらえること
4　コンクールに出場できること

M : 그렇지 않아. 반대로 생각한 대로 못 그리면 스트레스도 되고. 하지만 그래도 그리고 싶다고 생각하지만 말이야. 이렇게 평가되고 내 그림을 보고 좋아해 주는 게 기쁘고. 남이 좋아하는 걸 보면 나도 기분 좋아지고 말이야.

F : 그렇구나. 그림의 매력은 완성만이 아니구나.

M : 응. 남이 좋아해 주는 것도 기쁘지만, 자신을 무의 상태로 만드는 게 최고 매력인가.

남자는 그림을 그리는 것의 최고 매력은 무엇이라고 말하고 있습니까?

1　자신을 리셋할 수 있는 것
2　그림으로 다양한 감정 표현을 할 수 있는 것
3　다른 사람들이 기뻐해 주는 것
4　콩쿠르에 출전할 수 있는 것

단어

絵画 그림 | コンクール 콩쿠르 | 優勝 우승 | 普段 평소 | 風景画 풍경화 | 被写体 피사체 | 空っぽ 텅 빔 | 複雑 복잡 | 整理 정리 | モヤモヤ 마음이 개운치 않은 떨떠름한 모양 | 癒し 위로 | リセット 리셋 | 過言 과언 | これっぽっち 요만큼 | サラッと 깨끗이 | 逆に 반대로 | 出来上がり 완성 | 無の状態 무의 상태

해설

남자는 마지막 대사에서 그림은 '자신을 무의 상태로 할 수 있는 것이 가장 큰 매력'이라고 말하고 있고, 앞부분에서도 자신을 리셋하고 싶어서 그림을 그리고 있다고 해도 과언이 아니라고 말했으므로 정답은 1번이다.

3番

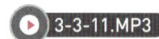

ラジオで男の人と女の人が節電について話しています。男の人は節電の最も効果的な方法は何だと言っていますか。

F : さて、今年の夏も猛暑になるという予報でしたが、気になるのはエアコンの電気代ですね。そこで、今日は省エネの専門家にお話を聞いていきたいと思います。田村さんよろしくお願いします。

M : よろしくお願いします。えー、エアコンの節電方法ですが、まず温度設定は外気温とあまり差が出ないようにしましょう。上下1度が目安です。またエアコンを使ってる部屋のドアはしっかり閉めてください。せっかく冷たい風が送り込まれてきているのに、ドアが半開きなんてもったいない。冷たい空気が逃げていってしまいます。また、扇風機やサーキュレーターを使って空気を動かし、ぐるぐると部屋の中を循環させましょう。効率よく部屋を冷やすことができますね。そして一番の方法は電源をこまめに切らないということです。つけっぱなしの方が電気代が安くなると言われていますが、その通りです。電源をこまめにつけたりきったりしてしまうと、その都度部屋の温度を一定に保つためにエアコンがエネルギーを使ってしまいます。もちろんそれに伴って電気代も上がってしまいますね。ですので、3時間まではつけっぱなしがいいでしょう。ぜひお試しくださいね。

男の人は節電の最も効果的な方法は何だと言っていますか。

1 温度設定を外気温と同じに設定する
2 エアコンを使っているドアはしっかり閉める
3 扇風機やサーキュレーターを使って風の流れを作る
4 電源をこまめに切らない

라디오에서 남자와 여자가 절전에 대해 이야기하고 있습니다. 남자는 가장 효과적인 절전 방법이 무엇이라고 말하고 있습니까?

F : 자, 올여름도 무덥다는 예보였는데, 걱정이 되는 건 에어컨 전기료지요. 그래서, 오늘은 에너지 절약 전문가에게 이야기를 듣고자 합니다. 다무라 씨 잘 부탁드리겠습니다.

M : 잘 부탁드리겠습니다. 음~. 에어컨 절전 방법인데요. 우선 온도 설정은 바깥 온도와 너무 차이가 나지 않도록 하세요. 상하 1도가 기준입니다. 또 에어컨을 사용하는 방의 문은 꼭 닫아 주세요. 기껏 찬 바람이 보내져 오는데 문이 반쯤 열려 있으면 아깝습니다. 찬 공기가 도망가 버립니다. 또 선풍기나 서큘레이터를 사용해서 공기를 움직여, 빙글빙글 방 안을 순환시킵시다. 효율 좋게 방을 서늘하게 만들 수 있습니다. 그리고 가장 좋은 방법은 전원을 자주 끄지 않는 것입니다. 계속 켜 두는 것이 전기료가 저렴하다고 하는데 맞는 말입니다. 전원을 자주 켜거나 끄거나 하면 그때마다 방의 온도를 일정하게 유지시키기 위해 에어컨이 에너지를 사용합니다. 물론 그것에 따라 전기료도 올라가 버리지요. 그렇기 때문에 세 시간까지는 계속 켜 두는 것이 좋습니다. 꼭 시험해 보세요.

남자는 가장 효과적인 절전 방법이 무엇이라고 말하고 있습니까?

1 온도 설정을 바깥 기온과 같게 설정한다
2 에어컨을 사용하는 문은 꼭 닫는다
3 선풍기나 서큘레이터를 써서 바람의 흐름을 만든다
4 전원을 자주 끄지 않는다

단어

猛暑 맹서, 심한 더위 | エアコン 에어컨 | 省エネ 에너지 절약 | 専門家 전문가 | 節電 절전 | 差 차이 | 目安 표준, 기준 |
送り込む 보내 주다 | 扇風機 선풍기 | サーキュレーター 서큘레이터 | ぐるぐる 빙글빙글 | 循環 순환 | こまめに 여러
번, 자주 | 都度 그때마다 | 一定 일정 | 保つ 유지하다 | 伴う 동반하다

해설

가장 좋은 방법은 전원을 자주 끄지 않는 것이라고 말하고 있으므로 정답은 4번이다. 다른 것들도 절전 방법이지만 1번은 아니다.

4番

3-3-12.MP3

男の人と女の人が新入社員採用について話しています。
二人はどの人を選ぶことになりましたか。

M：はあ、やっと面接が終わったな。

F：お疲れ様です。こちらが今日面接に来た人たちです。
どの子にしましょうか。

M：うーん、そうだな。1人目の子は印象が薄いんだよな。
受け答えが微妙だったことくらいしか覚えてないな。
志望動機は言えてたと思うんだが、こちら側の質問に
しっかり対応できてなかったような。2人目の子はどう
だろう。

F：そうですね。はきはき話してはいたんですが、どうも
本音じゃないような気がして。作ってきた台本を読ん
でいるだけで自分の言葉で話していないという感じを
受けました。緊張のせいか一回もこちらと目を合わせ
なかったし、いい印象ではなかったですね。3人目の子
も同様の印象でしたが、まだこの子の方が柔らかい印
象で、挨拶もしっかりできていたので、好感がもてま
したね。4人目はいかがでしょう。

남자와 여자가 신입사원 채용에 대해 이야기하고 있습니다. 두 사람은 어떤 사람을 선택합니까?

M：하~, 겨우 면접이 끝났네

F：수고 많으셨습니다. 이쪽이 오늘 면접에 온 사람들입니다. 누구로 할까요?

M：음~, 글쎄. 첫 번째 아이는 인상이 희미해. 대답이 미묘했던 것 정도밖에 기억이 안 나. 지원 동기는 잘 말했던 거 같은데, 이쪽 질문에 제대로 대응 못 했던 것 같아. 두 번째 아이는 어때?

F：글쎄요. 시원시원하게 말은 했는데 아무래도 본심이 아닌 것 같은 느낌이 들어서요. 만든 대본을 읽는 것일 뿐 자기 언어로 말하지 않는다는 느낌을 받았습니다. 긴장한 탓인지 한 번도 이쪽과 눈을 마주치지 않고 좋은 인상은 아니었어요. 세 번째 아이도 같은 인상이었지만, 그런대로 이 아이 쪽이 부드러운 인상으로 인사도 제대로 해서 호감을 가질 수 있었어요. 네 번째는 어떠세요?

M：この子は挨拶も身だしなみもしっかりできていた。はきはき対応できていたし、何より終始笑顔で面接を受けていたんだよね。途中、頭の中が真っ白になったみたいで、思ったように答えられなかった部分もあったが、それよりも人に接する態度は抜群だったように思う。学歴とか経験とかも大事だけど、基本的なことがしっかりできる子がいいよな。

F：そうですね。私もそう思います。やっぱり基本的な礼儀やマナーがしっかりできてからの仕事ですもんね。それではこの子に採用の連絡をしてもよろしいでしょうか。

M：そうしてくれ。よろしく頼むよ。

二人はどの人を選ぶことになりましたか。

1 志望動機が言えてた一人目の子
2 完璧に間違えず話せた二人目の子
3 柔らかい印象の三人目の子
4 挨拶と身だしなみがしっかりできていた四人目の子

M：이 아이는 인사도 옷차림도 제대로였어. 시원시원하게 대응했고, 무엇보다 시종 웃는 얼굴로 면접을 치렀어. 도중에 머릿속이 새하얗게 되었는지 생각대로 대답을 못 했던 부분이 있었는데, 그것보다도 사람을 대하는 태도는 발군이었던 것 같아. 학력이나 경험도 중요하지만 기본적인 것을 제대로 할 수 있는 아이가 좋아.

F：그렇습니다. 저도 그렇게 생각합니다. 역시 기본적인 예의나 매너가 제대로 되고 나서부터 업무인 법이지요. 그러면 이 아이에게 채용 연락을 해도 될까요?

M：그렇게 해 줘. 잘 부탁해.

두 사람은 어떤 사람을 선택합니까?

1 지망 동기를 말할 수 있었던 첫 번째 아이
2 완벽하게 틀리지 않고 말할 수 있었던 두 번째 아이
3 부드러운 인상의 세 번째 아이
4 인사와 옷차림이 단정했던 네 번째 아이

단어

採用 채용 | 受け答え 대답 | 微妙 미묘 | 志望動機 지망 동기 | はきはき 시원하게 | 本音 본심 | 台本 대본 | 目を合わせる 눈을 맞추다 | 好感 호감 | 身だしなみ 몸가짐 | 終始 시종 | 頭の中が真っ白になる 머릿속이 하얘지다 | 接する 대하다 | 抜群 발군 | 学歴 학력 | 礼儀 예의 | マナー 매너

해설

4인 면접자의 인상을 어떻게 말하고 있는지를 잘 듣는 것이 포인트이다. 네 번째 면접자에 대해서는 도중 머릿속이 하얘진 것 같았지만 기본이 잘 갖춰져 있었기 때문에 가장 좋았다고 말하고 있다. 정답은 4번이다.

3-3-13.MP3

駅でアナウンスが流れています。新幹線が止まっている理由は何だと言っていますか。

M：本日は新幹線をご利用いただき誠にありがとうございます。現在、台風１１号の接近に伴い、強風のため、東京大阪間の新幹線は上下線ともに全便運転を見合わせております。今後風が収まり次第の運転再開となりますが、ただ今の時点で運転再開の見込みは立っておりません。大阪方面はすでに暴風域に入っており、在来線はすべて運休となっております。あらかじめご了承くださいませ。今後、雨脚が強くなり、豪雨が予想されるため、明日は全便運休を予定しております。ご利用のお客様にはご不便ご迷惑をおかけ致しますが、新しい情報が入り次第ご案内いたします。なお、ご利用の新幹線が運休になった場合、全額払い戻しが可能となっております。ご不明な点は弊社ホームページをご覧いただくか、お近くの駅係員までお尋ねください。

新幹線が止まっている理由は何だと言っていますか。

1 台風による強風のため
2 台風による豪雨のため
3 暴風域に入って揺れがひどいため
4 強風による故障のため

역에서 안내방송이 흘러나오고 있습니다. 신칸센이 멈춰 있는 이유는 무엇이라고 말하고 있습니까?

M : 오늘 신칸센을 이용해 주셔서 진심으로 감사합니다. 현재 태풍 11호의 접근에 따라 강풍이 불고 있기 때문에 도쿄-오사카 간 신칸센은 상하행 선 모두 전면 운행 보류되고 있습니다. 이후 바람이 진정되는 대로 운전을 재개하겠습니다만, 지금 시점에서 운전 재개 전망은 없습니다. 오사카 방면은 이미 폭풍 권역에 들어가 있고, 기존 노선은 모두 운행 중지되고 있습니다. 미리 양해 부탁드립니다. 이후 빗발이 거세지고 호우가 예상되므로 내일은 전면 운행 중지될 예정입니다. 이용하시는 손님께 불편과 폐를 끼쳐 드리고 있는데, 새로운 정보가 들어오는 대로 안내해 드리겠습니다. 또, 이용하시는 신칸센이 운행 정지가 된 경우 전액 환불이 가능합니다. 불명확한 점은 저희 회사 홈페이지를 보시거나 가까운 역무원에게 문의해 주세요.

신칸센이 멈춰 있는 이유는 무엇이라고 말하고 있습니까?

1 태풍으로 인한 강풍 때문에
2 태풍으로 인한 호우 때문에
3 폭풍 권역에 들어 흔들림이 심하기 때문에
4 강풍으로 인한 고장 때문에

단어

新幹線 신칸센 | 接近 접근 | 伴う 동반하다, 수반하다 | 強風 강풍 | 上下線 상하행선 | 見合わせる 보류하다 | 収まる 진정되다 | 次第 ~하는 대로 | 再開 재개 | 見込み 전망 | 暴風域 폭풍 영향권 | 在来線 재래선 | 運休 운휴 | あらかじめ 미리 | 了承 양해 | 雨脚 빗발 | 豪雨 호우 | なお 덧붙여 | 払い戻し 환불 | 不明 불명확 | 弊社 폐사, 당사 | ホームページ 홈페이지 | 駅係員 역무원 | 尋ねる 문의하다

6 番

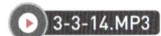 3-3-14.MP3

夫婦が話しています。女の人は何が一番心配だと言っていますか。

M : いよいよ明日だな。由美が一人でおじいさんおばあさんの家に行くなんて初めての経験だもんな。しかも1泊するなんて。

F : 大丈夫かしら。娘を一人で行かせるなんて心配でたまらないわ。

M : 僕もだよ。でも由美の成長のためにはこれも一つのステップ。心を鬼にして、子供を独り立ちさせないとな。向こうに着いたらうちの両親がバス停まで迎えに来てくれるし、乗車時間も30分程度だろ？降りる場所さえちゃんとわかってれば大丈夫だよ。

F : そうだといいんだけど。あの子、人当たりがいいでしょ。人見知りなんて全くしないから、いろんな人から話しかけられてついついその人について行ってしまいそうで。一応バスの運転手さんにもお願いするけど、やっぱり一人で乗せるのは心配だわ。

M : そうだな。知らない人にはついて行かないって約束をして、防犯ブザーを持たせておかなきゃな。あと洋服は特徴あるものを着させておいたほうがよさそうだな。

F : そうね。一人で行かせるのも心配だけど、それよりも着いてからの食べ物がもっと心配だわ。あの子アレルギーあるから。あなたのご両親にはさっき電話で食べさせないでほしいもの、やらせないでほしいことは伝えておいたけど、久しぶりに会うし、やっぱり孫は甘やかしちゃうから。

부부가 이야기하고 있습니다. 여자는 무엇이 가장 걱정이라고 말하고 있습니까?

M : 드디어 내일이네. 유미가 혼자서 할아버지 할머니 댁에 가는 첫 경험이구나. 게다가 하루 묵는다니.

F : 괜찮을까? 딸을 혼자 보내다니 걱정돼서 가만히 못 있겠어.

M : 나도 그래. 하지만 유미의 성장을 위해서는 이것도 하나의 단계야. 마음을 독하게 먹고 아이를 독립시켜야 돼. 그쪽에 도착하면 우리 부모님이 버스 정거장까지 마중하러 오시고, 승차 시간도 30분 정도잖아? 내리는 장소만 제대로 알고 있으면 괜찮아.

F : 그러면 괜찮지만. 애가 붙임성이 좋잖아? 낯가림 같은 걸 전혀 안 하니까 여러 사람들이 말을 걸면 아무 생각 없이 그 사람을 따라가 버릴 것 같아서. 일단 버스 기사분께 부탁하겠지만 역시 혼자 태우는 건 걱정이야.

M : 그렇네. 모르는 사람을 따라가지 않는다고 약속을 하고, 방범버저를 갖고 가게 해야겠어. 그리고 옷은 특징 있는 것을 입혀 두는 게 좋을 것 같아.

F : 그래. 혼자 가게 하는 것도 걱정이지만, 그것보단 도착해서 먹는 게 더 걱정이야. 애가 알레르기가 있어서. 당신 부모님께는 좀 전에 전화로 먹이면 안 되는 거, 못 하게 했으면 하는 건 전달해 뒀지만, 오랜만에 만나는 데다 아무래도 손자는 응석을 받아주게 되니까.

M : そうだな。そこは僕からも念押しでもう一度連絡しとくよ。アレルギー反応起こしたら命にかかわるしね。

F : そうね。連絡よろしく頼むわ。はー。こうしちゃいられない。明日の荷物、もう一度確認しなきゃ。

M : これじゃ誰が行くかわからないな。

女の人は何が一番心配だと言っていますか。

1　一人でバスに乗ること
2　知らない人について行くこと
3　祖父母の家での食べ物
4　アレルギー反応を起こした時の薬

M : 그렇군. 그건 내가 다짐차 한번 더 연락해 둘게. 알레르기 반응을 일으키면 생명에 관계되니까.

F : 응. 연락 잘 부탁할게. 하~. 이러고 있을 수 없어. 내일 가져갈 짐 다시 한 번 확인해야겠어.

M : 이건 누가 가는지 알 수가 없네

여자는 무엇이 가장 걱정이라고 말하고 있습니까?

1　혼자서 버스를 타는 것
2　모르는 사람을 따라가는 것
3　조부모 집에서 먹는 음식
4　알레르기 반응을 일으켰을 때의 약

단어

~てたまらない ~해서 견딜 수가 없다｜ステップ 단계｜心を鬼にする 마음을 모질게 먹다｜独り立ち 독립｜バス停 버스 정류장｜~さえ ~만｜人当たり 남에게 주는 인상｜人見知り 낯가림｜ついつい 무의식 중에, 그만｜防犯ブザー 방범 경보기｜特徴 특징｜アレルギー 알레르기｜甘やかす 응석 부리게 하다｜念押し 몇 번이고 확인함｜命に関わる 생명에 관련되다

해설

혼자 보내는 것도 걱정이지만, 가장 큰 걱정은 딸이 알레르기가 있기 때문에 할머니댁에서 먹을 음식이 걱정이라고 말하고 있다. 정답은 3번이다.

7番

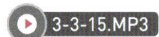

ラジオで男の人と女の人が話しています。女の人が仕事をしていた時の一番の悩みは何でしたか。

M：今日は元客室乗務員の鈴木さんに来ていただきました。鈴木さんはお仕事をおやめになったとのことですが、お仕事をしていた時の一番の悩みは何だったんでしょうか。

F：そうですね。シフトが3交代制なので、早朝出勤の日の前の晩はなかなか眠れませんでした。慢性的な睡眠不足状態で安心して眠れる日は休日の前夜くらい。カレンダー通りに休むこともできず、もうだめだと心が折れそうになったことも数知れません。しかも、食事は基本的にコンビニご飯でしたね。実家暮らしをしていましたが、家で食事をすることは皆無。母まで不規則なシフトに付き合わせるのは申し訳ないし、忙しさ、めんどくさ さを理由に自炊しないことも悩みの種でしたね。野菜や肉、きのこなんて全然。手っ取り早く食べられるものなら何でもよかったですね。サプリメントは摂ってましたが、基本の食生活がガタガタだったので、意味ありませんでした。でも何より悩まされたのは繰り返す肌荒れでしたね。決まって、額、あごにポツリと赤くて目立つニキビができるんです。肌の調子が悪い日は自信がなくなってましたね。肌荒れしてるときって、考えすぎかもしれませんけど、お客様の視線がニキビに集中しているように感じてしまって、どうしてもネガティブになってしまうんです。あんな生活には二度と戻りたくないですね。

女の人が仕事をしていた時の一番の悩みは何でしたか。

라디오에서 남자와 여자가 이야기하고 있습니다. 여자가 일을 했었을 때의 최대 고민은 무엇이었습니까?

M : 오늘은 전 객실 승무원인 스즈키 씨를 모셨습니다. 스즈키 씨는 일을 관두셨지만, 근무하시던 때 제일 고민은 뭐였어요?

F : 글쎄요. 근무가 3교대 체제여서 아침 일찍 출근하는 날 전날은 좀처럼 잠들 수 없었어요. 만성적인 수면 부족 상태로 안심하고 잘 수 있는 날은 휴일 전날 밤 정도였어요. 달력대로 쉬는 것도 불가능하고, 이제 더는 안 되겠다고 심적으로 무너질 것 같았던 적도 대단히 많습니다. 게다가 식사는 기본적으로 편의점 밥이었어요. 본가에서 살았지만 집에서 식사하는 일은 전혀 없어요. 어머니까지 불규칙한 근무에 맞추게 하는 건 죄송하고, 바쁘고 귀찮은 것을 이유로 자취를 하지 않는 것도 고민의 일종이었어요. 채소와 고기, 버섯 같은 건 전혀 못 먹어요. 손쉽게 먹을 수 있는 것이라면 뭐든지 좋았어요. 영양보조식품은 섭취했지만 기본적인 식생활이 엉망이었기 때문에 의미가 없었어요. 하지만 무엇보다도 고민스러웠던 건 반복되는 피부 트러블이었어요. 늘 이마, 턱에 톡 하고 빨갛게 눈에 띄는 여드름이 생기는 거예요. 피부 상태가 나쁜 날은 자신감이 없어졌어요. 피부 트러블이 생겼을 때는 지나친 생각일지도 모르지만, 손님의 시선이 여드름에 집중되고 있는 느낌이 들어서 아무리 해도 소극적으로 돼 버리는 거예요. 그런 생활로는 두 번 다시 돌아가고 싶지 않아요.

여자가 일을 했었을 때의 최대 고민은 무엇이었습니까?

1	慢性的な睡眠不足	1	만성적인 수면 부족
2	カレンダー通りに休めないこと	2	달력대로 못 쉬는 것
3	コンビニの食事	3	편의점 식사
4	繰り返す肌荒れ	4	반복되는 피부 트러블

단어

客室乗務員 객실 승무원 | シフト 시프트, 옮김, 방향·위치를 바꿈 | 交代制 교대제 | なかなか 좀처럼 | 慢性的 만성적 | 睡眠不足 수면 부족 | カレンダー通り 달력대로 | 心が折れる 마음이 몹시 상하다 | 数知れない 수를 셀 수 없다 | 皆無 전무 | 不規則 불규칙 | 自炊 자취 | 悩みの種 고민거리 | きのこ 버섯 | 手っ取り早く 빨리 | サプリメント 보조 영양제 | 摂る 섭취하다 | ガタガタ 덜덜 | 繰り返す 반복하다 | 額 이마 | あご 턱 | ポツリ 구멍이 하나 생기는 모양 | ニキビ 여드름 | 肌 피부 | 肌荒れ 살갗이 거칠어짐 | ネガティブ 부정적

해설

고민은 많이 있지만, 대화 후반부에 무엇보다 고민인 것은 반복되는 피부 트러블이라고 말하고 있으므로 정답은 4번이다.

문제3에서는 문제지에 아무것도 인쇄되어 있지 않습니다. 이 문제는 전체적으로 어떤 내용인지를 묻는 문제입니다. 이야기 앞에 질문은 없습니다. 우선 이야기를 들으세요. 그리고 나서 질문과 보기를 듣고 1~4 중에서 가장 알맞은 것을 하나 고르세요.

れい
例

だいがく　せんせい　はな
大学の先生が話しています。

M：さて、今日は初日なので授業の内容について簡単に説明します。えー、みなさん、「健康、フィットネス」と聞いて何を思い浮かべますか。この授業では生涯を通じて活力あるライフスタイルを形成するための理論を学び、実践を通してより理解度を深めていきます。具体的には健康的な生活習慣を身につけること、健康に関する知識や理解を習得します。また、健康や体力面だけではなく、仲間とともに身体活動を体験することで、「友達作り」「仲間との信頼関係づくり」も目的としています。自分のライフスタイルをよりよいものにするために、ぜひ積極的に取り組んでください。

じゅぎょう　と　あ　ないよう
この授業で取り上げる内容はどのようなことですか。

からだ　しく　ふか　りかい
1　体の仕組みについての深い理解
しんらいかんけい　じゅうし　つよ
2　信頼関係への重視と強いメンタル
けんこう　りろん　じっせん
3　健康についての理論と実践
けいせい
4　ライフスタイルの形成

대학 교수가 이야기하고 있습니다.

M : 그럼, 오늘은 첫날이니까 수업 내용에 대해 간단하게 설명하겠습니다. 음~, 여러분, '건강, 휘트니스'라는 말을 들으면 뭐가 떠오르나요? 이 수업에서는 평생 동안 활력 있는 라이프 스타일을 형성하기 위한 이론을 배우고, 실천을 통해서 보다 이해도를 높여갑니다. 구체적으로는 건강한 생활습관을 몸에 익히는 것, 건강에 관한 지식과 이해를 습득합니다. 또, 건강과 체력면뿐만 아니라 동료와 함께 신체 활동을 체험함으로써 '친구 만들기' '동료와의 신뢰 관계 만들기'도 목적으로 하고 있습니다. 자신의 라이프 스타일을 보다 좋게 만들기 위해서 부디 적극적으로 임해 주세요. .

이 수업에서 다루는 내용은 어떤 것입니까?

1　인체 구조에 대한 깊은 이해
2　신뢰 관계 중시와 강한 정신
3　건강에 관한 이론과 실천
4　라이프 스타일의 형성

> **단어**
>
> しょにち　　　おの　う　　　　　しょうがい　　　　つう　　　かつりょく
> 初日 첫날 | 思い浮かべる 떠올리다 | 生涯 생애 | ～を通じて ～을 통해 | 活力 활력 | ライフスタイル 라이프 스타일 |
> けいせい　　　りろん　　　じっせん　　　み
> 形成 형성 | 理論 이론 | 実践 실천 | 身につける 습득하다 | よりよいもの 보다 좋은 것 | 取り組む 맞붙다, 몰두하다

> **해설**
>
> 대학 교수는 먼저 결론을 말하고 있다. 후반부에는 '구체적으로는'이라는 말이 나오므로 앞에서 말한 결론의 상세와 내용을 통해서 어떤 목적이 있는지 말하고 있다. 정답은 3번이다.

1番

🔊 3-3-17.MP3

テレビで医者が話しています。

F : 疲れている時、手軽に摂れる栄養ドリンクやビタミン剤やサプリメント、あるいはエナジードリンクを利用する人は多いと思います。エナジードリンクにはカフェインやビタミンB群やアミノ酸を含んでおり、飲んだ後に爽快感と覚醒感をもたらす飲料で、若い男性サラリーマンが疲れたときに飲むものというイメージでしたが、最近では塾帰りの子供が飲んでいる姿も目にすることがあります。しかし、子供に飲ませすぎるのは危険です。カフェイン中毒になってしまい、頭痛やうつ病を引き起こしてしまう可能性もあるからです。ヨーロッパではエナジードリンクはタバコやアルコール飲料と同様に、リスクをちゃんと判断できる大人向けの嗜好品であって、子供に対してむやみに売り込むべきではない商品という扱いになっています。お子さんに飲ませるときには十分に気を付けてほしいと思います。

医者は何について話していますか。

1　子供へのエナジードリンクの危険性
2　エナジードリンクの詳しい成分
3　若いサラリーマンの疲労回復方法
4　ヨーロッパでのエナジードリンクの購入方法

TV에서 의사가 이야기하고 있습니다.

F : 피곤할 때 가볍게 먹을 수 있는 영양 드링크나 비타민제나 영양보조식품, 또는 에너지 드링크를 이용하는 사람이 많은 것 같습니다. 에너지 드링크는 카페인과 비타민B군과 아미노산이 포함되어 있어, 마신 뒤에 상쾌함과 각성감을 불러일으키는 음료로, 젊은 남성 샐러리맨이 피곤할 때 마시는 것이라는 이미지였는데, 최근에는 학원에서 귀가하는 아이들이 마시고 있는 모습도 보게 됩니다. 그러나 아이들이 지나치게 마시는 것은 위험합니다. 카페인 중독이 돼 버려 두통과 우울증을 일으킬 가능성도 있기 때문입니다. 유럽에서는 에너지 드링크는 담배와 알코올 음료와 같이 리스크를 제대로 판단할 수 있는 어른용 기호품으로, 아이들에게 함부로 판매해서는 안 되는 상품으로 취급되고 있습니다. 아이들이 마실 때에는 충분히 주의를 기울여 주셨으면 합니다.

의사는 무엇에 대해 이야기하고 있습니까?

1　아이에게 미치는 에너지 드링크의 위험성
2　에너지 드링크의 상세 성분
3　젊은 직장인들의 피로 회복 방법
4　유럽에서의 에너지 드링크 구입 방법

단어

手軽に 간편하게, 손쉽게｜摂る 섭취하다｜ドリンク 드링크｜ビタミン剤 비타민제｜サプリメント 보조 영양제[식품]｜エナジードリンク 에너지 드링크｜カフェイン 카페인｜ビタミンB群 비타민 B군｜アミノ酸 아미노산｜含む 포함하다｜爽快感 상쾌함｜覚醒感 각성감｜サラリーマン 샐러리맨｜塾 학원｜中毒 중독｜うつ病 우울증｜引き起こす 유발하다｜ヨーロッパ 유럽｜リスク 리스크, 위험｜嗜好品 기호품｜むやみに 함부로｜売り込む 팔다｜扱う 취급하다

해설

에너지 드링크에 대해 말하고 있다. 아이에게는 어떤 악영향이 있을지도 모르기 때문에 아이들이 과하게 마시는 것은 위험하다고 말하고 있다. 정답은 1번이다.

2番

 3-3-18.MP3

テレビで男の人が話しています。

M：えー、そうですね。節約ですか。私の家では毎日お弁当を作るとか、こまめに部屋の電気を消している程度ですかね。職場ではもっと厳しいかなと思います。去年会社からの指示で、勤務中の節約が義務付けられたんですが、節電はもちろん、エアコンの温度は28度と決まってるし、以前は自由に飲めたコーヒーやお茶が休憩室からなくなったんですよ。コピーの枚数も一人200枚までと制限されたし、会議用の資料は必ず両面印刷になってしまったので、枚数を抑えるために文字の大きさも小さくしなければならなくなりました。節約は環境にはいいとは思いますが、快適に仕事がしにくくなりましたね。

男の人は何について話していますか。

1　節約による仕事の効率化
2　浪費と節約の違い
3　**家や会社での節約方法**
4　仕事のしにくさ

TV에서 남자가 이야기하고 있습니다.

M：음~, 글쎄요. 절약 말씀이지요? 저희 집에서는 매일 도시락을 싸는 거라든가, 부지런히 방 전기를 끄는 정도일까요? 직장에서는 좀 더 엄격하다고 봅니다. 작년 회사의 지시로 근무 중 절약이 의무화되었는데요, 절전은 물론 에어컨 온도는 28도로 정해지고, 이전에는 자유롭게 마시던 커피나 차가 휴게실에서 사라졌어요. 복사 매수도 1인당 200장까지로 제한되고, 회의용 자료는 반드시 양면 인쇄를 해야 하기 때문에 매수를 줄이기 위해 글자 크기도 줄여야만 합니다. 절약은 환경에는 좋은 것 같지만 쾌적한 근무는 어렵게 되었어요..

남자는 무엇에 대해 이야기하고 있습니까?

1　절약에 의한 업무 효율화
2　낭비와 절약의 차이
3　집과 회사에서의 절약 방법
4　업무의 어려움

단어

節約 절약｜お弁当 도시락｜こまめに 자주｜職場 직장｜指示 지시｜勤務 근무｜義務 의무｜節電 절전｜エアコン 에어컨｜コーヒー 커피｜休憩室 휴게실｜コピー 복사｜制限 제한｜資料 자료｜両面印刷 양면 인쇄｜抑える 누르다, 억제하다｜環境 환경｜快適 쾌적함

해설

남자는 절약에 대해서 말하고 있는데, 집에서의 절약과 회사에서의 절약 방법을 말하고 있다. 정답은 3번. 이 절약 탓에 일이 하기 어려워졌다고 말할 뿐이므로 4번은 답이 아니다.

3番
ばん

3-3-19.MP3

PART 1
유형
공략

PART 2
합격
공략

PART 3
실전
공략

テレビで男の人が話しています。

M：スーツケースは、旅行や数日間の出張には欠かせず、駅や街中でスーツケースを引いて歩いている人を多く見かけますが、その一方で、最近ではスーツケースによる事故やトラブルも増えています。電車に乗る際に、ドア付近に大きいスーツケースを置いている人がいて、かなり乗りにくかったり、他人のスーツケースが自分の荷物に引っかかってしまったりと、特に都市部の電車通勤者は、不快な経験をしたことがある方も多いかもしれません。特に朝晩の通勤ラッシュ時において「スーツケースは迷惑」という声が多いようです。
人が普通に乗るのも大変な混雑電車に大きなスーツケースを持ち込まれると、スペースがとられ、とても邪魔になってしまいます。飛行機や新幹線の搭乗時間の都合上、仕方なくキャリーバッグを持って満員電車の時間帯に乗らなくてはいけない人もいるようですが、できるだけ通勤時間帯は避けてほしいと思います。

男の人はどんな内容について話していますか。

1　通勤ラッシュ時の大変さ
2　電車内でのスーツケースの迷惑さ
3　混雑電車に乗らない方法
4　電車でのトラブル回避方法

TV에서 남자가 이야기하고 있습니다.

M：캐리어는 여행이나 며칠 간의 출장에는 없어서는 안 되는 것이라, 역이나 길거리에서 캐리어를 끌고 걷고 있는 사람을 자주 보는데요, 한편으로 최근에는 캐리어로 인한 사고나 트러블도 증가하고 있습니다. 전철을 탈 때 문 부근에 큰 캐리어를 놓은 사람이 있어 상당히 타기 힘들거나 다른 사람의 캐리어가 자기 짐에 걸려 버리는 등, 특히 도심부의 전철 통근자는 불쾌한 경험을 한 적이 있는 분도 많을지도 모릅니다. 특히 아침 저녁 출퇴근 러시아워 때에는 '캐리어는 민폐'라는 목소리가 많은 것 같습니다. 일반적으로 사람이 타는 것도 힘든 혼잡한 전철에 커다란 캐리어를 갖고 들어가면 공간이 줄어들어 엄청나게 방해가 됩니다. 비행기나 신칸센의 탑승 시간 형편상 어쩔 수 없이 캐리어를 들고 만원 전철 시간대에 타야만 되는 사람도 있는 것 같습니다만, 가능한 한 통근 시간대는 피해 주었으면 합니다.

남자는 어떤 내용에 대해 이야기하고 있습니까?

1　출퇴근 러시아워 때의 어려움
2　전철 안에서의 캐리어의 성가심
3　혼잡한 전철을 타지 않는 방법
4　전철에서의 문제 회피 방법

단어

スーツケース 캐리어 | 出張 출장 | 欠かす 빠뜨리다, 빼다 | トラブル 트러블 | 際 ~때 | 付近 부근 | 引っかかる 걸리다 | 不快 불쾌 | ラッシュ 러시아워 | 混雑 혼잡 | 持ち込む 가지고 들어오다 | スペース 공간 | 邪魔 방해 | 搭乗 탑승 | 都合 형편 | 避ける 피하다

해설

주로 전철 안에서 캐리어가 방해가 된다, 민폐이다라는 이야기를 하고 있으므로 정답은 2번이다.

4番

しゃちょう かいけん
社長が会見をしています。

M：えー、当社の傘下であるコンビニ、「Aマート」ですが、深刻な人手不足や、人々のライフスタイルの変化から、一部の店舗において、24時間営業を廃止することに致しました。実施するにあたり、全国の加盟店へアンケートを行ったところ、およそ半数以上の店舗が「時短営業を検討したい」と回答いたしました。競合他社ではすでに去年の3月から、一部の店舗で営業時間短縮を始めているため、弊社でもこのシステムを導入することにしました。お客様からは24時間営業のお店が減ることで、心配のお声をいただいておりますが、お客様がご自身で会計する「セルフレジ」を導入し、深夜の時間帯でもご利用できる無人店舗を増やすなどして対応いたします。今後ともお客様から愛されるコンビニを目指し、全力を尽くしてまいります。

しゃちょう なに かいけん
社長は何について会見していますか。

1　コンビニの店舗拡大
2　24時間営業店舗の縮小
3　セルフレジの使用方法
4　時短営業に対する考え

사장님이 회견을 하고 있습니다.

M：음~, 당사 산하인 편의점, 'A마트'말입니다만, 심각한 일손 부족과 사람들의 라이프 스타일의 변화로 일부 점포에 24시간 영업을 폐지하기로 했습니다. 실시할 즈음에 전국 가맹점에 앙케트를 실시한 바, 거의 반수 이상의 점포가 '시간 단축 영업을 검토하고 싶다'고 답했습니다. 경쟁사에서는 이미 작년 3월부터 일부 점포에서 영업 시간 단축을 시작했기 때문에 저희 회사에서도 이 시스템을 도입하기로 했습니다. 고객들이 24시간 영업점이 감소하는 것에 걱정의 목소리를 보내고 계시는데, 고객이 직접 계산하는 '셀프 계산대'를 도입하여 심야 시간대에도 이용할 수 있는 무인점포를 늘리거나 해서 대응하도록 하겠습니다. 이후에도 고객들에게 사랑받는 편의점을 목표로 전력을 다하겠습니다.

사장님은 무엇에 대해 회견을 하고 있습니까?

1　편의점 점포 확대
2　24시간 영업점 축소
3　셀프 계산대 사용 방법
4　시간 단축 영업에 대한 생각

단어

傘下 산하 | 深刻 심각 | 廃止 폐지 | 実施 실시 | 加盟 가맹 | アンケート 앙케트, 설문 | 時短 시간 단축 | 検討 검토 | 回答 회답 | 競合 경합 | 短縮 단축 | 弊社 폐사, 당사 | システム 시스템 | 導入 도입 | セルフレジ 셀프 계산대 | 全力を尽くす 전력을 다하다

해설

편의점 일부 점포에서 24시간 영업을 안 하겠다고 말하고 있으므로 정답은 2번이다. 다른 것에 대해서는 언급하지 않았다.

5番

社長が話しています。

M：電動航空機は、地球温暖化対策や新たな移動の手段として、世界の航空機メーカーが実用化を目指して開発を進めています。先日、アメリカの大手航空機メーカーより、担当者が弊社を訪れ、共同で電動航空機を開発することに合意しました。弊社では主に電気自動車の製造をしており、電動化に欠かせない電池やモーター、さらに関連する部品や素材の高い品質と安全性をクリアし、それぞれの技術を培ってきました。アメリカの航空機メーカーは次世代の航空機開発にも応用できるとして、これまで取り引きのなかった弊社との連携に踏み切ったのです。研究開発費は共同で出資し、自動車の電動化技術に強みを持つ弊社が電動航空機の分野でも強みを発揮できるかが今後の発展のカギとなってきます。

社長は何について話していますか。

1 アメリカの航空会社の技術の高さ
2 温暖化による環境汚染
3 電動飛行機の共同開発
4 電池やモーターの高い技術性

사장님이 이야기하고 있습니다.

M : 전동 항공기는 지구온난화 대책과 새로운 이동 수단으로 세계 항공기 제조사가 실용화를 목표로 개발을 추진하고 있습니다. 일전에 미국 대형 항공기 제조사의 담당자가 저희 회사를 방문해, 공동으로 전동 항공기를 개발하기로 합의했습니다. 저희 회사에서는 주로 전기자동차 제조를 하고 있어, 전동화에 빼놓을 수 없는 전지와 모터, 더욱이 관련된 부품과 소재의 높은 품질과 안정성을 클리어하고, 각각의 기술을 배양해 왔습니다. 미국 항공기 제조사는 차세대 항공기 개발에도 응용 가능하다고 보고, 지금까지 거래가 없던 저희 회사와의 연대를 단행한 것입니다. 연구 개발비는 공동으로 출자하고, 자동차 전동화 기술에 강점을 지닌 저희 회사가 전동 항공기의 분야에서도 강점을 발휘할 수 있는가가 앞으로의 발전의 열쇠가 될 것입니다.

사장님은 무엇에 대해 이야기하고 있습니까?

1 미국 항공사의 높은 기술
2 온난화에 의한 환경 오염
3 전동 비행기의 공동 개발
4 전지와 모터의 높은 기술성

단어

電動 전동 | 航空機 항공기 | 地球温暖化 지구 온난화 | 対策 대책 | 手段 수단 | 実用化 실용화 | 目指す 목표로 하다 | 開発 개발 | 先日 요전날 | 大手 대규모 | 弊社 당사, 폐사 | 合意 합의 | 製造 제조 | 欠かす 빠뜨리다, 빼다 | 電池 전지 | モーター 모터 | 素材 소재 | 品質 품질 | クリア 클리어 | 培う 기르다 | 応用 응용 | 取引 거래 | 連携 제휴 | 踏み切る 단행하다 | 研究 연구 | 出資 출자 | 発揮 발휘 | 発展 발전

해설

사장은 미국의 항공기 제조사와 전동 항공기 개발을 하기로 합의했다고 말하고 있으므로 정답은 3번이다.

アナウンサーが話しています。

F：連日の猛暑により、身につける暑さ対策に注目が集まっています。昨年まではうちわや扇子、ミニ扇風機などの商品が売れていましたが、家電メーカーが開発したのは、半導体を活用した、小さなヘッドホンのような形の商品です。電源につなぐと、組み込まれている半導体の表面が外気温と比べて５度から１０度程度冷たくなる仕組みです。野外試合の観戦などにも利用してもらいたいとしていて、先月に販売を始めたばかりですが、注文が相次いでいるということです。また、上半身を冷やせるこちらのベストは、専用のリュックサックの中に氷水を入れ、ポンプを使ってベストに縫い込んでいるチューブに送り込むことで、体がひんやり冷たくなる仕組みです。警備員や外で働くスタッフの負担軽減につなげられそうです。

アナウンサーは何について伝えていますか。

1 暑さ対策の商品
2 猛暑による被害
3 開発された商品の売れ行き
4 商品の利便性

아나운서가 이야기하고 있습니다.

F：연일 계속되는 무더위 때문에 몸에 지니는 더위 대책에 주목이 모이고 있습니다. 작년까지는 둥글부채와 쥘부채, 미니 선풍기 같은 상품이 팔렸는데요, 가전 제조사가 개발한 것은 반도체를 활용한 작은 헤드폰과 같은 형태의 상품입니다. 전원이 연결되면 내장되어 있는 반도체의 표면이 외부 기온과 비교하여 5도에서 10도 정도 내려가는 구조입니다. 야외 시합관전 등에도 이용하길 바라며 지난달에 판매를 막 시작했습니다만, 주문이 잇따르고 있다고 합니다. 또, 상반신을 식히는 이런 조끼는 전용 백팩 안에 얼음물을 넣어 펌프를 사용하여 조끼에 꿰매져 있는 튜브에 보내는 방식으로 몸이 서늘하게 차가워지는 구조입니다. 경비원이나 밖에서 일하는 스태프의 부담 경감으로 이어질 것 같습니다.

아나운서는 무엇에 대해 전하고 있습니까?

1 더위 대책 상품
2 무더위에 의한 피해
3 개발된 상품의 매출
4 상품의 편의성

해설

더위 대책으로 어떤 상품이 있는지에 대해 말하고 있으므로 정답은 1번이다.

문제4에서는 문제지에 아무것도 인쇄되어 있지 않습니다. 우선 문장을 들으세요. 그러고 나서 그에 대한 대답을 듣고 1~3 중에서 가장 알맞은 것을 하나 고르세요.

れい
例

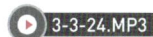 3-3-23.MP3

F：もしもし、田中部長にお取り次ぎ願いたいのですが。	F：여보세요, 다나카 부장님께 연결해 주세요.
M：1　お世話になっております。	M：1 신세를 지고 있습니다.
2　少々、お待ちくださいませ。	2 잠깐만 기다려 주세요.
3　もちろん承知の上です。	3 물론 알고 있습니다.

단어

取り次ぐ (양자 사이에서) 한 쪽의 의사를 다른 편에 전하다 | 少々 조금, 잠시 | 承知 알아들음, 동의 | ～の上 ～한 후에

해설

「取り次ぐ」라는 말이 포인트이다. 상대방이 전화 등으로 제3자를 연결해 달라고 하는 것이므로 정답은 2번이다.

ばん
1番

3-3-24.MP3

M：忘年会、山本さんのおかげで盛り上がったね。	M：송년회, 야마모토 씨 덕분에 흥겨웠네.
F：1　山本さん、来なかったの？	F：1 야마모토 씨, 안 왔어?
2　そうそう。楽しかったよね。	2 맞아 맞아. 즐거웠어.
3　山本さんのせいにしちゃだめだよ。	3 야마모토 씨 탓으로 하면 안 돼.

단어

忘年会 송년회 | 盛り上がる (분위기가) 고조되다

해설

야마모토 씨 덕분에 송년회 분위기가 좋고 즐거웠다는 뜻이므로 2번이 정답이다.

2番

3-3-25.MP3

M：ずっと待ってたのに、会えずじまいだったよ。

F：1　残念だったね。

　　2　よかったね。会えて。

　　3　やっぱり待った方がいいね。

M：계속 기다렸는데 못 만나고 말았어.

F：1　안 됐네.

　　2　만나서 다행이네.

　　3　역시 기다리는 게 좋아.

> **단어**

〜ずじまい ~하지 않고 끝냄

> **해설**

못 만나고 끝나 버렸다는 뜻이므로 적절한 대답은 1번이다.

3番

3-3-26.MP3

F：部長、この資料このお部屋までお持ちしましょうか。

M：1　ありがとう。助かるよ。

　　2　そうだな。来週持ってきてくれる？

　　3　今更持ってきてもどうしようもないよ。

F：부장님, 이 자료 이 방까지 가져다 드릴까요?

M：1　고마워. 큰 도움이 되네.

　　2　그렇군. 다음 주에 갖다 줄래?

　　3　이제 와서 가져와 봤자 어쩔 수 없어.

> **단어**

資料 자료 | 助かる 살아나다, 도움이 되다 | 今更 이제 와서 | どうしようもない 어쩔 수 없다

> **해설**

여기서는 '지금 이 자료를 가져갈까요?' 하고 말하고 있으므로 정답은 1번이다.

4番

3-3-27.MP3

M : 鈴木さん、来週いっぱい休暇だって。

F : 1 私も一緒に取りたかったな。

2 仕事に差し支えなければ構わないんじゃない？

3 鈴木さん、今日は残業してたはずだよ。

M : 스즈키 씨, 다음 주 내내 휴가래.

F : 1 나도 같이 휴가 내고 싶었는데.

2 일에 지장이 없으면 상관없잖아.

3 스즈키 씨, 오늘은 야근했을 거야.

단어

休暇 휴가 ┃ 差し支える 지장이 없다 ┃ 構わない 상관없다 ┃ 残業 야근, 잔업

해설

일주일 간의 휴가에 대해 '함께 내고 싶었다, 야근했었다'는 대답은 이상하다. 정답은 2번이다.

5番

3-3-28.MP3

M : うちの妻、入学式にかこつけて、また新しい服買っ

てたんだよ。

F : 1 いいじゃない。それくらい。

2 格好つけてどこ行くの？

3 デパート行って買わなくちゃ。

M : 우리 집사람, 입학식 핑계 대고 또 새 옷을 샀어.

F : 1 그 정도는 괜찮잖아.

2 멋 내고 어디 가는 거야?

3 백화점 가서 사야지.

단어

かこつける 빙자하다, 구실삼다 ┃ 格好つける 폼 잡다

해설

「かこつけて」가 '이유로, 핑계로'라는 뜻임을 아는 게 포인트이다. 입학식을 이유로 옷을 샀다는 뜻이므로 어울리는 대답은 1번이다.

6 番

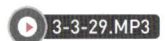

M : 今日はクラスのみんなから白い目で見られて大変だったよ。

F : 1　見つめられて恥ずかしかったね。
　　2　目つきが悪くて困るよ。
　　3　どうしたの？何かあったの？

M : 오늘은 반 모두가 냉담한 눈으로 쳐다봐서 힘들었어.

F : 1　뚫어져라 봐서 창피했겠다.
　　2　눈초리가 나빠서 곤란해.
　　3　왜 그래? 무슨 일 있었어?

단어

白い目で見る 백안시하다, 업신여기거나 무시하는 태도로 흘겨보다 | 見つめる 응시하다, 주시하다 | 目つき 눈빛, 눈매

해설

「白い目で見る」는 '냉담한 눈빛이나 악의를 가진 눈빛'을 말한다. 정답은 3번.

7 番

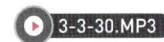

M : こちらの家具も梱包してよろしいでしょうか。

F : 1　はい、段ボールを準備しておきます。
　　2　はい、きれいな包装紙でお願いします。
　　3　はい、壊れやすいので慎重にお願いします。

M : 이쪽 가구도 포장해도 될까요?

F : 1　네, 종이 상자를 준비해 두겠습니다.
　　2　네, 예쁜 포장지로 부탁드립니다.
　　3　네, 깨지기 쉬우니 신중하게 부탁드립니다.

단어

家具 가구 | 梱包 포장, 짐을 꾸림 | 段ボール 골판지 | 包装紙 포장지 | 慎重 신중

해설

「梱包」는 '짐을 꾸림, 꾸린 짐'이라는 뜻이다. 「包装」는 '포장'이라는 뜻이므로 「梱包」와의 뜻 차이에 주의한다. 정답은 3번.

8 番

 3-3-31.MP3

M：子供が夜遅くまで帰ってこなくて、生きた心地がしな
　　かったよ。
F：1　結局何時に帰ってきたの？
　　2　居心地が悪かったよね。
　　3　子供も一緒に泣いたよね。

M：아이가 밤늦게까지 돌아오지 않아서 살
　　아 있는 것 같지가 않았어.
F：1　결국 몇 시에 돌아왔어?
　　2　지내기 불편했구나.
　　3　아이도 같이 울었구나.

단어

生きた心地がしない (너무 무서워서) 살아 있다는 느낌이 안 나다 ｜ 居心地 어떤 자리나 집에서 느끼는 기분

해설

「生きた心地がしない」는 '너무 걱정돼서 살아 있는 느낌이 안 들었다'는 뜻이다. 정답은 1번. 「居心地」는 어떤 장소에 있을 때의 기분을 나타내는데, 「居心地が悪い」는 '싫어하는 사람이 있어서 불편해서 기분이 좋지 않다'라는 뜻이므로 답이 될 수 없다.

9 番

3-3-32.MP3

F：営業部の吉本さん、話上手だよね。
M：1　秘密がすぐばれそうだよね。
　　2　変な言い訳ばっかりしてたよ。
　　3　そうかな。胡散臭くない？

F：영업부의 요시모토 씨, 말솜씨가 좋네.
M：1　비밀이 금방 들통 날 것 같아.
　　2　이상한 변명만 늘어놓았어.
　　3　그래? 어쩐지 수상하지 않아?

단어

ばれる 들키다 ｜ 言い訳 변명 ｜ 胡散臭い 어쩐지 수상쩍다

해설

「話し上手」는 말 그대로 '이야기를 잘한다'라는 뜻이다. 여기서는 '수상하다'고 한 3번이 어울린다.

10番

M：取引先の部長、なかなか首を縦に振ってくれないんだよね。

F：1 肩こりがひどいんじゃない？

　　2 何度も足を運ぶしかないよね。

　　3 できるだけお誘いするしかないよね。

M：거래처 부장님 좀처럼 승낙해 주지 않네.

F：1 어깨 결림이 심한 거 아냐?

　　2 몇 번이고 찾아가는 수밖에 없지.

　　3 되도록 권유하는 수밖에 없지.

단어

首を縦に振る 승낙하다, 찬성하다 | 肩こり 어깨 결림 | 足を運ぶ 찾아가보다

해설

「首を縦に振る」는 '승낙하다'라는 뜻이다. 거래처 부장이 계속 거절하고 있으므로 몇 번이고 얘기해서 부탁할 수밖에 없다고 한 2번이 정답이다.

11番

F：先日の企画、こっちのパターンでお願いできる？

M：1 企画書お待ちしております。

　　2 はい、いつ伺いましょうか。

　　3 わかりました。そちらで進めておきます。

F：요전에 냈던 기획 말이야, 이쪽 패턴으로 부탁해도 돼?

M：1 기획서 기다리고 있겠습니다.

　　2 네, 언제 찾아 뵐까요?

　　3 알겠습니다. 그렇게 진행해 두겠습니다.

단어

企画 기획 | パターン 패턴 | 進める 진행하다

해설

여기서의 「パターン」은 '양식'을 말하는 것이므로 정답은 3번이다.

12番

🔘 3-3-35.MP3

PART 2 합격공략

PART 3 실전공략

F：顔を合わせるたびに結婚結婚って。耳が痛いよ。

M：1 耳かきあるけど使う？

2 僕の親もそうだよ。きついね。

3 大丈夫？耳鼻科に行ったほうがいいんじゃない？

F : 얼굴을 마주칠 때마다 결혼 결혼 하니. 귀가 아파.

M : 1 귀이개 있는데 쓸래?

2 우리 부모님도 그러셔. 괴로워.

3 괜찮아? 이비과에 가는 게 낫지 않아?

단어

顔を合わせる 만나다 | 耳が痛い 귀가 아프다 | 耳かき 귀이개 | 耳鼻科 이비과

해설

「耳が痛い」는 다른 사람의 말이 자신의 약점을 찔러서 듣는 게 괴롭다는 뜻이다. 병이 아니다. 정답은 2번.

13番

🔘 3-3-36.MP3

M：せっかくの努力が水の泡だよ。

F：1 シャワーしたほうがいいんじゃない？

2 またがんばればいいじゃない。

3 努力ってきついよね。

M : 모처럼의 노력이 물거품이 됐어.

F : 1 샤워하는 게 낫지 않아?

2 다시 노력하면 되잖아.

3 노력은 힘드는구나.

단어

せっかく 모처럼 | 水の泡 물거품

해설

「水の泡」는 '노력이 허사가 되었다'라는 뜻이다. 이에 대해 격려의 말을 하는 2번이 정답이다.

PART 3 실전 공략_정답 및 해석 223

14番

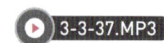 3-3-37.MP3

F : 本社に栄転だって？よかったね。

M : 1 いやいや、それほどでもないですよ。
　　2 給料が下がったので残念です。
　　3 やっと車が買えますよ。

F : 본사로 영전한다며? 잘됐네.

M : 1 아니에요, 그 정도는 아니에요.
　　2 월급이 깎여서 유감이에요.
　　3 겨우 차를 살 수 있어요.

단어

栄転 영전 | それほどでもない 그렇게 대단한 건 아니다 | 給料 월급

해설

「栄転」은 '승진해서 지위나 직무가 올라 전근하는 것'이다. 월급이 깎이는 것은 아니고, 그렇다고 월급이 많이 오르는 것도 아니다. 정답은 겸손하게 대답한 1번이다.

問題5
^{もんだい}

문제5에서는 긴 이야기를 듣습니다. 이 문제에는 연습이 없습니다. 문제지에 메모를 해도 괜찮습니다.

1番、2番
^{ばん　　ばん}

문제지에 아무것도 인쇄되어 있지 않습니다. 우선 이야기를 들으세요. 그러고 나서 질문과 보기를 듣고 1~4 중에서 가장 알맞은 것을 하나 고르세요.

1番
^{ばん}

▶ 3-3-38.MP3

ハイキングのコースについて話しています。

M：今度のハイキングどこに行こっか。そろそろ決めて、準備しておかないと。

F：そうよね。3連休だし、ちょっと遠くに行くなら、今のうちに決めておかなくちゃね。

M：そうそう。どこかいいところ知ってる？

F：そうね〜。そういえばテレビで見たけど、ハイキングコースの入り口と電車の駅が直結していた高月コースっていうのがあったわよ。ハイキングコースにはおしゃれなカフェやレストランもあるみたいで、観光スポットにもなってるそうよ。9割が舗装路でスニーカーでも大丈夫って言ってた。

M：へ〜。でも連休だし、いつもより人が多そうじゃない？混雑してるところはちょっと嫌だな。ここから電車で2時間くらいかかるけど、自然の美しさが堪能できる奥森コースは？ 今の季節だと紅葉もきれいみたいだし、どう？

F：紅葉もよさそうね。でも周りにお店がなさそうじゃない？少しはお店があるところがいいな。こっちの竹山コースはどう？ハイキングっていうよりは登山って感じだけど、山の中腹までケーブルカーがあって、そこには絶景が見られるカフェもあるみたい！山頂までも登りやすそうだし、下山する途中には岩や渓流が見られるんだって。気持ちよさそう〜。

하이킹 코스에 대해 이야기하고 있습니다.

M : 다음 번 하이킹 어디로 갈까? 슬슬 정해서 준비해 둬야지.

F : 그렇네. 3일 연휴니까 좀 먼 곳으로 갈 거면 지금 정해 둬야겠어.

M : 그래 그래. 어디 좋은 곳 알아?

F : 글쎄. 그러고 보니 TV에서 봤는데, 하이킹 코스 입구와 전철역이 직결된 다카쓰키 코스라는 게 있었어. 하이킹 코스에는 멋진 카페랑 레스토랑도 있는 것 같고, 관광 명소로도 되어 있대. 90퍼센트가 포장도로로 스니커즈도 괜찮다고 했어.

M : 오~. 하지만 연휴고 다른 때보다 사람이 많을 것 같지 않아? 복잡한 곳은 좀 싫은데. 여기에서 전철로 2시간 정도 걸리지만 자연의 아름다움을 충분하게 느낄 수 있는 숲속 코스는? 지금 계절이라면 단풍도 아름다울 거 같고 어때?

F : 단풍도 좋을 것 같네. 하지만 주위에 가게 없을 거 같지 않아? 조금은 가게가 있는 곳이 좋아. 이쪽 다케야마 코스는 어때? 하이킹이라기보다는 등산이라는 느낌이지만, 산 중턱까지 케이블카가 있고 거기에는 절경을 볼 수 있는 카페도 있는 것 같아! 산 정상까지도 오르기 쉬울 것 같고, 하산하는 도중에는 바위나 계곡을 볼 수 있대. 기분 좋을 것 같아~.

M : いいね〜。でもハイキングするならケーブルカーには
乗（の）りたくないな。それなら、この山寺（やまでら）コースはどう？
コースは2時間くらいだけど、自然（しぜん）に囲（かこ）まれてるから本
格的（かくてき）なハイキングを楽（たの）しめそうだし、眺望（ちょうぼう）もいいらし
いよ。スタートやゴールがお寺（てら）で、麓（ふもと）にはショッピン
グを楽（たの）しめる街（まち）があるみたい。日帰（ひがえ）りでもいいし、一（いっ）
泊（ぱく）してもよさそうだね。

F : そこいいじゃない。本格的（ほんかくてき）なハイキングもできて、観（かん）
光（こう）もできるなら、一石二鳥（いっせきにちょう）よ。でも一泊（いっぱく）はできないと
思（おも）うわ。もう予約（よやく）でいっぱいだろうし。

M : そうだな〜。そしたら朝早（あさはや）く出発（しゅっぱつ）して、日帰（ひがえ）りでここ
に行（い）こう！

二人（ふたり）はどこに行（い）くことにしましたか。

1　高月（たかつき）コース

2　奥森（おくもり）コース

3　竹山（たけやま）コース

4　山寺（やまでら）コース

M : 좋은 걸〜. 하지만 하이킹한다면 케이블 카는 타고 싶지 않아. 그러면 이 산사 코스는 어때? 코스는 2시간 정도지만, 자연에 둘러싸여 있어서 본격적인 하이킹을 즐길 수 있을 것 같고 조망도 좋은 것 같아. 출발과 도착이 절이고, 산기슭에는 쇼핑을 즐길 수 있는 거리가 있는 것 같아. 당일치기도 좋고 하룻밤 묵어도 좋을 것 같아.

F : 거기 괜찮네. 본격적인 하이킹도 할 수 있고 관광도 할 수 있으니 1석 2조야. 하지만 1박은 안 될 것 같아. 이미 예약이 가득 찼을 거야.

M : 그렇겠네〜. 그럼 아침 일찍 출발해서 당일치기로 여기에 가자!

두 사람은 어디로 가기로 했습니까?

1　다카쓰키 코스

2　숲속 코스

3　다케야마 코스

4　산사 코스

단어

ハイキング 하이킹 | 連休（れんきゅう）연휴 | 直結（ちょっけつ）직결 | スポット 명소 | 舗装路（ほそうろ）포장도로 | スニーカー 운동화 | 混雑（こんざつ）혼잡 | 堪能（たんのう）충분함, 만족함 | 紅葉（もみじ）단풍 | 中腹（ちゅうふく）중턱 | ケーブルカー 케이블카 | 絶景（ぜっけい）절경 | 山頂（さんちょう）산 정상 | 下山（げざん）하산 | 岩（いわ）바위 | 渓流（けいりゅう）계류, 시냇물 | 本格的（ほんかくてき）본격적 | 眺望（ちょうぼう）조망 | 麓（ふもと）산기슭 | 日帰（ひがえ）り 당일치기 | 一石二鳥（いっせきにちょう）일석이조

해설

네 개의 코스를 잘 듣는다. 끝에서 이 두 사람은 본격적인 하이킹도 할 수 있고 관광도 할 수 있는 산사 코스를 가기로 했으므로 정답은 4번이다.

2番

🔊 3-3-39.MP3

会社員が子連れ出勤について話しています。

F1: 政府が「子連れ出勤」を後押しするっていう記事見た？

F2: 見た見た。あれいいわよね。私も子供が2人いるけど保育園に預けてるから、毎日大変なのよ。

M : うちも今3歳なんだけど、妻が毎日育児に追われてるから、この制度はありがたいね。しかも子供と過ごす時間が増えるし。僕なんていつも家に帰ったら子供は寝てるから、週末ぐらいしか時間がないんだよな。

F1: 私は子供がいないからわからないけど、子供がいる家庭にとってはいい制度よね。

F2: でもさ、業務に集中できるかどうかが心配されるところよね。実際に連れてくることを想像すると、子供の様子が気になったり、子供の機嫌次第では業務を中断しなきゃいけなくなりそうで、仕事が滞っちゃいそう。

M : 確かにね。逆に子供の遊びや行動が制限されて、子供にとってはストレスになるのかもなあ。会社だと危険も多いし、長時間過ごすなんて無理だろうな。

F1: そうね。そう考えると、やっぱり預け先をもっと増やしたほうがいいんじゃないかなと思うけどな。保育園が足りない状態だから、こうなってるんでしょ？

F2: そうそう。会社に連れて行けることよりも、保育園を増やしてもらうことのほうがもっと重要ね。会社に子供を連れて行くとしても会社内の保育環境を整えるのが先だわ。

M : 最近は会社内に保育所や託児所があって、子連れ出勤を認めてる企業が多くなってきてるし、うちの会社もそうなってくれたらな。

F1: 今後の政府の活動に期待するしかないわね。

3人は子連れ出勤についてどう思っていますか。

회사원이 아이 동반 출근에 대해 이야기하고 있습니다.

F1: 정부가 '아이 동반 출근'을 후원한다는 기사 봤어?

F2: 봤어 봤어. 그거 좋은 거 같아. 나도 아이가 둘 있는데 보육원에 맡기고 있어 매일 난리야.

M : 우리도 지금 세 살인데 아내가 매일 육아에 쫓기고 있어서 이 제도는 고마워. 게다가 아이와 보내는 시간이 늘기도 하고. 나도 늘 집에 돌아가면 아이는 자고 있으니 주말 정도밖에 시간이 없어.

F1: 나는 아이가 없어서 모르지만 아이가 있는 가정에게는 좋은 제도네.

F2: 그런데 말이야, 근무에 집중할 수 있을지가 걱정되는 부분이야. 실제로 데려올 걸 상상하니, 아이 상태가 걱정이 되거나 아이 기분에 따라서는 업무를 중단해야만 해서 업무가 밀릴 것 같아.

M : 확실히 그래. 반대로 아이의 놀이나 행동이 제한되어서 아이에게는 스트레스가 될지도 몰라. 회사라면 위험도 많고, 장시간 지내는 건 무리일 것 같아.

F1: 그래. 그렇게 생각하니 역시 맡아줄 곳을 좀 더 늘리는 게 좋은 게 아닌가 싶기도 해. 보육원이 부족한 상태니까 이렇게 된 거잖아?

F2: 맞아 맞아. 회사에 데려갈 수 있는 것보다도 보육원을 늘려 주는 게 좀 더 중요해. 회사에 아이를 데려가도 회사 내의 보육 환경을 정비하는 것이 먼저야.

M : 근래에는 회사 내에 보육원이나 탁아소가 있어서 아이를 데리고 출근하는 것을 인정하는 기업도 많아지고 있으니 우리 회사도 그렇게 돼 주면 좋겠어.

F1: 앞으로 정부 활동에 기대할 수밖에 없네.

세 사람은 아이 동반 출근에 대해 어떻게 생각하고 있습니까?

1 子供と過ごす時間があるのでメリットしかない
2 業務が中断してしまう恐れがあるので、やめてほしい
3 いい制度だが、まずは子供を預けられる環境を整えるべきだ
4 この制度はやめて、保育園を増やしてほしい

1 아이와 지낼 시간이 있으므로 장점밖에 없다
2 업무가 중단될 우려가 있으므로 중지하길 바란다
3 좋은 제도이지만 우선은 아이를 맡길 수 있는 환경을 정비해야 한다
4 이 제도는 중지하고 보육원을 늘려 주길 바란다

단어

政府 정부 | 子連れ 자녀 동반 | 後押し 뒷받침 | 預ける 맡기다 | 制度 제도 | 機嫌 기분 | 次第 ~하는 대로 | 業務 업무 |
中断 중단 | 滞る 밀리다 | 制限 제한 | 預け先 맡길 곳 | 環境 환경 | 整える 조절하다 | 託児所 탁아소

해설

좋은 제도라고는 생각하지만, 일이 중단될 우려도 있으므로 걱정하는 부분도 있다. 제도를 채택하더라도 역시 아이를 맡길 수 있는 환경을 조성하는 것이 필요하다고 말하고 있으므로 정답은 3번이다.

3番

우선 이야기를 들으세요. 그러고 나서 두 개의 질문을 듣고, 각각 문제지의 1~4 중에서 가장 알맞은 것을 하나 고르세요.

3番

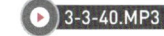

料理教室の先生が話しています。

F1: みなさん、栄養価の高い食べ物というと何を思い浮かべますか。キャベツやごぼうなど食物繊維がたっぷり含まれた野菜やキーウイやバナナといった果物など、たくさんあると思います。今日は、世界一、栄養価が高いと言われ、美容と健康には欠かせない食材、アボカドを使った料理を作ってみましょう。料理といってもそんなに難しいことではありません。アボカドを使ったサンドイッチを作ってみましょう。レシピを見てもらうとわかりますが、作り方と材料が書いてありますね。調味料はみなさんがいる机の引き出しにある計量スプーンでレシピ通り測ってください。それらのアボカドをミキサーにかけて、パンに塗りやすいように細かくします。パンはすでに切ってありますので、それに塗ったら完成です！とても簡単ですね。味はお好みで調節してくださいね。料理をしたことがない人も包丁を使うことはほとんどないので大丈夫です。あっ、でもアボカドは丸ごとお渡しするので切って、種をとってくださいね。それでは始めてみましょう。

F2: うわー、先生がやってるのを見ると簡単そうなのに、自分がやるとすごく不安になってきた。料理やったことある？

M: ううん。一人暮らしだけど全然自炊しないし、ほとんど外食。包丁なんて使うの何年ぶりだろう。

F2: そうなんだ。そしたらまだ私のほうがましね。そしたら私はこれをするわ。

M: じゃあ、僕は切るのはちょっと無理そうだからこれをやるよ。

요리 강습 선생님이 이야기하고 있습니다.

F1: 여러분, 영양가가 높은 음식이라고 하면 무엇을 떠올리세요? 양배추나 우엉 같은 식이섬유가 듬뿍 들어 있는 채소나 키위나 바나나 같은 과일 등, 많을 거라고 생각합니다. 오늘은 세계에서 가장 영양가가 높다고 하는, 미용과 건강에는 없어서는 안 될 식재료인 아보카도를 사용한 요리를 만들어 봅시다. 요리라고 해도 그렇게 어려운 것은 아니에요. 아보카도를 사용한 샌드위치를 만들어 봅시다. 레시피를 보시면 아시겠지만, 만드는 방법과 재료가 쓰여 있어요. 조미료는 여러분이 계신 책상 서랍에 있는 계량 스푼으로 레시피대로 재어 주세요. 그 아보카도를 믹서에 갈아 빵에 바르기 쉽도록 곱게 만듭니다. 빵은 이미 잘라 놓았으니 거기에 바르면 완성입니다! 정말 간단해요. 맛은 취향에 맞춰 조절하세요. 요리 경험이 없는 사람도 식칼을 거의 사용하지 않기 때문에 걱정 없습니다. 아, 하지만 아보카도는 통째로 드리니 잘라서 씨를 빼 주세요. 그러면 시작해 봅시다.

F2: 와~, 선생님이 하는 걸 보면 간단할 것 같은데, 내가 하려니 엄청 불안해지네. 요리해 본 적 있어?

M: 아니. 혼자 살지만 식사 준비는 전혀 안 하고 거의 외식해. 식칼 같은 거 쓰는 거 몇 년만이지?

F2: 그렇구나. 그러면 그래도 내가 낫구나. 그러면 내가 이걸 할게.

M: 그럼 내가 자르는 건 좀 무리일 것 같으니 이걸 할게.

質問1　女の人は何をしますか。

1　アボカドを切って種を取る

2　パンを切って焼く

3　アボカドをミキサーにかける

4　後片付けをする

質問2　男の人は何をしますか。

1　アボカドを切って種を取る

2　パンを切って焼く

3　アボカドをミキサーにかける

4　後片付けをする

질문 1　여자는 무엇을 합니까?

1　아보카도를 잘라 씨를 뺀다

2　빵을 잘라 굽는다

3　아보카도를 믹서기에 돌린다

4　설거지를 한다

질문 2　남자는 무엇을 합니까?

1　아보카도를 잘라 씨를 뺀다

2　빵을 잘라 굽는다

3　아보카도를 믹서기에 돌린다

4　설거지를 한다

단어

栄養価 영양가 | 思い浮かぶ 생각나다 | 食物繊維 식이섬유 | 美容 미용 | 欠かす 빼다 | 食材 식재료 | アボカド 아보카도 | サンドイッチ 샌드위치 | レシピ 레시피 | 調味料 조미료 | 引き出し 서랍 | 計量スプーン 계량 스푼 | ミキサー 믹서기 | お好み 기호 | 調節 조절 | 包丁 칼 | 丸ごと 통째로 | 種 씨 | 自炊 자취 | まし 더 나음

해설

선생님이 이야기하는 요리의 공정을 잘 듣는다. 빵은 이미 준비되어 있고 할 일은 아보카도를 썰어서 씨를 제거하는 것과 믹서에 넣고 가는 것이다. 마지막 대화에서 여자는 칼을 쓰는 것이 그나마 남자보다 낫다고 했고, 남자는 칼질이 무리라고 했으므로 여자가 써는 일을, 남자가 믹서에 가는 일을 할 것이다. 질문1의 정답은 1번, 질문2의 정답은 3번이다.

Memo

Memo

일본어능력시험

일단 합격
JLPT N1 청해

합격을 위한
JLPT N1 청해 완전 공략

- 최신 출제 경향 분석·반영
- 고득점을 위한 합격 포인트 정리
- 문제 유형별 집중 트레이닝 (실제 시험 약 2회 분량)
- 최종 실력 점검을 위한 파트별 실전 모의고사 3회분 제공
- 독학자를 위한 꼼꼼한 문제 해설과 어휘 정리

ISBN 979-11-5768-597-4
ISBN 979-11-5768-591-2 (세트)

18730

값 16,000원

9 791157 685974

동양북스 채널에서 더 많은 도서 더 많은 이야기를 만나보세요!

외국어 출판 45년의 신뢰
외국어 전문 출판 그룹
동양북스가 만드는 책은 다릅니다.

45년의 쉼 없는 노력과 도전으로 책 만들기에 최선을 다해온
동양북스는 오늘도 미래의 가치에 투자하고 있습니다.
대한민국의 내일을 생각하는 도전 정신과 믿음으로 최선을 다하겠습니다.

동양북스